柘植雅義&『インクルーシブ教育の未来研究会』編
MASAYOSHI TSUGE & Lab for Inclusive Education Future in Japan (Eds.)

特別支援教育の到達点と可能性
2001〜2016年：学術研究からの論考

Special Needs Education in Japan:
Accumulated research from 2001 through 2016 and future directions

金剛出版
KONGO Shuppan, Tokyo, Japan

はじめに

　新たな理念と基本的な考え，現代的な学校内外の支援システム，そして，PDCA サイクルで運用するという科学的な手法等を携えて，「特別支援教育」に向けた助走が 2001 年に始まって 15〜16 年が経過し現在に至っている。長年続いた「特殊教育」からの決別であり，新たな特別支援教育への壮大なパラダイムチェンジ・転換であった。

　この 15〜16 年の間における特別支援教育の充実発展は実に著しい。学校教育法の改正，発達障害者支援法の成立・施行等の法的整備が進んだ。新たに始まった「知的障害のない発達障害」の子どもへの教育は着実に進んだ。さらに，様々な障害に関する理解啓発，特別支援教育コーディネーターの指名と活躍，校内支援体制の着実な整備，教職員の専門性の確保，特別支援教育支援員の配置などが進んだ。また，近年では，国連の障害者権利条約の批准を受けて，インクルーシブ教育システムの構築に向けた取り組みが始まった。障害者差別解消法が 2016 年 4 月に施行され，「合理的配慮」という新たな観点による障害者への支援が始まった。

　このように，特別支援教育への転換は着実に進み，一定の水準に達し，さらなる進化を続けていると考えられる。その一方で，それまでの特殊教育の時代から積み残した種々の課題で，未だに解決されていない事項があることも事実であり，そのことも，特別支援教育のさらなる進化や，インクルーシブ教育の本格的な幕開けを妨げている。

　以上のことから，15〜16 年が経過した一区切りのこの時期に，特別支援教育に関する学術研究の到達点とさらなる可能性を議論することは非常に重要である。すなわち，特別支援教育に関する学術研究はどこまで到達し，何が課題として残っているのか，また特別支援教育が社会に浸透していく中で，新たに生まれた課題は何か？　そして，そもそも特別支援教育はどこに向かおうとしているのか？，そして，インクルーシブ教育の可能性や方向性は？，という問いに答えていくことである。

　実は，このような問いは，以前から気になっていたものであり，我が国において 100 年以上の長い歴史のある障害のある子どもの教育，特別支援教育の現状と成果，そして，課題を整理して今後を展望した拙書，柘植雅義（2013）『特別支援教育―多様なニーズへの挑戦』中公新書（中央公論新社）において，既に一定の取りまとめを行った。

　そこで，そのような問いにさらに本格的に答えるべく本書を企画した。本書では，2001〜2016 年の 15〜16 年あまりの間における学術研究の到達点と課題について，特別支援教育の各分野において第一線で活躍する研究者 60 名ほどに事実ベースを大切にしながらも自由に論じていただいた。実態の把握と分析，考察と提言は，主にこの期間に産出された種々の学術研究等を踏まえて，その根拠を示しながら展開していくことにした。すなわち，執筆者には，出来る限り根拠（証拠）を示してもらいながら，資料を付けたり，関連する参考文献を挙げたりしていただいて論を構築していくこととした。

　このような第 1 部（到達点），第 2 部（課題）に続いて，第 3 部（可能性）では，さらなる充実発展に向けた思いや期待を，各学術学会の代表者，保護者，教育関係者，教育行政関係者，計 20 名ほどにそれぞれの立場から提案していただいた。そして，第 4 部（未来を描く）座談会では，第 1 部，2 部，3 部を踏まえ，今後，必要になると考える研究テーマについても思う存分，自由に提案・提言してもらった。

　こうして，2001 年の助走から 15〜16 年が経過した時点での，特別支援教育に関する学術研究の到達点と課題を整理し展望する集大成としての本書が，今後 10 年経っても 20 年経っても，特別支援教育を考える上での一つの基礎的な資料として残る内容の書籍になればと思う。

筑波大学　柘植雅義

目　次

はじめに ………………………………………………………………………………………… 3

第1部　到達点

1-1. 年齢別・学校種別

1-1-1. 幼稚園（保育所，認定こども園）におけるインクルーシブ保育 ………… 京林 由季子　10
1-1-2. 小学校における特別支援教育に関する研究
　　　通常学級のユニバーサルデザインに焦点をあてて …………………… 阿部 利彦　14
1-1-3. 中学校における発達障害のある生徒に対する支援 …………………………… 大塚 玲　18
1-1-4. 高等学校における特別支援教育の充実　到達点からみた成果と課題 ……… 小田 浩伸　22
1-1-5. 大学等における発達障害学生への支援の充実 ……………………………… 田中 真理　26
1-1-6. 特別支援学校のセンター的機能についての研究動向 ……………………… 石橋 由紀子　30
1-1-7. 大学における発達障害学生への就労に向けた学習・生活支援と就労支援 … 梅永 雄二　34

1-2. 早期発見・アセスメント

1-2-1. 発達障害を中心とした早期発見・早期支援　幼児期の健康診断とその後の支援を中心に
　　　……………………………………………………………………………… 小野 次朗　38
1-2-2. アセスメントの進化 …………………………………………………………… 黒田 美保　42

1-3. 指導・支援の計画と評価

1-3-1. 「個別の指導計画」と「個別の教育支援計画」に関する研究動向 …………… 島 治伸　46
1-3-2. 日本におけるプログレス・モニタリング尺度の開発 ……………………… 佐藤 克敏　50

1-4. 指導・支援の技法

1-4-1. 相互依存型集団随伴性を用いた通常学級全体に対する指導 ……………… 若林 上総　54
1-4-2. ABA（応用行動分析）による指導 …………………………………………… 松下 浩之　58
1-4-3. ソーシャルスキルトレーニングの指導 ……………………………………… 小貫 悟　62
1-4-4. 社会性とコミュニケーションの支援　自閉スペクトラム症の児童生徒の問題を中心に
　　　……………………………………………………………………………… 藤野 博　66
1-4-5. ICT 利用の発展 ………………………………………………………………… 近藤 武夫　70

1-5. 支援体制・コーディネーター・地域性

1-5-1. 小中学校等における校内支援体制の構築　クラスワイドな支援から個別支援へ
　　　……………………………………………………………………………… 関戸 英紀　74
1-5-2. 特別支援教育コーディネーターの役割の専門性とその育成 ……………… 宇野 宏幸　78
1-5-3. 学校保健・養護教諭に関わる研究の動向と特別支援教育への貢献 ………… 鎌塚 優子　82
1-5-4. へき地における特別支援教育推進の困難性への挑戦 ……………………… 二宮 信一　86

1-6. コンサルテーション・教員支援・保護者支援

- 1-6-1. 特別支援教育における行動コンサルテーションの実践 …………… 大石 幸二 90
- 1-6-2. ペアレント・トレーニングに関する研究動向 …………………… 神山 努 94

1-7. 発達障害とその周辺

- 1-7-1. 発達障害の出現率に関する研究動向 ……………………………… 柘植 雅義 98
- 1-7-2. 学習障害の研究動向と特別支援教育への寄与 ………………… 熊谷 恵子 102
- 1-7-3. ADHD（注意欠如多動性障害）の研究動向と特別支援教育への貢献 …… 岡崎 慎治 106
- 1-7-4. 自閉症教育の到達点 ………………………………………………… 渡部 匡隆 110
- 1-7-5. 学習困難の研究動向と特別支援教育への貢献　研究の動向と特別支援教育への貢献
  …………………………………………………………………………… 伊藤 由美 114

1-8. 才能（ギフテッド）

- 1-8-1. 才能に関する研究動向 ……………………………………………… 松村 暢隆 118

1-9. 種々の障害

- 1-9-1. 不登校・情緒障害　研究の動向と特別支援教育への貢献 …………… 小野 昌彦 122
- 1-9-2. 言語障害　研究の動向と特別支援教育への貢献 ……………………… 宮本 昌子 126
- 1-9-3. 知的障害　研究の動向と特別支援教育への貢献 ……………………… 菅野 和恵 130
- 1-9-4. 病弱・身体虚弱　研究の動向と特別支援教育への貢献 ……………… 滝川 国芳 134
- 1-9-5. 肢体不自由　研究動向と特別支援教育への貢献 ……………………… 一木 薫 138
- 1-9-6. 視覚障害　専門性の確保のために …………………………………… 小林 秀之 142
- 1-9-7. 聴覚障害　研究動向と特別支援教育への貢献 ………………………… 佐藤 正幸 146
- 1-9-8. 重複障害教育の研究動向　「係わり合う」教育実践研究の進展 ……… 土谷 良巳 150

1-10. 関連の学問領域の動向

- 1-10-1. 社会福祉学　発達障害を中心とした研究の　動向と特別支援教育への貢献　大塚 晃 154
- 1-10-2. 医学　神経発達障害に関する研究動向と特別支援教育への提言 ……… 高木 一江 158
- 1-10-3. 体育学　研究動向と特別支援教育への貢献 ………………………… 澤江 幸則 162
- 1-10-4. 情報学・工学　研究動向と特別支援教育への貢献 ………………… 鈴木 健嗣 166

第2部　課題

2-1. 特別支援教育の理念と基本的な考えの問題

- 2-1-1. 通常の学校における医療的ケアの提供をめぐる到達点と可能性
  インクルーシブ教育システム構築のための課題 ……………………… 吉利 宗久 172
- 2-1-2. 学習困難の度合いの大きな子どもの学びと社会参加を保障するカリキュラム
  米英の通常教育カリキュラムへのアクセスが与える示唆を中心に ……… 米田 宏樹 176
- 2-1-3. 特別支援教育政策の論点とインクルーシブ教育システム
  歴史的経緯も含めて …………………………………………………… 荒川 智 180

2-2. 特別支援教育の対象と範囲の問題

- 2-2-1. 特別支援教育の対象とは何かを巡る動向 ……………………………………… 中尾 繁樹 184
- 2-2-2. 特別支援教育が対象とする障害の範囲とその課題　病弱教育から見た一考察
  …………………………………………………………………………………… 西牧 謙吾 188
- 2-2-3. 特別支援教育の中の発達障害　成果と課題 ………………… 辻井 正次・堀 健大朗 192

2-3. 2E 教育の問題

- 2-3-1. 2E 教育の理念・実践の概要と問題点 …………………………………………… 松村 暢隆 196
- 2-3-2. わが国における 2E 教育の方向性　基礎的資料の必要性と支援の基本 …… 小倉 正義 200

2-4. 個に応じた指導・支援，教育課程，指導の質の問題

- 2-4-1. ひとりひとり学び方の違う子どもたちが共に学び育つ学校・社会を目指して
  各ライフステージに沿った指導・支援の拡大と充実 ………………………… 植木田 潤 204
- 2-4-2. 個に応じた指導をめぐる経緯と課題
  個別の指導計画，個別の教育支援計画，教育課程編成の観点から ………… 河合 康 208
- 2-4-3. 知的障害のある児童生徒の指導・支援および教育課程の課題 ……………… 竹林地 毅 212

2-5. 通級による指導と特別支援学級の在り方の問題

- 2-5-1. 通級による指導と特別支援学級
  インクルーシブ教育の推進の担い手として ………………………………… 櫻井 康博 216
- 2-5-2. 「通級による指導」の未来を考える
  ハードウェアとしてのシステム整備とソフトウェアとしての人材育成 ……… 小林 玄 220
- 2-5-3. インクルーシブ教育システムの構築と高等学校
  「通級による指導」の制度化と対話の組織文化 ……………………………… 中田 正敏 224

2-6. 教員の養成・専門性・学歴の問題，免許制度の問題

- 2-6-1. 特別支援教育と教員の専門性 …………………………………………………… 緒方 明子 228
- 2-6-2. 通常学校における現職職員の支援方策としての研修に関する問題 ……… 日野 久美子 232
- 2-6-3. 教員の免許保有と専門性 ………………………………………………………… 三浦 光哉 236

2-7. 大学・高等専門学校における問題

- 2-7-1. 大学における発達障害学生に対する支援　現状と今後の課題 ………… 西村 優紀美 240

2-8. 当事者・保護者・家族の参画の在り方の問題

- 2-8-1. 保護者の教育活動への主体的な参画を目指した教師との連携と家族支援の重要性
  ………………………………………………………………………………… 柳澤 亜希子 244
- 2-8-2. 特別支援教育における保護者連携と支援に関する現状と課題 ……………… 井上 雅彦 248

第 3 部　展望と期待

3-1. 国際比較の視点から日本の特別支援教育や学術研究への提言

- 3-1-1. アメリカからの示唆　アメリカ合衆国 IDEA における障害のある子どもの教育の基本方針から
  日本への提言 …………………………………………………………………… 齊藤 由美子 254

3-1-2. 韓国からの示唆　韓国の特別支援教育の動向と課題から学ぶもの ………… 落合 俊郎　255
3-1-3. イギリスからの示唆　イギリスの障害児教育における本人・保護者との協働のための仕組み
　　　　…………………………………………………………………………… 横尾 俊　256
3-1-4. フランスからの示唆 ……………………………………………………… 棟方 哲弥　257
3-1-5. 北欧からの示唆 ………………………………………………………… 是永 かな子　258

3-2. 学術学会の代表者のコメント（今後期待される学術研究は？）

3-2-1. 特別支援教育推進と今後求められる学術研究　日本心理学緒学会連合から　子安 増生　259
3-2-2. 特別支援教育推進と今後求められる学術研究　日本 LD 学会から ………… 緒方 明子　260
3-2-3. 特別支援教育推進と今後求められる学術研究　日本自閉症スペクトラム学会から
　　　　…………………………………………………………………………… 園山 繁樹　261
3-2-4. 特別支援教育推進と今後求められる学術研究　日本特殊教育学会から …… 安藤 隆男　262
3-2-5. 特別支援教育推進と今後求められる学術研究　日本小児精神神経学会から　宮本 信也　263

3-3. 親の会・当事者団体

3-3-1. 学術研究の期待　文の子の会から ……………………………………… 井上 美和　264
3-3-2. 学術研究の期待　全国 LD 親の会から ………………………………… 東條 裕志　265
3-3-3. 学術研究の期待　えじそんくらぶから ………………………………… 高山 恵子　266
3-3-4. 学術研究の期待　日本発達障害ネットワークから ……………………… 市川 宏伸　267
3-3-5. 学術研究の期待　全国手をつなぐ育成会連合会から …………………… 田中 正博　268

3-4. 行政（これからの教育行政に必要な研究とは？）

3-4-1. 学術研究への期待　教員の資質能力と専門性向上の視点から　地方教育委員会の立場から
　　　　…………………………………………………………………………… 瀧田 美紀子　269
3-4-2. 学術研究への期待　未来の子どもたちへ　地方教育センターの立場から … 豊岡 裕子　270
3-4-3. 学術研究への期待　これからの時代を生きる子どもたちへの支援
　　　地方教育委員会の教育長の立場から …………………………………… 戸ヶ﨑 勤　271
3-4-4. 学術研究への期待地方自治体の首長の立場から ……………………… 泉 房穂　272
3-4-5. 学術研究への期待　新たな時代の特別支援教育のエンジンとして　国の教育行政の立場から
　　　　…………………………………………………………………………… 瀧本 寛　273

3-5. 『インクルーシブ教育の未来研究会』メンバーによる研究提言

3-5-1. 研究提言：「今後，こんな研究が必要だ！」
　　　　………………… 筑波大学　柘植雅義研究室『インクルーシブ教育の未来研究会』　274

第 4 部　未来を描く（座談会）

「特別支援教育の未来を描く」……………………………………………………………… 278
　司会（コーディネーター）：柘植 雅義
　　石橋 由紀子・鎌塚 優子・近藤 武夫・佐藤 克敏・納富 恵子・野口 和人

おわりに ………………………………………………………………………………………… 299
執筆者一覧 ……………………………………………………………………………………… 301

第1部　到達点

　第1部では，特別支援教育に関する学術研究の到達点を論じる。取り上げる事項は，学校種別・年齢別，早期発見，アセスメント，指導・支援，支援体制，コーディネーター，コンサルテーション，連携，発達障害とその周辺，その他の障害等，関連の学問領域の動向，である。取り上げた各事項について，2001～2016の国内で公表された論文を取り上げ，それらのレビューをしつつ，それも踏まえて論じている。つまり，一つ一つの論文がその事項のレビュー論文である。

（柘植雅義）

1-1 年齢別・学校種別

1-1-1 幼稚園（保育所，認定こども園）におけるインクルーシブ保育

京林 由季子

I 障害のある幼児の保育
1．障害のある幼児の状況

　幼稚園，保育所における障害のある幼児の保育は，1974年の保育所を対象とする「障害児保育事業実施要項」，公立幼稚園対象の「心身障害児幼稚園助成事業補助金交付要綱」，「私立幼稚園特殊教育費国庫補助金制度」により公的な整備が開始された。以降，障害のある幼児の受け入れが進み，多くの統合保育の実践が積み重ねられてきた。保育所における「障害児保育事業」の対象は，当初障害者手帳を保有しているか特別児童扶養手当を受給している幼児であったが，2003年度に一般財源化され，2007年度からは軽度の障害のある幼児にまで対象が広げられた。これにより保育所が受け入れている障害児数は，2005年の31,026人（内，特別児童扶養手当支給対象児童10,602人）から，2013年の53,322人（内，特別児童扶養手当対象児童11,529人）へと，特に，軽度の障害のある幼児の受け入れが急増している。

　図1は，ベネッセ教育総合研究所（2012）及び日本保育協会（2016）の調査から，幼稚園，保育所等における障害のある幼児，あるいはその可能性のある幼児（「気になる子」）が在籍する園の割合をまとめたものである。同一の質問紙ではなく調査対象数も異なることを考慮する必要はあるが，2007年の特別支援教育の制度化以降，特に幼稚園において公立・私立とも大幅に増加している。また，2016年調査では，公営，民営ともほとんどの保育所に「気になる子」が在籍している状況となっている。

　このように幼稚園，保育所等においても障害のある幼児の受け入れは量的拡大が図られてきているが，それに伴い新たな検討課題も生じている。1つは，多数の健常幼児集団の中に少数の障害幼児という統合保育の前提が成立しなくなりつつあることである。そのため，1クラスに複数の障害のある幼児と複数の障害の可能性のある幼児が在籍するなど，多様な幼児集団を前提とする保育を

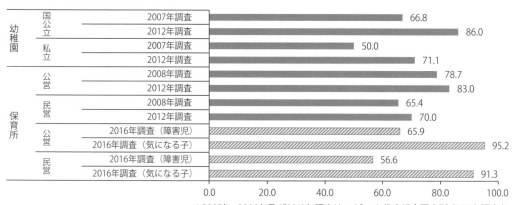

※2007年，2008年及び2012年調査は，ベネッセ教育総合研究所（2012）調査を，2016年調査は日本保育協会（2016）調査を基に作成した

図1　特別支援を要する幼児が在籍する園の割合

構想していくことが求められているといえよう。
2つめは，障害の可能性のある幼児がほとんどの園に在籍する状況になりつつあることである。つまり，早期発見・支援の場として，幼稚園，保育所等における「気づき」の段階からの支援の方策が必要とされているといえよう。

2．幼稚園，保育所等の保育・教育体制の整備状況

図2は，文科省（2016）の調査による2015年度の幼稚園及び幼保連携型認定こども園の特別支援教育体制の整備状況についてまとめたものである。小・中学校と比べると低いものの，多くの項目で前年度の実施率を上回り着実に取組が進んでいる。また，すべての項目において私立は公立より実施率が低く，特に①校内委員会の設置，③特別支援教育コーディネーターの指名，⑧教員研修の受講状況等で公私の格差が大きい。保育所については，日本保育協会（2016）の調査によれば，「障害のある幼児」の支援のために個人別の保育・支援計画がある保育所は78.9％，チェックリストやアセスメントを活用している保育所は34.6％，対応マニュアルを保有している保育所は30.1％であった。一方，「気になる子」の支援にチェックリストやアセスメントを活用している保育所は36.0％，対応マニュアルを保有している保育所は25.3％であった。また，集団保育を行う上で82.1％の園が「気になる子」への対応に「大変むずかしい」，「ややむずかしい」と回答し，難しさを感じている状況が明らかとなった。

特別支援教育の制度化以降，個別の指導計画等の認知度は増し，幼稚園，保育所等においても在籍する障害のある幼児への教育・支援の体制は整いつつあるといえよう。しかし「個々の子どもたちの教育的ニーズにどのように応えていくかという具体的な方策について，校内委員会が核となって充分に検討する状況には至っていない」と菊田他（2014）が指摘するように，体制整備の質的検討や，幼児教育の質を確保できる体制，地域療育との連携を含めた体制の整備の検討が必要とされよう。

Ⅱ　インクルーシブ保育の展開に向けて
1．インクルーシブ保育と統合保育

幼稚園や保育所等で行われる障害のある幼児の

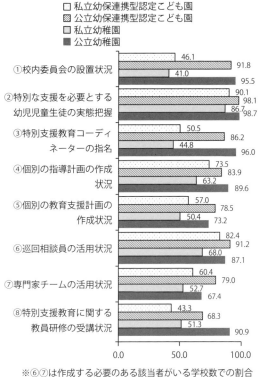

図2　特別支援教育体制整備状況（平成27年度）

保育についてインクルーシブ保育という言葉が用いられることが増えてきた。インクルーシブ保育は一般的には障害の有無に関わらず多様な幼児を一緒に保育することであるとされるが，統合保育との違いは明確ではない。この点について浜谷（2014）は，「統合保育実践は，健常児の保育の場に障害児が統合されることを前提としてきたが，それは，子ども一人一人の多様性と基本的人権を保障して，どの子どもも保育の活動に参加することを実現するインクルーシブ保育とは原理的に異なる」として，保育の状態を以下の4つに大別し「インクルーシブ保育は，そのなかの特定の状態として定義され，統合保育とは区別されることになる」と理論的に提起している。

A：インクルーシブ保育（統合・参加型）
B：インクルーシブ保育（分離・参加型）
C：統合保育（ダンピング型）
D：分離保育（隔離・孤立・隠ぺい型）

そして，インクルージョンの対概念である排除を「子どもの重要な人権，つまり，発達権，学習権，意見表明権などが十分に尊重されずに，保育

の主要な活動に参加できない状態」と定義することで、排除ではないインクルーシブな保育場面の特徴を明確にしている。また、保育における子ども集団についても「多数派のための保育を少数派に強制する保育とは異なる構造としての集団と保育が想定されなければならない」とし、「子ども一人一人の違い、多様性・複数性を前提として保育が創造されることがインクルーシブ保育の特徴でなければならない」と述べている。

このように整理することで、浜谷（2014）は「統合保育と称した保育がインクルーシブ保育実践になる場合もあるが、むしろ排除的な実践となる場合があること、一方で、分離状態であっても、インクルーシブ保育実践であるということが理論的にはありうる」と問題提起している。新たな時代の保育のあり方をどのように展開するのかが問われていると言えよう。

2．インクルーシブ保育と幼児教育

幼稚園における幼児教育は、「環境を通して行う教育」を基本としており、幼児の自発的な活動としての遊びを中心とした生活を通して、一人一人に応じた総合的な指導を行うものである。その中で障害のある幼児の指導に当たっては、2008年に告示された現在の幼稚園教育要領に「集団の中で生活することを通して全体的な発達を促していくこと」、「指導についての計画や支援のための計画を個別に作成すること」、「個々の幼児の障害の状態などに応じた指導内容や指導方法の工夫を計画的、組織的に行うこと」が示されている。このような遊びを中心とする幼児教育は、障害のある幼児にもなじみやすい面もある。しかしながら、障害の状態に応じた生活や学習上の困難を改善又は克服するため適切な指導及び必要な支援を充実させることと、個と集団との関係性を大切にしながらクラス集団の中で幼児を育てていくことの両立は簡単ではない。

吉川（2015）は、現在の障害児保育において検討すべき課題として、まず「障害児保育における「遊び」の意義の検討」を挙げている。「障害幼児を対象とした場合、幼稚園教育の中心的活動である遊びが、幼児の興味・関心から始まるのではなく、障害特性の改善を目的とした、保育者の指導性の強い手段として扱われる事例が増えてきている」と指摘し、障害特性論による支援の必要性や貢献を認識しつつも「従来の保育が大切にしてきた、幼児自身が主体的に遊びに取り組むこと、そして遊び込むことの発達的意味と、それが障害幼児について看過されることにより生じる弊害とは何か」について検討することが必要であるとしている。また、「個別の指導計画に保育者が記載する目標について、幼稚園生活や集団生活への適応に関連する内容が多く、幼児の興味・関心の広がりや、表現の楽しさに関連する内容が少ない」ことを指摘し、「参加／不参加」「できる／できない」といった障害のある子どもの個体能力的な発達を評価する「二項対立的な状況を克服しうる発達理論の構想と実現」を2つめの検討すべき課題として挙げている。浜谷（2014）と同様に、インクルーシブ保育実践を追求する上で深めていくべき課題と言えよう。

なお、2018年度実施に向けて改訂の検討が進められている次期幼稚園教育要領では、教育課程全体を通じたインクルーシブ教育システムの構築を目指す観点から、特別支援教育に関する内容が更に充実される予定である。具体的には、日々の幼稚園等の活動の中で考えられる困難さに対する指導や支援の工夫の意図、手立ての例を示すこと、「個別の教育支援計画」や「個別の指導計画」の作成・活用の留意点を示すこと、共生社会の形成に向けた障害者理解の促進等の観点から障害理解や交流及び共同学習について教育活動全体での一層の推進を図ることなどである。これらは、次期保育所保育指針、次期幼保連携型認定こども園教育・保育要領にも反映されることが検討されている。

3．移行支援と就学支援

特別支援教育では、乳幼児期から学校卒業後までの長期的視点で一貫した指導や支援を行うことや、幼稚園・保育所と学校、家庭、地域の関係機関とが連携した支援が重要とされている。

この内、幼児期から学童期への移行を支える就学支援について、真鍋（2016）は早期からの継ぎ目のない支援を行っている米国の移行支援システムを参考にしながら、わが国の就学支援に関する先行研究を批判的に検討している。そして、「現

行の就学支援のシステムは，幼稚園（保育所等）－小学校という強固な学校教育制度の線上に位置づいており，スピーディでコストの低い，各地域の実情に見合った就学支援の実現が期待される」が，その効果を得る対象は限定的であること，また，現在の就学支援では「情報集約の方法と情報提供の仕方に焦点が当てられているが，そうした情報が果たして子どもの新生活への適応に向けてどのような役割を果たしたのか，そこまで見ている実践例は非常に限られている」ことを指摘し，現行の就学支援が「支援者主体で展開される特定の支援活動の開発と，事例への画一的適用である」と述べている。「就学前の文脈で「よかった」ものが，就学後の違う文脈でも同様に「役に立つ」ものか」「用いる活動やツールは何のために用いるのか」との指摘にあるように，就学支援を単なる情報提供の場に終わらせるのではなく，就学後の子どもと家族の生活が充実するための「保護者との合意形成」の場となるよう，情報の内容や情報の活用方法について検討される必要があろう。

Ⅲ　教育と福祉の連携

障害児支援については，2016年の児童福祉法改正において，障害児や家族にとって身近な地域で必要な発達支援を受けられるよう障害種別ごとに分かれていた障害児の給付体系が通所・入所の利用形態別に一元化されるとともに，放課後等デイサービスや保育所等訪問支援が創設された（厚生労働省，2015）。また，学校で作成される個別の教育支援計画等と障害児通所支援等における個別支援計画との連携を確保し相乗的な効果が得られるようにすることなど，教育と福祉の連携の一層の推進が求められることとなった。この内，保育所等訪問支援は，児童発達支援，放課後等デイサービスと比較すると規模はまだ小さいが，障害者総合支援法に基づく次期障害児福祉計画で，平成32年度末までに，すべての市町村において児童発達支援センターによる保育所等訪問支援を利用できる体制を構築することが検討されている。

このように福祉における障害児の支援も多様化しているが地域格差は大きく，そもそも保育所においては，待機児問題，入所児増に伴う保育条件の悪化への対応が急がれる中，教育と福祉の連携は容易ではない。しかしながら近藤（2014）は，障害児等療育支援事業や巡回支援専門員整備事業等による巡回相談が，園に主導権がある取り組みであるのに対し，保護者と児童発達支援センターとの契約による保育所等訪問支援事業は，保護者と児童発達支援センターに主導権が移ること，障害児支援機関が幼稚園等の教育機関に足を踏み入れることの意義は大きいことを指摘し，児童発達支援センターの支援内容が幼稚園にふさわしいものであるか否かも含め，実践を検討するための土台が広がる可能性への期待を述べている。

〈文献〉

ベネッセ教育総合研究所（2012）第2回　幼児教育・保育についての基本調査報告書．

浜谷直人（2014）インクルーシブ保育と子どもの参加を支援する巡回相談．障害者問題研究，42(3)；178-185．

菊田真代・宮本秀雄・木船憲幸（2014）幼稚園教諭が抱く個別の指導計画の作成に関する困難感．特別支援教育実践センター研究紀要，12；59-67．

近藤直子（2014）乳幼児期の発達保障における保育所・幼稚園の役割．障害者問題研究，42(3)；162-169．

厚生労働省（2015）社会保障審議会障害者部会（第70回）資料1-1 障害児支援について．

真鍋健（2016）幼児期から学童期への移行支援を支える就学支援の考え方と具体的方法．発達障害研究，38(3)；248-256．

文部科学省（2016）平成27年度特別支援教育体制整備状況調査結果について．

文部科学省（2016）幼稚園，小学校，中学校，高等学校及び特別支援学校の学習指導要領等の改善及び必要な方策等について（答申）（中教審第197号）．

日本保育協会（2016）保育所における障害児やいわゆる「気になる子」等の受入れ実態，障害児保育等のその支援の内容，居宅訪問型保育の利用実態に関する調査研究報告書．

吉川和幸（2015）我が国の幼稚園における障害児保育の歴史的変遷と現在の課題．北海道大学大学院教育学研究院紀要，第123号；155-172．

1-1 年齢別・学校種別

1-1-2
小学校における特別支援教育に関する研究
通常学級のユニバーサルデザインに焦点をあてて

阿部 利彦

Ⅰ　はじめに

2001年1月文部科学省の「21世紀の特殊教育の在り方について（最終報告）」により，障害の程度等に応じ特別の場で指導を行う「特殊教育」から障害のある児童生徒一人一人の教育的ニーズに応じて適切な教育的支援を行う「特別支援教育」への転換を図る必要性が示された。

特別支援教育においては，「個別の教育支援計画」（多様なニーズに適切に対応する仕組み），特別支援教育コーディネーター（教育的支援を行う人・機関を連絡調整するキーパーソン），広域特別支援連携協議会等（質の高い教育支援を支えるネットワーク）の3つがその柱として提言されている。

この時点では，ADHD児や高機能自閉症児等への教育的対応について効果的な指導方法等について検討することや，最新の情報技術（IT）を活用した指導の充実などについて若干触れられているものの，施設のバリアフリー化や就学指導のあり方，専門的人材の活用などシステム的な視点が強い。

しかし，2015年には，通常学級における授業の工夫，特に授業のユニバーサルデザイン化についての提言や論文が急激に増えてきている。本稿では，特に通常学級における授業の工夫についての研究に関する動向を整理してみたい。

Ⅱ　授業のユニバーサルデザイン

「ユニバーサルデザイン」とは，1985年にアメリカノースカロライナ州立大学のロナルド・メイスが提唱した考え方である。使う人に必要な情報がすぐわかる，使い方が簡単にわかって使える，少ない力で効率的に使えるなど，あらゆる人にとって使いやすいデザインを意味する。この考え方とバリアフリーの考え方との違いは，バリアフリーは障害を前提にその困難を解消するための考え方であるのに対し，「ユニバーサルデザイン」はあらゆる人にとって使いやすいということで全ての人を対象にした考え方であるといえる。「ユニバーサルデザイン」を見極める視点として，「ユニバーサルデザインの7原則」がある。

Ⅲ　「授業のユニバーサルデザインの7原則」

ユニバーサルデザインの視点を取り入れた授業について，その要件・要点を整理するに当たり，長江・細渕（2005）はユニバーサルの7原則の観点を，授業に置き換えている。

授業作りの観点で読み替えた「授業のユニバーサルデザインの7原則」
① 全ての児童が学びに参加できる授業
② 多様な学び方に対し柔軟に対応できる授業
③ 視覚や触覚に訴える教材・教具や環境設定が準備されている授業
④ 欲しい情報がわかりやすく提供される授業
⑤ 間違いや失敗が許容され，試行錯誤をしながら学べる授業
⑥ 現実的に発揮することが可能な力で達成感が得られる授業
⑦ 必要な学習活動に十分に取り組める課題設定がなされている授業
（長江・細渕，2005）

長江・細渕によると，障害の有無にかかわらず，子どもたちが同じ場で共に学ぶインクルーシブ教育を実践するには，幅広い発達段階に対応しうる

適切な教材を選択・開発することが不可欠であるとしている。

特別支援学級に在籍している児童が交流及び共同学習を行った図画工作および国語の授業において，このユニバーサルデザインの視点を取り入れた授業実践に関する研究が行われた。

ユニバーサルデザインと教育のユニバーサルデザインを7つの原則を通じてつなげた視点は，そのあとユニバーサルデザイン研究に多くの示唆を与えるきっかけとなった。

IV　ユニバーサルデザインの授業づくり

佐藤（2007）は，通常学級におけるユニバーサルデザインについて，発達障害などを含む配慮を要する子どもたちにとって「ないと困る支援」であり，どの子どもにも「あると便利で，役に立つ支援」としており，その結果として，すべての子どもの過ごしやすさと学びやすさが向上する，と考えている。

佐藤の視点をベースに算数科の授業分析を行った柳橋・佐藤（2014）によると，「支援の複線化」「学習活動のユニット化」「学習時差への対応」「視覚化」「動作化」「称賛の工夫と機会の拡大」の6点が，授業のユニバーサルデザインにおける重要な鍵になるとまとめられている。

支援の複線化については，授業目標を山の頂上とし，そこへの到達の仕方には多様な学び方（登山ルート）があるとし，これを佐藤（2014）は「学習の登山モデル」と名付けている。視覚的な学び方は視覚ルート，耳で覚えるのは聴覚ルート，そのほか触覚ルートや動作ルートなどがあり，これら多感覚ルートを複線的・同時的に提示する方法を取り入れることにより，目標に到達しやすくなるのである。

授業のユニバーサルデザインをイメージしやすくモデル化した佐藤の提案は，まさに授業ユニバーサルデザインをUD化したと言うことができる。

V　授業のUD化，実践の現状と難易度

授業のユニバーサルデザイン化については，その必要性を感じている教員は少なくないと考えられている。しかし，現場の多忙感もあり，実践に結びつきにくい場合が多い。では，現場の教員にとって実践に結びつきにくいのは，どのような取り組みなのだろうか。

近藤・岩田（2014）は，愛知県内の3市の小学校6校の教員の計125名に対して，質問紙調査を行った。この質問紙は愛知県常滑市立鬼崎南小学校で活用している「授業のユニバーサルデザインをしてみよう！——子どもが集中して授業に取り組むための30のポイント」を参考にして作成したものである。

実践度が高かったものには，教員が児童たちに対して意識的に注意喚起を促し，授業での指示や説明を理解させるための「教師の話し方」の項目に関する取り組みが多かった。また，「学習環境の整備」に関する取り組みなど，教室環境のUDに関する項目や学級経営に関する項目も実践度が高かった。

反対に，教材を活用した授業の進行，児童にとって見通しを持ちやすくした授業の進め方，叱責ではなく注意を与えること，共同学習の時間を設けることなど「授業の進め方」に関する項目や，その場での対応ではなく教員が事前に教材を用意したり，授業の流れを綿密に検討したりする必要のある「教材・教具の工夫」「課題設定」に関する項目では，実践度が低いという結果になった。

本研究における学校教員のユニバーサルデザインを目指した教育実践の難易度の順位を見ると，視覚的支援の実践が4位（30項目中）となっている。「視覚化」や「見通しを持たせる」支援の重要性についての認識は広がりつつあるものの，実践につながりにくい可能性があることが示された。

VI　学びのユニバーサルデザイン

アメリカの応用特別支援技術センター（Center for Applied Special Learning/CAST）は学びのユニバーサルデザイン（Universal Design for Learning）に関するガイドラインをまとめている。学びのユニバーサルデザインでは，すべての子どもにとって最適な1つの学習方法があるわけではないとされ，能力や個性についての多様なニーズを満たすためのさまざまな学習方法を用意すべきと考えられている。

涌井（2012）は全ての子どもに学びやすさを提供する学びのユニバーサルデザイン化を念頭に，発達障害のある子どもの在籍する通常学級における協同学習の授業方法や教材のアコモデーション（配慮・調整），アダプテーション（代替的な回答方法，改良された教材）について検討するための研究を行っている。

まず"学びのユニバーサルデザイン"の概念を取り入れた授業理論の構築による学びのユニバーサルデザイン・ガイドラインや，多重知能（マルチ知能），協同学習に関する文献資料の収集と整理を行った。

そして「学び方を学ぶ」授業の開発小学校1，2年生のクラスを対象とし，「学び方を学ぶ」授業の開発を行った。マルチ知能を子どもたちに理解・体験させる授業のほか，「やる気・記憶・注意」を理解・体験させる授業についても実践的な研究を行っている。

またユニバーサルデザイン化された協同学習の実践例の検討として，主に2つの研究をまとめた。

「学び方を学ぶ」授業と協同学習を組み合わせた指導の開発として，小学校3年生のクラスを対象に，漢字学習を課題とする協同学習を行った。その際，15分程度の「学び方を学ぶ」ミニレッスンを授業に組み込み，「学び方を学ぶ」授業と協同学習を組み合わせた指導の効果について検討した。

CASTのUDLを日本の教育に導入するためには，いくつか超えなければならないハードルがあると筆者は考えているが，涌井の研究はそのヒントを提供してくれている。

Ⅶ　授業のUD，ハード面とソフト面

片岡（2015）は鹿児島県内のK市小学校2校，36人の教員に質問紙調査を行った。その内8名については，あらかじめUDを活用している授業場面を見せて，どれだけUD化に気づくか問うたところ，教員によってその気づきには差があるものの，全体としてハード面での気づきが多かった。また実践でも，ハード面での活用が多いことがわかった。

特別支援教育を意識したユニバーサルデザイン教育については，交流学習の中での指導の工夫がやがて全体の子どもたちにとっても有効な手立てとなっているということに気づき，その気づきがユニバーサルデザイン教育を特別支援教育として意識する理由となっている可能性が示された。

教育のユニバーサルデザインというと，まだまだハード面，つまり教室環境のユニバーサルデザインへの意識が強く，本研究でいうソフト面（ことばかけの仕方や時間への配慮など学習活動でのUD化），いわゆる授業のユニバーサルデザインについての意識は弱い印象がある。

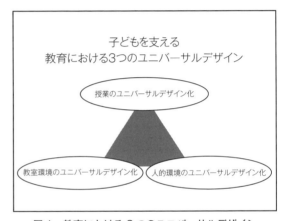

図1　教育における3つのユニバーサルデザイン

阿部（2013）は教育におけるユニバーサルデザインとは，"「より多く」の子どもたちにとって，わかりやすく，学びやすく配慮された教育のデザインである"と定義づけている。「授業のユニバーサルデザイン化」，「教室環境のユニバーサルデザイン化」，そして「人的環境のユニバーサルデザイン化」を3本の柱として，「教育のユニバーサルデザイン化」を形づくる見方を提案している（図1）。

Ⅷ　アクティブ・ラーニングのUD化

各学校においては，課題の発見と解決に向けて主体的・協同的に学ぶアクティブ・ラーニングについて積極的な取り組みが求められている。しかしアクティブ・ラーニングをどう取り入れていくかが，まだ「見える化」されていない。

小貫（2016）はアクティブ・ラーニングをUD化するために，第一段階「授業環境のUD化」，

第二段階「授業視点によるUD化」，第三段階「授業展開のUD化」が必要になると提案している。

授業のUD化においては，子どもの「わかった」「できた」という感嘆詞を引き出すことをイメージし，その感嘆詞が出てくる場面を授業の山場として，山場から計算した授業を設定していくことが重要であると小貫は考えている。

Ⅸ 授業UD研究のこれから

2009年5月に発足した「授業のユニバーサルデザイン研究会」は6年を経て大きく成長し，2015年9月より「日本授業UD学会」となった。理事長である桂（2016）は，授業のユニバーサルデザインを「特別な支援が必要な子を含めて、通常学級の全員の子が、楽しく『わかる・できる』ことを目指す授業デザイン」であると定義づけている。

授業のユニバーサルデザインはインクルーシブ教育の推進にとって必要不可欠なのはもちろんだが，柘植（2014）が「授業のユニバーサルデザインという考え方や手法は，始まったばかりで，その有効性や限界が，まだ整理されているわけではない」と述べているように，その実践研究はスタートしたばかりだと言えるだろう。

2016年に日本授業UD学会が発行を始めた研究誌「授業UD研究」なども今後さまざまな視点から教育のユニバーサルデザインの有効性や課題について検討していくための示唆を与えてくれるものと期待している。

〈文献〉

阿部利彦（2013）教育におけるユニバーサルデザイン化で目指す共生共育．共生科学研究；1-7．

片岡美華（2015）ユニバーサルデザイン教育と特別支援教育の関係性についての一考察．鹿児島大学教育学部研究紀要，66；21-32．

桂聖（2016）日本授業UD学会のグランドデザイン．授業UD研究，No00；2．

近藤友樹・岩田吉生（2014）小学校における特別支援教育の教育実践に関する調査研究—教員の自己の授業の振り返りとユニバーサルデザインの導入に関する基礎研究．愛知教育大学障害児教育講座障害者教育・福祉学研究，第10巻；7-13．

長江清和・細渕富夫（2005）小学校における授業のユニバーサルデザインの構想—知的障害児の発達を促すインクルーシブ教育の実現に向けて．埼玉大学教育学部紀要，54（1）；155-165．

長江清和・細渕富夫（2006）ユニバーサルデザインの発想を活かした授業づくり（Ⅰ）—知的障害学級と通常学級（小学校5年生）との図画工作科の合同授業．埼玉大学教育学部附属教育実践総合センター（5）；169-184．

長江清和・細渕富夫（2007）ユニバーサルデザインの発想を活かした授業づくり（Ⅱ）—知的障害学級と通常学級（小学校2年生）との国語科の合同授業．埼玉大学教育学部附属教育実践総合センター（6）；209-223．

小貫悟（2016）アクティブ・ラーニングと授業のユニバーサルデザイン．LD研究，25（4）；423-430．

佐藤慎二（2007）通常学校における特別支援—「あると便利」ユニバーサルデザイン提言：ユニバーサルデザインの授業づくりのために．特別支援教育研究，第596号；32-37．

柘植雅義（2014）ユニバーサルデザインの視点を活かした指導と学級づくり．p.5，金子書房．

涌井恵（2012）発達障害児の在籍する通常学級における協同学習のユニバーサルデザイン化に関する研究．国立特別支援教育総合研究所．

柳橋知佳子・佐藤慎二（2014）通常学級における授業ユニバーサルデザインの有用性に関する実証的検討：小学1年生「算数科」を通した授業改善を通して．植草学園短期大学紀要，15；49-56．

1-1 年齢別・学校種別

1-1-3 中学校における発達障害のある生徒に対する支援

大塚 玲

I 中学校の困惑

2012年12月，文部科学省から「通常の学級に在籍する発達障害の可能性のある特別な教育的支援を必要とする児童生徒に関する調査結果」が公表され，「学習面又は行動面で著しい困難を示す」児童生徒の割合は6.3％であることが示された。ただしこれは，小学生と中学生を込みにした数値である。この調査では学校種，学年別の詳細な集計結果も明らかにされている。それによると「学習面又は行動面で著しい困難を示す」小学生の割合は7.7％，中学生は4.0％であり，小学校から中学校へと学年が進むにつれてその割合が減少することも示された。

この数字をもって，小学校から中学校にかけて発達障害の可能性ある児童生徒の割合が半減するとみなすのは早計であろう。また，中学生になることで発達障害に伴う困難が軽減することを意味するものでもない。おそらく小学校と中学校では，発達障害のある子どもたちに対する教員の意識や見方，そしてなにより子どもたち自身が見せる姿も大きく変わるということであろう（大塚，2013）。

小学校で発達障害が疑われた子どもが，中学校では学力不振や不登校，あるいは生徒指導対象者といったように，子どもの抱える困難の現れが変化するのである。そのことを筆者が痛感したのは，2001・2002年度の2年間に全国で展開された「学習障害児（LD）に対する指導体制の充実事業」（以下，LDモデル事業と略す）の専門家チームの一員として初めて研究協力校を訪問したときである。研究協力校となる小学校ではLDをはじめ発達障害が疑われる子どもが何人もいて，そうした子どもたちの対応に担任らは大変苦慮しているということであった。しかし，そこからすぐ近くにある中学校はまったく対照的であった。LDが疑われる生徒は2人しかいないし，多少手がかかるだけで学校としては特段困っていない。中学校の教員が苦慮しているのはそのような生徒ではない。なぜ中学校でこのようなモデル事業が必要なのかと，研究協力校に指定されたことに困惑している様子であった（大塚，2013）。

II 特別支援教育への転換に向けての動向

LDモデル事業は，「学習障害及びこれに類似する学習上の困難を有する児童生徒の指導方法に関する調査研究協力者会議」によって，1999年にとりまとめられた「学習障害児に対する指導（最終報告）」を受けて実施されたモデル事業である。事業の目的は，最終報告の中で示されたLD児の判断・実態把握の基準，手続き等の有効性を検証するとともに，LD児に対する指導方法の確立を図ることであった。そのためこの事業では，「小・中学校に校内委員会を設置し，学校における実態把握を行うとともに，教育委員会に置かれる専門家チームの意見を踏まえてLDの判断や適切な教育的対応を決定するほか，専門家による巡回指導が実施された（文部科学省，2003）。

「特別支援教育の在り方に関する調査研究協力者会議」が開始されたのが2001年10月，「今後の特別支援教育の在り方について（最終報告）」がとりまとめられたのが2003年3月であることを考えると，その当時，発達障害の知識や理解がほとんどなかった中学校の教員にとって，学校で新たな仕組みを作って取り組んでいくことに，不安や抵抗があったのは無理もないことかもしれない。また，このモデル事業では，LDの児童生徒が対象となっていたが，学校側は教室から抜け出

したり，集団行動がとれなかったりする児童生徒への対応に苦慮しており，事業の主旨と学校側のニーズにずれがあったことも否めない。さらに，対象となる児童生徒の保護者に，専門家チームが知能検査などを実施するための承諾を得たり，巡回相談の日程調整をしたりする必要があり，そうしたことに慣れていない学校にとっては心理的にも事務的にも相当の負担となったようである。しかし，このLDモデル事業によって，それまで小・中学校の教員にとって，「困った子」とか「扱いにくい子」といった意識で捉えられていたLDやADHD等の発達障害の子どもたちが，特別な教育的支援の必要な子どもたちとして位置づけられ，全国の小・中学校で支援のための校内体制の整備が開始される契機となったことは疑いようもない事実である。

さて，LDモデル事業が全国で展開されている間，文部科学省には特殊教育から特別支援教育への転換を方向づけた重要な2つの調査研究協力者会議が設置された。2000年6月から始まった「21世紀の特殊教育の在り方に関する調査研究協力者会議」と2001年10月から始まった「特別支援教育の在り方に関する調査研究協力者会議」である。2001年1月にまとめられた「21世紀の特殊教育の在り方について（最終報告）」では，LDに加え，ADHDや高機能自閉症等通常の学級に在籍する特別な教育的支援を必要とする児童生徒等への教育的対応の必要性が提言された。さらに，2003年3月の「今後の特別支援教育の在り方について（最終報告）」では，LD，ADHDなどの児童生徒への総合的な支援体制を確立する必要があるとして，小・中学校での特別支援体制の確立が提言された。具体的な仕組みとして学校内及び関係機関や保護者との連絡調整役として「特別支援教育コーディネーター」を明確に位置づけること，LD，ADHD等を含めすべての障害のある子どもについて教育的支援の目標や基本的な内容等からなる「個別の教育支援計画」を策定することなどが提言されたのである（大塚，2006）。

2003年度より開始された「特別支援教育推進体制モデル事業」では，LDモデル事業で整備を進めた支援体制を，推進地域内のすべての小・中学校に拡充し，また対象としてADHD，高機能自閉症を加えることになった。さらに2005年度からは「特別支援教育体制推進事業」が実施され，小・中学校での取組に加えて幼稚園，高等学校の各段階においても適切な対応が図られるよう体制整備が推進された。このように，文部科学省は特別支援教育が正式に開始される2007年度までにすべての学校でLD，ADHD，高機能自閉症等に対する支援体制を整備することを目指し，各都道府県にモデル事業を委嘱し，その推進を図っていったのである。

Ⅲ　中学校における特別支援教育体制整備の状況

文部科学省による全国規模の特別支援教育推進のためのモデル事業の展開によって2001年当時に比べると，発達障害のある生徒に対する中学校の取り組みは大きな進展をみせている。文部科学省が毎年実施している特別支援教育体制整備状況調査結果によると，2004年に公立中学校における「校内委員会の設置」は69.2％，「実地把握」は52.6％，「特別支援教育コーディネーターの指名」は46.4％にすぎなかったが（文部科学省初等中等教育局特別支援教育課，2011），2015年には「校内委員会の設置」が99.9％，「実地把握」が98.7％，「特別支援教育コーディネーターの指名」が100％と，基礎的な校内支援体制はほぼすべての公立中学校で整備されていることがわかる。また2015年度，学校が個別の指導計画の作成が必要だと判断している人数のうち，実際に計画が作成されている人数の割合は，小学校で83.7％，中学校で79.2％であり，同様に学校が個別の教育支援計画の作成を必要だと把握している人数のうち，実際に作成している人数の割合は，小学校で76.3％，中学校で74.2％（文部科学省初等中等教育局特別支援教育課，2016）と，数字の上では中学校の特別支援教育体制整備の実施状況は小学校と遜色ないものになってきている。

Ⅳ　中学校で有効に機能する校内支援体制とは

しかし特別な支援を必要とする子どもたちへの取り組みや教員の理解度は，小学校と中学校ではまだまだ温度差があるという声も聞かれる。中学

校は不登校の生徒や非行などの問題行動のある生徒、そして学習の遅れから進路の目標を失っている生徒など困難を抱える生徒が小学校に比べ大きく増える。教師は学級経営や教科指導、部活指導等のさまざまな校務分掌に追われている中で、それらの課題に対応しなければならない（磯貝，2007）。そのような多忙な中学校の現場で、特別支援教育の校内体制を築いていくことの難しさはこれまでも多く指摘されてきた。

磯貝（2007）は、特別支援教育推進体制モデル事業の指定校等、特色のある取り組みをしている中学校に訪問調査を行い、中学校において校内支援体制づくりを進めるにあたり重要と思われる機能面に焦点を当てて検討している。その結果から、中学校における校内支援体制づくりには、「気づきの機能」「実態把握の機能」「支援の機能」「相談の機能」「連絡調整の機能」「研修の機能」の6つの機能が重要であり、自校の校内支援体制をチェックし、それらを課題にして取り組んでいくことが必要であると指摘している。また、中学校の校内支援体制づくりでは、「学力向上」「不登校対策」「生徒指導上の問題」等、各学校が抱える課題に対応した校内支援体制づくりが大切であると述べている。

大石（2006）は、行動コンサルテーションという応用行動分析学の方法論に基づき、自らが巡回相談員として関わる中で、特別な教育的ニーズのある中学生の学業適応促進を目指した学校支援の取り組みを報告している。幼稚園や小学校のように学級担任制を基盤にする場合と、中学校や高等学校のように教科担任制を基盤にする場合とでは、介入効果の表れ方が異なる可能性がある。中学校や高等学校の場合には、学校全体の取り組みとして全教職員への共通理解を図り、学級担任以外の教科担任も支援対象生徒の学業適応を促進するための効果的な対応方法を徹底しなければ、その効果の及ぶ範囲は限局されてしまう。そのため、校内支援チームの組織化や学級担任を含む学校関係者との協議、学校全体の共通の取り組みを行う特別な仕掛けが必要になると大石（2006）は指摘している。大石（2006）は、対象生徒の逸脱行動の機能分析を行い、その結果から、①行動の手がかりを具体的なものにし、②個別指導機会に教示要求や質問を促し、③代替的な対処方法を指示し、④必要に応じて介助することが効果的な対応方法であると考えた。それを校内支援チームに伝えるだけでなく、校内研修全体会を開催することで、全教職員に周知を図った。このように、学級担任以外の多くの教科担任にも共通理解が得られるよう校内体制の整備を進めていったことが成果に結びついたのである。

V 発達障害のある中学生への支援・指導方法

発達障害のある中学生に対して特別支援学級や通級指導教室といった特別な教育の場ではなく、通常学級において実施された支援実践の報告は、小学生に比べてまだまだ数が少ないが、少しずつ有効な知見が積み重ねられつつある。

藤原ら（2012）は、中学校に始業前のオープン教室「朝教室」を設置し、学習困難を示す生徒に対する学習指導を試み、教師が実行しやすい教室の設置方法や生徒の通室を促し、課題遂行を高める指導方法について検討している。オープン教室とは、学習障害及びこれに類似する学習上の困難を有する児童生徒の指導方法に関する調査研究協力者会議（1999）が「学習障害児に対する指導について（報告）」において、学習障害や学習につまずきを持っている児童生徒が自由に参加できる授業時間外の個別指導の方策の一つとして提言したものである。オープン教室は、一斉授業を抜け出す必要がないため、生徒の抵抗感が少なく、学習障害のある生徒への有効な指導の場となりえる。また、生徒の誰もが自由に参加できるようにすることで、学習障害のある生徒だけでなく、すべての生徒に対する学習指導の場としての可能性が期待できる。しかし、中学校で学習困難や問題行動を示す生徒を対象とする場合、オープン教室をただ単に設置するだけでは、生徒の継続的な通室行動や通室時の課題遂行の促進は期待できない。オープン教室の開設時間や生徒の通室を促すための特別な働きかけ、生徒の課題遂行を高めるための指導方法の検討などが不可欠になると藤原ら（2012）は指摘している。藤原ら（2012）が関わったある公立中学校のオープン教室では、生徒の通室を促すため、

学年の生徒全員と保護者に教室の案内を行い，困難生徒には個別の声がけを行った。教室で生徒が取り組む課題は，数学と社会科のプリント課題とし，生徒自らがプリント課題の選択を行い，採点するセルフ方式を取り入れた。こうした取り組みの過程で，教師のマンツーマンによる指導が困難生徒の課題遂行を高めること，三者面談や友人関係を生かした個別の声がけが困難生徒の通室を促すこと，教師の指導に要する負担の軽減が教室の継続を支えることを明らかにしている。

　発達障害のある中学生にとって学力の問題もさることながら仲間関係の問題も小学校の時にくらべ，より複雑で深刻となる。中西ら（2014）は，中学校の通常学級に在籍する自閉症スペクトラム障害のある生徒や自閉的特性の高い生徒は，周囲に友だちがいないといった高い孤独感をもつことや，援助を必要とする時に友人からの支援を期待できないといった質の低い友人関係であることを明らかにしている。そのため，そのような生徒に対しては，社会的スキルの向上とともに，仲間からの受容感の低さ，孤立感の改善を目指した介入が必要であり，自然な環境や仲間との相互作用を利用しながら実施できる通常学級での集団社会的スキル訓練の必要性を指摘している。

　中西ら（2016）は，中学校の通常学級で社会的スキル訓練を実施し，その結果，自閉的特性の高い生徒の社会的スキル全般の有意な向上，とりわけ向社会的スキル得点の上昇傾向と攻撃行動得点の有意な低下が示されたことを報告した。中西ら（2016）は他者への配慮や援助などの向社会的スキルが上昇傾向を示した理由として，社会的スキル訓練のターゲットスキルとして選定した「聴くスキル」や「主張スキル」の指導において，相手が気持ちのよい聞き方・話し方と相手が不快になる聞き方・話し方のモデルを示すなど，相手の気持ちに着目した内容で実施したことをあげている。また，攻撃行動の低下に関しては，「感情コントロールスキル」の指導の中で，怒りが喚起される場面において感情をコントロールした上で適切な主張を行うなどの内容をモデルで提示し，ロールプレイを実施したことをその要因としてあげている。一方で，友人関係における適応感の変化はみられなかったことも報告している。自閉症スペクトラム障害の生徒は仲間から否定的なラベリングをされている可能性が高く，そのため社会的スキル訓練によってもたらされる社会的スキルの獲得が，仲間からの評価を即時的に変容するには十分であるとは考え難く，仲間関係の改善には時間がかかると推定している。社会的スキル訓練で獲得した社会的スキルを長期的にどのように維持していくか，そして適応感をどのように向上させるのかが今後の重要な課題である。

〈文献〉

藤原洋樹・村中智彦（2012）学習困難を示す中学生のオープン教室における学習指導―朝教室の設置と指導方法を中心に．特殊教育学研究，50(2)；193-204．

学習障害及びこれに類似する学習上の困難を有する児童生徒の指導方法に関する調査研究協力者会議（1999）「学習障害児に対する指導について（報告）」．文部省

磯貝英雄（2007）通常学級に在籍する特別な支援を必要とする生徒への教育的支援について：機能面に焦点をあてた中学校の校内支援体制づくり．国立特殊教育総合研究所研究紀要，34；93-110．

文部科学省（2003）学習障害（LD）への教育的支援―続・全国モデル事業の実際．ぎょうせい．

文部科学省初等中等教育局特別支援教育課（2011）平成22年度特別支援教育体制整備状況調査．文部科学省．

文部科学省初等中等教育局特別支援教育課（2016）平成27年度特別支援教育体制整備状況調査結果について．文部科学省．

中西陽・石川信一（2014）自閉的特性を強く示す中学生の社会的スキルと学校適応．心理臨床科学，4(1)；3-11．

中西陽・石川信一・神尾陽子（2016）自閉スペクトラム症的特性の高い中学生に対する通常学級での社会的スキル訓練の効果．教育心理学研究，64(4)；544-554．

大石幸二（2006）特別な教育的ニーズのある中学生の学業適応促進を目指した校内支援体制の整備．行動分析学研究，20(1)；53-65．

大塚玲（2006）LDやADHDの子どもへの通級による指導の意義．特別支援教育，22；4-7．

大塚玲（2013）中学生にふさわしい支援モデルを．LD研究，22(3)；1．

1-1 年齢別・学校種別

1-1-4
高等学校における特別支援教育の充実
到達点からみた成果と課題

小田 浩伸

Ⅰ　はじめに

　平成19年度から「特別支援教育」に大きく転換し、高等学校においても学校の特色に応じた特別支援教育の推進に向けた取組が進められてきた。さらに、平成28年4月から施行された「障害を理由とする差別の解消の推進に関する法律」に伴い、合理的配慮の概念が提唱され、障害のある生徒が他の生徒と同様に「教育を受ける権利」を享有・行使することが確保されてきている。

　高等学校においては、特別支援学級や通級指導教室の設置がなかったことから、特別支援教育の蓄積がない状態からのスタートになったが、この10年の取り組みで着実な進展がみられてきた。

　本稿では、高等学校における特別支援教育推進の根拠・基盤となった主な関係法令や答申等を踏まえ、特別支援教育の体制整備と指導・支援の充実に向けた取組の成果と課題について考察する。

Ⅱ　高等学校における特別支援教育の展開

1．特別支援教育推進の基盤と根拠になった主な関係法令・答申等について

　高等学校の特別支援教育は、次の流れで示された関係法令や答申等が基盤・根拠となり、支援体制整備や指導・支援が展開・充実してきた。

1）特別支援教育を推進するための制度の在り方について（答申）

　高等学校における特別支援教育は、平成17年12月8日の中央教育審議会答申で初めて文部科学省において言及された。

2）学校教育法の改正

　平成19年4月1日の学校教育法の改正において、高等学校においても、教育上特別の支援を必要とする生徒に対し、障害による学習上または生活上の困難を克服するための教育を行うことが明記された。

3）特別支援教育の推進について（通知）

　平成19年4月1日の文部科学省初等中等教育局長通知において、特別支援教育は全ての学校で実施されるものと明記された。

4）高等学校学習指導要領

　平成21年3月に告示あれた現行の高等学校学習指導要領に、障害のある生徒の指導に関する記述が独立した項目として明示された。

5）高等学校における特別支援教育の推進について（報告）

　平成21年8月27日に「特別支援教育の推進に関する調査研究協力者会議」の「高等学校ワーキング・グループ」の報告が取りまとめられた。その中で、高等学校における特別支援教育の推進体制整備、及び発達障害のある生徒への教育支援（入試試験配慮等）、通級による指導の制度化に向けた実践の必要性等、高等学校における特別支援教育を推進するために必要な方策等が示された。

6）共生社会の形成に向けたインクルーシブ教育システム構築のための特別支援教育の推進（報告）

　平成24年7月23日に中央教育審議会初等中等教育分科会が取りまとめた本報告には、インクルーシブ教育システムの構築に向けた今後の特別支援教育の方向性が整理して報告された。高等学校の入学選抜における配慮や、高等学校において自立活動を指導できるよう、特別の教育課程の編成に関する検討の必要性等が提言された。

7）文部科学省の研究・開発事業

　平成26年に「高等学校における個々の能力・才能を伸ばす 特別支援教育充実事業」を開始し、

障害に応じた特別の指導を高等学校においても実施する実践研究が進められてきた。

8）高等学校における通級による指導の制度化及び充実方策について（報告）

平成28年3月31日に高等学校における特別支援教育の推進に関する調査研究協力者会議が取りまとめた報告において、高等学校における通級による指導の制度化及び充実方策が提言され、平成30年度から高等学校において通級による指導を実施する方向性が示された。

2．特別支援教育の体制整備について

文部科学省が実施している「特別支援教育体制整備状況調査（全国集計）」の平成27年度版から、高等学校における特別支援教育の体制整備状況の成果と課題について考察する。

1）公立高等学校における体制整備状況（図1）

特別支援教育がスタートした平成19年度と平成27年度の体制整備に関する達成数値を比較すると、「校内委員会の設置」は50.2％→99.7％、「実態把握の実施」は36.5％→93.9％、「特別支援教育コーディネーターの指名」は46.8％→99.9％、と大幅に増加しており、校内支援体制については、着実に進展していることが確認できる。

さらに、「研修の実施」は25.1％→74.1％となり、高等学校の教員が特別支援教育に関する研修を受ける機会が増えたことは、この10年の大きな成果である。しかし、発達障害等の理解と支援に関する認識は高まってきているが、まだ学校間、学校内の認識差も大きく、さらなる研修の必要性も指摘されている（日野・熊谷，2014）。

こうした、数値からみた校内支援体制の充実が、必ずしも全ての学校で機能し、効果的に活用されていない現状も報告されている（藤井・細谷，2012：肥後・熊川，2013）。今後は構築された校内支援体制の機能が形骸化されないように、管理職のリーダーシップのもと学校全体で活用していくことが重要であり、その検証研究が期待される。

一方、課題としては、「個別の指導計画の作成」は4.8％→37.9％、「個別の教育支援計画の作成」は4.1％→28.6％、「巡回相談の活用」は24.4％→50.4％、「専門家チームの活用」は12.9％→36.0％と、各々の数値は増加しているが、体制整備として十分な数値とは言い難い。個別の教育支援計画及び個別の指導計画の実施については、小中学校に比べて極めて低い数値である。

個別の教育支援計画及び個別の指導計画は、生徒の実態に即して適切、かつ継続的・系統的な支援が展開していくために、また、中高・高大・就労機関等との連携協力のためのツールとして、さらに、大学入試センター試験の配慮認定において求められるエビデンス提示資料として、特別支援教育の展開における重要な役割を担っている。このことから、小中学校の先行した取組を共有したり、特別支援学校のセンター的機能を活用する等、さらなる充実に向けた方策が重要な課題である。こうした課題に向けて、大阪府は平成26年度から府立高等学校のすべての生徒を対象に「高校生活支援カード」を導入し、この基礎的なニーズ把握

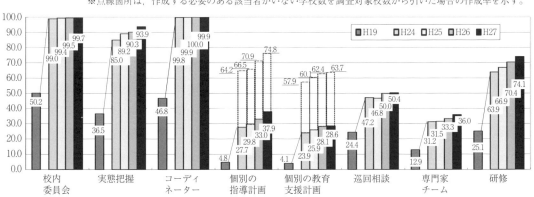

図1　公立高等学校における体制整備状況の推移

を前段階として，個別の教育支援計画や個別の指導計画の作成につなげていく取組をはじめている。

2）国公私立の高等学校の項目別実施率（図2）

国公私立の高等学校における項目別実施率を比較すると，国公立に比べて私立の実施率が極端に低い状況である。

名村・柘植（2010）は，公立進学校，公立一般校，私立進学校各2校を対象に調査を行い，私立進学校の教員は，公立進学校・一般校の教員よりも気になる生徒への気づきが極端に遅く，指導・支援の知識も具体性を欠いていることを指摘している。同様に，私立校の遅れを指摘している報告（小木曽・都築，2016）もあり，私立高等学校の特色と独自性を活かした新たな体制整備の対策が喫緊の課題となっている。

3）国公私立計・学校種別 項目別実施率（図3）

学校種を俯瞰的に比較すると，高等学校（国公私立）の実施率はまだ低い状況である。小中学校と高等学校では，スタートの環境整備が違うことから進捗状況を単に比較することはできないが，中学校卒業後の高等学校等への進学率は98％を超えている現状から，すべての高等学校における支援体制の充実に向けた取組が急務である。

3．高等学校における指導・支援の展開と課題

1）特別支援教育の先進的な実践

高等学校の多様な生徒の実態と学校の特色を生かした先進的な取組（京都朱雀高校特別支援研究チーム，2010，成山・有本，2012，玉木学園長崎玉成高等学校，2015）が紹介されており，今後更なるニーズに応じた実践の展開が期待される。

2）気づきから効果的な支援につなぐ課題

高等学校の教員への意識調査から，多様なニー

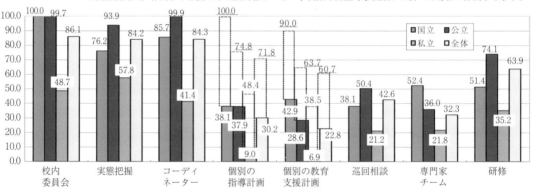

図2　国公私立別・高等学校の項目別実施率

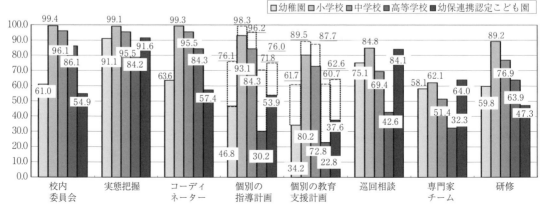

図3　国公私立・学校種別の項目別実施率

ズのある生徒の認知度は進んできているが，校内支援体制が機能せず，実際の具体的支援につながっていない現状が報告されている（藤井・細谷，2012；肥後・熊川，2013；戸部・伊藤，2013）。

生徒の状況に気づきが遅れ，失敗経験の蓄積で自己肯定感が低下している生徒が多く見受けられていることから，できるだけ早期に保護者や中学校からの情報提供と引き継ぎを進める方策と，少しでも早く支援や配慮につなげていく機動的な校内支援体制の充実が急務の課題である。

3）「わかる」授業づくりの工夫

多様な学習ニーズのある生徒が複数在籍している現状から，学級全体への支援として「誰もがわかりやすい授業づくり」を推進していくことが根幹的な課題である。こうした授業改善に向けた研究の成果（大阪府教育委員会編，2012；佐々木・関戸，2016）を参考に，高等学校における授業のユニバーサルデザイン（基礎的環境整備）と，個別に必要な合理的配慮が一体となった授業づくりの推進を期待したい。

4）教育課程編成等の工夫

教育課程の検討，見直しの課題として，単位・進級・卒業認定等に関わる評価方法の工夫，多様なニーズに対応できる特別の教育課程編成の検討，学校設定科目・教科の活用等が挙げられる。

5）特別支援学校の分校・分教室の取組

高等学校の中に，特別支援学校の分校，分教室を併設した教育形態が増えてきているが，双方のニーズを踏まえ，高等学校における特別支援教育の推進にどのように寄与されているか等，その成果と課題を検証し，より効果的な分校・分教室の在り方のモデル提示とその普及が望まれる。

6）高等学校における通級による指導の取組

高等学校において通級による指導が平成30年度から開始されるが，「特別の教育課程」の編成に関する検討，担当教員の育成，自立活動の具体的指導の在り方等，新たな課題への挑戦がはじまっている。通級による指導の展開は，今後の高等学校における特別支援教育の展開に大きく影響を及ぼすと考えられることから，全国的な実践の共有や，小中学校，特別支援学校と連携強化した協働の実践研究とその成果検証が今後の課題である。

Ⅲ　おわりに

高等学校の特別支援教育は，この10年で制度の展開とともに，着実に実践が積み上げられてきた。

しかし，この間の実践の成果を検証する研究は少なく，今後さらに効果的な実践を進めていくためにも，その方向性と根拠を示す実証的な研究の進展が期待される

〈文献〉

藤井美鈴・細谷一博（2012）北海道公立高等学校における特別支援教育の現状と課題．北海道教育大学紀要　教科科学編，62(2)；77-86．

肥後祥治・熊川理沙（2013）特別支援教育導入期の高等学校における特別支援教育の進展に関する研究―P県における追跡調査より．鹿児島大学教育学部研究紀要　人文・社会科学編，64, 95-106．

日野雅子・熊谷恵子（2014）高等学校における発達障害のある生徒への配慮に関する調査研究．LD研究，23(3)；257-271．

京都朱雀高校特別支援教育研究チーム編（2010）高校の特別支援教育・はじめの一歩―これなら普通の高校でできる，私にもできる．明治図書．

文部科学省（2016）平成27年度特別支援教育体制整備状況調査結果．

名村美保・柏植雅義（2010）アンケート調査から「進学校」と呼ばれる高等学校における特別支援教育の現状と課題―生徒・教員への質問紙を通して（編集委員会企画：高等学校における特別支援教育）．LD研究，19(3)；247-252．

成山治彦・有本昌剛（2012）こうすればできる高校の特別支援教育―実践事例にもとづく必携ハンドブック．明治図書．

小木曽誉・都築繁幸（2016）高等学校のとく別支援教育の動向に関する一考察．愛知教育大学障害児教育講座編　障害者教育・福祉学研究，12；165-172．

大阪府教育委員会編著（2012）高校で学ぶ発達障害のある生徒のための共感からはじまる「わかる」授業づくり．ジアース教育新社．

佐々木一圭・関戸英紀（2016）特別な教育的ニーズのある定時制高校生に対する学習支援―協同学習に相互依存型集団随伴性を組み合わせた介入の検討．特殊教育学研究，54(2)；121-131．

玉木学園長崎玉成高等学校編（2015）特別支援教育とキャリア支援．同成社．

戸部孝綱・伊藤良子（2013）都立高等学校における特別支援教育の実態について―教職員の特別支援教育対応志向性との関連から．LD研究，22(3)；335-342．

1-1 年齢別・学校種別

1-1-5

大学等における発達障害学生への支援の充実

田中 真理

I 大学における発達障害学生支援の動向

1. 障害学生全体の動向

　高等教育機関に在籍する障害学生は年々増加しており，2015年度は21,721人で前年度（14,127人）より7,594人の増加，また全学生（3,185,767人）に占める障害学生の在籍率は0.68％で，前年度（0.44％）より0.24ポイントの増加であることが報告されている（日本学生支援機構，2016）。とはいえ，欧米の大学では10％前後であることをふまえると，これらの比較から考えたとき，日本は真のインクルーシブ修学環境というにはまだ及ばないという現状でもある。

　障害学生のうち，発達障害（診断書有）の学生は3,442人で，障害学生全体の15.8％を占めている。障害種別の人数・割合を多い順からみると，発達障害は病弱・虚弱の6,462人（29.8％），精神障害の5,889人（27.1％）に次ぐ多さを示している。また，障害学生への授業での支援および授業以外の支援を実施している学校数（全686校）について，障害種別に多い順番に並べると，発達障害が最も多い結果となっている（授業での支援383校，授業以外での支援382校）。具体的には，授業での支援としては配慮依頼文書の配布や履修支援，授業以外の支援としては社会的スキル指導（自己管理指導や対人関係配慮等），専門家によるカウンセリング，医療機関との連携があげられている。このように実施されているそれぞれの支援内容が，障害者差別解消法の施行をふまえて作成された各学校の対応要領をもとに，差別の禁止および合理的配慮の不提供の禁止という法の理念に則っているのかという照合とともにより一層の対応がすすめられている。これらの支援体制強化のために，全学校の8～9割において，障害学生に関する専門委員会や障害学生支援を担当する部署などの設置がすすめられている。

2. 発達障害特有の支援の観点とは

　上記の統計資料では，発達障害のみ「診断書有」と但し書きがされていることもわかるように，診断書はないが支援を行っている現状がある。つまり，発達障害の場合は要支援状況が生じていたとしても，当事者学生自身には障害特性からくる修学上の困り感がない，自身の障害特性に関する自己理解がすすんでいない，診断を受けていても当事者への診断告知がなされていないなどの状況が多く存在しているということである。このような状況のなかで，「発達障害疑い」や「発達障害傾向」という範疇で支援をうけている実態があることは想像に難くない。

　これらの実態を反映するべく，上掲の調査では，診断書のある発達障害学生に加え，診断書はないものの発達障害があることが推察され教育上の配慮を行っている者についても調査が行われている。それによると，発達障害（診断書有）学生3,442人を含め診断書無しで配慮のある支援障害学生と合わせた全体では5,523人で，前年度（5,425人）より増加していることが示されている。このように発達障害学生支援においては，周囲のひとにとって，他障害種とは異なり身体障害のように見てすぐに障害の存在がわかりにくく可視化しにくい障害特性であること，および当事者自身にとって自分の障害特性が自覚化しにくいといった点からの支援もまた求められるといえる。可視化のしにくさという点からは，発達障害の障害特性の理解やどのような支援が求められるかという支援状況に対する周囲の理解を深めることが求められるであろう。また，自覚のしにくさという点からは，

当事者の配慮要請行動を引き出し育てるためのアドボカシー・スキルを支援するという側面からの検討が，他の障害種とは異なった発達障害学生独自の支援として重要となってくると考えられる。

II　入学期：発達障害のある学生のアセスメント
1．入学支援における公平性の担保

日本の入学試験における配慮に関しては，大学入試センター試験において2011年に初めて発達障害が障害種として対象と認められ，95人の受験者が特別措置を受けた。その後，発達障害のある特別措置受験者数は2012年135人，2013年150人，2014年157人，2015年142人，2016年168人と増加している。チェック回答，別室での受験等が配慮内容として挙げられている。

受験などの評価にあたって，もっとも重視されるものの一つに「公平性」がある。上記のような特別措置を受けるにあたっても，公平性が担保されていることを示すことは，今後特別措置受験者数の増加に伴いますます求められるだろう。視覚障害受験生に対する試験時間延長量の推定法に関しては一定の根拠が示されている一方で，発達障害受験生についての公平性の担保を支援する根拠となる研究はほとんど積み重ねられていないと思われる（立脇，2013）。このことは日本教育心理学会企画のチュートリアルセミナーでも議論され，国内で検査結果等の「根拠」に基づいて合理的配慮の内容を決めるという実践があまり広がっていないことの背景に，発達障害における中核的な認知機能の障害に関するものが限定的であることが指摘されている。合理的配慮のなかでも試験における配慮は公平性が厳しく問われることから，試験アコモデーションの妥当性，および配慮を受けるために受験者が意図的に低い値を示す可能性に関する症状妥当性の問題も含めて，支援に関する根拠の明確化は今後必要となってくる研究テーマとなるであろう（佐藤，2006）。

2．早期支援につなげるための支援者によるニーズ把握

発達障害特性やそれらの特性からくるニーズの把握については，日本学生支援機構から「発達障害をもつ学生のチェックリスト」が提供されている。その他，各大学においても，各種アセスメントの方法を用いてすすめられている。例えば，学年定期健康診断の際に実施している上智大学のMHA（Mental Health Assessment）や九州大学の発達的修学困難チェックシート，ASD困り感質問紙やADHD困り感質問紙（髙橋，2012），自己困難認知尺度（佐藤他，2012）等である。

以上のようなさまざまなツールが用いられているが，これらの多くは自己記入式アンケートである。発達障害の場合，上述した通り，困り感を自覚しにくいことや，自分にはどのような特性があって，それをふまえたニーズがどこにあるのか，どのような配慮要請をするとよいのかなど，自己理解の困難さがある。そのため，自己記入式アンケートでは，発達障害学生のニーズ把握が十分に達成できていない現状があることは否めない。したがって，大学入学までの高校等でどのような支援を受けてきたのかという支援実績は重要な手がかりとなる。これらの情報共有をすすめることも，高大接続における重要な観点である。

III　修学期：発達障害のある学生への合理的配慮
1．合理的配慮の決定過程

丹治・野呂（2014）では，合理的配慮の決定過程のあり方を「支援の合理性」「学内組織の理解」「配慮決定の協議方法」「円滑な連携支援体制」の観点から検討していく必要性を指摘している。すなわち，配慮の必要性を周囲が理解するためには，どのような根拠資料の作成が必要となるか，どのような理解・啓発活動が必要なのか，過度な負担を課さない範囲での組織的・効率的な配慮内容にいたるための協議とはどのような方法が適切なのか，合理的配慮を支えるための学内組織および学内の円滑な連携支援体制はどうあるべきか，という観点である。

大学を希望する受験生，在籍する学生，保護者にとっても，上記のような合理的配慮の決定過程が明確に示されることが必要である。このことは，学校教育法でも教育研究活動の現況を公表することが義務付けられているように，社会に対する説明責任の一環である。単位認定・卒業認定に必要な修学上必要となってくる条件が示されており，合理的配慮の決定を判断する情報として，各大学

が設定するアドミッション・ポリシー，ディプロマ・ポリシー，カリキュラム・ポリシーは今後ますます重要となってくる。

2．二次障害を視野にいれた学生生活支援

発達障害学生への支援内容については，授業支援では，配慮依頼文書の配布，学習指導，履修支援，出席に関する配慮の順に多く，授業以外の支援では，専門家によるカウンセリング，対人関係配慮，自己管理指導，居場所の確保の順となっている（日本学生支援機構，2016）。障害学生支援窓口が新たに設置される前から発達障害学生の対応をしていたのは学生相談室であり，個人カウンセリングに加えグループカウンセリングの取り組みも報告されている（長岡他，2012）。このように発達障害学生の支援には，指導訓練的な側面とカウンセリング的側面の両面が求められているといえる（須田他，2011）。

これらの支援内容は障害特性からくるニーズに対応したものといえるが，発達障害学生の場合，二次障害や引きこもりや不登校との関連で問題が顕在化して初めて支援機関につながるケースも少なくない。高田ら（2015）による発達障害特性と不登校傾向との関連について調査した結果では，「不注意」が「登校回避行動」に，また「不安・抑うつ」「不注意」が「登校回避感情」に影響を与えることを示している。このように発達障害の特性のみならず二次障害も視野に入れたうえで，不登校や抑うつ状態予防という観点からの支援が行われている。

3．支援に対する周囲の理解による成長

障害者支援は障害学生当事者への直接支援とともに，周囲の学生に対しても教育的意義がある。多様なひとびとで構成される共生社会を担う人材育成に向けての成長としての意味である。このような理念のもと，障害学生への支援を担う支援学生の育成は複数の大学で進められている。具体例を挙げると，早稲田大学での「障がいの理解と支援」，筑波大学での「障害学生支援技術」，九州大学での「ユニバーサル・デザインマネジメント研究」等の講義における全学的な授業展開等がある。また，アクセシビリティリーダー育成協議会（事務局広島大学）では，「障害の有無や身体特性，年齢や言語・文化の違いに関わらず，情報やサービス，製品や環境の利便性を誰もが享受できる豊かな社会を創出する知識・技術・経験とコーディネート能力を持った人材の育成を推進すること」を目的として，協議会に加盟している各大学がプログラムを展開している。

しかし一方で量・質ともに必ずしも十分な支援学生の育成に至っていない現状もある。そのようななか池谷ら（2016）は，高等教育機関における意思疎通支援者の養成に関し，支援学生の確保と育成について支援活動に伴う「状態不安」の推移に着目し，支援学生にどのような研修を行うべきかについて基礎的研究を進めている。支援学生の育成課題は，支援技術の習熟のみならず，障害理解や継続動機の醸成など多様な観点からの調査研究が求められることを指摘している。

Ⅳ　卒業期：発達障害のある学生のキャリア教育

1．自己理解と進路

卒業期は修学から就労への大きな環境の変化への移行期であり，それまでとは異なるニーズが顕在化してくる時期である。須田ら（2011）は在学中の支援の充実に比して卒業期の就職支援が大きな課題であることを指摘している。「発達障害のある学生の支援に関する全国調査」の結果からは，発達障害学生が卒業後の進路を決定する際に示す困難例として，「対人関係の形成に困難があるにもかかわらず，そういった能力を高く要求される職種を選ぼうとして失敗を繰り返す」「自分の得手不得手や適性がよくわからない」「やりたい職業がみつからない」等が挙げられている（国立特別支援教育総合研究所，2007）。

これらをふまえ就労に向けての必要な支援の一つに，自分の思考・行動の癖や身体的傾向について整理すること，自らの特性と向き合う機会を在学中の大学生活を通じて提供すること等，自己理解に関する内容が挙げられる。このように職業選択・職業決定をすすめていくためのキャリア教育においては自己理解を深めていく作業は欠かすことができないといえるだろう。既述Ⅰ2．で，配慮要請行動やアドボカシー・スキルの支援において自己理解の重要性を指摘したが，就労に向けた進路選択においてもその重要性は同様である。

表1　就労支援関連プログラム実践例

明星大学　START（Survival Skills Training for Adaptation, Relationship, Transition）プログラム：コミュニケーション・学習スキル・金銭管理・社会のルール・自己理解・余暇活動等のテーマ。診断のある学生が中心。有料で提供。
信州大学　ライフトレーニングワークショップ：意志決定・問題解決・創造的思考・批判的思考・対人関係・自己認識・感情制御等の10のスキル。授業型ワークショップと，オプション型ワークショップ。
鈴鹿国際大学　インターンシップ：在学中から図書館での書籍整理・学内の清掃・自動車部品組み立て・県庁での事務補助就業体験の機会を提供。特殊講義という形で単位化。
九州大学　ES講座・サキドリ就職講座・アルバイト講座：学務部学生支援課主催，学内の進路・就職アドバイザーを講師として障害学生支援室との協同により実施。

2．就労支援プログラムを通したキャリア教育

高橋（2012）は社会人として自立するために必要なスキルとして，①コミュニケーションスキルを含む社会的能力，②論理的思考などを含む課題解決能力，③自分を知り，よい状態を保ちながらさらに向上を目指す自己管理能力，の3つを挙げている。さまざまな大学において，就労支援プログラムが実践されており，いくつかの大学での実践プログラムの事例を表1に示している（小貫他，2016）。これらのような在学中の支援のみならず，今後は入職初期のフォローアップとして継続的な就労定着支援も求められるであろう。

大学生の平均就職率は例年60%以上であるのに対して，発達障害のある学生ではおおむね30%以下と低い水準で推移しているという就労移行の厳しい現状がある。2018年には精神障害者の雇用義務化が決定しており社会状況の変化がみられるなか，職業準備訓練とアセスメントを行う機関として就労移行支援事業所が重要となってくる。そしてその際，就労移行の実績の高さには事業所間で大きな差があり，学生が利用する際にもどの就労移行支援事業を利用するのかという選択の問題も指摘されている（小川，2013）。このような学外機関との連携も含め，複数の関連機関や支援者間の連携なしに，学生への就労支援は成功に至らないであろう。同時に，学内リソースの有機的連携強化（キャリア支援スタッフへの研修や協同等）もその重要性が認識され実践がすすめられている。

〈文献〉

池谷航介・開田俊太・井坂行男（2016）高等教育機関における意思疎通支援者の養成に関する研究（第Ⅰ報）支援活動への参加初期における状態不安の推移．大阪教育大学紀要第Ⅳ部門，65(1)；15-19.

国立特別支援教育総合研究所（2007）発達障害のある学生支援ケースブック―支援の実際とポイント．ジアース教育新社.

小貫悟・香月敬・近藤武夫他（2016）発達障害のある大学生の就労支援の現状とこれから―発達障害学生の最新就職事情．LD研究 25(3)；311-337.

長岡恵理・石川悦子・樫木啓二（2012）大学の学生相談室における発達障害学生への支援の取組．LD研究，21(3)；361-369.

日本学生支援機構（2016）大学，短期大学及び高等専門学校における障害のある学生の修学支援に関する実態調査結果報告書.

小川浩（2013）地域の就労支援の拡充と制度面の課題．職業リハビリテーション，27(1)；45-53.

佐藤克敏（2006）我が国の高等教育機関におけるLD・ADHD・高機能自閉症等への支援お現状．LD研究，15(3)；289-296.

佐藤克敏・相澤雅文・郷間英世（2012）大学生における自己困難認知尺度の開発の試み―発達障害との関連から．LD研究，21(1)；125-133.

須田奈都実・高橋知音・上村恵津子他（2011）大学における発達障害学生支援の現状と課題．心理臨床学研究，29(5)；651-660.

高田純・内野悌司・磯部典子他（2015）大学生の発達障害の特性と不登校傾向の関連．総合保健科学：広島大学保健管理センター研究論文集，31；27-33.

高橋知音（2012）発達障害のある大学生のキャンパスライフサポートブック．学研.

丹治敬之・野呂文行（2014）我が国の発達障害学生支援における支援方法および支援体制に関する現状と課題．障害科学研究，38；147-161.

立脇洋介（2013）アコモデーションと公平性．発達障害と特別支援に関する現状と課題．独立行政法人大学入試センター入学者選抜研究機構，発達障害プロジェクト報告書，33-52.

1-1-6 特別支援学校のセンター的機能についての研究動向

石橋 由紀子

はじめに

平成19年に特別支援教育が本格的に実施され，特別支援学校は地域の特別支援教育のセンター的機能を果たすこととされた。

本稿では特別支援学校のセンター的機能に関する研究動向について，いくつかの柱を設定し，今後の研究の推進に向け重要と考えられる論文をやや丁寧に紹介する形で整理する。ただし，ひとくちにセンター的機能といっても，法令に関するもの，役割や機能に関するもの，特別支援教育コーディネーターの専門性及び養成に関するもの，支援の効果を測定するもの等，関連する論文は多岐にわたる。本稿では，紙幅の都合上，学校としての組織的な展開に注目し，センター的機能についての研究動向を把握することとする。

I センター的機能として備えるべき機能についての検討

特別支援学校のセンター的機能は，中央教育審議会の「特別支援教育を推進するための制度の在り方について（答申）」（2005）において，①小・中学校等の教員への支援機能，②相談・情報提供機能，③障害のある幼児児童生徒への指導・支援機能，④福祉，医療，労働などの関係機関等との連絡・調整機能，⑤小・中学校等の教員に対する研修協力機能，⑥施設設備提供機能の6機能から整理された。現行の特別支援学校学習指導要領においてセンター的機能について述べられており，すでにその役割は定着したといえる。

このような状況の中，「共生社会の形成に向けたインクルーシブ教育システム構築のための特別支援教育の推進（報告）」の中で，インクルーシブ教育システムにおいては，特別支援学校の役割として「域内の教育資源の組合せ（スクールクラスター）の中でコーディネーター機能を発揮」することが明記された（中央教育審議会，2012）。この来るステージにおいて，センター的機能，ひいては特別支援学校はいかなる役割を果たすべきなのだろうか。

宮崎（2012）は，今後のセンター的機能への期待として，①幼児期からの教育相談・就学支援への一層の取組，②幼稚園・小・中学校・高等学校等とのパートナーシップの構築，③交流及び共同学習の推進の役割，④「合理的配慮」に関する助言と支援の4点を挙げた。一方，田中ら（2013）はセンター的機能の文献研究を行い，6つの機能に加え，交流及び共同学習・生涯学習機能等，授業研究・実践研究機能をその機能に加えるべきであると述べた。

ともに交流及び共同学習をセンター的機能の一環としても位置づけようという提案である。交流及び共同学習がセンター的機能に位置づくのか，学校全体の活動として位置づくのかは議論の余地があるとしても，地域のセンターとして果たすべき役割をあらためて検討すること自体が重要であるし，その実現へ向けた行程を整理する作業が必要であろう。

かつて特別支援教育が本格的に実施される前後において，センター的機能の内容についての試案が複数の研究者から示され，議論がなされた。例えば滝坂（2004）は，特別支援学校（当時は盲・聾・養護学校）に求められる役割や機能を端的に整理し，当時の特別支援学校において既に実施されていた教育相談等をどのように整理しセンター的機能として整備していくのかを提案した。このような一連の提案がその後のセンター的機能について

の検討の足がかりになりえたように，インクルーシブ教育システム下において求められる役割は何か，活発に議論し，練り上げていく作業が必要であろう。

とりわけ地域の学校園に在籍する障害の重い子どもたちへの支援に関して，特別支援学校はいかなる役割をどのように果たしていくのかは重要な課題である。視覚障害，聴覚障害といった障害種別の指導の専門性の担保や発揮のための仕組み，教育課程編成のあり方，教育委員会及び在籍校との連携と協働の方法等，検討すべき課題はあまりに多い。

II 校内体制の整備と地域支援
1．校内体制の整備等に関する調査研究から

センター的機能に向けた校内体制の整備やそれを担当する特別支援教育コーディネーターの専任教員の人数といった校内組織についての調査研究は，全国レベル・地域レベルにおいて実施されてきた。

例えば，石橋ら（2008）は全国の知的障害特別支援学校に対してアンケート調査を実施し，センター的機能の基盤となる校内体制の整備が整いつつあることを明らかにした。さらに，井坂・仲野（2009）は，全国の特別支援学校に対する質問紙調査から，障害種別の特別支援学校ごとの地域支援の特質等を明らかにした。最近では，附属特別支援学校（田中・奥住，2016）及び近畿地区の聴覚特別支援学校（中瀬，2014）に対する校内体制及び調査対象となる学校種の支援状況の特質を浮き彫りにする調査研究が見られる。

これまでも地域のニーズを踏まえたセンター的機能のあり方は多く模索されてきたが（田中・奥住，2012；高畑，2013など），センター的機能の組織編成や地域支援の展開と支援地域の状態との関連性も明らかにされつつある。

具体的には，井上・井澤（2015）は，全国の特別支援学校を対象とした早期支援に関する質問紙調査から，支援地域が50万人以上の特別支援学校は来校相談，巡回相談ともに実施が少ないこと，及び市区町村保健センターとの連携の割合が低いこと等を明らかにした。その上で，人口規模により地域のリソースに差があり，それ故に地域からのニーズにも違いが見られることを考察している。

井上らの研究から示唆されることは，学校単体ではなく，地域の総体としてニーズを満たすという観点であろう。地域のリソースを勘案した特別支援学校の役割については，学校ごとに十分に考慮して実施されていることが容易に予想されるものの，研究としては十分とは言えず，今後が期待される。

2．校内体制に及ぶことが予想される変化

センター的機能に関しての校内体制の整備に関する調査研究は一定の成果を見せ，収束しつつあると考える。ただ，今後のインクルーシブ教育システムを考えるとき，地域支援部や支援センターという校内の一つの部門や一部の担当者が担当する仕組みについても検討が迫られ，校内の教職員をさらに巻き込む形での展開が求められるであろう。

その際，センターの担当者が地域支援に特化するほど「校内の教職員や業務から『遊離』」してしまう恐れ」があり，一方で兼任者が増えるほどセンターが「『緩やかな連合体』の状態」になり，担当者間の連携が困難に陥りやすい（中瀬，2014）といった連携の課題が改めて認識され，学校経営という視点を含めた展開の重要性が謳われるのではないだろうか。

ここで，学校経営という視点からセンター的機能発揮を戦略的に展開した例を紹介する。山中（2015）は，校長としてセンター的機能発揮を学校経営の中核に据えた3年間の取り組みを報告した。それは，府教育委員会により区域割された地域ブロックに沿い巡回相談や教員研修等を実施した「府教委提案型」の1年目，就学前から卒業後を見通したトータルな支援ネットワークの構築を実現するためセンター設置を企図し，モデル事業を受けセンターを開設した「学校提案型——府教委に提案して」の2年目，センターを中核に地域ブロックの特別支援学校間の連携を企図した「学校間連携型——センター・オブ・センター」の3年目である。さらに，今後のセンター的機能は地域の市町村からの要請に基づく「請負型」から，

地域の市町村が相談・研修等を実施できるシステムづくりを推進する「推進型」へとシフトすることが重要であると述べた。府教育委員会，市町村教育委員会，特別支援学校それぞれの役割を把握する中で，学校経営という視点から，展望を描きながら具体的な連携と協働のシステムを構築した，示唆に富む事例である。

今後，学校をあげた取り組みが進展すると，コーディネーターの機能も変化するかもしれない。例えば，一部の学校や自治体ですでに取り組まれているように，特別支援学校コーディネーターは，地域の学校と校内の教職員の連携や協働を「コーディネート」する役割へとシフトする可能性もある。

つまり，時代の変化に伴い，特別支援学校，センター的機能，それを担当するコーディネーターの役割は変容していくことも考えられ，それを研究に的確に反映させていくことが求められる。

Ⅲ コーディネーターの活動についての実践研究から

コーディネーターの実践研究からは，地域における特別支援教育体制づくりに取り組まれた実践（赤塚・大石，2013），コーディネーターの適切で意図的な働きかけにより，小中学校コーディネーターや学校の主体的な取り組みが促進された実践（岡村，2016）を紹介する。

赤塚・大石(2013)は，特別支援学校コーディネーターが巡回相談員として地域の就学期における移行支援体制づくりを行った実践から，コーディネーターが地域で機能するための条件と課題を検討した。引き継ぎを成功させるための必要条件として，ツールの整備，移行支援会議の開催，教育支援方針の共通理解，関係者の力量向上に向けた研修が実現された。この実践のプロセスにおいて，コーディネーターは明確な目標設定のもとで，地域のキーパーソンとの連携関係が構築され，このことが移行支援体制整備に有効であったと述べられた。また，既存の資源の機能化，最適化に向けた実践の肯定的な意味付けの活動に意味があったと考察された。しかし，広範にわたるニーズがコーディネーターの役割やスキル範囲を超えうることも指摘され，小中学校等コーディネーターとの連携，継続的な研修の必要性にも言及された。

岡村（2016）は，自身のコーディネーター活動をもとに，特別支援学校への自発的な相談や依頼を促す方略の検討を行った。センター的機能の周知，指導主事との連携等とあわせて，実際のコンサルテーションにおいては適切な支援行動を強化し，担任の取り組みを具体的に整理した結果，自発的に支援を依頼する小・中学校が増加したこと等を報告した。

地域の実態を知り，関係者と人脈を築き，子どもを取り巻く人々の主体性を引き出し，子どもへの支援を前進させていく取り組みは，高い個別性をもつものであろう。しかし，こうした優れた実践には共通する「進め方」「スキル」「信念」といったものがあるはずであり，通底する事柄を整理することが，他の地域における展開の貴重な手がかりになろう。

しかし，こうした優れた実践は論文や報告として発表されることがないのがほとんどであろう。優れた実践から積極的に学び取り，現場からの英知を現場に還元する研究が必要である。

おわりに

特別支援学校のセンター的機能に関しては実践がはるかにリードし，研究が立ち後れている。分野全体にわたる一層の研究が必要であるが，中でも今後の研究に向けて感じたことを整理しておきたい。もちろん，自戒を込めてである。

①基本的な情報収集の必要性

まだセンター的機能の道案内をできるほどの研究はないといっていいだろう。現状では，どの地域のどの学校に，どのような点から見て優れた実践が見られるのかといった，基礎となる情報収集と発信さえ十分とは言えない実態があり，情報収集という段階から必要である。

②展望論文の必要性

特別支援教育からインクルーシブ教育システムへと，障害のある子どもたちを取り巻く制度は大きく変化しようとしている。この変化を踏まえ，今後，センター的機能はどうあるべきなのかを議論する展望論文が求められよう。

③研究成果の活用に向けた集約

　地域の実情に応じたセンター的機能の展開や工夫が求められるものの，それぞれの地域において何が「最適」なのかを学校や地域が検討するための何らかの指標やモデルは必要であり，着実な研究が指標やモデルの提示へと集約されることが期待される。

　最後に，研究動向を執筆する機会をいただいたことに感謝するとともに，拙稿が議論の契機になれば幸いである。

　なお，本稿ではセンター的機能についての研究動向について整理した。紙幅の都合上，取り上げることができなかった優れた研究や実践報告が多くあることをここに記しておきたい。

〈文献〉

赤塚正一・大石幸二（2013）就学期の移行支援体制づくりに関する実践的研究—地域における特別支援学校のコーディネーターの役割と課題．特殊教育学研究，51(2)；135-145.

中央教育審議会（2005）特別支援教育を推進するための制度のあり方について（答申）．

中央教育審議会（2012）共生社会の形成に向けたインクルーシブ教育システム構築のための特別支援教育の推進（報告）．

井上和久・井澤信三（2015）特別支援学校のセンター的機能を活用した早期支援と関係機関との連携の実態—全国の特別支援学校への質問紙調査結果の分析から．小児保健研究，74(5)；685-691.

井坂行男・仲野明紗子（2009）全国の特殊教育諸学校におけるセンター的機能の現状と課題．特殊教育学研究，47(1)；13-21.

石橋由紀子・牛山道雄・吉利宗久（2008）知的障害養護学校におけるセンター的機能に関する調査研究：校内体制整備と小中学校等に対する支援を中心に．発達障害研究，30(1)；52-58.

宮崎英憲編著（2012）センター的機能とインクルーシブ教育システム．（柘植雅義・田中裕一・石橋由紀子・宮崎英憲編著）特別支援学校のセンター的機能，pp.20-26. ジアース教育新社．

中瀬浩一（2014）センター的機能を果たすための聾学校の工夫と苦悩—近畿地区聾学校でのセンター組織と業務．ろう教育科学，55(3)；1-8.

岡村章司（2016）特別支援学校のセンター的機能を促す特別支援教育コーディネーターの役割—小・中学校の巡回相談の実践を通して．LD研究，25(3)；338-348.

高畑英樹（2013）地域の学校園が期待する特別支援学校のセンター的機能—KJ法による対象地域校園のニーズの把握と現状．特別支援教育コーディネーター研究，9；65-72.

滝坂信一（2004）盲・聾・養護学校の果たす地域での「センター的機能」．国立特殊教育総合研究所教育相談年報，25；21-23.

田中雅子・奥住秀之・小林巌（2013）特別支援学校の「センター的機能」の取組内容に関する文献検討：「6つの機能」に着目して．東京学芸大学教育実践研究支援センター紀要，8；75-83.

田中雅子・奥住秀之（2012）特別支援学校のセンター的機能の活用における小学校と中学校の差異．SNEジャーナル，18(1)；109-122.

田中雅子・奥住秀之・斎藤遼太郎・濱田豊彦・池田吉史（2012）国立大学附属特別支援学校におけるセンター的機能の現状と課題．SNEジャーナル，22(1)；190-203.

山中矢展（2015）特別支援学校におけるセンター的機能発揮に関する事例研究．実践学校教育研究，17；79-86.

1-1 年齢別・学校種別

1-1-7 大学における発達障害学生への就労に向けた学習・生活支援と就労支援

梅永 雄二

はじめに

高等学校卒業後，発達障害者は民間の専門学校や高専(高等専門学校)，短大，大学へ進む者も多い。日本学生支援機構によると，高専，短大，大学に在籍している障害学生は 21,721 人であり，そのうち発達障害学生は 3,442 人となっている。これは障害学生全体の 16％ を占める。障害種別では LD が 5％，ADHD が 18％，ASD が 77％ と圧倒的に ASD の学生が多い。

彼らは大学生活において，授業やサークル活動，友人関係，日々の生活においてさまざまな困難を抱えており，また大学卒業後の就労においても定型発達の学生と比較してきわめて厳しい状況である。発達障害の診断を受けている学生の平成 26 年度における就職状況をみてみると，高専，短大，大学を卒業後就職できた者は 33％ となっており，卒業できずに留年した学生を含めると，卒業年度の学生で就職できたのはわずか 23％ にすぎない（独立行政法人日本学生支援機構，2016）。

I 発達障害学生が抱える課題

1. 学習・生活上の課題

発達障害のある学生が短大・大学で最初にトラブルを示すのが，履修の問題である。必須と選択の授業科目を取り違えて，留年してしまう学生も存在する。また，履修した授業・講義に対して理解できずに苦しむ学生も多い。さらには，サークルの友人やクラスメイトとの人間関係の問題や教授陣の発達障害に関する理解不足から生じるパワーハラスメント的なトラブルなども生じている。

2. 就労上の課題

梅永（2016）は，発達障害者を雇用した企業に対し，雇用後にどのような問題が生じたかの調査を行ったところ，表 1 のような結果を報告しているが，この内容はほぼ ASD の特性と関連している。

表 1　発達障害者の就労上の課題

上司や同僚が言ったことが理解できない
相手にうまく伝えることができない
好ましくない言語表現を表し，相手を不快な思いにさせてしまう
曖昧な言動は理解できない
相手の気持ちを無視して自分の好きなことだけをしゃべり続ける
自分勝手な行動をしてしまって，周りから嫌がられる
感情的になりやすく，かんしゃくを起こす
音や光が気になるため，勝手にパソコンのモニターや電気を切ってしまう
場の空気が読めない人たちが多いため，人間関係に支障を来してしまう

あるアスペルガー症候群の大学院生は，大学での成績はきわめて優秀で，コンピューターに関する専門の資格も所有していたが，いくつかの就職希望先の企業に応募書類を送っても，どの会社も面接前の段階で落とされてしまった。彼の履歴書を見てみると，既往症という欄に「3 歳で風邪を引き，4 歳でお腹が痛くなり，5 歳で怪我をし……」など過去に被患した病気をすべて記載していた。履歴書を見た採用担当者は，数多くの病気を持っている学生だと考えてしまい，書類審査の段階で彼を敬遠してしまったのである。彼の場合は，仕事そのものの能力よりも履歴書の書き方や面接の仕方などに問題があったのである。

このように，ASD の学生は定型発達の学生が常識的に所有しているスキルに乏しく，就職に対する情報も不足しているため，何をどのようにしたらいいのかわからないことが報告されている。

また，表 2 は，定型発達学生と発達障害学生の就労に関する意識の相違を示したものである。

表2 定型発達学生と発達障害学生の就労意識の相違

定型発達学生	発達障害学生
仕事に対する情報	
多くの職種を知っている	ごく限られた職種しか知らない
職種の選定	
年齢とともに抽象的な職種から具体的な職種へ絞り込む	職種の理解に具体性がない
就労までの過程	
自分の就きたい職種に対して情報を集め、必要に応じ研修やトレーニングを受けるあるいは自分で学習する	自分の就きたい職種があいまいであるため、何をしていいのかわからない。具体的な職種を決めたとしても、そのために何もしない。または何をしていいのかわからない

　表2からわかることは、具体的な就労先や職業人としての自分が見えていないということである。そのため、何を準備していいのかがわからない。これは、小さいときからの家庭での子育てや学校教育の段階で仕事というものについての指導や情報提供がなされていないため、仕事に就くためには何が必要かがわからないまま成長してしまったことが原因の一つと考えられる。

II 発達障害学生への就労へ向けた支援
1．学習・生活支援
　米国，カナダでは1,179もの大学にLDおよびADD学生専用の相談室が設けられており，学生生活全般において必要なサポートが行われている（Thomson, 2003）。

　具体的には，「履修申告の仕方を教える」，「文章を読むことが苦手なディスレクシアの学生にはペーパーテストではなく口頭で試験を行う」，「注意力散漫のため行を読み飛ばしてしまうADHDの学生には，一行だけが見えるようなスケール（穴が開いた定規）を用いる」，「就職前の指導としては，履歴書の書き方を教える」，「企業主との面接の仕方を教える，あるいは同伴する」などである。

　以下に授業・講義から試験や評価に至る学生に対する合理的配慮について述べる。

1）授業・講義
　ASDの学生の場合，実行機能の弱さから先の見通しを持つことが困難であることが多い。よって，授業や講義においても，どのような内容の講義が実施されるのかを事前に個別伝達しておくと講義自体が見通しの持ちやすい内容となる。また，他者の刺激に敏感な場合は，座席を一番前，あるいは一番後ろなど本人が落ち着いて授業に参加できるような座席の位置を配慮することも有効である。ASD者の中には，音や光などの感覚刺激に敏感な者も多いため，耳栓やイヤーマフによる聴覚刺激の遮断，サングラスなどによる視覚刺激の遮断に要する道具の使用許可を得ることも検討すべきであろう。さらに，どうしても教室に入れない場合は，パソコンを使ったオンデマンド講義や講義動画の履修許可，自分が発表する場合でも，発表の様子を録画し，録画による発表への代替なども一考の余地がある。

2）実験・フィールドワーク
　実験やフィールドワークでは，数人のグループで実施されることがあるが，このグループ分けに配慮が必要となる。どうしてもグループ活動が困難な場合は個別活動に変更することも合理的配慮と考える。また，DCDを重複していて不器用な場合は，TA等による補助・指導や作業時間の延長も必要となる。

3）実習・インターンシップ
　教育実習や実際の企業でのインターンシップでは，何も準備がないままに現場に出ると主体的に行動できない発達障害学生は混乱を示すこと多い。よって，実習先や企業における活動の内容をチェックリストにまとめ，挨拶・報告・連絡・相談・質問方法などを大学内でシミュレーションによって指導しておくことが望まれる。

　しかし，実際の現場ではマニュアルどおりにいかないことが多いため，実習先や派遣先の企業に発達障害の特性および個々の学生の特性を理解してもらうことも重要である。具体的には，発達障害学生に対する指示の出し方やスケジュールなどの先の見通しを視覚的に伝えるなどのポイントをまとめたサポートノートを作成し，同僚上司に前もって説明し置くことで多くのトラブルを回避することができる。

4）試験と評価
　すでに大学入試センター試験には導入されている配慮がベースとなる。音に敏感なASDの学生には耳栓やイヤーマフ，視覚過敏な学生にはサングラスなどの使用を許可し，それでも難しい場合は別室で試験を受けることも考慮すべきであろう。大学

内に障害学生支援システムがあれば，そこを通して読み書きが苦手なLD学生の場合は留学生に対するサポートのようにノートテイクが有効な場合もあり，卒業論文など書くことが困難な学生には卒業論文の単位の変わりに代替科目を履修することによって，卒業論文の代わりとなるような配慮を行っている大学も多い。さらに，場合によっては学習法に関して個別指導も検討されるべきである。

その他，人とかかわるのが苦手なASD学生の場合には図書館の特別室など居場所の提供も望まれる。

実際，わが国でも様々な大学で発達障害学生支援が行われている。

富山大学では，大学の保健管理センター内にアクセシビリティ・コミュニケーション支援室を設置し，トータルコミュニケーション（Total Communication Support Initiative：TCSI）支援部門では主に発達障害学生に対する支援が行われている。ここでは，発達障害学生だけではなく，学生を支援する立場の職員，学生の指導にあたる教員に対しても発達障害学生への対応の仕方に対する支援を行っている（西村，2010）。また，明星大学では，発達障害のある学生に対し，2008年からSTARTプログラムという就労への移行プログラムを実施し，成果を上げている。このプログラムでは発達障害のある学生がつまずきやすい時間の管理や職場のマナーやルールの理解，体調管理，ストレス対処などのスキル獲得指導を行っており，実際の企業におけるインターンシップなどを通して自己理解を促し，就労へ結びつけている（村山，2016）。

以上の大学のほかに関西学院大学では，社会福祉法人と連携し発達障害学生に特化した就労支援に取り組んでいる（鈴木・塚田，2015）。

2．就労支援

発達障害者は，一旦就職できたとしても離職・退職が多いことが報告されている（梅永，2014）。その理由には大きく4つ課題に絞られる。

1つは適切なジョブマッチングがなされていないこと。2つ目は実際に働く職場における合理的配慮がなされていないこと。3つ目は職場の同僚上司が発達障害に対する理解が進んでおらず，受け入れ態勢が整っていないこと。そして就職後の職場定着支援が十分になされていないことである（Keel et al., 1997；Chen et al., 2015）。

逆に，これらの4つの課題を解決することによって，発達障害学生の就労および職場定着が成功することにつながる。

1）適切なジョブマッチング

離職した発達障害者がその理由として「仕事がつまらなかった」，「会社の業務，人間関係ができなかった」「仕事をするのが遅いので向かなかった」，「仕事の技術面で追いつかなかった」，「人より時間がかかった」，「簡単な作業が出来なかった」，「期待に応えようと頑張ったが疲れた」，「自分に合わない仕事だった」，「自分の能力では手に負えなかった」，「自分のペースで働けなかった」，「ストレスと体力的に続かなかった」，「仕事のレベルアップができなかった」などと答えている（梅永，2014）。これらの課題は職場で期待される能力と発達障害者本人ができる仕事，やりたい仕事にずれがあったのだと考えられる。彼らが就職先を選ぶ際に，自分の能力や特性をきちんと考え，自分に合った仕事を選択したという例は限られている。よって，定型発達者と同じようなことができると考え，就職することになり，その結果，能力以上のものを期待される。期待された仕事を遂行できないという結果に至る場合がある。

適切なジョブマッチングを行うためには，まず仕事の内容をよく知るということである。一人で仕事探しが困難な発達障害学生の場合は，仕事探しのプロセスを就労支援の専門家と一緒に行うことが有効である（Bissonnette, 2015）。できれば，明星大学で実施されているSTARTプログラムのように，大学1年生のときから職場実習を行うことにより，実際の仕事を体験し，自らその仕事に対する意識を培うことはミスジョブマッチングを防ぐきわめて有効な手法である。

2）職場の構造化

ASD者の支援で世界的に著名なTEACCH Autism Programでは，ASD者が活動しやすいように環境を整える支援を「構造化」と呼んでいる。これはまさにASD者にとっての合理的配慮に他ならない。

3）職場の受け入れ態勢

離職・退職のもう1つの原因は，発達障害という障害がどのようなものであるかを職場で一緒に

働く上司や同僚が理解していないがゆえに生じるトラブルである。

発達障害者の退職理由の中で「人間関係で問題を抱えた」、「雇用主に自分の障害を理解してもらえなかった」、「普通の人の感覚を身につけさせようとされ精神的なダメージを受けた」、「『障害など関係ない，努力してなおせ』と言われ重圧になった」、「会社でいじめを受けた」、「人間関係のややこしさ，指示の多さにパニックを引き起こした」、「リストラにあった」、「いじめにあったり，無視されたりした」ということも報告されている（梅永，2014）。

発達障害者の中には高学歴者も多いため，職場の同僚上司は定型発達者と同じように仕事ができるものと考えてしまうことが多い。しかしながら，学歴の割には簡単なことができない場合があるため，「大学出ているのにこんなこともできないのか」「常識がない」などと徐々に嫌悪感をつのらせ，いじめや怒りの対象となってしまうことも多い。

これは，前もって発達障害の特性を伝え，彼らの特徴を理解してもらえていたら防げたことも数多くあったのではないかと考える。

多くの専門家が，発達障害者の就労においてもっとも大切なのは職場の受け入れ態勢であることを主張している（Muller et al., 2003；Chen et al., 2015）。

企業がどのような受け入れ態勢を行うべきかわからない場合には，発達障害者支援センター，地域障害者職業センター，障害者就業・生活支援センターなど就労支援機関の支援者と相談することにより，彼らの能力やニーズに合った職場内の合理的配慮に関するアドバイスを受けることができる。

4）ロングタームサポート

仕事に慣れてハードスキルの側面では高い能力が発揮できるようになっても，対人関係や環境に対する過敏性など発達障害者は課題が消滅することはないと考えるべきである。よって，就職後も支援機関の援助を受け，長期的なサポートを受け続けることが職場定着の必須要件と考える。

おわりに

Chenら（2015）は，学齢期の若い発達障害者には十分な職業リハビリテーションサービスが提供されるかどうかで就職率およびその後の定着率に大きな違いがあると述べている。よって，大学（短大，高専も含む）在学中に，卒業後の就職をめざした早期からの個別職業リハビリテーションプログラムを計画し，実習等で体験を行い，本人のニーズや能力がマッチングしているかの検証を実施した上で適切なジョブマッチングを行うこと。そして，就職後も適切なフォローアップ体制を構築するために，就労支援関係機関との具体的支援体制づくりが望まれる。

〈文献〉

Bissonnette, B.（2015）Helping Adults with Asperger's Syndrome Get and Stay Hired.JKP.

Chen, J.L., Sung, C. & Pi,S.（2015）Vocational Rehabilitation Service Patterns and Outcomes for Individuals with Autism of Different Ages. Journal of Autism and Developmental Disorder,45；3015-3029.

独立行政法人日本学生支援機構（2016）大学，短期大学及び高等専門学校における障害のある学生の修学支援に関する実態調査結果報告書．

Keel, J.H., Mesibov, G.B. & Woods, A.V.（1997）TEACCH-Supported Employment Program. Journal of Autism and Developmental Disorders,27(1)；3-9.

村山光子（2016）大学における支援の現状と今後の課題—発達障害のある大学生の就労支援の現状とこれから．LD研究，25(3)；334-337．

西村優紀美（2010）発達障害のある学生の支援を通して—大学全体をユニバーサルデザインに．（梅永雄二編著）TEACCHプログラムに学ぶ自閉症の人の社会参加，pp.133-148．学研．

鈴木ひみこ・塚田吉登（2015）社会福祉法人すいせいとの連携による関西学院大学の発達障害学生就労支援．（梅永雄二編著）発達障害のある人の就労支援．金子書房．

Thomson, P.（2003）Colleges for students with Learning Disabilities or ADD. Thomson Peterson's.

梅永雄二（2004）こんなサポートがあれば！LD、ADHD、アスペルガー症候群、高機能自閉症の人たち自身の声．エンパワメント研究所．

梅永雄二（2010）ADHDを持つ人の就労上の課題と支援．精神科治療学，25(7)；961-965．

梅永雄二（2012）発達障害者の雇用支援ノート．金剛出版．

梅永雄二（2014）発達障害者の就労支援．LD研究，23(4)；385-391．

梅永雄二（2016）発達障害のある大学生の就労支援の現状とこれから．LD研究，25(3)；321-322．

1-2 早期発見・アセスメント

1-2-1
発達障害を中心とした早期発見・早期支援
幼児期の健康診断とその後の支援を中心に

小野 次朗

　2001年の「健やか親子21」に引き続いて，2015年からは「健やか親子21（第2次）」が始まっている。特別支援教育と関連する就学前の分野として，すべての分野が何らかの関連を持つのであるが，中でも，基盤課題C「子どもの健やかな成長を見守り育む地域づくり」と重点課題①「育てにくさを感じる親に寄り添う支援」がある。何らかの教育的ニーズのある子どもたちを，就学前の早期から気づき，支援につないでいく方策について，これまでの研究も踏まえながら論じる。

　子どもの発達には幅がある。特に年齢が低ければ低いほどその幅には注意が必要である。それともう一つは，子どもがキャッチアップする力である。「遅れている」と判断しても，しばらく経過を見ているうちに追い付いてくることもしばしば経験される。このように就学前の乳幼児に関して，障害の存在を疑ったとしても，多くの場合は経過を追っていくことが重要であることを強調しておきたい。そして子どもの発達について相談を受け，そして何等かの気になる症状に気づいた場合，決して口に出してはいけないことばがあると筆者は考えている。そのことばとは「気になることがあれば，また来てください」と保護者任せにすることである。そうではなく，必ず「2カ月後にまた来てください」などと伝えて，自分自身の目で確認することである（洲鎌，2013）。そのようなことを念頭に置きながら，本稿を読んでいただければ幸いである。

Ⅰ　乳幼児健診をはじめとする早期発見（気づき）

　障害と一言でいっても，種類と程度でその表れ方は随分と異なる。まず肢体不自由とそれ以外に分けるとする。肢体不自由が重度の場合，生直後あるいは1歳までの乳児期に気づかれる。目に見える障害だからである。それ故に，周囲の「あの子には障害がある」という認識も早期に得られる。そして，肢体不自由が重度の場合，病院等で治療を含む健診が終了していることが多いため，1歳6カ月児健診や3歳児健診を受診しないことも多い。肢体不自由の障害の程度が軽い場合は，一見障害とは見えない子どもたちも存在するため，1歳6カ月児健診や3歳児健診ではじめて気づかれる事例もあるかもしれない。

　知的発達症の場合には，発語や保護者への反応の遅れから気づかれることも多いが，重症の場合であっても，1歳6カ月児健診ではじめて気づかれることもある。肢体不自由と違って，一見してもわからないことが多いからである。さらに軽度になっていくと，3歳児健診まで気づかれないこともしばしば認められ，これらの健診の重要性が示される点であろう。

　近年では，小枝が提唱し取り組みを始めた5歳児健診も徐々にその広がりを見せており，新しい健診の一つとして認められつつある。この5歳児健診では，肢体不自由の子どもたちにはじめて気づくということはほとんどなく，自閉スペクトラム症（ASD），注意欠如多動症（ADHD），境界域を含む知的発達症（IDD）などの，いわゆる軽度発達障害の子どもたちが中心になると考えられる。

　このように障害の種類と程度によってそれぞれの健診で気づかれる状態は異なることが予想される。そして各地域で健診に従事する専門職の能力の違いによっても気づきの程度は異なってくるであろう。

Ⅱ　乳幼児健診の受診率の推移
　　（厚生労働省・政府統計，2010, 2013, 2016）
　日本の現在の乳幼児健診制度は，3歳児健診が

昭和36年に，1歳6カ月児健診が昭和52年に開始され，受診率は高い。2004年度から2014年度までの11年間の受診率を示す。

1．1歳6カ月児健診

受診実人数は100万人を超えていた。ただし，2016年度の出生数が100万人を割ることが明らかになり，この数値は次第に減少してくると考えられる。受診率は徐々に増加傾向を見せており，この10年間で91％台から95.5％にまで上昇した。その中で精密健診に進む率は，受診実人数に対して1.3～1.7％で，おおよそ一定していると考えられる。

表1 2004年度から2014年度までの
1歳6カ月児健診の受診実人員および受診率

年度	2004	2005	2006	2007	2008	2009
受診実人員	1050631	1044192	1015480	1018329	1034745	1038821
受診率（％）	91.9	91.5	92.5	93.4	93.7	93.5
精密健診受診実人員	17350	17152	15708	13142	13284	13398
精密健診率（％）	1.7	1.6	1.5	1.3	1.3	1.3

年度	2010	2011	2012	2013	2014
受診実人員	1023680	1042991	1023370	1001397	1004202
受診率	94	94.4	94.8	94.9	95.5
精密健診受診実人員	13665	13772	13811	13537	14395
精密健診率（％）	1.3	1.3	1.3	1.4	1.4

2．3歳児健診

受診実人数は100万人を超えていた。受診率は，1歳6カ月児健診よりはやや劣るものの，やはりその割合は徐々に増加しており，88％台から94.1％にまで上昇しており，近年では1歳6カ月児健診の割合に肉薄している。1歳6カ月児健診と大きく異なる点としては，精密健診に進む率が明らかに高いことであろう。4.9％から5.8％の間で変動しており，1歳6カ月児健診における割合の約4倍である。一部，発達の歪みや偏りを主症状とする発達障害の子どもたちへの気づきが増えていくためではないかと想像される。

表2 2004年度から2014年度までの
3歳児健診の受診実人員および受診率

年度	2004	2005	2006	2007	2008	2009
受診実人員	1047333	1047349	1022946	1007257	985266	1002240
受診率	88.5	88.9	89.5	90.1	90.8	90.8
精密健診受診実人員	60333	60886	59661	49199	49927	50298
精密健診率（％）	5.8	5.8	5.8	4.9	5.1	5

年度	2010	2011	2012	2013	2014
受診実人員	1008623	1029580	1012567	1009368	1009176
受診率	91.3	91.9	92.8	92.9	94.1
精密健診受診実人員	50563	52732	54213	54069	53988
精密健診率（％）	5	5.1	5.3	5.4	5.3

これらの結果から得られることとして，1歳6カ月児健診や3歳児健診のいずれであっても，精密健診へ進む幼児の数がほぼ一定であることから，その後のフォローについて，ある程度数的な予測が立てられるということである。

3．5歳児健診

3歳児健診から就学までの期間が長いため，この間に健診を入れる必要があるのではないかということで，小枝が提唱したのが5歳児健診である（小枝，2008）。今回示したデータは，5歳児に限らず4～6歳児の健診率について述べている。他の2つの健診が義務であるのに対して，4～6歳児健診は義務とはなっていないため，まだ十分には広まっていない。2009年度以降の統計で，母数が明らかな地域の結果をまとめたものになるが，受診率は71％台から80％近くに上昇しており，保護者のニーズも高いと考えられる。集団の母数は少ないものの，精密健診へと進む割合は，3歳児健診と似た値で4.7％から5.9％であり，この年齢での観察や支援が必要な幼児数がおおよそ予測できると考えられる。

表3 2009年度から2014年度までの
4～6歳児健診の受診実人員および受診率

年度	2009	2010	2011	2012	2013	2014
受診実人員	37782	36657	41034	42050	43510	46423
受診率	75.5	71.8	75.3	77.6	77.9	79.9
精密健診受診実人員	1858	1957	1920	2191	2414	2748
精密健診率（％）	4.9	5.3	4.7	5.2	5.5	5.9

5歳児健診の場合は，境界域を含む知的発達症，自閉スペクトラム症，注意欠如・多動症に焦点を絞ったものであり，その結果の一部によると，自閉スペクトラム症は1.9％，注意欠如・多動症は3.1％，境界域を含む知的発達症も3.1％であり，学習障害を除けば，小学校・中学校を対象とした調査で得られた結果と近い数値を示していた（小枝，2006）。

ここで示した，1歳6カ月児健診，3歳児健診，5歳児健診は多くの子どもたちを対象としたスクリーニング検査であり，いずれの場合であっても大切なことの一つとして，保護者への質問票の内容(項目)があげられる（宮本，2008）。現在は各地域や各保健センターによって，それぞれ独自の質問票が用いられているが，それらの項目が本当にスクリーニング検査としての目標にあっているのかどうかを見直す必要もあるのだろう。

Ⅲ 発達障害に焦点を当てた場合の早期発見から支援への流れ

1. 1歳6カ月児健診後の流れ

　1歳6カ月児健診の段階で，明らかに発達上の遅れがあると判断されるのは，中等度以上の知的発達症であったり，中等度以上の自閉スペクトラム症が予想される。ただし，児童数から見ていくと，軽度あるいは中等度程度の発達上の遅れや偏りを示す子どもの方が圧倒的に多く，保健センターが主催する「親子支援教室（地域により呼称はさまざまである）」があり，定期的に一定期間親子の関わりを見ていくことが多い。その中で，フォローを終了する子どもと，観察・支援が必要な子どもへと別れていく。観察・支援が必要な子どもについては，児童発達支援センター等が提供する低年齢児の親子教室がある。さらに継続した集中的な支援が必要であれば，児童発達支援センター等が提供する通園事業に通うことも考えられる。民間の機関も含めると，支援が必要な子どもたちに提供される施設の種類と数は増えてきている。

2. 3歳児健診後の流れ

　1歳6カ月児健診で発達の遅れの疑いを指摘されながらも，保護者が受容できず，観察や支援を受けることなく3歳児健診を訪れる場合もあり，その時には中等度以上の遅れのこともあり，児童発達支援センター等の通園事業にそのまま紹介されることも稀ではない。

　その一方で，3歳児健診ではじめて発達の遅れについて言及されるような場合には，軽度の遅れの場合も多く，そのような幼児では本来は健診後に保健センターで観察・支援するような仕組みが望ましいと考えられる。しかしながら，植松によれば市町村の保健センターの場合，保健師が関わるのは基本的には3歳までということであり，具体的には3歳児健診後の「気になる子ども」のフォローに関しては，その地域独自のシステムの構築が必要であると考えられる（植松，2015）。しかしながら，自治体の人口規模，自治体が有する資源（施設の数であったり，専門職員の数など），によってそれぞれの地域で条件が異なるため，一般的なまとめを行うことは難しい。その中でも必要な事項として，保育者等の障害に対する知識，就学前施設における個別支援計画策定，専門職による巡回相談，3歳児健診以降小学校入学までに実施する発達相談（以下に述べる5歳児健診に類すると考えられる），などが指摘されている（植松，2015）。

　一般的には，3歳児健診で気づかれた軽度の発達の遅れや偏りがある場合には，その情報をこども園・幼稚園・保育園に伝えるだけで，その後の対応はそれぞれの施設に任されていることが多く，担当する保育士や教員の力量に委ねられることが多い。今後，それぞれの地域でどのような支援体制を築いていけるのかが，課題となってくる。

3. 5歳児健診後の流れ

　5歳児健診で，観察あるいは支援が必要となった子どもたちのフォローの仕方は地域が保有する資源によってもかなり異なると考えられる。

　5歳児健診を行う地域であっても，発達障害が疑われた子どもに対して支援を行うのは，基本的には地域のこども園・保育園や幼稚園であり，担任する保育士や教員はもとより，加配等で配置される支援員も，発達障害に関する知識を十分保有する人材を登用するとともに，行政が研修を提供し続けるという努力も欠かせないものになってくると思われる。

4. 就学前期における各種健診後の観察・支援の流れについて

　子どもが住む地域の規模ならびに地域が有する資源によって，障害が疑われる子どもたちへの支援のあり方は異なってくると予想される。ここでは，筆者が関わっているある地方自治体（A市）におけるシステムについて簡単に説明する（図）。福祉・保健・教育・医療がそれぞれ補完的に関わっている。公立の保育園と幼稚園は，公立のこども園に統合され，福祉部局が主として担当しており，その他に私立の幼稚園と保育園・保育所が残っている。1歳6カ月児健診以降は，保健部局が主宰する親子支援教室が存在するが，3歳児健診以降にはそのような機関が存在しないため，基本的な支援はこども園・幼稚園・保育所に任されている。

Ⅳ 就学時健診と教育支援委員会

　就学前期から就学にいたる橋渡しとして行われる健診が就学時健診である。小学校入学を迎えるすべての幼児を対象として行われる。多くの場

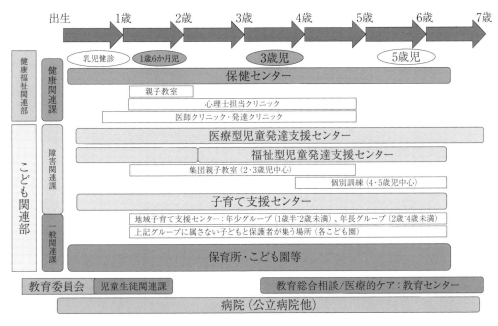

図1　A市における就学前期の健診と支援の関わりに関する例

合，入学前の10月から11月にかけて行われ，発達障害に限られたものではなく，眼科・耳鼻科的な疾患も含む全身状態を見ていくものである。したがって，5歳児健診のように発達障害を目標とした健診ではないことと，たとえ発達障害に気づかれたとしても，就学前施設において支援を開始するためには時期的に遅いため，十分な支援が行えないことも予想される。

それに対して，あらかじめ何らかの障害が疑われる幼児については，就学に向けてどのような教育環境が最適であるのかを検討していく，教育支援委員会と呼ばれる会議が開かれる。以前は，就学指導委員会と呼ばれていたもので，どちらかというと子どもが示す障害の程度から，特別支援学級や特別支援学校を判定するという性格が強かった（文部科学省，2012）。今後，発達障害のように気づかれにくい子どもたちの情報も，教育支援委員会に的確に伝えられることが期待される。

V　まとめ

発達障害の種類や特性の濃淡によって，就学前期における気づかれ方は時期も含めてさまざまである。一般の就学前施設の職員や各種健診に関わる専門職による早期気づきが求められる。支援に関しては，地域が有する資源にも左右されるため，工夫が必要になってくる。そして，就学前に得られた情報を，就学以降の関係者にどの程度伝えることができるかが，これからの課題である。

〈文献〉

小枝達也（2008）5歳児健診―発達障害の診療・指導エッセンス．診断と治療社．

小枝達也（2006）平成18年度　厚生労働科学研究「軽度発達障害児の発見と対応システムおよびそのマニュアル開発に関する研究」．

厚生労働省・政府統計（2010）平成20年度地域保健・健康増進事業報告の概況；p.3.

厚生労働省・政府統計（2013）平成23年度地域保健・健康増進事業報告の概況；p.3.

厚生労働省・政府統計（2016）平成26年度地域保健・健康増進事業報告の概況；p.3.

宮本信也（2008）乳幼児健診システムにおける発達障害児のスクリーニング．小児科臨床，61；2630-2637．

文部科学省（2012）資料1　特別支援教育の在り方に関する特別委員会報告1（平成24年7月13日）2　就学相談・就学先決定の在り方について．

洲鎌盛一（2013）乳幼児の発達障害診療マニュアル―健診の診かた・発達の促しかた．医学書院．

植松勝子（2015）就学前発達障がい児支援の基盤整備に関する検討―母子保健活動と保育園・幼稚園との連携．日本公衆衛生看護学会誌，4；139-147．

1-2 早期発見・アセスメント

1-2-2 アセスメントの進化

黒田 美保

1. アメリカで経験したアセスメントに基づく特別支援教育

　私は，2005年から2006年に，自閉スペクトラム症（Autism Spectrum Disorder：ASD）の支援で有名な米国ノースカロライナ大学医学部TEACCH部門へ留学した。その時，週1回は地域の学校の自閉症学級を訪問した。州の自治権が大きいため，米国のすべての州の学校が同じであるとはいえないが，ノースカロライナ州では，ASDの子どものための特別クラスがあり，それがセルフコンテイン（知的障害を伴う学級）とセンターベースト（知的障害を伴わない学級）に分かれていた。ASD以外に注意欠如・多動症（Attention deficit-hyperactivity disorder：ADHD）を対象とした学級がある学校もあった。LDを中心とする学習につまずきのある子どもを対象とするリソースルームは各学校にあった。必要がある子どもには週の一定時間，校内で言語聴覚士（ST），作業療法士（OT），理学療法士（PT）や心理士の指導が実施されていた。当時の日本の特別支援教育と比較すると，羨ましいほど手厚い教育支援だった。現在は，日本でも学校に外部専門家がはいるようになり，アメリカに近づいてきたといえるだろう。
　特別支援教育の根幹は，個々の子どもの特性や能力，興味や関心，そして問題点を調べて立てられる個別の教育支援計画（Individualized Education Program：IEP）だと考えられる。留学先では，個別の教育支援計画は，教師，心理士，ST，OTや場合によっては医師やソーシャルワーカーといった多職種が，アセスメントを行い，その結果に基づいて作成されていた。IEPミーティングは，子どもの両親と担任だけでなく，関係する多職種が出席して行われていた。学校で実施されるアセスメントも，本当に多様であった。もちろん多職種がはいってるためでもあるが，外部から学校に入っている心理士も，日本であったら，病院でしかやらないようなアセスメントを実施して，詳しく子どもの特徴をみていたことにも驚かされた。
　指導の効果検証もされていた。指導や支援目標や方法が妥当であったのかは，アセスメントをしなければ評価することはできない。こうした指導効果をみるためのアセスメントも不可欠であり，昨年度の目標が達成されたのか，それとも達成されなかったのかその理由はなにかなどが検討されていた。こうしたエビデンス・ベイスト・プラクティスの視点が，今後の日本の特別支援教育には，もっと必要だと思う。これらのIEPと指導の記録は，学校側で児童・生徒一人一人についてまとめられ，次の学年，また，次の学校へと引き継がれ，一貫した支援教育が実施されていた。こうしたシステムも，ぜひ，日本の特別支援教育の中に取り入れられればと思う。
　ここで，改めてアセスメントの目的は何かを考えてみると，その目的は単に診断をつけることではない。発達障害の特性は長所にも短所にもなるものであり，その特性の活かし方を考えるための基盤となるのがアセスメントであると私は考えている。また，2013年に改訂されたアメリカ精神医学会による診断基準DSM-5では，発達障害の症状はスペクトラムでとらえられており，診断がつかない子ども（いわゆるグレーゾーン）でも，程度の差はあれ発達障害の特性をもつことが示されている。こうした診断まで至らないが，なんらかの発達障害の特性があり，特別な教育的ニーズのある子どもも多い。こうした子どもたちの特徴を明らかにし把握すること，また，それに基づいて支援を行うことも学校現場でのアセスメントの大きな役割であると考える。

II 日本でのアセスメントツールの進化

　発達障害の教育支援に必要なアセスメントについて，考えてみたい。発達障害に対する精神医学的アセスメントについて，児童精神科医であるGoodmanら（2005）は，病因，予後，治療を含むケースフォーミュレーションにつながるような包括的アセスメントが必要であると述べている。教育においても，こうした包括的アセスメントが必要である。発達障害の主症状は共通であっても，その程度や現れ方は多様である。発達や知的水準も多様で，その認知特徴は個々に異なっている。言語水準や運動機能も同様である。同時に，家族を含む彼らを取り巻く環境も多様で，その影響も大きい。当然ニーズも様々である。個々人に合った支援をするためには，それらをきちんとアセスメントして，子どものニーズに応じた個別の支援を構築する必要がある。適切なアセスメントが実施され適切なフィードバックが行われれば，発達障害児者本人が自分の特性を理解して，それに応じた生活の工夫をすることも可能になる。また，親，教育機関，職場といった周囲もその特性に合った関わりや環境調整をすることが可能となる。もちろん，迅速に適切な教育的支援や社会福祉的支援にもつながることができる。

　包括的アセスメントとして，少なくとも**①発達障害に特化したアセスメント**，**②知的水準・認知特徴のアセスメント**，**③適応行動のアセスメント**，**④感覚や運動のアセスメント**，**⑤併存する精神疾患**，**⑥心理社会的・環境的アセスメント**の6領域が考えられる。以下にそれぞれのアセスメントの概要を述べる。

①発達障害に特化したアセスメント

　発達障害の主なものにはASD，ADHD，限局性学習症（Specific Learning Disorder：SLD）がある。発達障害のアセスメントツールに関しては，「スクリーニング」と「診断・評価」に分けて考えると，整理しやすい。また，実施しているときも，自分がどのレベルのアセスメントをしているのかを意識しておくことも重要である。対象児者の特徴を詳しく見るためには，診断・評価のためのアセスメントを実施する必要があり，教育支援においては特にそうである。どのような特徴があるのかを詳しく評価することで支援目標や計画を策定できるし，指導もできるのである。

　現在，日本で実施が可能な発達障害に特化した検査を以下に述べる。ASDについては，親記入式の早期スクリーニングとしてM-CHAT（乳幼児期自閉症チェックリスト修正版：Modified Checklist for Autism in Toddler）（Robins, 2001；Inada et al., 2011），自記式で16歳以上に適応できるスクリーニングのAQ自閉症スペクトラム指数（Autism Spectrum Quotient：AQ）（Baron-Cohen et al., 2001, 2006；栗田ら，2004；Wakabayashi et al., 2006, 2007），4歳以上の対象に使用できる親記入式のスクリーニングのSCQ（対人コミュニケーション質問紙：Social Communication Questionnaire）（Rutter et al., 2003；黒田ら，2013），発達早期から使用できる親からの聞き取りによるスクリーニングのPARS-TR（Parent-interview ASD Rating Scale-TR：親面接式自閉スペクトラム症評定尺度テキスト改訂版）（一般社団法人 発達障害支援のための評価研究会，2013），診断・評価レベルの検査としては，1歳以上の対象に用いられる直接行動観察によるADOS-2（自閉症診断観察検査：Autism Diagnostic Observation Schedule-Second Edition）（Lord et al., 2013；黒田ら，2015），2歳以上の対象に用いられる親面接式のADI-R（自閉症診断面接改訂版：Autism Diagnostic Interview-Revised）（Lord et al., 1994；黒田ら，2013）などがある。

　特に，ADOSは，子ども本人を直接行動観察することで対人コミュニケーションの様子を詳細に把握できるアセスメントツールであるため，アメリカでは教育現場でも使われていると聞く。

　ADHDについては，児童用のスクリーニングとして親や教師が記入する，ADHD-RS-V（ADHD-Rating Sclae-V：ADHD評価スケール日本語版）（DuPaul et al., 1998；市川ら，2008），評価用として6歳から18歳までを対象とし，親・教師・本人（本人は8歳以上）が記入する質問紙Conners 3（コナーズ3）（Conners, 2008；田中，2011），成人の自記式および親記入式の質問紙であるCARRS（Conners' Adult ADHD Rating Scale：コナーズ成人ADHD評価尺度）（Conners et al., 1998；中村ら，2011），成人を対象とした本人からの聞き取りに用いるCAADID日本語版（Conners'

Adult ADHD Diagnostic Interview For DSM-Ⅳ）(Conners et al., 染木ら) などがある。

SLDについては，スクリーニングとして教師などの専門家が記入するLearning Disabilities Inventory-Revised (LDI-R)（上野ら，2008），評価用としてSTRAW（小学生の読み書きスクリーニング検査）（宇野ら，2006），STRAW-R（標準読み書きスクリーニング検査）（宇野ら，2015），SCTAW（標準抽象語理解力検査）（春原ら，2002），多層指導モデルMIM「読みのアセスメント・指導パッケージ」（海津，2013）などがある。

日本は，発達特性を調べる検査において，他の国に大きく遅れをとり，欧米に比べれば，検査はまだまだ少ないが，主要な検査はそろってきているので，今後は普及が鍵となる。特に，学校場面では，こうしたアセスメントツールは使わず医療などの専門機関のみが使うという考えもあるようだが，実際に特別支援学校等で実施してみると，教師の子どもへの理解が非常にすすむことが経験される。また，アメリカでは，教育場面で，ここに挙げたようなアセスメントが実施されているので，ぜひ日本の教育場面でも，使われることを期待する。

②発達水準・知的水準・認知特徴のアセスメント

発達水準・知的水準・認知特徴については発達障害の症状を理解したり支援したりする上で必須である。なぜなら，知的水準や発達水準によって行動は大きく影響を受ける。例えば，社会性に問題があるとしても，発達水準が低い場合期待される社会性は低くなり，ASDの特性とは言えない場合もある。こうした側面については，幼児であれば新版K式発達検査のような領域別の指数が求められる発達検査が推奨される。児童期以降は，WISC-Ⅳ，WAIS-Ⅲなどを用いて，IQだけではなく群指数や合成得点などから能力間の偏りを把握することが支援上は有用である。認知の特性に合わせた教育方法は，発達障害のある子どもにとって不可欠である。ただ，教育現場では，他の発達障害に特化したアセスメントがいまだに普及していないせいか，知能検査や認知検査に頼りすぎたアセスメントを行っていることも散見される。Wechsler系の検査では，発達障害であるかどうかの診断や判断はできない。わかるのは認知特性であるということを忘れてはならない。

③適応行動のアセスメント

発達障害の支援の最終目的が，日常生活の適応の向上であることを考えると，現状の適応行動の水準を把握しておくことは，支援の上では非常に重要である。知的機能と適応行動は通常正の相関を示すが，発達障害の場合，知的水準から期待されるような適応行動は達成されないことが明らかになっている。発達障害は，その特性が問題というよりも，特性と環境との相互作用中で困難が表面化する「適応の障害」といえる。特にASDでは，適応の水準はその個人がもっている知的機能よりもかなり下回ることが多く，特に，知的障害のない高機能の人でそうである。最も大きな乖離は社会性スキルと知的水準の間に認められる。こうした点からも適応水準を調べることが重要である。

ただ，近年まで日本には広い年齢帯で使える標準化された適応行動尺度がなかったが，2014年に日本版Vineland-Ⅱ適応行動尺度（Sparrow, et al., 2005；辻井ら監修，2014）が刊行されている。

④感覚や運動のアセスメント

発達障害では，感覚の偏りや不器用といった運動面の問題が明らかである。DSM-5のASDの診断基準にも感覚の過敏さや鈍感さが加えられている。感覚の偏りについては，感覚プロファイルが刊行されている。感覚プロファイル（Sensory Profile：SP）－乳幼児用（Dunn, 2002；辻井ら，2015）は，家族，教師などが記入し，適用年齢：0～3歳である。子ども用（Dunn, 2006；辻井ら，2015）は家族，教師などが記入し，適用年齢：3～10歳である。青年・大人用（Brown et al., 2002，辻井ら，2015）は本人と家族などが記入し，適用年齢：11歳～である。また，運動面についてはM-ABC（Movement Assessment Battery for Children-Second Edition）（Henderson et al., 2007）の日本版などの開発も進んでいる。

⑤併存疾患のアセスメント

発達障害は，それぞれの障害がオーバーラップする場合や他の精神疾患を合併する場合が多くみられ，支援のためには，併存する発達障害やうつや不安障害といった精神症状などを把握しておくことも重要である。すでに学童期において，不安障害

や気分障害などの併存がみられることが明らかになっている。青年期・成人期においては、さらにうつや不安障害などの精神疾患の併存率は上がるので、こうした併存する精神疾患については、特に医療機関との連携などが必要となる。今まで述べてきたような標準化され数量的に結果が求められるアセスメント、いわゆるフォーマルなアセスメント以外に、一般的な行動観察、学校であれば授業観察などや学業成績などを通したアセスメント、いわゆるインフォーマルなアセスメントも必要である。⑥に挙げたような心理社会的・環境的アセスメントではインフォーマルアセスメントが中心となる。この領域のアセスメントでは、子ども自身の自己概念や自己評価といったものを見ておくことが支援においては、重要である。もちろん、学校・家庭・地域の環境アセスメントも必須である。

フォーマルとインフォーマルアセスメントを比較してみると、フォーマルアセスメントの良いところとしては、発達障害の人もその周囲の人も関わる人すべてが同じ物差しが使えることと言えるだろう。数値としてでるので、誰が見ても同じ解釈、また介入や経年による変化を数値によって比較できる。ただ、検査項目に限界があるため項目に含まれないことについては不明のままである。検査によっては、一対一の検査場面という日常生活とは乖離した状況であるという問題もある。インフォーマルアセスメントは、場面が自然で特徴や問題点をとらえることができるが、評価が主観的になりやすい。どうしても、評価者が自分の見ることのできた行動を評価してしまうため情報が偏ってしまい、長所や短所が強調されすぎてしまう傾向がある。フォーマルアセスメント、インフォーマルアセスメント双方に長所と短所があり、相補的な関係にあるので、適切に合わせて使うことが重要である。

III アセスメントの活用の進化

発達障害の支援を考えたとき、医学ができることはそれほど大きくない。薬では、対人コミュニケーションを改善させたり、社会的なふるまいを身につけさせたりすることは難しい。ADHDでは薬物療法の効果が認められているが、それとても、落ち着いているきの心理教育は不可欠である。

一方で、発達障害の支援において、教育面ではできることが多くあると考えられる。自己概念や自己制御力の改善などを行うことができる。発達障害の子どもたちが安心できる構造化を使った環境調整やコミュニケーション方法の活用を通して、対人コミュニケーションなどの改善が図られるのである。だからこそ、教育の場での、発達障害児者へのアセスメントは、重要なのである。

アセスメントを教育の中で活用する動きは、特別支援教育導入前くらいから活発になってきたと思う。前述のようにWISC-IVは、非常に多く用いられている。新しいアセスメントツールであるVineland-II適応行動尺度を積極的に導入し、教育支援計画や就労支援に役立てている学校も現れている。また、多層指導モデルMIMのように、学級全体を対象として、読み書きの苦手な子どもからSLDまでをアセスメントしつつ、指導もするというものも開発されている。

教育界では、以前、人をアセスメントするということへの抵抗があったようにも感じる。しかし、アセスメントの考え方も成熟し、個人の直観や経験によって、子どもへの教育を行うのではなく、客観的なアセスメントに基づいて初めて、効果的な教育ができると、多くの教師が考え、アセスメントを理解したり実施したりできるようになりたいという人も増えている。こうしたエビデンス・ベイスト・プラクティスが、教育現場でより進展することを願ってやまない。今後の特別支援教育のエビデンス・ベイスト・プラクティスの発展の方向性としては、どの地域でも、どの学校でも、同じ水準のアセスメントや支援を受けられることだと考える。

〈文献〉

黒田美保編著（2015）これからの発達障害のアセスメント―支援の一歩となるために．金子書房．

黒田美保（2013）発達障害のアセスメントを知る．臨床心理学，13(4)，473-478．

黒田美保・辻井正次監訳（2013）自閉症スペクトラム障害のアセスメント必携マニュアル．東京書籍．

下山晴彦・黒田美保編集（2016）発達障害のアセスメント．臨床心理学，16(1)．

辻井正次監修（2013）発達障害児者支援とアセスメントのガイドライン．金子書房．

1-3 指導・支援の計画と評価

1-3-1
「個別の指導計画」と「個別の教育支援計画」に関する研究動向

島 治伸

I　個別の指導計画と個別の教育支援計画の経緯

平成11(1998)年の盲・聾・養護学校の学習指導要領等の改訂において,「養護・訓練」から「自立活動」へと移行するさいに,「個別の指導計画」が,障害のある幼児児童生徒の教育課程上重要な位置を占めることとなった。これは,「養護・訓練」が障害のある幼児児童生徒の教育にとって,重要な指導内容として認識されて実践されてきた経緯からである。

「養護・訓練」では,児童生徒等を障害名や疾患名でひとくくりにするのではなく,個々の実態に即した個別の指導を重視することから,集団指導を基本とする教科指導や特別活動等と連携を持ちつつも,特別な領域として認識されてきた。その流れを踏まえて,「自立活動」においても指導形態としての集団・個人といったとらえ方ではなく,個々の児童生徒の障害に応じた指導や支援という考え方が重要視されてきた。

「養護・訓練」から発展した「自立活動」は,児童生徒等の自立を目指した主体的な取組を促す教育活動の領域として,個別的で計画的,かつ継続的に指導する必要があるとされ,現在の教育課程に至っている。

一方,平成15(2003)年3月に出された「今後の特別支援教育の在り方について(最終報告)」の中では,特別支援教育を支える大きな柱のひとつとして「個別の教育支援計画」の概念が導入された。そして,平成20(2008)年1月の中教審答申では,特別支援教育に関する教育課程について,「個別の指導計画や個別の教育支援計画の作成などによる一人一人の実態に応じた指導の充実」等が示された。ここでは,障害のある児童生徒の多様なニーズに適切に対応するために,また,生涯にわたって支援をするという観点から,関係する機関や関係者との連携協力の下に効果的な教育を行うための計画の必要性が示されたものであった。

この背景には,幼児児童生徒の障害の重度・重複化や発達障害への対応などとともに,障害児(者)を取り巻く福祉や医療などの社会制度の改正や,障害者に対するひとびとの意識の変化等がある。

そして,これを受けた平成20(2008)年の学習指導要領等の改訂においては,幼・小・中の総則における指導計画の作成等に当たっての配慮事項として,「障害のある児童(生徒)などについては、特別支援学校等の助言又は援助を活用しつつ、例えば指導についての計画又は家庭や医療、福祉等の業務を行う関係機関と連携した支援のための計画を個別に作成することにより、個々の児童(生徒)の障害の状態等に応じた指導内容や指導方法の工夫を計画的、組織的に行うこと」と明記された。

特別支援学校はもとより,小・中学校等で個別の指導計画(指導についての計画)と個別の教育支援計画(家庭や医療,福祉等の業務を行う関係機関と連携した支援のための計画)が示された意義は大きいといえる。

なお,平成28(2016)年の発達障害者支援法の改正条文では,個別の教育支援計画を,「教育に関する業務を行う関係機関と医療、保健、福祉、労働等に関する業務を行う関係機関及び民間団体との連携の下に行う個別の長期的な支援に関する計画」としている。

表1 公立小・中計・項目別実施率

(括弧内は該当者が在籍しない学校を除いた数値)

年度 (下段平成)	2004 (16)	2005 (17)	2006 (18)	2007 (19)	2008 (20)	2009 (21)	2010 (22)	2011 (23)	2012 (24)	2013 (25)	2014 (26)	2015 (27)
個別の指導計画	18.4	28.9	38.5	63.8	80.9	83.7	86.2	88.7	89.5 (96.5)	90.8 (97.2)	92.3 (97.7)	92.9 (98.0)
個別の教育支援計画	8.7	13.4	19.9	35.8	52.3	58.6	64	70.5	71.4 (81.9)	74.7 (84.4)	78.8 (87.6)	80.3 (89.3)

II 特別支援教育体制整備状況調査の結果

このような流れの中で,学校における「個別の指導計画」と「個別の教育支援計画」の作成状況および運用や評価等について見ていこうとすると,基本的な一次資料として文部科学省特別支援教育課が毎年調査結果を公開している「特別支援教育体制整備状況調査」がある。ただし,調査が始まった当初(平成15(2003)年)からでは,特別支援教育の進展に伴って調査の対象の増加(順次,公立小・中学校を対象→公立幼稚園及び高等学校→国立と私立の幼・小・中・高を追加対象にした)等があって,全体集計では完全な比較とはならない部分もある。

そのため,主として通常学級や特別支援学級に在籍する児童生徒を対象とした,「公立・小中計・項目別実施率-全国集計グラフ」というキャプションのものから表1を作成した。

これで見ると,先行している「個別の指導計画」については,調査(最初は「小・中学校におけるLD、ADHD、高機能自閉症等の児童生徒への教育支援に関する体制整備の実施状況調査」)当初から一定の作成がなされており,順次増えているのが分かる。そして,平成20(2008)年の学習指導要領等の改訂(前倒し)から一気に増加し,平成27(2015)年では該当者が在籍しない学校を除けばほぼ全体といっても過言でない状況になっている。なお,都道府県・市区町村教育委員会等による標準書式が示されていたことも大きな要因であろう。

一方で,「個別の教育支援計画」については調査当初から作成率が低く,学習指導要領等の改訂後に徐々に増えてきたという印象がある。平成18(2006)年度の国立特別支援教育研究所のプロジェクト研究によれば,「個別の指導計画」に比較していわゆる自治体等の標準書式が少ないことも要因として考えられる。これは,平成15(2003)年10月に「特別支援教育 教育課程等研究協議会」で初めて,文部科学省の担当調査官から「個別の教育支援計画」の策定について明らかにされた際に,統一書式や形式よりも関係者や関係機関との連携が重要であることが強調されたことも要因の一つである。

いずれにしても,平成18(2006)年から平成20(2008)年への伸びが著しいのは,平成19(2007)年4月には「特別支援教育の推進について」という文部科学省初等中等教育局長通知の発出や,学校教育法施行規則改正に伴う「通級による指導実施状況調査」も行われており,これらの中で,「個別の指導計画」と「個別の教育支援計画」の関係(個別の指導計画は,児童生徒一人一人の障害の状態等に応じたきめ細かな指導が行えるよう,学校における教育課程や指導計画,当該児童生徒の個別の教育支援計画を踏まえて,より具体的に児童生徒一人一人の教育的ニーズに対応して,指導目標や指導内容・方法を盛り込んだものとの文言)が,学校現場の教職員に作成への意識が浸透した結果とも推測される。

III 両計画に関する研究の動向

「個別の指導計画」と「個別の教育支援計画」に関する研究について,フリーで検索ができる範囲の医中誌webと国立国会図書館サーチ(NDL Search)とを使って,これらに言及した公開されている論文等を検索してみた。しかし,これらそのものを直接的に研究対象としたものは,ほとんど無いといっても過言でない。基本的には,学校教育という限られた分野で,実際的な作成や運用すべきものという認識であり,一定の枠組みが

行政によって示されたものだからであろう。もっとも，どのように作成していくべきかといったものが見られるため，本来であれば教育システムとしての議論や教育行政からの論として研究対象となっても不思議ではないが，これらを直接的に研究した論文も基本的には見当たらない。

2016年12月現在で，キーワードは「個別の指導計画」と「個別の教育支援計画」とし，各検索対象は，医中誌webが「すべて検索（キーワードなど）」，国立国会図書館サーチが「すべて」である。もちろん，両方の検索には重複するものがあるのは承知しているし，「すべて」とすることで書籍や報告書類も含まれることもわかっているが，おおよその全体像が分かれば良いということで，検索結果を表2に示した。

ちなみに，CiNii（国立情報学研究所学術情報ナビゲータ）では「個別の指導計画」が401本（1999年以前が8本）なのに対して「個別の教育支援計画」は261本である。ただし，これは雑誌特集記事のように単純検索すると複数として上がってくるものも含まれるので，医中誌webやNDL Searchよりもさらに荒い結果である。

表2 それぞれのキーワードでの検索結果

	医中誌web	NDL Search
個別の指導計画	49（最新5年17）	585（内51件は1999年以前）
個別の教育支援計画	44（最新5年8）	355（内28件は法文等）

これを見ると，全体数としては明らかに「個別の指導計画」の方が「個別の教育支援計画」よりも多いことが分かる。「個別の指導計画」は先行していた概念であることや，既に学校現場では作成（検討や実施）が進んでいることも手伝って，比較的に研究対象としやすかったのではないかと推察される。当然だが，2002年以前には「個別の教育支援計画」に関する研究物はない。

表3で，それぞれを年次ごとに見渡してみると「個別の指導計画」については，年度による差がそれほど大きくないが，「個別の教育支援計画」は，「今後の特別支援教育の在り方について（最終報告）」が出され，概念の説明が行われた2003年以降から出始め（2003年が少ないのは最初の年であったことと文部科学省の担当調査官からの説明が10月であったからと考えられる），その後2004年から2007年までの間はそれなりの本数があるものの，その後は明らかに減少している。これには，学校内で完結する「個別の指導計画」に対して，関係（者）機関との連携を基本とする「個別の教育支援計画」は，研究対象とするには領域の幅が必要になったためではないかと考えられる。しかし，学校現場での実施が増えることに比例して，研究対象が増えるはずにもかかわらず，そうなっていないところが興味深い。

なお，小・中学校を対象とした研究は皆無であったため，ここから先は実施が先行している特別支援学校ベースで考えたい。

表3 「個別の指導計画」と「個別の教育支援計画」との比較

	個別の指導計画		個別の教育支援計画	
	医中誌web	NDL Search	医中誌web	NDL Search
2000	3	36	0	0
2001	1	54	0	0
2002	1	48	0	0
2003	2	34	0	7
2004	1	33	1	46
2005	2	25	1	58
2006	1	18	5	51
2007	7	27	19	44
2008	2	24	1	16
2009	4	50	5	20
2010	6	27	3	22
2011	2	32	1	27
2012	4	26	1	12
2013	4	20	1	4
2014	3	26	1	5
2015	1	25	1	3
2016	5	29	4	12
合計	49	534	44	327

「個別の教育支援計画」に限定して内容的に見てみると，学会誌・専門誌でも当初は特集や解説記事的なものが多く，具体的な研究論文としては

見当たらない。まだ概念として一般化していなかったためだと思われる。ただ，一方でそれまでの教育実践との整合性を検証するような報告はいくつか見られる。

たとえば，発達障害研究（日本発達障害学会）28巻5号（2006年）では「「個別の教育支援計画」の現在と今後の課題」とした特集を組み，医療や福祉の分野からの提言を受けている。また，日本小児血液学会雑誌20巻5号（2006年）では，「小児がん患児の支援機関との連携推進に向けた病院内教育機関の役割 - 個別の教育支援計画の導入と課題」という会議録を載せている。

その後，実際の教育実践をベースとした原著も見られるようになるが，特別支援学校での職業教育や就労支援の過程で「個別の教育支援計画」の重要性を示したものが多い。たとえば，職業リハビリテーション（日本職業リハビリテーション学会）23巻1号（2009年）の大谷論文「特別支援学校高等部における知的障害児の進路指導に関する考察」や，特殊教育学研究（日本特殊教育学会）48巻2号（2010年）の樋口論文「知的障害特別支援学校における自閉症生徒の就労支援の取り組み」などである。

これらは，「個別の教育支援計画」が教育課程の中で位置付いてきた査証ではあるが，これを手がかりに実際の教育現場である特別支援学校や，研究協力を行っている大学の研究紀要などに目を向けると，到達点と課題が見えてくる。

Ⅳ 個別の教育支援計画の到達点と課題

たとえば，岡山大学教育実践総合センター紀要10巻（2010年）の山中論文では，認定講習受講者（現職教員）の意識として，専門性や個々の児童生徒等の実態把握の力量に関して重視しつつも，それに直接的に関連する「個別の指導計画」や「個別の教育支援計画」の重要度には専門性をあまり感じていない現状を拾っている。

また，鳥取大学地域学部紀要第9（2）（2012年）の絹見論文では，特別支援学校の保護者を対象にアンケートを行い，連携のための支援会議への期待と有効性を明らかにしている。

さらに，富山大学人間発達科学部紀要10（1）（2015年）の和田論文等では，これまでの各地の研究を踏まえて，保護者との連携や関係機関との連携についての難しさが課題とした上で，具体的に示せるツールの考案と活用実践を報告している。

これらの報告からは，あるいは他の実践研究等とも共通していえることだが，「個別の指導計画」や「個別の教育支援計画」の作成率（量）だけでは見えてこない，中身（質）の問題が内包されていることが分かる。つまり，とくに「個別の教育支援計画」作成の難しさは，学校という枠組みを超えなければならないことが一因となっており，旧来の自己完結型の学校教育の時代から，特別支援教育体制への脱皮の様相が現れているのだろう。しかし一方では，たとえば，東京学芸大学総合教育科学系紀要65（2）（2014年）の加瀬論文では福祉分野の支援計画を引き合いに，制度的な乱立のような構造的複雑さも指摘されている。

ちなみに，全体的には知的障害や発達障害の教育分野に関する実践研究が多く，また特別支援学校ベースのものがほとんどである。しかし，病弱教育の分野に限っていえば，「個別の教育支援計画」や連携についての研究論文について教育系以外の学会のものが多い。かつて，特別支援教育は病弱教育モデルであるという言葉があったが，「個別の指導計画」や「個別の教育支援計画」の作成についての課題とされた，保護者や関係（者）機関との連携について，特にそれを感じさせるものでもある。

「個別の指導計画」や「個別の教育支援計画」が，特別支援教育の大きな柱である以上，質を伴った作成が今後の課題となっていると思われる。

1-3 指導・支援の計画と評価

1-3-2 日本におけるプログレス・モニタリング尺度の開発

佐藤 克敏

I RTI（Response to Intervention）とプログレス・モニタリング

近年，アメリカ合衆国で取り組まれているRTI（Response to Intervention）について報告されることが多くなった。RTIとは，多層による指導のシステムで，LD児のみならず，学力不振の児童生徒への早期対応のためのシステムである。また学業に困難を示す児童生徒の予防としての役割も担っている。RTIは一般に，3層からなる支援システムによって紹介されている。第1層は通常の学級における質の高い教育を行う。第2層では，第1層において教育成果が認められなかった児童生徒に対して，小集団での指導が実施される。第3層では，第2層でも教育成果が認められなかった場合，特殊教育もしくはそれと同様の個別化された指導が実施される。このような階層的なシステムによる支援を早期から実施することで，学業に大きな問題を抱えてしまう前に，対応することが可能となる。

しかしながら，RTIの取り組みを日本に導入するためには，いくつかの課題がある。その一つは，児童生徒の学業に関するモニタリングを行う尺度が標準化されていないということが挙げられる。このようなプログレス・モニタリング（進捗状況を把握すること）の尺度は，RTIの実施において必要不可欠なものであり，これが作成されなければ，児童生徒のシステムの移行に対する判断を容易に行うことができない。

本項では，日本において将来的にRTIを導入することを視野に入れた際に必要となるプログレス・モニタリングの指標に関連する研究成果とプログレス・モニタリングを用いた教育成果に関する研究の成果について紹介し，今後の課題について考察する。

II プログレス・モニタリングの指標および活用に関連する研究

1. アメリカ合衆国におけるプログレス・モニタリングとしてのカリキュラムに基づく尺度（Curriculum Based Measurement：CBM）

プログレス・モニタリングの尺度として，アメリカ合衆国ではカリキュラムに基づく尺度が開発され，利用されてきた。干川（2015）は，アメリカ合衆国におけるCBMの研究動向について包括的に整理し，アメリカ合衆国での尺度化と成果及び日本に導入する意義について解説している。以下干川の論文に基づいて，CBMの尺度化において必要となる事柄とCBMの尺度化によって可能となる事柄について述べる。

CBMは簡単かつ短時間で測定できるものであり，読み，書き，計算といった単純な課題によって作成されている。例えば，読みの課題であれば，学年レベルの教科書の文章を1分間の間に間違えないで読んだ単語の数を数えるという内容であるが，学力テストとの相関が高く，理解も含めた国語力を反映することが指摘されている。同時に，学年進行に伴う発達差を示すことやLDと低学力児，通常の学級の児童を識別できることなども示されている。このような結果は，計算問題を用いたCBMや綴りや書字表現を用いたCBMにおいても同様に確認されている。

また，CBMに基づいて教師が指導方法を修正することで，児童生徒の成績が良くなること，リソースルームと通常の学級の学習成果の時系列変化についてCBMを用いて比較すると，リソースルームの指導による児童の成績は通常の学級の指導による成績に比べて2倍の速度で進歩したこと，学習のためのユニバーサルデザイン

(Universal Design for Learning) の評価として，生徒の進捗状況の把握に有用であったことなども紹介されている。

アメリカ合衆国で尺度化されているCBMの研究を参考として，以下では現状日本でCBMに関連すると考えられる研究を紹介する。

2．日本のプログレス・モニタリングの尺度化と活用に関連する研究

1) 読みに関する研究

海津（2008，2012）は，小学生を対象として，特殊音節表記を含む語の読みテストであるMIM-PM読み版を実施し，読解力の評価として作成されている教研式読書力診断検査との相関について検討している。MIM-PM読み版とは，約2分間の間「絵に合う言葉探し」「3つの言葉探し」を実施し，読みの正確さと速さを測定するテストである。海津（2012）の研究結果では，学年進行に伴って段階的にMIM-PMの得点が向上すること，MIM-PM読み版の総合点と読書力診断検査標準得点との相関は，3年生で$r = 0.68$，4年生で$r = 0.66$，5年生で$r = 0.63$，6年生で$r = 0.53$であり，加えて読書力診断検査の「読解・鑑賞力」得点との相関も3年生で$r = 0.61$，4年生で$r = 0.63$，5年生で$r = 0.61$，6年生で$r = 0.44$をであったことを報告した。海津（2008）は，小学校1・2年生を対象とした研究においても，相関が0.6台であることを報告しており，低学年の児童だけでなく，小学校段階でMIM-PMがプログレス・モニタリングとして有用であると指摘している。

内山ら（2010）は，小学校1年生を対象として，5月，7月，2月の時期に音読時間と誤読数を指標とした短文音読検査を実施し，ディスレキシア児の早期発見について検討した。課題は，短文として，Token Test小児改訂版から選定したふりがな付きの文章（「青い丸に触ってから赤い四角を取ってください」など）を音読させる課題であり，音読時間と誤読数を測定するものであった。結果では，3回のテスト実施期間のいずれかの時点で，音読時間が2標準偏差以上長い，あるいは誤読数が平均よりより2標準偏差以上多い児童を抽出し，担任教師への聞き取り，WISC-Ⅲの実施，特異的発達障害の診断・治療のための実践ガイドライン（稲垣，2010）の診断手順に基づく音読検査の結果から，ICD-10の診断基準を満たす特異的読字障害であると診断している。本結果から，1年生のうちに短文音読検査を用いてディスレキシア児を発見することは可能であり，音読指標として，音読時間と誤読数が利用できること，基準値として平均±2標準偏差とすることができること，短文検査は1学年の間に複数回実施した上で，診断へとつなげることが望ましいことなどを指摘している。

河野ら（2011）は，小学生を対象としてデジタルペンを用いた読み（黙読で開始と終了の際にペンでチェックを行う）の速度と課題文に対する理解評価（表層レベル，命題レベル，状況レベル）を実施した。課題は1年生から6年生まで同じ具体的な出来事を示した文章であり，1年生と2年生には分かち書きで，2年生以降は1学年下の配当漢字を含めて呈時されている。結果では，読みは学年の進行に伴い早くなることが示されているが，読解力とは相関がなかったことを報告している。この点については，正答率80％以上の児童が約80％いることから質問の難易度が低すぎた可能性があること，読解力の測定のためには他のテストを用いることを考える必要があることなどを指摘している。

宮迫・高塚（2005）は，英語読解力の指標として，高等学校2年生を対象とし，音読の流暢性と音読速度を測定して英語読解力の指標となりうるかどうかについて検討している。英語読解能力については，ACE（英語運用能力評価協会）の読解部門の得点を用い，音読の流暢性には，中学校3年生用の検定教科書の約250語のパッセージを2分程度音読させ，2文目から1分間当たりの間違った語の数（読み落とし，読み替え，挿入など），音読速度には，Flesch-Kincaid Grade Level5程度の200語のパッセージの1分間の音読速度で速度重視（速く音読する），内容重視（内容理解に努めて音読する），理解度換算（内容重視音読後に，内容理解に関する正誤問題を解き速度に乗じて反映させる）を用いている。結果から，英語読解力と音読の流暢さの相関が$r = 0.482$であり，英語読解力と音読速度の相関が$r = 0.375 \sim 0.479$で

あったこと，英語の流暢性，音読速度共に，英語読解力の指標となり得るほどには相関が高くないが，参考資料として用いることができることを報告している。

２）書字に関する研究

河野ら（2011）は，読み速度についてだけでなく，同時に書字速度についても検討している。書字速度については，文章課題を書き写す視写と録音音声で提示された単語課題・短文課題を書き取る聴写課題を実施した。聴写課題（河野ら，2009）では，有意味単語課題と無意味単語課題を実施し，両課題で学年の進行に伴い書字数が増加すること，1分間の書字数と学年との関係は回帰直線で示すことができることを報告した。視写課題においても同様に学年の進行に伴い書字速度が速くなることを指摘している。

３）算数に関する研究

海津（2016）は，小学校1年生400名に対して，MIM-PM算数版として数系列問題と計算問題の2課題を，2カ月に1回，年間6回実施し，時系列に伴う得点の変化に対する分析と標準化された学力検査（算数）との相関分析，MIM-PM読み版とのバッテリーによる高学力群，低学力群，算数困難群の時系列に伴う得点の比較を実施している。結果は，時系列に伴って得点が向上すること，標準化された算数の学力検査とMIM-PM算数版の総合得点との相関が $r = 0.49$ で有意な相関を示したこと，低学力群と算数困難群では，得点上昇が断続的であり，高学力群のような一貫した有意な得点上昇が見られなかったことを報告した。本結果から，MIM-PM算数版のプログレス・モニタリングの尺度としての有用性を指摘している。

４）指導効果に関する研究

海津（2008）は，MIM-PM読み版を指標として，MIM-PM読み版の活用（プログレス・モニタリングだけでなく，指導パッケージを含む）により教師の授業方法に変容が見られるか，MIM-PM読み版に参加した小学校1年生の学級の児童の成績と参加していない児童の成績に差が見られるかについて検討している。結果は，MIM-PM読み版に参加した学級の教師の授業は，指導形態の柔軟化，指導内容・教材の多様化が見られたこと，児童を教研式学力検査の算数の得点によって25，50，75パーセンタイルで区切って4群に分類した後，教研式学力検査の算数の観点合計得点，MIM-PM読み版の得点，読書力検査の標準得点，特殊音節聴写課題の得点それぞれに対して，マッチングした群別に参加した児童と参加していない児童の得点を比較したところ，50〜75パーセンタイルに分類された児童を除いて，算数の観点合計得点以外のほとんど全ての課題で有意な差が見られたことを報告している。

小枝ら（2011）は，内山ら（2010）の研究においてディスレキシアと診断された2年生の児童に対して，2段階方式の音読指導を実施した。第1段階は解読指導であり，清音，濁音，半濁音，促音等の音読がスムーズにできるように繰り返したり（清音），親密度の高い単語をキーワードとして用いる指導を行った。第2段階は語彙指導であり，対象児が用いている国語の教科書から単語や語句を選び，指導者の範読後の音読，単語や語句の意味を教える，その単語や語句を用いた例文を作成する，作成した例文を音読するといった指導を行った。指導の結果，解読指導は誤読数の現象に効果があり，語彙指導は音読時間の短縮に効果があったことを指摘している。

Ⅲ　まとめと今後の課題

本項では，干川（2015）のレビュー論文を参考にCBMの作成と活用がもたらす効果と日本におけるプログレス・モニタリングの指標および活用に関連する研究について紹介した。厳密に言えば，プログレス・モニタリングの尺度化を意識した研究は，小学生を対象とした海津（2008，2012，2016）の研究と宮迫・高塚（2005）の高校生を対象とした英語読解に関する研究のみである。両研究に共通するのは，プログレス・モニタリングの妥当性を検討するために，プログレス・モニタリングの課題に加えて，標準化された検査を実施し，相関を求めている点である。プログレス・モニタリングは，簡単に短時間で実施できる読みの流暢性や計算などの課題が用いられる。干川（2015）がアメリカ合衆国のCBM研究のレビューで指摘しているように，プログレス・モニタリングに用

いる指標か，単に読み速度としての指標であるだけでなく，国語や算数もしくは英語の学力の予測指標として妥当であることを明らかにする必要がある。

また，内山ら（2010）の研究では，プログレス・モニタリングをディスレキシアのスクリーニングとして活用できること，海津（2016）の研究では，算数困難群と低学力群は高学力群と比較すると，得点上昇が断続的であったことが報告されており，プログレス・モニタリングの尺度化と活用によって，日本においてもLDとそうでない児童の識別に貢献できる可能性があることを示唆する成果ではないかと考える。

その他，学年進行に伴う読みもしくは書きの速度の向上（海津，2012；河野ら，2009）や指導効果を測定する指標として活用できること（小枝ら，2011；海津，2008）も指摘された。以上の成果から，断片的な側面もあるものの，干川（2015）が紹介しているCBMの研究において検討された事柄のいくつかは日本でも検討されていることがわかる。

しかしながら，研究の量的な少なさ，読みの尺度への研究の偏りは否めない。書きにおいては書字表現に関する研究は認められず，河野ら（2011），河野ら（2009）の研究では，書字課題の妥当性については検討されていない。今後，課題のバラエティを広げると同時に，妥当性と信頼性について検討しながら，尺度化を行う研究を増加させることが必要であると考える。また，干川（2015）が指摘するように，プログレス・モニタリング尺度を作成することによって，通常の学級における教育効果を評価することも可能となる。ユニバーサルデザインによる授業は，多くの書籍などで紹介されているが，プログレス・モニタリング尺度を標準化し使用できるようになれば，教育効果に対する検討が相対的にも個別的にも容易になるだろう。

最後に，読みの流暢性を測定する指標が，読解との相関が高い根拠を示すものであるならば，読み上げソフトの使用の有無による得点の違いを検討することによって，読み上げソフトを用いた合理的配慮の有無の必要性を検討するために利用できるのではないかと考える。読みだけではないが，プログレス・モニタリング尺度の作成は，児童生徒に必要な合理的配慮をアセスメントする簡易的なツールとしても有用なものとなるだろう。

〈文献〉

干川隆（2015）アメリカ合衆国におけるカリキュラムに基づく尺度（CBM）に関する研究動向―わが国での標準化に向けて．特殊教育学研究，53(4)；261-273．

海津亜希子・田沼美畝・平木こゆみ・伊藤由美・Vaughn, S.（2008）通常の学級における多層指導モデル（MIM）の効果―小学1年性に対する特殊音節表記の読み書きの指導を通じて．教育心理学研究，56(4)；534-547．

海津亜希子・田沼美畝・平木こゆみ・伊藤由美・Vaughn, S.（2008）読みにつまずく危険性のある子どもに対する早期把握・早期支援の可能性―MIM-PMの開発．LD研究，17(3)；341-353．

海津亜希子（2012）読みの流暢性に関する発達的検討―Multilayer Instruction Model-Progress Monitoring（MIM-PM）を用いて．LD研究，21(2)；238-250．

海津亜希子（2016）算数につまずく可能性のある児童の早期把握―MIM-PM算数版の開発．教育心理学研究，64(2)；241-255．

河野俊寛・平林ルミ・中邑賢龍（2009）小学校通常学級在籍児童の聴写書字速度と正確さ．特殊教育学研究，46(5)；269-278．

河野俊寛・平林ルミ・近藤武夫・中邑賢龍（2011）小学校通常学級在籍児童の読み書き能力の発達―N市内3小学校の読み速度，書字速度，及び書字の誤りについて．LD研究，20(3)；332-341．

小枝達也・内山仁志・関あゆみ（2011）小学1年性へのスクリーニングによって発見されたディスレキシア児に対する音読指導の効果に関する研究．脳と発達，43(5)；384-388．

富迫靖静・高塚成信（2005）英語読解力の指標としての音読の流暢さ及び音読速度．日本教科教育学会誌，28(3)；63-71．

内山仁志・関あゆみ・小枝達也（2010）短文音読検査を用いたディスレキシア児の早期発見に関する研究．小児の精神と神経，50(4)；399-405．

1-4 指導・支援の技法

1-4-1 相互依存型集団随伴性を用いた通常学級全体に対する指導

若林 上総

I はじめに
1．学級を対象とした指導の必要性

わが国では，障害者の権利条約の批准やそれに伴う国内法の整備が行われ，インクルーシブ教育システム構築が進んでいる。通常学級では，在籍する発達障害のある児童生徒の特性を踏まえた指導，及び教育成果の保証に向けて舵を切っており，今こそが，発達障害のある児童生徒への対応が普通教育の範疇であるという捉え直し（武藤，2007）の契機となっている。これに対応するために，通常学級の担任教師は，発達障害のある児童生徒への個別対応に加え，発達障害のある児童生徒を含んだ学級全体に対する効果的，効率的な教授・マネジメント方法を必要としている。

2．学級全体の指導方法としての集団随伴性

通常学級の担任教師が扱う教授・マネジメント方法の一つとして，相互依存型集団随伴性（interdependent group contingencies）の活用が考えられる。相互依存型集団随伴性とは，班や学級全体など集団単位での活動に当たって集団全員に達すべき基準を設け，協働の結果基準を達した場合に例えば賞賛やポイントなどの強化を集団全体に伴わせる強化随伴性を指す。海外の研究では，相互依存型集団随伴性が課題への従事や達成，不適切な行動の軽減に影響を与えるとされ，多くの協力的学習方略や学級規模のピア・チュータリングとともに用いられている（武藤，2007）。

近年は，インクルーシブな教育場面において発達障害のある児童生徒を含んだ学級全体に対する教授・マネジメント方法として，わが国でも研究が行われ，その成果が示されるようになってきた。そのため，発達障害のある児童生徒を含んだ学級集団全体への指導に当たる教師に対し，これまでの研究知見を整理し，提供することは，学級内のインクルージョンの実現に資することが考えられる。そこで本稿では，相互依存型集団随伴性に関する国内の知見を整理し，ここまでの到達点を示すこととする。

II 相互依存型集団随伴性に関する知見
1．場面ごとのニーズと効果
1）教科学習場面

教科学習は，学校の教育課程の大半を占め，その多くは担当教師が1人で指導に当たることになる。多様な児童生徒が在籍する学級集団に対する指導上の課題は多岐に渡り，課題に対応するためにも学級全体に対する効果的な教授・マネジメント方法を扱う必要がある。

相互依存型集団随伴性は，学級全体の児童に対して話を聞く姿勢の指導（福本他，2011），あるいは授業中の不適切発言を減少させ，適切発言を増加させる指導（田中他，2010）などに用いられ，学習への参加に課題を示す学級の指導に効果を示している。また，教科学習に課せられた目標の達成にも適用されており，作文指導（福森，2011），漢字テストの学習（若林・加藤，2013），協同学習（佐々木・関戸，2016），といった指導にも効果を示している。

わが国の研究を概観すると，小学校段階で学習への参加を促進する指導への活用を検討する事例が多い。一方で，学習課題の取組を促進する手だてとして，特別な教育的ニーズのある生徒が多く在籍する定時制課程の高等学校を含め，その活用と有効性の検討が幅広く行われ，知見が蓄積されている。

2）学級活動

学習指導要領において，学級活動は特別活動として位置づいており，集団活動を通して心身の発達と個性の伸長，集団の一員としての態度を育成することが望まれている。この中には，学級や学校の生活づくりに必要な仕事の分担処理，当番活動への取組の指導が含まれており，多様な児童生徒の在籍する学級において指導に困難を生じることがある。これを踏まえ，目標に沿った効率的な指導の実践のために，相互依存型集団随伴性を用いた指導の検討が行われている。

　具体的には，食事や昼休みの時間確保に課題を生じている学級に対する給食準備の指導（杉本，2015；鶴見他，2012），あるいは1学級で複数の場所を担当する清掃活動（遠藤他，2008）において相互依存型集団随伴性を用いた指導が検討され，効率的，合理的な指導の在り方が提案されている。また，係活動（福森，2011）や，帰りの会のニュース発表（福森，2011）といった場面でも，グループごとに取組状況がモニタされ，グループの基準を達するごとに強化子を提示する指導の有効性が示されている。

2．集団に対する強化スケジュール

1）単一的なスケジュール

　相互依存型集団随伴性が適用される標的行動，その行動に強化を提示するスケジュールには，多様なバリエーションがある。集団が課題を遂行した直後に結果を提示するという手続きだけに限定しても，提示方法は介入の文脈に応じて多様なものとなっている。

　強化を提示するタイミングについて，福本ら（2011）は，朝の会，1～5校時のはじめに行う挨拶終了時点の度に，話を聞く姿勢が保持されている人数を掲示板に記入する手続きをとっていた。定時間隔スケジュール（FI：fixed-interval schedule）の適用として考えられるこの手続きは，授業中の不適切発言を減少させ，適切発言を増加させる指導にも用いられている。田中ら（2010）は，授業の開始時，さらに開始後2分毎に聞く準備ができているグループにトークンを提示する形で他行動分化強化（differential reinforcement of other behavior：DRO）手続きを実施し，その有効性を検証している。

2）多元的なスケジュール

　強化基準に達した集団が，1試行毎にトークンを用いて強化され，トークンの累積が基準に達したことで改めて集団全体を強化するという実践研究も比較的多くみられる。杉本（2016）は，給食準備の目標時間を示し，基準を達したときに給食マークを掲示して強化し（1試行），5つ貯まった段階で児童一人一人に希望するシールを与えている。同様の枠組みは，班ごとの遂行状況にも適用されており，班ごとにポイントを付与し，ポイントの合計によって班全体を強化する指導でも相互依存型集団随伴性の有効性が検証されている（福森，2011；田中他，2010）。

　班ごとのポイント付与による班単位の強化と，班のポイントの累積結果による学級全体の強化を組み合わせた指導もある。福森（2011）は，班ごとに係の仕事，作文，帰りの会のニュース発表の3場面で達成基準を設け，達成した班にはポイントを付与して強化している。その上，班のポイントが累積されると，学級全体に適用されるバックアップ強化子として児童が「願い事カード」に記述した内容を実施するというルールを適用している。複数の「願い事カード」の中からくじ引きにより1つの強化子が決定する過程を通じ，強化価の異なる強化子がランダムに提示される手続きが埋め込まれ，集団に対して強化する比率の変動を実現している。

　遠藤ら（2008）は，対になった2つの班が相互に清掃の結果の「きれい度」を評定し，それに基づき班にポイントを付与し，ポイントの累積順位の高い班から清掃場所の選択を可能とする随伴性を班単位に導入した。加えて，班単位のポイントの累積の結果，学級全員が望ましい活動を行うことで学級全体を強化した。きれい度の評定を強化基準としたことで，清掃を「行う」のみに留まらず，「きれいにする」という集団の遂行レベルの向上をも達したという点でも意義深い研究であった。一方で，児童からはルールが分かりにくいとの指摘があったことも取り上げられている。このことからは，集団に適用される強化スケジュールが多元的なものになればなるほど，理解を伴わない児童生徒にとっては反応しづらいプログラムと

なることに留意する必要があろう。

また，遠藤ら（2008）の指導では，多元的な強化スケジュールを適用することで，強化を得るために集団内の他のメンバーと「競争相手であるが，パートナーでもある」という関係を構築することとなり，それが互いの「きれい度」評価を不当に行うという負の副次的効果を抑制すると考えられていた（遠藤他，2008）。この点について，鶴見ら（2012）は，給食準備場面において2種類の相互依存型集団随伴性の適用による否定的な副次的作用の抑制を検討している。この研究では，予め給食準備の行動連鎖を教示，リハーサルで確認した後，給食開始時点でルールを確認し，準備行動の時間短縮により長い昼休み時間を獲得できる相互依存型集団随伴性を適用している。その後，個別に着席した児童に配膳を許可する手続きから，班単位で着席した順に配膳を許可する手続きへと変更し，適切な行動の教示を加えたところ，班内の適切な援助が増加し，不適切な援助が減少するという結果となった。この知見は，遠藤ら（2008）の指摘を実証した形となっている。集団内の意思疎通や行動の遂行に課題を生じやすい発達障害のある児童生徒の参加を伴っても，彼らが否定的な随伴性にさらされない，参加しやすいプログラムとするためには，この様なメカニズムをより詳細に検討する必要があるといえよう。

3．手続きの組み合わせの検討

強化スケジュールに関する議論との関連で，相互依存型集団随伴性が適用される際，その効果を高める工夫として，様々な手続きを組み合わせた指導が行われている。随伴性の操作を実施する前には，給食準備時間の短縮の約束を立てる形で行動契約を結ぶ指導（杉本，2016），ルールの教示（遠藤他，2008；田中他，2010；鶴見他，2012），モデル提示（福本他，2011；鶴見他，2012），スキル指導（鶴見他，2012）など，介入開始時点で標的となる行動を制御するルールを明示する取組が行われている。ルールに結果が提示されていない指導との比較で，随伴性のルールを明示しその通りに強化を随伴することで，ルールに従った行動が生起することを示唆する結果があり（遠藤他，2008；田中他，2010），ルールに従った行動をルール通りに強化することが学級内のルールの機能化のためには重要といえよう。

このほか，集団での課題遂行時の個別的支援（鶴見他，2012），グループごとのモニタリング手続き（福本他，2011），課題が始まる前にグラフによるフィードバックを行い，基準を達したことを伝え，成績加点を行う手続き（佐々木・関戸，2016；若林・加藤，2013）が組み合わされ，介入の効果が示されている。今後も，効果的な実践の研究に向けて多様な手だての組み合わせを検討するとともに，その効果の根拠として，パッケージ内の構成要素の単独の効果や交互作用の効果について，詳細な検討が期待される。

4．社会的妥当性

相互依存型集団随伴性が効果を伴う指導であっても，指導手続きが複雑であったり，さまざまな副次的作用が生じる可能性があったりする場合，教師はそれを用いて指導に当たろうという判断にいたることはない。そのため，相互依存型集団随伴性の研究においては，標的行動の変容とともに，介入の対象となった児童生徒，介入手法を扱った教師などに対し，社会的に意味ある取組であることを認識しているかどうか，査定している。

これまでの研究からは，介入の前後に児童生徒や教師の指導に対する受け入れの度合い（以下，介入受容性：treatment acceptability）を査定し，研究の社会的妥当性を示すものが多い（遠藤他，2008；福本他，2011；福森，2011；佐々木・関戸，2016；杉本，2016；田中他，2010；鶴見他，2012；若林・加藤，2013）。一方で，指導の実施者や対象者の介入受容性を指標として，その変化に影響を与える要因を特定する実証研究には限りがある。これまでの研究では，学級運営の手法としての適合性（田中他，2010），準備の負担（遠藤他，2008），教師の教育歴（若林・加藤，2013）といったものが介入受容性に影響を及ぼしているものとして取り上げられている。相互依存型集団随伴性がインクルーシブな教育場面でより活用されるためにも，介入受容性に影響を与える要因に関する検討は必要といえる。

5．効果を担保する強化子

相互依存型集団随伴性を適用する場合，学級集

団に影響力を持つ強化子が随伴されることで，はじめて指導に効果が伴うことになる．この様な視点に立つと，適用する強化子の選定は重要といえる．これまで学級集団への指導で用いられている強化子は，行動の直後に用いられるポイントなどのトークン（田中他，2010）と，その累積に応じて提示されるバックアップ強化子に分かれる．特にバックアップ強化子として用いられているものには，「シール」（田中他，2010），「お茶会」「お楽しみ会」「屋上での給食」「1日座席の位置が自由」「1日好きな時間割を組む」（遠藤他，2008），高等学校段階では成績への加点（佐々木・関谷，2016；若林・加藤，2013）が適用されている．

バックアップ強化子は，その前段で付与されるポイントの強化価を維持する役割が考えられるので，集団全体の標的行動に対する強化のためには，バックアップ強化子の適用も含めた指導を検討する必要があろう．相互依存型集団随伴性の効果を高める工夫として，強化子同定アンケートを実施した研究も見られる（福森，2011）．今後は，学級集団に適用される強化子を同定する手続きについて，より詳細な検討を要するといえる．

Ⅲ　まとめ

インクルーシブな教育場面において，主体的，積極的な学びを児童生徒に保証するための手だてとして集団の活動を取り入れるのみでは，かえって指導に課題を生じる結果を招くことが考えられる．そのため，学級集団に対する教授・マネジメント方法としてこれまで蓄積された知見を踏まえた相互依存型集団随伴性を適用し，効果的な指導を実現することが必要といえよう．相互依存型集団随伴性が自然な文脈上で適用されるためには，物理的な環境設定や学級内のシステムの調整（鶴見他，2012）など，集団が基準を達成できるような条件の整備も重要となる．本稿の指摘を踏まえ，効果的な実践に資する研究知見の蓄積が今後も望まれる．

〈文献〉

遠藤佑一・大久保賢一・五味洋一・野口美幸・高橋尚美・竹井清香・高橋恵美・野呂文行（2008）小学校の清掃場面における相互依存型集団随伴性の適用：学級規模介入の効果と社会的妥当性の検討．行動分析学研究，22(1)；17-30．

福本慎吾・大久保賢一・安達潤（2011）通常学級における児童の行動問題に対する学級規模支援：授業開始時の「適切な態度」の促進を標的とした集団随伴性手続きと「セルフズモニタリング」手続きの効果．北海道教育大学紀要 教育科学編，61(2)；89-100．

福森知宏（2011）相互依存型集団随伴性が通常学級集団の適応行動に及ぼす効果：発達障害児の在籍する小規模学級における試み．行動分析学研究，25(2)；95-108．

武藤崇（2007）特別支援教育から普通教育へ：行動分析学による寄与の拡大を目指して．行動分析学研究，21(1)；7-23．

佐々木一圭・関戸英紀（2016）特別な教育的ニーズのある定時制高校生に対する学習支援―協働学習に相互依存型集団随伴性を組み合わせた介入の検討．特殊教育学研究，54(2)；121-131．

関戸英紀・安田知枝子（2011）通常学級に在籍する5名の授業参加に困難を示す児童に対する支援―クラスワイドな支援から個別支援へ．特殊教育学研究，49(2)；145-156．

杉本任士（2016）相互依存型集団随伴性にトークンエコノミーシステムを組み合わせた介入による給食準備時間の短縮―小学校1年生を対象とした学級規模介入．行動分析学研究，31(1)；48-54．

田中善大・鈴木康啓・嶋崎恒雄・松見淳子（2010）通常学級における集団随伴性を用いた介入パッケージが授業妨害行動に及ぼす効果の検討：介入パッケージの構成要素分析を通して．行動分析学研究，24(2)；30-42．

鶴見尚子・五味洋一・野呂文行（2012）通常学級の給食準備場面への相互依存型集団随伴性の適用―相互作用を促進する条件の検討．特殊教育学研究，50(2)；129-139．

若林上総・加藤哲文（2013）集団随伴性にパフォーマンス・フィードバックを組み合わせた介入の適用による発達障害のある高校生を含んだ学級への学業達成の支援．行動分析学研究，28(1)；2-12．

1-4 指導・支援の技法

1-4-2 ABA（応用行動分析）による指導

松下 浩之

I はじめに

応用行動分析（ABA）とは，心理学の知見に基づいて，人の行動をその内面からではなく環境との相互作用として関係性から分析，理解し，行動の予測や制御を試みる理論である。行動の原因をその人の内面に求めないことから，ことばによって意思を表出することに困難を示す障害のある子どもなどへの支援に有効であることが示されている。ABA は 1930 年代にアメリカの行動主義心理学者である Skinner の研究により始まったものであるが，その後の研究によって，近年では障害のある子どもへの教育や福祉，また通常学校での教育や教科の学習のほか，スポーツコーチングやリハビリテーション，接客サービスなどにも理論が応用され，効果が示されている。松田（2016）によると，米国では半数以上の州で自閉症や発達障害への科学的根拠のある治療法として保険適用の対象になっており，カナダでも早期療育に必ず導入されているなど，ABA の有効性は国際的にも認められている。

わが国においても，近年では多くの書籍や研究が発表され，教育・福祉領域で広く知られるようになっている。本稿では，2001 年以降のわが国の特別支援教育への ABA の貢献と課題を明らかにするため，研究の進捗を概観することとする。

まず，ABA に関する研究の成果を明らかにするため，該当する論文を抽出した。ABA に関するわが国の学術団体としては「日本行動分析学会」があるが，近年の ABA に関する研究は関連学会だけでなくさまざまな学会や研究会，研究紀要等に発表されている。また，ABA は行動の捉え方の枠組みであり，一つの方法論を指すものではないため，論文タイトルやキーワードに「応用行動分析」と明記されているとは限らない。そのため，ABA に関する研究のみを抽出することは困難である。そこで，本稿では研究の進捗を概観するという目的に合わせて，特別支援教育と ABA に直接関わる 2 つの学会の専門誌である「特殊教育学研究」および「行動分析学研究」の 2 誌を対象として論文を検索することとした。両誌において 2001 年から 2016 年までに発表された論文 897 編のタイトルおよび要約を筆者がすべて読み，以下のいずれかの基準を満たす実践研究論文を抽出した。①タイトルあるいはキーワードに「応用行動分析」あるいは「ABA」と明記されているもの，②方法や考察の中で，「強化」や「随伴性」など ABA に関する用語が用いられているなど，明らかに ABA にもとづいていると考えられるもの，その結果，155 編が該当した。このうち，自閉症スペクトラムあるいは知的障害を対象とした論文が 104 編（67.1%）であり，最も多かった。そのほかの論文については，保護者を対象としている論文が 12 編（7.7%），教師や保育士，施設職員を対象にしている論文が 11 編（7.1%），通常学級全体を対象にしている論文が 19 編（12.3%）であった。

表 1 応用行動分析に関する論文数の推移

対象	前期 (2001〜2005年) n = 44		中期 (2006〜2010年) n = 51		後期 (2011〜2016年) n = 60	
	論文数	%	論文数	%	論文数	%
ASD あるいは知的障害	34	77.3	35	68.6	35	58.3
学級全体	2	4.5	8	15.7	10	16.7
保護者	2	4.5	2	3.9	8	13.3
教員・職員	2	4.5	4	7.8	6	10.0
その他	4	9.1	2	3.9	1	1.7

これらの論文について，5年間ずつの期間に区切って集計したものを表1に示す。2001〜2005年を「前期」，2006〜2010年を「中期」，2015年以降を「後期」とすると，前期から後期にかけて徐々に論文の発表数が増加していること，またその対象としてASDや知的障害から広がりを見せていることが明らかである。これはABAにおける研究の発展を示しているといえ，前期には指導室での個別指導中心であったものが，学校や家庭での介入のための教師支援や保護者支援，また生活文脈に即した支援へと展開していることの根拠となる。さらに，通常学級に在籍し，個別の支援を必要としながらも特別支援教育の対象とされていない児童生徒に対する支援として学級全体への介入は重要であり，そのような研究がなされてきている。

以降は，ABAによる研究の進捗と成果について，個別指導の文脈と小集団指導や全体介入の文脈に分けて整理することとする。

II　ABAによる個別指導の進捗と成果

個別指導の文脈を用いたABAの研究は，その標的行動によって，言語・コミュニケーション，生活スキルの形成，教科学習スキルの形成，行動問題の軽減，などに分けることができる。このうち，言語・コミュニケーションに関する研究は最も多く，特に自発的な発語が少ない児童生徒に対して音声出力コミュニケーション装置（Voice Output Communication Aids：VOCA）や絵カード交換コミュニケーション（Picture Exchange Communication System：PECS）などの補助・代替コミュニケーション（Augmentative and Alternative Communication：AAC）を使用した研究が多く見られる。特に、PECSを手続きとして使用した研究は前期には1本で，そのほかの写真カードやVOCAを使用した研究の方が多かったが，中期には2本，後期には4本と増加していた。また，富田・村本（2013）は行動問題を示す成人に対してPECSを用いた支援の有効性を示しているが，この論文はタイトルにPECSという用語が含まれていない。このことは，後期以降はPECSが研究の対象としてではなく支援手続きの1つとして定着しつつあることが考えられる。また，研究の目的としても，PECSを用いたコミュニケーションスキルの形成だけでなく，アイコンタクトや発語，文の拡大など，コミュニケーションの質的向上を図る研究へと発展している。

そのほかのコミュニケーションや社会的行動の指導として，ルーティンやスクリプト，シミュレーション訓練を用いた研究がなされ，形成された行動の般化や日常生活における行動生起の可能性について検討されてきた。それぞれ研究の進捗とともに，生起するコミュニケーション行動のレパートリーや場面の拡大，対象の拡大が示されてきた。今後は，さらに日常生活への般化をしやすい指導法の開発が求められている。

生活スキルの形成に関する研究は，前期よりトイレット・トレーニング，清掃スキル，携帯電話の使用，運動スキルの形成，中期にも安全な歩行やピアノ演奏など，さまざまな対象やスキルにおいて行われてきた。指導技法としても，生態学的アセスメントと積極的練習，自己管理，支援ツール，レスポンスコストおよび他行動分化強化などさまざまであった。また，中期以降には，形成された生活スキルを日常生活において使用，般化するための手続きについての研究が，神山・野呂（2010）をはじめとして多く報告されるようになっている。このような研究の流れは，活動の遂行や課題従事行動の促進に関する研究と関連していると考えられる。

課題や活動の遂行に関する支援は，自己管理手続きとして多くの研究によって行われてきた。前期にはワークシステムや支援ツールを用いて自発的行動を促進する手続きが開発されたが，徐々に生態学的なアセスメントにもとづいて家庭や学校などの自然な文脈における随伴性を重視した研究が行われるようになっている。また，学習スキルの形成も課題や活動の遂行を促進することにつながると考えられ，ABAによって知見が蓄積されてきている。たとえば，刺激等価性の枠組みを用いた漢字や感情語の学習，視覚的プロンプトを用いた算数の学習のほか，流暢性の観点から掛け算指導，文節読み訓練など，国語や算数をはじめとする教科学習においても効果が示されている。

課題や活動に参加できないことを含めて，行動

上の問題に対する支援としても ABA は効果を示してきた。特に，機能的アセスメントに関する研究は前期から多くなされており，その対象も幼児から成人まで広い。個別指導ではあるものの学校場面での研究もあり，行動問題が生起している現場でのアセスメントおよび支援が有効であり，実行可能であることが示されている。また，近年では機能的アセスメントと PECS やトークン・エコノミー法などの既存の支援方法とを組み合わせた支援が行われており，その有効性が示されている。さらに，学校で支援を実施する場合には教師が支援者となることが多く，教師の支援実施可能性に関する研究もなされている。末永・小笠原（2015）は，実施しやすい支援の要素として対象児の特性のほかに実行者の負担やほかの児童生徒への影響，使用できる資源などを挙げており，今後はより生活文脈に適合した支援を実施するために検討を重ねる必要があることを示している。

Ⅲ　ABA による小集団指導の進捗と成果

わが国における ABA による研究は，個別指導に比べて小集団指導を場面としたものが少ない。その理由として，多様な状態像を示し，支援ニーズの異なる自閉症スペクトラムの子どもに対して，同質の集団を形成することが難しいことが挙げられる。実際に，複数事例を対象にした研究や社会的行動を標的とした研究であっても，小集団指導として複数の対象児に対して同時に実施するのではなく，指導者を仲間役に設定するなどして，個別指導として実施しているものが多い。しかし，小集団を対象にした研究も行われており，特別支援学校や特別支援学級などの学級集団に対する実践として報告されている。たとえば村中ら（2009）は，特別支援学校小学部の学級児童5名に対して先行条件の変更による授業改善の有効性を示している。また，石津・井澤（2011）は特別支援学校高等部の学級生徒に対して進路学習におけるソーシャルスキル・トレーニング（SST）の効果について検討し，有効性を示している。このように，ABA に基づいた小集団指導は，特に特別支援学校における授業改善と関連しており，今後も研究が望まれる。

さらに，近年では通常学級などのより大きな集団に対する支援が，集団随伴性という枠組みを用いて行われることが多くなっており，行動コンサルテーションによる学校介入と合わせて多く報告されている。集団随伴性についての詳細は前項を参照されたい。

ABA に基づいた小集団指導は，障害のある子どもだけでなく，支援者の研修としてのスタッフトレーニングに関する研究も報告されている。特に，近年では保育士を対象とした研修における有効性が示されている。

Ⅳ　ABA による指導の蓄積

これまで述べてきた通り，ABA による指導は多くの研究がなされてきており，知見が蓄積されてきているといえる。ところで，近年では障がいのある子どもへの教育や支援において，科学的根拠（エビデンス）にもとづいた方法の開発や適用が求められており，「根拠に基づいた実践（Evidence Based Practice：EBP）」といわれている。医療分野では「根拠に基づいた医療（Evidence Based Medicine：EBM）」がすでに当然のものであり，保険適用の基準ともなっている。

ところで，一言で「エビデンス」といってもさまざまなレベルがあり，医療においてもそのレベルに応じて治療法を推奨する度合いが異なっている。そして，エビデンスレベルを決定づける要素は，どのような研究法によって効果が示されたかという点である。医療と教育，心理学など分野によって詳細は異なるが，概ね「メタ分析」や「システマティック・レビュー」，「ランダム化比較実験（Randomized Control Trial：RCT）」，「追跡研究（コホート研究）」，「単一事例実験」，「症例報告」の順にエビデンスが弱くなるとされている。このうち，メタ分析やシステマティック・レビューとは，文献を網羅的に調査し，系統的に評価，整理することによって個々の研究結果を統合し，課題を定式化するものであり，最も強いエビデンスを示すものであると認められている。また，RCT は研究の対象をランダムに2群に分け，介入群と統制群における効果を比較するものであり，メタ分析と組み合わせることで強いエビデン

スを示すことができる。さらに，コホート研究とは介入実施後の対象者の様子を追跡調査することで効果を検証するもので，単一事例実験とは少数の対象について介入操作を行い，前後の変化を比較するものである。

ABAは特に自閉症スペクトラムの支援においてエビデンスのある方法とされている一方で（松田，2016），特に国内においてそのエビデンスを示すシステマティック・レビューやRCT研究はほとんどみられない。ABAが長年に渡って蓄積してきた研究はそのほとんどが単一事例実験によるものである。近年では，わが国においても行動問題（平澤，2009）や通常学級における機能的アセスメント（馬場ら，2013）に関するメタ分析が行われてきているが，十分な数とはいえず，そのほとんどが単一事例実験のメタ分析である。また，それぞれの単一事例実験においても，効果の検証をグラフによる視覚的な判断に依拠している研究が多い。馬場ら（2013）の研究では，分析に用いた17編の論文のうち4編においてベースラインデータが記述されておらず，効果量の測定が不可能であったことが示されている。今後は単一事例研究におけるデータの取り扱いや評価の方法について，検討を重ねていく必要があると考えられる。さらに，強いエビデンスを示すためには単一事例研究では不十分であり，よりエビデンスレベルの高いRCTによるメタ分析が必要である。障害の種類や程度が多様で同質の集団が構成しにくいこと，また支援を受ける子どもも一人ひとり異なるために事例の定式化が困難であることなどを考えると，RCTに必要な対象者数の確保や統制が難しく，容易に実施することはできないだろう。しかし，今後わが国においてABAを根拠のある指導法として活用していくために，大規模なRCTによる研究の実施が求められる。

V　ABAの有効性

ここまでで，現在に至るまでABAによる研究が特別支援教育の発展に貢献してきたことについて，特に知的障害や自閉症教育という観点から，個別指導と小集団指導に分けて述べてきた。エビデンスレベルという点では海外の研究に比べてや弱い部分があるものの，ABAはほかの指導方法よりも安定して比較的強いエビデンスを示しているといえる。また、ABAは行動の枠組みであり，実際の指導方法はABAの理論に基づいて考えられ，たとえば，PECSやSST，機能的アセスメントやトークン・エコノミー法などが挙げられる。そして，これらの組み合わせが学校における有効性も示されており，今後さらに授業や学校生活の文脈に即して発展させていくことが求められる。

また，ABAによる指導として伝統的に行われてきた離散試行型指導法（Discrete Trial Training：DTT）だけでなく，より自然主義的な指導法として，子どもの発達の軸となる共同注視や自己始発などの行動を形成することで全体的な発達を促す機軸行動発達支援法（Pivotal Response Training：PRT）など，海外で効果が示されている方法についても有効性を検討する報告が見られている（高橋・宮﨑，2015）。このような研究を蓄積することで，諸外国の方法論を「輸入」するだけでなく，日本の教育文脈に即した，より活用しやすい指導法を開発することが重要であると考えられる。

〈文献〉

馬場ちはる・佐藤美幸・松見淳子（2013）通常学級における機能的アセスメントと支援の現状と今後の課題．行動分析学研究，28(1)；26-42.

平澤紀子（2009）発達障害者の行動問題に対する支援方法における応用行動分析学の貢献：エビデンスに基づく権利保障を目指して．行動分析学研究，23(1)；33-45.

神山努・野呂文行（2010）発達に障害がある児童・生徒における地域・家庭生活スキルの日常生活への自発的開始・般化の検討：保護者による記録に基づいた保護者支援による介入．特殊教育学研究，48(2)；85-96.

松田幸都枝（2016）ABAとは．（平岩幹男編）データで読み解く発達障害．pp.208-209, 中山書店．

高橋晃・宮﨑眞（2015）広汎性発達障害幼児に対する早期集中行動介入の効果についての検討：直接介入と家庭療育への援助を独立変数として．岩手大学教育学部附属教育実践総合センター研究紀要，14；503-516.

冨田雅裕・村本浄司（2013）入所施設における他害行動などの行動問題を示す自閉症利用者への包括的支援．特殊教育学研究，51(3)；301-310.

1-4 指導・支援の技法

1-4-3 ソーシャルスキルトレーニングの指導

小貫 悟

I はじめに

1. ソーシャルスキルトレーニングの過去，現在，未来

「過去を振り返り現在を語ることは未来を語ることである」。そのメタファーは，数学の世界での2点を結べば直線が引け，その直線の延長線上に先の到達点が予測できる直線回帰の考え方にある。本書の趣旨に合わせて「ソーシャルスキルトレーニング」の現在の到達点を示すために，まず現在に繋がる過去のソーシャルスキルトレーニングの「実践」の流れを描いてみようと思う。ただし，これは「研究」レビューではない。あくまで「実践」の流れを浮かび上がらせることが目的である。しかし，この作業は難しい。なぜなら99.99％以上の実践は研究論文として残されていかないからである。臨床・教育実践の過去と到達点を語るのは事実に基づく主観的な作業である。しかし一方，0.01％以下程度に残された研究論文はその時代を映す鏡である。これを頼りにすることは正しい選択である。本稿で述べる内容を補完する形で研究の流れにも触れたい。

2. SST実践の変化の軸は「有効性」

発達障害児へのSSTの実践・研究双方の変遷のキーワードは，当然ながら，その「有効性」である。より一層の有効性向上への追求が，その姿を変えていく原動力となった。ここで「有効性」をより具体的な言葉に置き換えよう。SSTの「研究」の下敷きには常に行動分析学がある。この領域の言葉に「般化」と「維持」がある。「般化」という言葉をSST向けに単純化・日常用語化すれば「ここでできたスキルが他の場でもできること」である。そして「維持」は「できたことが時間を経てもできること」となる。この2点をさらに日常的な言葉で言えば「自分のものにする」ということである。この一点についてより良い結果が得られるようにSSTの手法の変化，あるいは別の手法の台頭があったと考えるとSST実践の現在までの流れが見えてくる。

3. SST実践の変遷を「時間軸」で語ることの難しさ

どのようなことでも「歴史」を語るには「時間軸」を設定する必要がある。しかし，実践上の方法論は一旦現場に落とし込まれると，研究領域での発展とは関係なく，延々とその影響が後に続いていく。さらに，都度，発表される研究論文でさえ，その時代の実践を反映しているとは言えない。実践現場での作業仮説に変化が起き，その検証が研究として行われるまでには相当のタイムラグが生じるのが常である（これが本稿で設定する実践変化の時間軸と研究文献の発行年号にずれが起こる理由である）。本来，実践の場での時間軸での区切りは曖昧なのである。本稿の歴史的記述での試みは今後のわが国のSSTの発展を支えるために敢えて行う便法であることを，ご理解いただきたい。

II SSTの指導の変化の歴史

1. SSTの黎明期（1980年頃～1990年前半）

現在，発達障害と呼ぶ子どもへのSSTの実践は，わが国では1980年代にみられ始められる。この時代を詳述するのは本書の趣旨に反する。短い振り返りに留める。この時期に行われたSSTは素朴論と言わざるを得ない。しかし，その役割は大きかった。その功績は，初歩的，基本的な社会性は年齢とともに自然に身につくもの，その責任は家庭教育にあるなどの前提を超えて，学校教

育領域における指導可能を示した点である。さらに，社会性を育てるために「叱責」を肯定する雰囲気があったり，本人の自覚不足を原因と考えがちであった時期に，そうした精神論を排除し，より合理的な方法があることを示唆した。社会性を育てることについてのこれらのイメージチェンジが，その後，公教育における「通級による指導」の指導レパートリーにSSTが取り込まれる下地になった。一方で，この時期のSSTが素朴論と言われる所以は「般化」「維持」の意識が薄かったことに由来する。この時代のSSTは，とにかく集団活動・グループ活動などを設定し，その場で生じる様々な対人関係上の行き違いを一つ一つ取り上げ，より良い行動を示すことを主な技法とした。SSTの指導者の実践努力の大部分はグループの場での体験を豊かにすることであり，その体験に基づいた全体的な変化が起きることを期待するものであった。そのため，実践上の工夫の中心は，グループ・集団活動としてどのような場をどう設定するか，より具体的に言えば，どのような「イベント」を持ち込むのかであった。もちろん，こうしたSSTの有効性の実感はその場にいる実践者の中には起きていたが，それが客観的に示されることはきわめて少なく，研究発表もほぼ実践記録に近いものが多くみられた。

2．ターゲットスキルを中心とした SSTへの変化の時期（1990年後半〜）

もちろん，SSTの実践は，こうした素朴論に留まることはなかった。真剣にその有効性を考える実践者と研究者は，絶えずSSTへの支持と懐疑の狭間のゆらぎの中にいた。このゆらぎは，研究領域，実践領域の双方で同じ帰着点へと進む。それは指導すべき「スキル」の明確化である。行動分析学の研究デザインの基本ではまずは「ターゲット行動」「標的行動」を決定し，その変化を追う。SST研究も，単なる実践報告ではなく観察可能なソーシャルスキルを「ターゲットスキル」に設定した研究が見られるようになっていく。こうした研究論理と同じ意識が実践領域でも同時期に生じる。つまり，自分がどのようなスキルを指導しようとしているのかを明確にした実践である。素朴論としてのイベント型のSSTでは，スポーツをしたり，調理をしたり，外出をしたりすることを通して，社会的な場での振る舞いを指導するものであった。このスタイルだとスキルについては，そのイベントの中で偶発的に生じたものしか指導対象にできなくなる。しかし，指導計画作成の段階で，学習すべきソーシャルスキルを決め，そのスキルが実際に使用できるように後付けで場のセッティングをしたらどうであろうか。この「何をするか→スキルの指導」の流れから「スキルの決定→何をするかの決定」の指導仮説自体の変化は，今こそ当たり前であるが，当時はコペルニクス的発想の転回であった。この意識の変化は，指導後に今回の指導の良し悪しを語る土俵を作ることにもなり，指導計画の修正について根拠を持ってできるようになった。こうした発想の転換が実践領域で行われるに従い，イベント型のSSTは主流ではなくなり（SSTと呼ばれずに行われるようになり），その代わりに，ゲーム課題などをエクササイズとして使用する方法を生み（小貫，2004），その後にも多くの実践の場で使用・検討され続けられ維持効果の検討なども行われているようになった（例えば，半田・清水，2012）。つまり，SSTでの「ターゲットスキル」の明確化への志向は，目に見えるSSTの姿そのものを変えていった。

3．さまざまな技法がSSTの方法として 登場する時期（2005年頃〜）

1）日常生活への「般化」の問題

SSTにおけるターゲットスキルの明確化が常識となっていく中にあって，実践・研究領域ともにそれだけで満足できなかった。その理由は，常にSSTの賛否のポイントは「日常生活への般化」であったからである。日常生活から切り離して別の場所で行われる「グループ指導」では常に「般化」が問題になる。敢えて，切り離したからこそ，主たる社会的場にどう持ち込ませるのか，戻すかがテーマになる。米国では学校場面から離れたグループを設定してのSSTではなく，学校，地域などの特別な場でない場所を社会性向上の場とすることを推奨する意見がすでに見られていた（Barkly, 1995）。この時期，グループ形態のSSTは，確実に進化しつつも壁にぶつかってい

るかのようであった。

２）「高機能自閉症」の概念整理の影響

2003年は文部科学省の調査協力者会議が「高機能自閉症」の定義を示すなど発達障害の理解に大きな変化が起きた年である。このあたりから，SSTへの実践的関心は一気に高機能自閉症，あるいはアスペルガー障害に傾くことになる。発達障害の中でも対人関係上の課題を本態として持つ高機能自閉症児には，当然，社会性の支援が強く望まれる。徐々に，これまでのADHDの行動コントロールも問題や，LDの子どもが持つ認知特性からのルール理解の問題などへの対処法を指導するSSTから，社会的な文脈の中での認知の仕方に独特な特徴を持つ高機能自閉症のある子どもたちへの適切なSSTが求められるようになっていく。SSTに関する研究論文も「高機能自閉症児への……」「高機能広汎性障害への……」「高機能PDDへの……」とタイトルがつく，その対象を高機能自閉症に絞っての発表が多数見られるようになった。

３）その後のSSTに影響する流れの出現

高機能自閉症の社会性指導への注目により，新しい流れが生じる。一つは研究領域における高機能自閉症の社会的場面における認知機能に関する研究の増加である。「心の理論」を筆頭に「他者の感情理解」や「自己評価」などの情動，心理，認知的部分に注目しての研究論文が指導実践の文脈において見られるようになっていく（藤野, 2015）。これらは，高機能自閉症児の社会的知覚レベルをより精緻化して理解していこうとする流れであり，それをSST実践の立場から言えば，そもそもどのような子を対象にしているのかをテーマにする基礎研究への回帰である。こうした研究の流れは，それまで実践されてきたSSTの方法論を，そのまま高機能自閉症児へと単純に適用することへの疑問・懐疑を背景に持っていた。例えば，それまでのSSTの方法論では，SSTを実施する中で，問題行動が起き，それを少人数の強みを活かしながら指導することを前提にしていた。しかし，高機能自閉症児の場合には，参加グループ内では非常に適応的な行動を示す子が，学級場面などでは強い不適応を起こしているといったケースもしばしば見られる。これのような例を考えると，そもそもSSTがその子の社会性向上に役に立つのかといった，その存在意義を問われることになるのである。こうした問題意識は，その後，2016年度に実施された東京都の通級制の情緒障害学級が一つの学級に子どもが通ってくる方式（グループ指導ではなく）から，巡回指導方式によって，各学校，各学級の中に指導者が入り込む形での指導方法への変換を図る改革（東京都, 2010）などの大きな動きの根底にあると筆者は感じている。

４）手法上のパラダイムシフト

高機能自閉症児への認知機能への研究的関心と，実践上の有効性への懐疑から生じた流れは「グループ形態を離れたSST」の登場を促した。その流れから生じた手法を，筆者は大きく「シミュレーション法」と「コーチング法」と分類している。シミュレーション法と分類するものは，簡単に言えば，具体的な社会的場面をイメージして行う方法である。伝統的には「ロールプレイング」の手法は，この分類に属する。これらは，実際に適応を目指している社会的場のその現場にいるわけではないが，その場をイメージしてどう振る舞うか，どのようなスキルを使用すべきかなどを考える方法である。そしてコーチング法は，最近，教育現場でもその名を聞くようになりつつあるが，もともとは，スポーツ，そして企業などでの指導方法として発展した。発達障害の領域では，特に就労支援の現場での「ジョブコーチ」における手法としてすでに使用されている。コーチングによる社会性の指導では，その人の生活の中で最も中心となる社会的場でのスキルの発揮の成功を導く。発達障害児の実践で考えれば，その手法は在籍する「通常の学級」での成果を想定して行われる。この両者はグループの形態にこだわることなく，個別指導の形態でも行うことが可能である。この二つは社会性指導はグループ指導で行うものという常識を打破してしまった。そして，それらは高機能自閉症児の子どもの認知の特徴との相性も良かった。シミュレーション法の具体的方法として「ソーシャルストーリー」などの体系化された方法が紹介され，実践の事例研究もされるよう

になっている（例えば，福田・井上，2007）。一方，コーチングの実践例の研究論文は多くはないが海外の成果などが紹介されつつある（Quinn et al., 2000；安藤・熊谷，2015）。

4．ライフスパンを意識したソーシャルスキルトレーニングの方法論の登場（2010年頃～）

　平成21年（2009年）の学習指導要領の改訂では自立活動の区分に「人間関係の形成」が追加された（文部科学省，2009）。これが公教育の中ではその扱われ方が明確でなかったSSTが正式に居場所を得たターニングポイントと言ってよいであろう。その中で，教育現場では，従来の特別支援教育が中心概念として持っていた「社会自立」というテーマに密接に絡んで「社会自立を意識したSST」という発想を生んだ。そして，これは「友人社会」での適応から「一般社会」での適応という視点移動でもあった。その流れから「ライフスキルトレーニング」という発想も生まれ（小貫，2009），特に就労準備の流れの中で技法化され続けている（梅永，2015）。そして，この発想に立つと，SSTは成人期への適用までその守備範囲を広げることになり，大学生，成人へのSSTの実践の場や研究報告が増えるベースとなった。

5．クラスワイド，スクールワイドのSSTへ（2005年頃～）

　以上のように，SSTの手法は，様々な公教育システムの動きからも影響も受けつつ，その有効性を求めて精緻化・分化する方向で変化，発展している。一方，高機能自閉症を意識する以前に発展した集団指導をベースにする手法は，そこで留まることなく（あるいは衰退することなく）「クラスワイド」「スクールワイド」のSSTへと発展していった（例えば，佐伯他，2012）。これは，これまでは主に発達障害に対してのみ行われてきたものを，すべての子へ適用する形で行う方法に置き換えての追求である。この視点は教育領域の近未来のキーワードでもある「ユニバーサルデザイン」の流れに根底で結び付きつつ，今後にさらに深められることになろう。しかし「ユニバーサルデザイン」に対する特別支援教育側の感慨には，全体への配慮が果たして個の配慮の希薄化に繋がらないかという不安がある。クラスワイドのSSTでも同様の心配があり，全体の社会性習得スピードと異なる子への個別的な配慮（関戸・安田，2011）が，その中でどの程度担保されるかがこの手法の今後の研究課題であろう。

〈文献〉

安藤瑞穂・熊谷恵子（2015）成人期の発達障害とコーチング．LD研究，24(3)；388-399．

Barkley, R.A.（1995）Taking Charge of Adhd：The complete, authoritative guide for parents. The Guilford Press.（海輪由香子訳（2000）ADHDのすべて．VOICE）

藤野博（2013）学齢期の高機能自閉症スペクトラム障害児に対する社会性の支援に関する研究動向．特殊教育研究，51(1)；63-72．

福田誠・井上雅彦（2007）高機能自閉症におけるソーシャルストーリーによる行動変容―家庭場面におけるストーリーの段階的導入による読み聞かせ効果の検討．LD研究，16(1)；84-94．

半田健・清水寿代（2012）発達障害児へのゲームによる行動リハーサルを取り入れたソーシャルスキルトレーニング―短期維持効果の検討．LD研究，21(3)；351-360．

小貫悟・名越斉子・三和彩（2004）LD・ADHDへのソーシャルスキルトレーニング．日本文化科学社．

小貫悟・東京YMCA（2009）LD・ADHD・高機能自閉症へのライフスキルトレーニング．日本文化科学社．

文部科学省（2009）特別支援学校学習指導要領解説　自立活動編．

Quinn, P.O., Ratey, N.A. & Maitland, T.L.（2000）Coaching College Students with AD/HD：Issues and answers. Advantage Books.（篠田晴男・高橋知音監訳（2011）ADHDコーチング―大学生活を成功に導く援助技法．明石書店）

佐伯昌史・宮木秀雄・落合俊郎（2012）特別支援対象児と学級それぞれの標的スキルを取り入れたCSSTの効果．LD研究，21(2)；285-296．

関戸英紀・安田知枝子（2011）通常学級に在籍する5名の授業参加に困難を示す児童に対する支援―クラスワイドの支援から個別支援へ．特殊教育研究，49(2)；145-156．

東京都（2010）特別支援教育推進計画第三次実施計画．

梅永雄二（2015）発達障害の子のライフスキルトレーニング．講談社．

1-4 指導・支援の技法

1-4-4
社会性とコミュニケーションの支援
自閉スペクトラム症の児童生徒の問題を中心に

藤野 博

I 世界の研究動向

本章では、発達障害とくに自閉スペクトラム症（ASD）の学齢児に対する社会性とコミュニケーションの支援に関する研究動向について論じる。国内の研究を展望する前に、まず国際的な動向を概観しておこう。

ASD児への社会性とコミュニケーションの支援に関する研究の始点は1980年代にまで遡ることができ、まずSSTの実践として始まった。メジボフの研究がその嚆矢といえる。メジボフが報告した支援の内容は今日に至るまで、ASD者への社会性支援の基本形になっている。

1980年代から1990年代に至る初期の研究では、インストラクション、モデリング、リハーサルなどを含むSSTの手法で会話の進め方や他者との関わり方など行動の方法を教える介入が主として行われていた。1990年代半ばになると、心の理論や表情・声の音調などからの感情理解など社会的認知、非言語的コミュニケーションの視点が加わる。さらに2000年代以降は、不安や怒りなど情動面の問題に焦点があたり、情動調整方略を教える認知行動療法的なアプローチが導入された。そのように、行動面へのアプローチから始まり、認知の視点、そして情動の視点が加わっていった。

本章ではそのような国際的な動向もふまえ、2000年代以降に日本国内で発表されたASDを中心とする発達障害の子どもへの社会性とコミュニケーションに関する支援を報告した9編の論文と1編の総説的論文を選び、今日までの達成と今後の課題について展望する。

II 国内の研究動向
1. SSTによるアプローチ

日本国内においては、岡田ら（2005）の研究が最初に挙げられる。岡田らは社会的認知の改善を標的とし、問題場面の整理と解決策のリストアップをし、ロールプレイでその結果を予測し、最適な方法を選び、それを練習する、などの介入を行った。効果の測度はソーシャルスキル尺度と社会的認知課題であった。その結果、中学生6名中4名でソーシャルスキル尺度と社会的認知課題のスコアの改善が報告された。行動面のみならず認知の側面に焦点があてられ、その時点での世界的な研究動向がふまえられていることがわかる。客観的な効果測定の指標も設けられており、高機能ASD児を対象としたSSTによるアプローチを行った国内の研究として先駆的なものといえる。

落合・井澤（2005）は行動分析に基づく包括的支援を小学2年の1事例に行った。怒る、途中でやめる、ルールを破るなどの自己統制の問題に対し、約束表、自己・他者評価、トークンエコノミー法、自己モニタリングによる介入、状況理解に対し問題解決法を考える課題やロールプレイ、感情理解に対し感情と表情のマッチング課題などが行われた。介入の結果、心の理論課題、共感性尺度、衝動性の指標であるSCR尺度において改善がみられ、保護者と教師へのアンケートのいずれにおいてもポジティブな変化が報告されている。この実践研究は、支援内容が個別化され、その問題の解決に向けた包括的なアプローチがなされており、社会性支援のもう一つの方向性を示している。

尾崎・柘植（2012）は、クラスで行うソーシャルスキルトレーニング（CSST）の実践を行った。CSSTを幼稚園で年長児に実施し、さらに小学校

でも再度行い，効果を検証している。参加者は発達障害1児を含む幼稚園年長の1クラスの園児30名であった。標的スキルは課題分析と担任教師からの聞き取りから設定され，行動観察と聞き取りに加え，評定尺度による評価を行っている。その結果，クラス全体の問題行動が改善し，その後に，発達障害児にも改善がみられたことを報告した。学級の子ども達が教師を行動のモデルとし，まずクラスメイトが標的スキルを学習し，それが発達障害児のモデルとなったと考察されている。この研究は，学級集団への介入という点と幼小にまたがる実践である点に新しさがある。効果測定も客観的な指標で事前事後の統計的な比較が行われており，支援効果に関するエビデンスを示した研究といえる。

2．語用論に基づくアプローチ

SSTによるアプローチは指導目標を設定し，スキル獲得に向けたトレーニングを行う方法である。大井（2010）はコミュニケーションや社会的スキルは非常に複雑な構成物であり，芝居の台本を覚えるようなやり方はなじまないことを指摘している。それに対して，コミュニケーションの破綻が起こった場面で，直接その修復に向けた介入を行った実践研究がある。高橋（2005）は小中学生に語用論に基づくアプローチであるINREALによる支援を行った。

参加児が興味をもって取り組める活動が設定され，参加児間でコミュニケーションの破綻が起こった場面で意図が相手に伝わっていない発話を意図が明確化された発話に言い換えて代弁する介入が行われた。その結果，対象事例において，他児とのコミュニケーションでの効果的な方略を知り，自己の心情を相手に伝えたり相手の心情に気づいたり配慮することができるようになるなど，他児との相互交渉が深まったことが報告された。これはASD児のコミュニケーションスタイルを理解し，歩み寄りをはかる支援といえる。合理的配慮のあり方を考えるうえで参考になる観点である。

大井（2010）はASD者の集団に定型発達者が入ることの効果について，定型発達者側がASD者のコミュニケーションのスタイルとの折り合いをつける必要に迫られること，そこで初めて自閉的コミュニケーションと非自閉的コミュニケーションの接近遭遇が起きると述べている。そして、ASDやそれに伴うコミュニケーション障害は定型発達者の価値基準に照らして一方的に治療する対象なのか，それとも相互理解を通じた共生を模索する際の窓口なのかという根本問題が問われなければならないと問題提起している。

3．生態学的アプローチ

森脇・藤野（2009）は小学4年の1事例に対して，通常の学級で生じている問題を現場で把握し，問題解決方略を対象児とともに考え，教室内でサポートした実践を報告した。介入は学校において学級内でのTT的支援と取り出しによる個別指導で行われた。標的は学級内でのクラスメイトとのトラブルであった。他児の発言を自分への非難としてネガティブに捉えることに対してコミック会話の手法で他児の発言の意図を考えること，他児からのからかいに対して自分の味方になってくれる友達を同定し援助要請の方法を考えること，異性への不適切な接近に対して「大人の女性のマナーを知っておくとお得で便利」のような本人の興味に沿ったキャッチフレーズと題材で話し合いとリハーサルが行われた。そしてそのような介入によって問題が解決され，対人的な不全感も軽減されたことが報告された。児童が問題を抱えるクラスの中で問題を査定し，具体的な解決をはかる生態学的視点をもつ実践研究といえる。

4．認知行動療法に基づくアプローチ

松浦ら（2007）は小6の1事例に対し，認知行動療法をベースとした介入を行った。自己に対する否定的な見方に対して認知的行動変容，被害的自動思考に対してSST，誤った原因帰属に対して認知再帰属法が行われた。その結果，子どもの行動チェックリストCBCLにおいて「社会性の問題」「不安抑うつ」「思考の問題」「ひきこもり」「注意の問題」「攻撃的行動」に改善がみられたことが報告された。ASDの二次障害として現れる精神症状の改善や予防は今日，重要度の高い問題と考えられている。そして認知行動療法やその考え方に基づく様々な支援が行われるようになった。本研究は国内におけるその先駆けといえるだろう。

5. 自己理解への支援

滝吉・田中（2009）は中高生に心理劇的ロールプレイを行い，自己理解の変容について1事例の報告をした。これは高機能ASD者には他者との相互交渉をふまえた自己理解という視点からの支援が重要であり，集団の中での自己の対象化・相対化を促進するためこの介入法が有効との考えに基づいている。その結果，介入前は自己を否定的に理解していたが，介入後には肯定・否定の両側面から自己を理解するようになったことが報告され，介入を通して他者の視点を自己の中に取り入れつつ自己の視点を明確化できたことで対象者の自己理解が多面的なものに変化したと考察されている。

社会生活において他者と折り合い，適正な自尊心をもつために自己理解は不可欠であり，社会性発達の鍵になることが今日認識されつつある。自己理解は進路選択などキャリア支援にも直結し，重要度が高いテーマである。

6. 余暇活動を通した支援

日戸ら（2010）は，共通の興味を媒介とした仲間関係形成を目的とした支援プログラムを開発・実施し，フォローアップ調査を行った。「趣味の時間」と名づけられた活動場面で，各自の関心事を順番に披露し，仲間同士で互いの関心事を共有する活動が行われた。参加者は主に小学生であった。そのような活動が一定期間行われた後の聞き取り調査において、100名の調査対象者のほとんどは「同じメンバーでまた集まりたい」とコメントした。そして56名は日常場面で親のサポートも得て同じメンバーで集い，うち28名は3年以上にわたって関係を維持したことが報告された。日戸らの研究はASD児同士の興味関心に基づく小集団での活動が仲間関係の形成において重要であることを大きな規模のフォローアップ調査で示したものであり、ASD者同士の小集団活動の社会性発達にとっての意義を示す価値ある研究である。

また，加藤ら（2012）は中学生を対象として「テーブルトークロールプレイングゲーム」という小集団での会話型のゲームでのコミュニケーション支援について報告した。これは参加者が共同で架空の物語を作って進めていくロールプレイの要素をもったゲームで，参加者はルールに従いながら自分の設定した仮想のキャラクターになって会話を進める。介入の結果，他児に向けられた発話と会話ターンが有意に増え，相互交渉で問題解決できるようになったことや「生真面目で人間関係で疲れてしまう所がある子だが，この活動の中では，ゲームというワンクッションがあるためか，リラックスして気楽に参加を続けることができていた」といった保護者の感想が報告された。ASD児はコミュニケーションが苦手なのではなく，場面のデザイン次第でコミュニケーションを楽しめる可能性を示している。コミュニケーションと社会性を自然に発達させるための環境設定の重要性を示唆した研究といえる。

III まとめと今後の展望

Raoら（2008）は高機能ASD児者への社会性支援に関する研究の問題点として，自然な発達や時間の経過の効果を統制した研究の少なさ，対象者数の少なさ，効果の般化や維持を示すデータの少なさなどを挙げている。本章で取り上げた研究においても統制群が設定されているものは尾崎・柘植（2012）のみで，対象者の数も日戸ら（2010）の調査と尾崎・柘植（2012）以外は，いずれも10名に満たず，半数以上は1事例の研究であった。その点で，エビデンスの蓄積に関しては十分とはいえない。

しかし，そのようなエビデンスを得る条件についての問題を指摘する議論がある一方，Koenigら（2009）は異なった視点から問題を提起している。社会的相互作用は多次元的で複雑に構成されており文脈・時間・文化依存的であり，それゆえ支援は包括的であるべきで，子どもの個別のニーズに対してカスタマイズされる必要があるという主張である。国内の研究においては，個の問題の解決を目指した支援（松浦，2007；森脇・藤野，2009；落合・井澤，2005；高橋，2005；滝吉・田中，2009），本人の趣味や好みをベースとした支援（加藤他，2012；日戸他，2010），対象者自身の語りの重視（森脇・藤野，2009；滝吉・田中，2009）など，対象者の生活史や対人状況に結びついた個

別の問題に対する包括的な支援が様々な形でなされており，その点に関してはKoenigらの問題提起に応えるような取り組みが行われているともいえる。

インクルーシブ教育の理念の実現という観点からこれまでの研究について振り返ってみよう。まず，個人の能力を高めることだけでなく，大井（2010）が主張する異なったコミュニケーションスタイルをもつ人同士が相互に理解し合い共生する観点からは，高橋（2005），の実践が注目される。また，周囲の児童がまず変わることで発達障害のある子に好影響が及ぶことを示した尾崎・柘植（2012）のクラスワイドなSSTの実践も示唆に富んでいる。

また，支援の焦点が行動，認知，情動と新たな観点が付け加わっていったことを冒頭で述べたが，情緒の安定は学習とコミュニケーションの前提になるものである。従来から重視されている自尊感情に加えて，精神的な回復力である「レジリエンス」の視点も今後重要になってくるだろう。2016年にスコットランドで開催されたAutism Europe（ヨーロッパ自閉症学会）のテーマは"Healthy"，"Happy"，"Empowered"であった。いずれもQOL（Quality of Life，生活の質）に関わる理念である。生涯発達の観点から，学校や地域でのQOLの向上を目指した支援は今後取り組まれるべき課題であろう。文字通り「質」の問題であるQOLをどう客観的に研究するか。その方法論に関する議論も課題となるだろう。

〈文献〉

加藤浩平・藤野博・糸井岳史・米田衆介（2012）高機能自閉症スペクトラム児の小集団におけるコミュニケーション支援：テーブルトークロールプレイングゲーム（TRPG）の有効性について．コミュニケーション障害研究，29；9-17.

松浦直己・橋本俊顕・竹田契一（2007）高機能自閉症児に対する認知の歪みへのアプローチ—認知行動療法の応用とパッケージング．LD研究，16；126-135.

森脇愛子・藤野博（2009）アスペルガー障害児に対するソーシャル／コミュニケーション支援—生態学的視点に基づくクラスルームベースのアプローチ．臨床発達心理実践研究，4；67-77.

日戸由刈・萬木はるか・武部正明・本田秀夫（2010）アスペルガー症候群の学齢児に対する社会参加支援の新しい方略—共通の興味を媒介とした本人同士の仲間関係形成と親のサポート体制づくり．精神医学，52；1049-1056.

落合由香・井澤信三（2005）高機能自閉症児における社会的コミュニケーション行動に関連する問題分析に基づいた包括的支援．LD研究，14；326-335.

岡田智・後藤大士・上野一彦（2005）アスペルガー症候群へのソーシャルスキル指導—社会的認知の向上とスキルの定着化をめざして．LD研究，14；153-162.

大井学（2010）高機能自閉症スペクトラム障害の語用障害への根本対処法は現時点では存在しない：理論とエビデンスなき「コミュニケーション支援」を超え自閉症と共生する支援へ．アスペハート，24；22-28.

尾崎朱・柘植雅義（2012）幼稚園と小学校で連続して行うクラスワイドSSTによる移行の効果．LD研究，21；102-115.

高橋和子（2005）高機能広汎性発達障害児集団でのコミュニケーション・ソーシャルスキル支援の試み—語用論的視点からのアプローチ．教育心理学年報，44；147-155.

滝吉美知香・田中真理（2009）ある青年期アスペルガー障害者における自己理解の変容—自己理解質問および心理劇的ロールプレイングをとおして．特殊教育学研究，46；279-290.

1-4 指導・支援の技法

1-4-5 ICT 利用の発展

近藤 武夫

I はじめに

日本の障害のある人々の教育参加に対する ICT 活用の発展の源流は，1970 年代に米国で始まった支援技術に関する研究開発と実践に求めることができる。米国では，公平な社会参加を実現するための差別禁止アプローチの潮流の中で，支援技術が雇用や地域生活，教育に参加を保障するための重要な方法の1つとされ，政府援助による提供が制度化されていった。その結果，多様な支援技術製品が実際の製品となり販売される市場も形成された。米国ではこうした制度と市場原理を背景として，大学や企業での支援技術の工学的な研究開発に加えて，リハビリテーションや特別支援教育といった分野での，支援技術の活用研究が成熟した。

II 技術的到達点

前節で述べた米国での制度化を背景として，支援技術の研究開発が進み，1990 年代末までには，ICT を利用した障害者への支援技術の技術的要素が整った。現在も利用されている障害者支援に必要となる要素的技術のほとんどが，この時期までに出揃っていたといえる。またそれらの要素技術は，1980 年代の米国でのパソコンの登場と，その日本への輸入によって，日本社会にも導入されるようになった。

1．コンピューターアクセスを支援する技術

肢体不自由のある人のための，わずかな体の一部の動きや呼吸，まばたき，筋電位や脳波などの多様なスイッチとスイッチコントロール技術，一般的なキーボードやマウス等の操作を可能にするアクセシビリティ機能の確立（伊藤，2010）により，一般的なパーソナル・コンピューターを四肢欠損や肢体不自由等のある人々が利用することが可能になった。音声合成による文字情報の音声読み上げ技術と，スクリーンリーダーと呼ばれるパーソナル・コンピューターの OS 画面に表示されているすべての情報を音声で読み上げるソフトウェア，および，画面拡大やキーボードのみでコンピューターを操作すると言ったアクセシビリティ機能により，弱視や全盲など，視覚障害のある人々が一般的なパーソナル・コンピューターを利用できるようになったほか，拡大読書機などの専用製品も市場に登場するようになり，点字プリンターや点図作成ソフトウェアも市販されるようになった（渡辺・南谷，2010）。音声を文字に変換する音声認識の技術も生まれ，聴覚障害のある人が，他者が音声で話していることを文字に変換して読んで理解したり，肢体不自由のある人が音声で文字をタイプすることを目指した研究が行われた。

一方でここ数年，クラウド・コンピューティングの隆盛により，音声認識は，Google 音声認識，Apple の Siri，Windows の Cortana などを代表例として，かつては想像できなかったほどに高い認識率と即時応答性を持つに至るようになった。一般のスマートフォンやタブレットなどで，急速に「誰もが使う便利な機能」となった。聴覚障害向けにこれらの音声認識技術が応用される形で，文字通訳を自動的に行う複数の支援技術製品が開発・市販されている。日本語の音声読み上げ機能も，iOS 7（2013 年提供開始）から多くのアプリが対応するようになり，Windows 8（2012 年）からは，日本語の音声読み上げエンジンが標準添付されるようになった。こうした近年の技術的な転換により，音声認識や音声読み上げの機能は「ど

こかにはある技術」ではなく「どこにでもある技術」に変わったといえるだろう。

2．AAC

　自閉症や重度重複障害など，音声言語を利用して意思を伝達したり周囲とコミュニケーションすることが難しい人のために生まれたコミュニケーション技法として拡大・代替コミュニケーション（Augmented and Alternative Communication：AAC）がある。代表的には，音声言語によらずともコミュニケーションを媒介することのできるツールとして開発されたシンボル・コミュニケーションの絵カードが，ICTと出会ったことで大きく可能性が広がった。例えば，ICTの活用により，膨大な数のシンボルを，紙のカードと違い場所を取らずに持ち運ぶことができ，その場で録音したり，あらかじめ録音しておいた多数の音声と，簡単に組み合わせて利用できるなどの利点が生まれた。これらの利点を応用して，本人が何らかの意味を表しているシンボルの貼られたスイッチを押すと，発話の代わりに，シンボルと関連した音声が提示される「VOCA（Voice Output Communication Aid）」と呼ばれる専用の装置が製品として作られるようになった。

　米国ではインクルーシブ教育を背景として，教室で教員や級友と意思疎通し，将来的には地域社会の中で自立生活に向かうための特別支援教育としてAACが位置づけられている。一方，日本国内ではかつて，例えば筋萎縮性軸索硬化症などの重度障害者を対象としたVOCAが「意思伝達装置」と呼ばれ，むしろ工学や電子情報技術を背景とした福祉用具の専門家の専門性となってきた（岡本・畠山，2001）。自閉症児や知的障害児を対象とした特別支援教育の実践の中でVOCAやAACが盛んに用いられるようになるには，1990年代後半から2000年代になってからとなる（中村，2011）。その背景には，1990年代以降，VOCA等の製品が日本国内でのAAC研究活動の高まり（利島，2001）を受けて，入手できるようになってきたことも影響しているだろう。

3．コンテンツ・アクセシビリティ

　2000年代に入ってからの大きなブレイクスルーは，WCAGなどウェブのアクセシビリティ保障に関する国際規格が策定されるようになったことにある。パソコン等が障害者にとってアクセシブルになったとしても，一般的に用いられているウェブなどの情報の中身，つまりコンテンツが音声読み上げ機能などと組み合わせて利用できるように配慮されていなければ，その情報は障害者にとっては存在しないことと同じである。1990年代までに生まれた他の支援技術製品や，WindowsやMacOSに標準搭載されていたアクセシビリティ機能の成熟と相まって，障害者にとってアクセス可能なコンテンツの範囲が広がっていった。視覚障害のある人の読書を支えることを目的として，デジタル録音図書の標準規格DAISYの策定と，その再生装置の開発も1990年代に始まっている（河村，2012）。

　さらに，2008年に成立した教科書バリアフリー法により，日本でもマルチメディアDAISY形式など，音声教材と呼ばれる教科書を製作することができるようになった。日本リハビリテーション協会が取りまとめる形でDAISY教科書が作られ，読むことに困難のある児童生徒に届けられるようになった。その後，2014年には東京大学先端科学技術研究センターAccessReadingが，EPUB形式とDOCX形式の音声教材を配信するようになった。これらの団体は，現在まで音声教材の製作と配信を，継続的に実施している。

4．タブレットの登場

　2010年代前後には，支援技術にとって極めて大きな革新が生まれている。それは，iPadを中心としたタブレットやスマートフォンの登場である。タッチパネル式で操作も通常のパソコンよりもはるかに簡単なインターフェイスは，既存の支援技術の専用製品に破壊的な影響を与えた。

　一つめの影響として，これまでは専用のハードウェアとして製作されていた支援技術製品が，タブレット上で動作するアプリとして作られるようになった。高価な専用ハードウェアを購入しなくても，VOCA，印刷物の内容を読み上げてくれる装置，拡大表示装置，筆談装置，音声認識装置になったり，ページめくり機や拡大読書機の代わりにスキャンした書籍を保存して読書に使用したり，指先のわずかな動きで操作できるスイッチ

付きのコンピューターになったり，重度重複障害児のためのシンプル・テクノロジー（触れると反応する因果関係理解学習のための装置）になったり，時間感覚や予定の把握を助けるタイムエイドになったりと，過去の支援技術製品が次々に市販のアプリとなっていった。

　二つめの影響としては，重度重複障害や全盲など，低発生障害向けに必要とされる，非常にニッチな支援技術が，iPadなどのタブレット，つまり一般製品で実現できるようになり，入手性と持続性が高まったことが挙げられる。これらの影響は日本の特別支援教育におけるICT活用にも大きな影響を与え，特に近年，特別支援学校でのAAC実践から，日本独自のシンボル集やVOCAアプリが生まれている（青木，2011）。

III リハビリテーション分野における支援技術研究

　日本には，過去，米国のような法的な障害者差別禁止に基づく，支援技術利用の制度は存在してこなかった。また，教育における差別禁止の観点から，インクルーシブ教育，特に通常教育カリキュラムへの参加保障のために支援技術が使われるという文脈は，2016年の障害者差別解消法まで存在していないと言ってよいだろう。そのため，通常の学校内で支援技術が一般的に利用される慣習が存在して来ておらず，福祉工学やリハビリテーション工学として支援技術の研究を行う一部の研究者により，工学的な研究が行われてきた。

　そうした研究では，障害者向けに特殊な技術を開発しようとする，福祉工学的な観点での様々な研究が行われてきた。音声合成装置や，音声認識装置の研究は，歴史的には日本でも1960年代ごろから始まっている。支援技術製品としての製品化を目指した研究というよりも，工学的な技術開発とその応用研究の着眼点として，障害のある人の支援が選ばれてきた側面があり，そうした研究の潮流は現在でも存在している。「電子情報通信学会」や「ヒューマンインターフェース学会」での研究活動は，現在でも国内のその中心をなしている。

　一方で，1970年代のマイコン登場，1980年代のパソコン登場により，後にICTと呼ばれるようになる一般の電子機器を，障害者の支援に活用する実践が国内でも生まれた（利島・中邑，1986）。その後，コンピューターアクセスを助けるアクセシビリティ機能が登場し，1995年のWindows95登場により標準機能となった。そうしたアクセシビリティ機能と組み合わせて使用される2-1で述べたような支援技術製品も，医療や地域生活を支援するリハビリテーション工学の分野で，支援技術の利用実践の報告が行われるようになった。現在でも，「リハビリテーション工学協会」はその中心的な場となっている。特筆すべきは，2001年に「心理学評論」において，特集「障害と支援技術」が刊行され，1980年代から2000年以前までの，リハビリテーションおよびリハビリテーション工学分野での国内外の研究実践やその社会背景がまとめられている点である。取り上げられた障害領域は多岐にわたる一方で，特別支援教育や学習障害への活用については言及が見られなかったという特徴がある。

IV 特別支援教育分野における支援技術研究の展開

　新しい一般的技術が創発した際に，その技術を障害者の特別支援教育に応用しようとする実践研究は，日本でも特別支援学校の実践を中心に行われてきた。教育全般におけるICT利用の研究は，日本では教育工学と呼ばれる分野で，特に教育現場でのICT利用が一般化した2000年代以降から，盛んに行われてきた。

　インクルーシブ教育の観点から，特別支援教育に関する支援技術としてのICT利用については，棟方（2015）が広範なレビューを行っている。その中では，2010年前後以降の教育機会の公平性を高める支援技術利用の動きとして，II 3．で挙げた音声教材の利用が，特に学習障害などの発達障害があり，通常級で学ぶ児童生徒へ行われていること（近藤，2013）について言及されている。音声教材の利用が拡がった背景として強調しておくべきことは，ウェブや電子書籍などの情報コンテンツが，障害のある人が利用することを前提として，最初からアクセシビリティを保障するように，配慮されるようになったことである。そこに加えて，一般的なタブレットもアクセシビリティ

機能を備えるようになった。そのため，多大なコストをかけなくてもアクセシビリティ保障が提供できるようになった。こうしたことから，通常の教室にもますますICTを活用した支援技術が浸透するようになりつつある。

　2013年の障害者差別解消法の成立から，通常の教室で，一見して障害があることがわからない学習障害等のある児童生徒が，音声教材やキーボード入力などを，一般的なタブレットなどのICTを用いて利用することが合理的配慮（障害を理由に他の生徒と異なる取扱いを認めること）として学校に求められるケースも現れ始めた。その結果，他の生徒と異なる取扱いを受ける「適格性」を，アセスメントに基づいて論理的に説明する必要が生まれている（河野・平林・高橋，2011）。例えば米国では，法的な権利保障の枠組みに基づいて，試験などの競争の場でも合理的配慮として読み上げやキーボード利用，時間延長などが認められる。ただしその場合は，スクール・サイコロジストが実施する知能検査の実施や読み書きの流暢性を測る検査などの結果に基づいて，他の児童生徒と異なる取扱いの適格性があるかどうかを判断する材料とされる。日本でも，通常学級で障害のある児童生徒が通常の教育カリキュラムで学び，入試などの競争的場面でのICT利用が広がると，適格性判断のためのアセスメントへのニーズがさらに高まるようになるだろう。

V　おわりに

　日本の特別支援教育におけるICT利用では，①米国での支援技術の法的義務化により発展した技術が，米国のパソコン製品の輸出により日本にも流入して技術的基盤が作られ，②まずリハビリテーション工学の文脈で，③次いで特別支援教育の文脈で，支援技術の活用に関する国内研究が発展した。加えて最近，④企業活動により急激な技術革新が起こり，リアルタイム音声認識や非常に安価に高機能なタブレットが入手できるようになるなど，予測不能なほど支援の可能性が突然大きく変化する現象が起こっている。また，⑤2013年以降の差別解消法により，個別ニーズに対する合理的配慮として通常学級でも支援技術を比較的利用できるようになりつつあり，その際には⑥適格性判断に役立てるためにアセスメント実施の重要性が高まっている。上記の①については，日本にも障害者差別解消法をはじめとした権利保障の潮流が生まれた。②〜⑥の傾向は，法制度を背景としたインクルーシブ教育の国内での成熟と，技術革新の進展ともに，今後も継続していく傾向となるだろう。

〈文献〉

青木高光（2011）コミュニケーションシンボルライブラリ「ドロップス」と高機能VOCA「ドロップトーク」の開発と活用．コミュニケーション障害学，28(3)；202-206.

伊藤和幸（2010）肢体不自由者支援技術研究のレビューと将来への展望（支援技術研究のレビューと将来への展望）．電子情報通信学会技術研究報告．WIT，福祉情報工学，109(358)；73-78.

河村宏（2012）デイジー（DAISY）を活用した情報アクセスの動向．ノーマライゼーション，32(6)；22-24.

河野俊寛・平林ルミ・高橋麻衣子（2011）読み書き困難児に対する適切な支援ツールの選択決定―「読み書き相談室ココロ」における事例を通して．LD研究，20(3)；317-331.

近藤武夫（2013）通常の学級における支援技術の活用．LD研究，22(2)；150-158.

棟方哲（2015）2007年から2013年における日本の障害のある子どもの教育工学研究に関する調査資料：インクルーシブ教育システムの構築に向けたICT活用を視野に入れて．国立特別支援教育総合研究所研究紀要，42；67-83.

中村均（2011）障害のある子どもの教育に関する教育工学的アプローチによる研究の動向．国立特別支援教育総合研究所研究紀要，38；95-126.

岡本明・畠山卓（2001）肢体不自由がある人のエイドとしてのコンピュータ利用．心理学評論，44(2)；141-155.

利島保・中邑賢龍（1986）障害者のための小さなハイテク．福村出版．

利島保（2001）特集「障害と支援技術」について．心理学評論，44(2)；115-123.

渡辺哲也・南谷和範（2010）視覚障害者支援技術研究のレビューと将来への展望．電子情報通信学会技術研究報告．WIT，福祉情報工学，109(358)；57-64.

1-5 支援体制・コーディネーター・地域性

1-5-1 小中学校等における校内支援体制の構築
クラスワイドな支援から個別支援へ

関戸 英紀

I はじめに

2012年に文部科学省から出された「通常の学級（以下、「通常学級」とする）に在籍する発達障害の可能性のある特別な教育的支援を必要とする児童生徒に関する調査」によると、小中学校の通常学級に、知的発達に遅れはないものの行動面で著しい困難を示す児童生徒が3.6％の割合で在籍していることが明らかになった。

授業中に離席、他傷・他害、奇声・大声等の問題行動が生起すれば、当該の児童生徒の学習に遅れが生じるだけでなく、学級全体の授業の進行にも支障をきたすことが予測される。また、学級内に問題行動を示す児童生徒がいた場合に、彼らに追随する児童生徒が現れる可能性も考えられる。

そこで、本稿では、通常学級に在籍している問題行動を示す児童生徒への対応として、わが国において主として用いられてきた、機能的アセスメントに基づいた支援ならびに集団随伴性に基づいた支援について概観する。そして、それらを踏まえ、インクルーシブ教育システムの構築に向けて、今後の校内支援体制のあり方について提案をしたい。

II 機能的アセスメントに基づいた支援

問題行動といわれる行動は、対象となる児童生徒の周囲の人（教師や保護者）にとっては、困った行動・厄介な行動として受け止められがちである。

しかし、その行動はある機能をもっている。すなわち、問題行動には、①注目の要求、②物や活動の要求、③（困難な課題や状況などからの）逃避、④自己内部の刺激（たとえば、体を前後に揺することによって得られる運動感覚刺激）の獲得の4つの機能のうちのいずれかがあると考えられている。

この機能の分析は次の手順で行う。

まず、問題行動を具体的に（観察と測定が可能なことばで）定義する。そして、その〈行動〉がどのような状況で起こったか〈きっかけ〉、またその行動が起こった直後に周囲の人たちがどのような対応をしたか〈結果〉について客観的に記録する。さらに、《環境的な要因》についても情報を集める。環境的な要因とは、問題行動の直接的なきっかけとはならないが、対象児童生徒の特性や彼らの環境あるいは日常日課の中で問題行動が起こりやすい状況を作り出す事柄などをいう。その例として、寝不足である、朝食を食べてこなかった、基礎的な対人関係スキルや学力が身についていない、日課に変更があったなどがあげられる。

次に、記録に基づいて、問題行動のもつ機能を推定する。たとえば、算数の授業中に大声を出すという行動を示すA児の記録を取り、上記の枠組みで整理をしたところ、《足し算の繰り上がりを理解できていない》→〈算数のテストが配られる〉→〈大声を出す〉→〈算数のテストを受けなくてすむ（解答できないという困難な状況から逃れられる）〉という関連性が明らかになったとする。この場合、大声を出すという行動は、困難な状況から逃れられるという結果によって強化・維持されていることから、この行動は前述の「逃避」の機能をもっていると推定される。このように、問題行動のもつ機能を〈きっかけ〉―〈行動〉―〈結果〉の三項関係から推定することを「機能的アセスメント」という。

興津ら（2007）は、通常学級3年に在籍する広汎性発達障害が疑われる男児に対して、授業中に声を出す・立ち歩く・黒板に落書きをする等の行

動の改善を目指して機能的アセスメントを行ったところ，物や活動の要求・注目の要求・自己内部の刺激の獲得の3つの機能が推定された。そこで，トークンエコノミーシステムとクラスワイド（学級の全児童生徒を対象とした）社会的スキルトレーニングを適用した介入パッケージを用いて，学級担任（以下，「担任」とする）が支援を行ったところ，対象児の問題行動に改善がみられたことを指摘している。

大久保ら（2007）は，攻撃行動・器物破壊行動・奇声やその他の妨害行動を示す，注意欠陥多動性障害と自閉症の診断を受けた通常学級2年に在籍する男児に対し，機能的アセスメントを行った結果，物や活動の要求・逃避・注目の要求の3つの機能が推定された。そこで，①適切な授業参加を促すためのきっかけと結果の操作，②課題従事行動を増加させるための結果の操作，③問題行動に対する結果の操作を段階的に実施したところ，対象児の適切な授業参加や課題従事行動が増加し，問題行動が減少したことを明らかにしている。

しかし，これらの研究では，介入の対象となった児童は学級内に1名だけであり，学級内に問題行動を示す児童が複数名いた場合の機能的アセスメントによる介入の有効性や妥当性については，検討がなされていない。また，学級内に問題行動を示す児童が複数名いた場合には，校内委員会や外部の専門機関等から支援を受けられたにせよ，日常的に担任一人で彼らに対して個別支援を行うことに多大の困難が生じると考えられる。

III　集団随伴性に基づいた支援

集団随伴性とは，集団全員，またはある特定のメンバーの目標の達成の度合い（遂行結果）に応じて集団のメンバーに強化が与えられることをいう。

集団随伴性は次の3つのシステムに分類される。

第一の「非依存型集団随伴性」は，集団の全員に対して同じ強化が適用されるが，それは各人の遂行結果に基づいて決定され，集団内の他のメンバーの遂行結果は各人が強化を受けることに影響を与えない。したがって，集団に非依存的である。たとえば，漢字テストで80点以上の得点を獲得できた者だけに，5分間の休み時間が与えられるという場合がこれにあたる。

第二の「相互依存型集団随伴性」は，集団の全員に対して同じ強化が適用され，集団全体の遂行結果によって全員の強化が決定される。つまり，各人が強化を受けられるかどうかは集団の遂行結果に依存する。上記の例に倣えば，漢字テストの学級の平均点が80点以上ならば，学級の全員に5分間の休み時間が与えられるということになる。この場合，集団の規模を学級全体にすることもできるが，4～5人からなる小集団にすることも可能である。

第三の「依存型集団随伴性」は，ある特定の集団のメンバー（1人または数人）の遂行結果によって，集団全員が強化されるかどうかが決まる。すなわち，集団内の各人の強化は，選出されたメンバーの行動遂行に依存している。上記の例でいうと，漢字テストにおいて，A児（あるいはA・B・C児）の点数が80点以上であれば，学級の全員に5分間の休み時間が与えられることになる。

この集団随伴性を用いることによって，①一人の教師が，同時に複数の児童生徒の行動変容に対応することができる，②集団内の肯定的な相互交渉が促進されるという成果が期待される。その一方で，目標を達成できなかった児童生徒が，批判の対象にされるという負の副次的効果をもたらすことも考えられる（小島，2000）。

遠藤ら（2008）は，小学校5年の2学級を対象に，清掃場面において相互依存型集団随伴性が学級全体の清掃行動に及ぼす影響について検討した。それぞれの清掃場所において担当している児童を2つのグループに分け，残されていたゴミの数や大きさについて相互に評価を行った。評価得点の高いグループから好きな場所を次の清掃場所として選択することができ，順位に応じてシールが与えられた。その結果，清掃行動の従事率が増加し，「きれい度」が高まり，集合するまでの時間が短縮されたことを指摘している。

田中ら（2010）は，小学校3年の通常学級において授業妨害行動（不適切な発言）の減少とその代替行動（適切な発言）の増加のために，集団随伴性を用いた「いかりをおろそう！（Anchor the Boat）」というゲーム形式の介入手続きを含む介

入パッケージを実施し，その効果を検証した。朝の話，1時間め（主に算数），2時間め（主に国語）の3つの場面にわたって介入を行った。その結果，不適切な発言の減少のためには，ルールの提示，聞く準備の合図，担任の対応，「いかりをおろそう！」の手続きが，適切な発言に関しては，ルールの提示，聞く準備の合図，担任の対応が有効であったことを明らかにした。

しかし，学級内に問題行動を示す児童生徒が在籍していた場合，集団随伴性を用いた支援を行うことによってその児童生徒の問題行動が低減し，適切な行動が増加するか否かについては，これまでのところ実践事例が少ない。

Ⅳ 米国における3層モデルから各学級でできる2層モデルへ

わが国同様，米国においても問題行動への対応は重要な課題である。これに対してSugaiら（2002）は，問題行動の「階層的な予防アプローチ」を提唱している。すなわち，このアプローチでは，介入を，①第一次予防的介入：全児童生徒，全場面を対象とした学校全体のシステムへの予防的介入，②第二次介入：リスクのある行動を示す児童生徒に特化した小集団システムへの介入，③第三次介入：リスクの高い行動を示す児童生徒個人に特化した個別システムへの介入の3段階に分けて実施する。その結果，第一次予防的介入によって80％の児童生徒に，第二次介入によって15％の児童生徒に，そして第三次介入によって5％の児童生徒に適切な行動を獲得させることが可能になるという発想のもと，児童生徒の実態に応じて順次支援を厚くしていく。この3層モデルは，米国のすべての州で取り入れられており，しかも幼稚園から高等学校までの20,000以上の学校で実施されている。

しかしながら，米国とわが国では教育制度が異なる。また，この3層モデルを導入するにあたっては，この考えに基づいた校内支援体制を構築することが前提となる。したがって，この3層モデルをそのままわが国の学校教育現場に導入することには，慎重であらねばならないであろう。

そこで，学級内に問題行動を示す児童生徒が複数名いた場合でも，基本的に担任が一人で対応でき，しかも担任にとって負担の少ない支援方法として，この3層モデルを援用した2層モデルを提案したい。この2層モデルでは，学級内に（複数名の）問題行動を示す児童生徒がいた場合に，まずは集団随伴性を用いた「クラスワイドな支援」を行う。そして，クラスワイドな支援だけでは適切な行動を獲得できなかった児童生徒がいた場合に，機能的アセスメント等による「個別支援」を行うことになる。

Ⅴ クラスワイドな支援から個別支援へ

関戸ら（2010）は，小学校の通常学級3年に在籍し，授業中に離席する・音楽室の移動に遅れる・連絡帳に宿題を記入しない（宿題をやってこない）等の行動を示す，アスペルガー障害が疑われる対象児が所属する学級に対して，非依存型集団随伴性を用いたクラスワイドな支援を行った。その背景として，授業中以外でも対象児の支援に多くの時間が必要であったため，他児に対する担任の対応が希薄になってしまったこと，一部の男児が対象児の離席に追随したことなどがあげられる。その結果，対象児に追随する児童がみられなくなったが，対象児自身の行動に十分な改善がみられなかった。そこで，対象児に対して機能的アセスメントに基づいた個別支援を導入したところ，問題行動が改善され，さらには対象児の家庭や学校での生活そのものにも望ましい変容がみられた。

関戸ら（2011）は，授業中に離席をする・板書をノートに写さない等の行動を示す児童が5名在籍している，小学校4年の通常学級に対して，当該児童の授業参加行動の改善を目指して，非依存型集団随伴性と相互依存型集団随伴性を用いたクラスワイドな支援を行った。その後，クラスワイドな支援だけでは授業参加行動に改善がみられなかった1名の児童に対して「取り出し授業」による個別支援を行った。その結果，対象児全員の授業参加行動に改善がみられ，1.5年後も4名の対象児の授業参加行動が維持されていた。これらのことから，クラスワイドな支援を基盤としたうえで個別支援を導入した支援方法は，担任に負担をかけることなく，しかも複数の児童が対象であっ

ても問題行動の改善を可能にすること，また他の児童に対しても適切な行動の増大をもたらすことを明らかにした。

佐々木ら（2016）は，高等学校定時制課程の数学の授業において，協同学習に相互依存型集団随伴性を組み合わせた介入を実施した。そして，当該生徒の授業参加行動の改善，授業中の問題行動の低減，および学級全体の学業達成の向上を目指した支援を行った。その結果，当該生徒に授業参加率の増加，問題行動の生起率の低減がみられ，学級全体の学業達成度にも影響を及ぼした可能性が示された。協同学習が授業参加率の増加ならびに問題行動の生起率の低減に有効であり，しかも相互依存型集団随伴性と組み合わされることによって，さらにその効果が増大することを指摘している。

Ⅵ 2層モデルによって期待される成果

2層モデルに基づいた支援を行うことによって，次の成果が期待できると考えられる。①（前述した）「注目の要求」の機能をもつ問題行動が起きることを予防できる。②学級内に問題行動を示す児童生徒が複数名いた場合でも，同時に支援を行うことが可能なため，担任の負担を軽減できる。③個別支援を必要とする児童生徒を，結果的にスクリーニングすることができる。このことは，個別支援に対する担任の負担の軽減につながる。④目標とした行動を未獲得の児童生徒はそれを獲得することができる。また，すでに目標とした行動を獲得している児童生徒はそれを意識的に実行することによって，担任から強化を受けることができる。⑤学級のマネジメントが機能していれば，個別支援もより効果的に作用する。

一方，インクルーシブ教育を構築するにあたっては，個別に必要とされる「合理的配慮」とその基盤となる「基礎的環境整備」は必要不可欠のものである。すなわち，基礎的環境整備を基盤とし，それだけでは当該の児童生徒の教育的ニーズを満たせないときに合理的配慮が必要とされる。本稿で提案した「クラスワイドな支援から個別支援へ」という考え方は，まさにこの「基礎的環境整備から合理的配慮へ」というインクルーシブ教育システム構築の理念とも合致する。したがって，2層モデルは，インクルーシブ教育システムの構築にも貢献できる可能性を秘めているといえよう。

〈文献〉

遠藤佑一・大久保賢一・五味洋一他（2008）小学校の清掃場面における相互依存型集団随伴性の適用―学級規模介入の効果と社会的妥当性の検討．行動分析学研究，22(1)；17-30.

小島恵（2000）発達障害児・者における集団随伴性による仲間同士の相互交渉促進に関する研究の動向．特殊教育学研究，38(1)；79-84.

文部科学省（2012）通常の学級に在籍する発達障害の可能性のある特別な教育的支援を必要とする児童生徒に関する調査．

興津富成・関戸英紀（2007）通常学級での授業参加に困難を示す児童への機能的アセスメントに基づいた支援．特殊教育学研究，44(5)；315-325.

大久保賢一・福永顕・井上雅彦（2007）通常学級に在籍する発達障害児の他害的行動に対する行動支援―対象児に対する個別的支援と校内支援体制の構築に関する検討．特殊教育学研究，45(1)；35-48.

佐々木一圭・関戸英紀（2016）特別な教育的ニーズのある定時制高校生に対する学習支援―協同学習に相互依存型集団随伴性を組み合わせた介入の検討．特殊教育学研究，54(2)；121-131.

関戸英紀・田中基（2010）通常学級に在籍する問題行動を示す児童に対するPBS（積極的行動支援）に基づいた支援―クラスワイドな支援から個別支援へ．特殊教育学研究，48(2)；135-146.

関戸英紀・安田知枝子（2011）通常学級に在籍する5名の授業参加に困難を示す児童に対する支援―クラスワイドな支援から個別支援へ．特殊教育学研究，49(2)；145-156.

Sugai, G. & Horner, R.（2002）The evolution of discipline practices：School-wide positive behavior supports. Child & Family Behavior Therapy，24；23-50.

田中善大・鈴木康啓・嶋崎恒雄他（2010）通常学級における集団随伴性を用いた介入パッケージが授業妨害行動に及ぼす効果の検討：介入パッケージの構成要素分析を通して．行動分析学研究，24(2)；30-42.

1-5 支援体制・コーディネーター・地域性

1-5-2 特別支援教育コーディネーターの役割の専門性とその育成

宇野 宏幸

　特別支援教育コーディネーター（以下，コーディネーター）は，特別支援教育の推進を担う者として校務分掌に位置づけられている。その役割は，小・中・高等学校においては，おもに校内委員会や校内研修の企画運営，関係諸機関との連絡や調整，および保護者向けの相談窓口とされている。特別支援学校においては，これらの役割に加えて，特別支援教育の専門性やセンター的機能を発揮しての地域支援（就学支援，学校支援，学校間移行支援など）があげられる。

　本項では，コーディネーターに求められる役割から，必要とされる専門性とは何か，そしてその養成の在り方について考えてみたい。

I　コーディネーターの指名

　宮木・木舩（2012）が述べているところによれば，公立小・中学校にけるコーディネーター指名率は2007年には99％となっている。特別支援教育のスタート時点で，指名そのものはほぼ完了していたことになる。また，公立幼稚園や高等学校における指名率も2011年には90％を超えるようになった。

　しかし，吉利・石橋（2010）が示しているように，小・中・高等学校における指名人数は，そのほとんどで1名であり，特別支援学級担任や通常学級担任との兼務が圧倒的に多い。この状況は現在でも基本的に変わっていないと思われ，通常の学校でコーディネーター活動の実効性が低くなっている要因ともなっている。ただし，岐阜県の施策に見られるように，特別支援教育担当の加配教頭や主幹教諭がコーディネーター担当を兼ねるなどの工夫も見られる。一方で，広域支援を担う特別支援学校においては，着実に専任化が進められてきた。例えば，大阪府では地域支援リーディングスタッフの配置が，整備事業の一環として実施されている。

II　コーディネーターの役割と専門性

　教師の専門性について考えた場合，小・中学校等と特別支援学校では，対象とする子どもや扱う教育課程が異なっている。前者では，通常学級における支援・配慮が大きなウエイトを占めるのに対して，後者の学校では各障害に応じた指導法が教師の専門性にとって重要となる。

　次に，コーディネーターに求められる役割から見えてくる専門について考えてみたい。ここで求められる専門性は，これまでとは異なり，連携・協働やチームによる支援体制づくりを実行するために不可欠なコミュニケーションやリーダーシップの要素を多分に含んでいる。最近では，総合的な観点から子どもの就学先が決定されるようになり，これにともなって保護者との合意形成が重視されるようになった。2016年4月には，「障害者差別解消法」が施行されて，「合理的配慮」が義務化されたことから，保護者との調整や担任からの相談に対応する必要性も増えている。

1．通常の学校における役割

　2004年に出された「小・中学校におけるLD，ADHD，高機能自閉症の児童生徒への教育支援体制の整備のためのガイドライン（試案）」（以下，ガイドライン試案）では，校内の関係者および医療・保健などの専門機関や福祉・就労などの関係機関との連絡・調整，および保護者の相談窓口となることが，おもな役割として述べられている。また，障害のある子どもに関する基本的知識を持ち，これと関連した支援・配慮に関する知識や技

能を有し，「個別の指導計画」の作成支援や校内の推進体制構築（校内委員会，実態把握，校内研修など）を図ることが期待されていた。

これらの役割を念頭に置いた特別支援教育草創期の調査研究では（曽山・武田，2006），コーディネーターの資質・技能について，「知識・技法」，「（外部機関との）連絡・調整」「個別プログラム策定」と「担任・保護者のニーズ把握」の4因子が抽出されている。コーディネーター担当者の職務の違いによって，因子の得点を比較したところ，「知識・技法」と「個別プログラム策定」では，特殊学級担任の自己評価が高かったのに対して，「連絡・調整」と「担任・保護者のニーズ把握」では，教頭の自己評価が高かった。教師の専門性という観点から，特殊学級担任の知識や技能が高いことが頷ける一方で，教職経験が長く校内外の調整業務を担う教頭が，連絡・調整に長けていることも納得できる。ただし，「担任・保護者のニーズ把握」の項目が，障害に関するニーズ把握ではなく，学校への要望など一般的な内容となっていることに留意する必要がある。なお，コーディネーターから担任への支援については，助言や相談などの直接的な支援と，保護者との連携などの間接的な支援がなされている（宮木・木舩，2010）。

最近の校内体制構築に関連した動きで注目を集めているのが，授業のユニバーサル・デザイン（UD）化である（東京都日野市公立小中学校全教師・教育委員会・小貫，2010）。UDは，通常学級での学びにくさを持つ発達障害のある子どもが，学びやすいような環境を調整しようとする発想であり，授業づくり・学級経営そのものへのアプローチを含んでいる。支援対象の子どもを個としてだけでなく，クラス全体の中で捉えるという枠組みであることから，小・中学校の教師の専門性とリンクして，通常学級の特別支援教育を進めることが可能である。UDが，担任支援にあたって，個を授業の中でどのように見るかという視点をもたらした点は非常に大きく，コーディネーターの役割にも少なからず影響を与えている。「教師は授業で勝負」と昔から言われるように，小・中学校の教師が主体となった，当事者意識を持った校内体制への接近が図られつつある，と思われる。

さらに，中学校で特別支援教育担当の主幹教諭である坂田（2016）は，コーディネーターとしてリーダーシップを発揮して，校内のアクティブ・ラーニング授業を推進している。この中で，iPadの活用やタイムプレッシャーなど発達障害のある生徒の参加意欲を高める工夫を実践して，成果を報告している。このように，今後の学校教育の動向を見据えつつ，学校ワイドな体制作りも，今後のコーディネーターの役割として期待されるところであろう。リーダーシップの本質は，人々に変化を受け入れてもらう働きかけであり，教師に特別支援教育という新しい教育の価値を広めて，校内システムの再構築を進めることが肝要である。

2．特別支援学校における役割

特別支援学校においても，校内コーディネーターは，担任・保護者支援を含む連絡・調整や研修の企画・運営などの推進体制構築がおもな役割となっている。これに対して，地域支援を担うコーディネーターの場合は，就学・移行支援，小・中学校等への巡回相談，広域ネットワークの形成などに関して，専門性を活かしてのセンター的機能（教員への支援，相談・情報提供，子どもへの指導・支援，連絡・調整，研修協力，施設・設備等の提供）を発揮することが求められてきた。

これらの役割を遂行していくためには，特別支援学校の教師としての専門性に加えて，カウンセリングマインドを大切にしながら，コーディネーション，ファシリテーション，コンサルテーション力を発揮することが必要である。これらの力量は，支援関係者のコミュニケーションを促して，チーム力に基づく支援体制を構築するために不可欠なものと考えることができる。

地域支援を包括的に提供する人材としてのコーディネーターの役割を考える上で，最近の注目を集めているのが，自治体が主導する「発達支援室モデル」である。例えば，兵庫県小野市の取り組みでは，早期からの継続した支援体制構築を目指して，小規模ながら教育委員会，健康課，社会福祉課，子育て支援課間の調整機能を持たせた発達支援室を設置している（新平，2016）。なお，統括調整機能を有する発達支援室を先駆的に設置し自治体として滋賀県湖南市などが良く知られてい

る。湖南市の場合，個別指導計画の円滑な引き継ぎを図っていることと，それを支えるITネットワークが特徴である。小野市の取り組みで，特筆すべきこととして，元小学校教諭で特別支援教育士スーパーバイザーの資格を持つ発達支援コーディネーターが，就学前に支援対象であった子どものフォローアップのために小学校を訪問して，コンサルテーションをおこない，担任教師から高い評価を受けていたことである。これは，自身が小学校で教職経験を積んでいたからこそわかる担任のニーズに的確に応えていたためであろう。

地域学校の巡回相談にあたっては，特別支援教育の専門性を有する特別支援学校コーディネーターがコンサルタント，通常学校の教科教育の専門家としての担任教師がコンサルティとして，相互的なコンサルテーションをおこなうのが理想的とされてきた。しかし，現実には，個別的な指導・支援に長ける特別支援学校コーディネーターからの一方向的な助言になりがちで，その効果が見られないこともある。通常学級の場合には，担任の教育観や授業スタイルが変化しにくいことに加えて，子ども間のダイナミックな関係性が存在している。通常学級へのコンサルテーションにおいて成果を生むためには，対話を通して担任ニーズを把握するとともに，教師に必要性を意識してもらい，教授行動に変化をもたらすといった新しい専門性が求められている。この役割は，実はリーダーシップの本質的な部分でもある。

Ⅲ　コーディネーターの育成

コーディネーターの養成研修は，通常学校と特別支援学校向けのほかに，一般とリーダー向けのように階層的に実施されている。さらに，専門性の高い育成は，国立特別支援教育総合研究所（以下，特総研）や専攻科，大学院への派遣という形で行われている。

1. 研修実施状況の概観

2003年に出された「今後の特別支援教育の在り方について（最終報告書）」において，コーディネーターが推進のキーパーソンとして提言されたことと，2004年のガイドライン試案をふまえて，国立特殊教育総合研究所（現在の特総研）が同年から，特別支援教育コーディネーター指導者養成研修を開始した。コーディネーターの資質・技能である調整能力や課題解決に注目しての演習を中心としたカリキュラムであった。

2005年度に実施された，都道府県および政令指定都市を対象に実施されたコーディネーター養成研修の実施状況調査によると（大杉・横尾，2006），この時点ですでに一般コーディネーター養成研修，リーダー的コーディネーター養成のための専門研修，フォローアップ研修，スキルアップ研修等が実施されていた。一般コーディネーター養成研修は，47都道府県全てと14政令指定都市で行われ，その時間数は2.5〜72時間，日数では1〜15日間と幅が大きかった。リーダー養成や専門研修は，24都府県と6政令指定都市で行われ，その時間数は3〜58.5時間，日数では1〜17日間であった。

河村・腰川（2014）は，2014年8月現在のホームページで公開されている研修会情報を，大杉・横尾（2006）の調査結果と比較している。その結果によると，研修の時間，日数ともに，2014年度の方が減少傾向にあり，日数では1日が41件，時間数では3〜6時間が39件で最も多かった。この結果は，都道府県教育センターなどは，養成研修の内容を量的に絞り込んでいることを示している。この要因が，研修のこれまでの実施成果を反映したものであるのか，予算上の制約が生じているためによるのか，などについての検討が必要であろう。また，河村・腰川（2014）は，研修内容面で，教師が自らの専門性を高める一般研修においては「障害の理解と対応」の占める割合が最も大きいのに対して，コーディネーター指定職研修では，その割合が減少するとともに，「役割・活動の実際」「校内・地域支援体制」の割合が増加すると報告している。

2. 教育委員会と大学が連携した養成研修

地域において，包括的に特別支援教育を推進する中に位置づけられたコーディネーター養成が，鶴岡市と山形大学間で2007年度から開始されている（三浦，2009）。また，この取り組みの特色として，各学校の「特別支援教育コーディネーター」，中学校でのリーダー格である「スーパー

特別支援教育コーディネーター」，そして市全体に関わる「スペシャル特別支援教育コーディネーター」の3つの階層を研修に対応して設定していることがある。スペシャルコーディネーターは，専門家チームの一員，コーディネーター養成研修の講師を務めることが期待されていた。支援システム構築と人材養成は，本来，両方が組みとなって用をなすものであり，鶴岡市と山形大学との協働は，特別支援教育の黎明期において，その理想を実現したものとして高く評価されるだろう。

3．専門性の高いコーディネーター育成

従来から，研修制度の一環として大学等への現職教員派遣制度が運用されている。大学院や専攻科は，コーディネーター養成に特化したコースへの改組に取り組んできた。2007年度の特別支援教育の本格的な展開に先駆けて，2005年度に愛媛大学に特別支援教育コーディネーター専修が1年制修士課程として設置され，翌2006年度には2年制修士課程の兵庫教育大学大学院特別支援教育コーディネーターコース（2016年度から発達障害支援実践コース）がスタートした。

この他のコーディネーター養成コースとして，1年制修士課程では香川大学，（特別）専攻科では広島大学，横浜国立大学，和歌山大学などがある。また，特別支援教育専攻内でコーディネーター分野や対応したカリキュラムが設けられている大学も多くなった。コース化されている大学では，教育委員会と協働した形で，実践と直結した養成がOJT方式で継続的に実施されており，理論をふまえた学校実践ができる高度なコーディネーターの育成が図られている。

4．インクルーシブ教育時代の
　　コーディネーター育成

2014年に，わが国においても，障害者の権利に関する条約への批准がなされたことと相まって，インクルーシブ教育システム構築の推進が図られつつある。これは，地域の学校間協働のもと，子どものニーズに合わせて柔軟に，学びの場が提供されることを意味している。近年は，これまで以上に，地域資源を活用しての支援システム構築の重要性が増している。また，就学にあたっての合意形成，通常学級での合理的配慮，授業のUD化の進展や学校教育全体の動向をふまえて，地域支援全体をデザインしていく必要性が生じている。これにあたっては，コーデネート機能を越えて，リーダーシップを発揮していく人材育成が不可欠である（宇野，2016）。

〈文献〉

河村久・腰川一恵（2014）特別支援教育コーディネーター育成研修の現状と課題―公的機関の研修プログラムの検討．聖徳大学研究紀要，25；55-62．

三浦光哉（2007）特別支援教育システムの構築と特別支援教育コーディネーター養成制度の成果―鶴岡市教育委員会と山形大学特別支援教育臨床科学研究所との協働．特別支援教育コーディネーター研究，5；47-54．

宮木秀雄・木舩憲幸（2010）特別支援教育コーディネーターが通常の学級担任に対して行う支援の内容に関する研究．広島大学大学院教育学研究科紀要 第一部，59；141-150．

宮木秀雄・木舩憲幸（2012）我が国における通常の学校の特別支援教育コーディネーターに関する研究の動向と課題．広島大学大学院教育学研究科紀要 第一部，61；189-198．

新平鎮博（2016）小野市における就学前から就学後の連続した子どもの支援．兵庫教育大学特別支援教育モデル研究開発室報告書 2015；42-46．

大杉成喜・横尾俊（2006）特別支援教育コーディネーターの養成研修について．特別支援教育コーディネーターに関する実際的研究 報告書．国立特別支援教育総合研究所，pp.160-177．

坂田俊広（2016）ユニット学習によるユニバーサルデザインの授業．日本LD学会第25回大会抄録集，自主シンポジウム JE8．

曽山和彦・武田篤（2006）特別支援教育コーディネーターの指名と養成研修の在り方に関する検討．特殊教育学研究，43(5)；355-361．

東京都日野市公立小中学校全教師・教育委員会・小貫悟（2010）通常学級での特別支援教育のスタンダード 自己チェックとユニバーサルデザイン環境の作り方．東京書籍．

宇野宏幸編(2016)特別支援教育における地域のトップリーダーを考える 人材像をふまえた育成プログラム開発に向けて．ジアース教育新社．

吉利宗久・石橋由紀子（2010）初任特別支援教育コーディネーターの職務に対する意識と支援ニーズ―小・中・高校教員の実態調査．特別支援教育コーディネーター研究，6；75-86．

1-5 支援体制・コーディネーター・地域性

1-5-3
学校保健・養護教諭に関わる研究の動向と特別支援教育への貢献

鎌塚 優子

I はじめに

近年，発達障害者の多くは感覚処理障害や身体の不調・不具合などさまざまな身体症状を抱えていることが報告されている（高橋他，2008，2011）。

しかし，現状においては当事者が抱える困難さを理解し適切な支援が行われているとはいい難い。そのため児童生徒の保健管理，保健教育，保健組織活動を包括した学校保健が特別支援教育に果たす役割は非常に大きいと言える。またその推進の中核的な役割担っている養護教諭は重要な立場におり，特別支援教育と学校保健との関連をどのように捉えているのか，その認識によって子どもの支援が左右されてしまうといっても過言ではないだろう。

しかし，特別支援教育が推進されてから 15 年，現状では特別支援教育における学校保健の重要性を認識している学校は決して多くはない。また中核となるべく養護教諭が学校保健と特別支援教育との関連性について理解し，創造的に養護実践を展開しているとはいえず，個人差が大きいことも否めない。

本論では学校保健と特別支援教育との関連について言及した研究論文に焦点を当て，さらに学校保健の中心的な立場に位置する養護教諭の現在の研究の動向に着目し，今後の課題と展望について論究する。

II 学校保健と特別支援教育

特別支援教育について学校保健の視点で捉えた研究は，特別支援教育の推進が開始された初期の頃はほとんどみられなかった。平成24年「共生社会の形成に向けたインクルーシブ教育システム構築のための特別支援教育の推進（報告）の概要（文部科学省）」において，インクルーシブ教育の推進には，「障害のある子どもが，その能力や可能性を最大限に伸ばし，自立し社会参加することができるよう，医療，保健，福祉，労働等との連携を強化」が示されたこともあり，ようやく学校保健の観点で捉えることの重要性が認識され始めたと推察する。そのため，学校保健と特別支援教育との関連についての研究は未だほとんど着手されていないというのが現状である。

しかしながら，少しずつではあるが，教員養成における科目の内容の検討や慢性疾患を持つ子どもへの保健管理，保健教育等，部分的には研究が進められている。特に，学校保健活動や養護教諭の実践の基盤や根拠となる発達障害を持つ当事者の身体感覚に関する研究は，高橋ら（高橋・増渕，2008，高橋・石川他，2011，高橋・田部他，2012，高橋・井戸他，2014，笹ケ瀬・田部他，2015）の研究グループによって重要な知見が数多く報告されている。

1．当事者が持つ身体感覚

発達障害者は健常児に比べさまざまな身体の不調・不具合，感覚統合障害から起因する手足の運動の不器用さや，眼球運動，左右両側協応の困難さ，皮膚感覚の触覚に関する困難さを持つことが報告されている（高橋，2008，高橋・石川他，2011，高橋・田部他，2012，高橋・井戸他，2014，笹ケ瀬・田部他，2015）。また，高橋（2013）は食についても過敏・鈍麻などの特有の身体感覚を有することでの問題についても報告している。このように発達障害を持つ子どもたちは学校生活上，身体上の問題から派生するさまざまな困難があることが明らかとなった事は，子どもたちの学校生活を支える上で，非常に有益な知見である。

これらの身体の問題は一般的には理解されにくい感覚であり，専門的知識がなければ適切な保健管理や保健教育を行うこと困難である。そのため，教員養成での学びや特に教育職の中でも子どもたちの身体についての専門性を持つ養護教諭の力量形成は重要な意味を持つであろう。

2．教員養成カリキュラムの重要性
――「学校保健」内容の充実

都築ら（2014）は，インクルーシブ教育システム構築に向けての教員養成の在り方に着目している。その中で山下（2014）は，学校保健について，次のことを提案している。「インクルーシブ教育システムの下で多様な状態の子どもたちが教室内で活動する」ことを前提とし，障害児が安心・安全な生活を送るために教員に必要とされる能力について「子どもの身体の発育発達に関する知識」，「子どもの様子を観察し，その状態に合った助言と課題の提供」の2点をあげ，科目「学校保健」でどのようにその能力を醸成していけばよいか，インクルージョンの観点を基盤とし具体的な内容を提案している。また，原（2014）は養護教諭の免許状を取得するための教員免許法，養護に関する専門科目「学校保健」の内容の検討について着目し，養護教諭養成においても，「障害児や特別支援教育に関する内容は科目の一部で扱われ，専門的な内容はあまり扱われていない」ことを指摘しており，養護教諭養成において確実に知識や対応を学ぶ必要があることを言及している。今後，さらにインクルーシブ教育の下での学校保健の内容，教員養成のカリキュラム内容を検討する研究が進められていくことを望む。

3．保健管理・身体面への合理的配慮

学校において，保健管理は養護教諭の職務の中心となるものである。特に慢性疾患等，学校での集団生活にさまざまな配慮や支援の必要な子どもに対しては，より綿密で丁寧な配慮・支援が必要とされる。そのためには，明確な計画の基に記録を残し支援を行わなければならない。葛西ら（2012）は慢性疾患の子どもを支援のための養護計画のフォーマットの提案を行っており，糖尿病の子どもに対して実践を行い，それを検証している。現在，障害のある子どもたちへは「個別の教育支援計画」を作成しているが，医療技術の発展に伴い，学校現場で慢性疾患の子どもの数が増えていることをふまえた時，健康管理支援においてその専門性を発揮しなければならない養護教諭に「養護計画」の立案と実践が重要であることを提案している。

現在，学校ではさまざまな慢性疾患や障害を抱えた子どもが存在している。同じ疾患や障害だからといって支援方法は同じではない。養護計画の作成とその記録の蓄積は養護教諭自身の力量形成にも繋がることであり，またそのことによって子どもたちに対してさらに質の高い適切な支援が可能となる。

身体感覚の特性を捉えた上で，身体面からの「合理的配慮」を提供していくことが大切である。

保健管理に関しては，今後，このような個々の障害や疾患に対する実践的な研究の蓄積が進められていくことが重要であると考える。

4．個々の疾患や障害特性に配慮した保健教育

保健教育に関する研究は現在，個別の疾患に対する支援に着目した内容が多いが，実践レベルでの成果も少しずつ増加している。特に疾患や障害の特性に合わせた指導法・指導内容の開発や性に関する教育の分野などが進められている。

竹鼻（2012）は中学生を対象としたⅠ型糖尿病の理解を促すための指導法を開発し，その研究結果から通常学級の子どもが慢性疾患の子どもを理解し，その生活を支援する視点を学ぶことは，当該の子どもたちの教育環境を改善するとともに，彼らの学校生活の充実を図ることができることを言及している。つまり，インクルーシブ教育は「個を取り巻く集団の育成」が重要あり，個への支援と同時に周囲に理解を促すための教育を行うことによって，相互が育ち合うことにつながるのである。

また，川上ら（2011）は，思春期広汎性発達障害（ASD男児）への性教育プログラムの検討を障害特性を捉えた上で，試行的実践からの分析を行っている。川上らは，ASD児の障害特性を捉えた先行研究から「知識の不足というより周囲の状況が察知できないという障害特性によって不適応行動を起こしている」または，「知識はあるが実際野行動への転換ができず適切な行動につなげることができない」等の点を考慮し，性教育プロ

グラムを考案している。プログラムを実施した結果，考慮すべき点として，「性に関する場面での見えないルールについて教えること」や「人間関係を構築する具体的な方法を教えること」の2つを軸とした教育プログラムの作成が必要であることを提案している。

集団教育だけでは十分な教育効果が得られない子どもたちへは，障害特性や認知特性に合わせた教育プログラムが必要である。認知については，特性がさまざまであり，実践を繰り返し蓄積していくことによって，より有効なプログラム開発ができると考える。今後さらに実践研究が増えていくことが望まれる。

Ⅲ 特別支援教育と養護教諭

前述したように特別支援教育の推進には学校保健が担う役割は大きく，さらにその中心的立場にある養護教諭の役割は非常に大きいと言える。また，養護教諭が常駐する保健室は子どもたちがさまざまな情緒的混乱を表出させる場であることから，特別支援教育が推進される以前は，必然的に，養護教諭が特別支援コーディネータ的な役割を担う場合が多かったという経緯がある（鎌塚，2004）。

特別支援教育の推進において，特別支援教育コーディネータとの協働・連携・分担，また養護教諭自身がコーディネータを担う場合もあるなど，役割分担や役割の棲み分けに対して，現在もなお，模索しているという状況がある。それらの背景もあり，特別支援教育に関わる養護教諭の研究には組織の中での養護教諭の位置づけや役割に関する実態と意識調査，養護教諭から捉える校内支援体制等に関するものが多くみられる。

石橋（2014）は特別支援教育における小・中・高校の養護教諭の役割の違いについて次のように言及している。

小学校では「校内委員会のための情報収集や校内研修の企画・運営」，中学校は「児童・生徒の素行やしつけについての指導」，高等学校では「障害のある児童生徒やその保護者の代弁者的役割」，及び「学内におけるチーム体制の構築・支援」，「外部の関係機関等との連絡調整」であり，学校種間で担う役割の違いを明らかにしている。これらは，発達段階によって症状や問題となる行動の違い，学校種によって組織体制や校務分掌，分掌内の他職種の役割の違いがあることも理由としてあげられるだろう。

また林（2013）らは，養護教諭が認識する特別支援教育の役割について報告している。スクールカンセラー及びスクールソーシャルワーカー，特別支援コーディネータとの役割比較から養護教諭はスクールカウンセラーとの役割分担について「スクールカウンセラーはカウンセリング業務と相談業務を中心の役割」とし，養護教諭は「それ以外の児童生徒の学校生活に関すること」と認識していることを明らかにしている。この研究で注目したい点は，養護教諭がスクールソーシャルワーカーの業務についてほとんど認識されていないことである。文部科学省がチーム学校を推進しているが，今後，職種の棲み分けについてはさらなる研究が必要となってくるだろう。

関根ら（2015）は特別支援教育における養護教諭の位置づけに関する現状と諸課題について，これまでの特別支援教育と養護教諭に視点をあてた研究を整理することに着手している。「特別支援教育における校内支援体制での養護教諭の役割」及び「養護教諭が行った実践的な指導場面」に関する研究を取り上げ，その到達点について言及している。その中で，「養護教諭の具体的指導場面における実践的な研究の蓄積」が今後必要であることや「日常的に行われる，養護教諭の保健室での個別的なかかわりを対象とした研究の蓄積」が，具体的な指導場面を想定する上で重要なものとなることを言及している。関根らの研究は，養護教諭及び養護教諭を取り巻くこれまでのさまざまな課題を明らかにしており，特別支援教育における養護教諭の具体的な専門性を追求する上で非常に意義のある知見であるといえよう。

Ⅳ 今後の課題と展望

現在教員養成において「学校保健」は必修科目ではない。このことは長い間，学校保健分野の研究者によって議論されてきていることである。しかし，未だ実現できていない状況にある。学校保

健は，子どもの発育発達や病気などの心身の健康に関する知識や感染症対策，環境衛生，危機管理など，子どもたちが安全な学校生活を送るための包括的な内容が含まれているため教員養成には必修の科目である。

今後，さらに学校保健と特別支援教育との関連について，その重要性を明らかにし，教員養成における「学校保健」内容を検討し充実させること，インクルーシブ教育を意識した学校保健の在り方など実践的な研究が勧められていくことが必要である。

また，実際に教育現場では慢性疾患や発達障害を持つ子どもに対しては養護教諭が関わることが多い。しかし知識不足や対応技術など個々の力量の差も指摘されている。その背景には前述したように現在もなお，養護教諭養成のカリキュラムの内容に特別支援教育への養護教諭の関わりなどに関する内容が全く含まれていない，または，専門性を担保するには不十分な内容であるなど問題は山積している。また，養成教育だけでなく現職養護教諭への教育も必要である。養護教諭の多くは大学で特別支援教育が推進される前のカリキュラムで学んでいることもあり，個々の差はあるものの理解が不十分である。実際に障害に関する理解は高度な専門力が必要とされ，また学ばなければならない理論的内容も多い。よって，今後，さらに養護教諭の専門力を向上させていくためにはどのようなカリキュラムや教育内容が必要であるのかなどの研究が進められることが大切である。

学校保健分野及びその中核的役割を担っている養護教諭に関わる研究は少しずつではあるが進行しているものの，まだ研究は少なく，ようやく動き始めたという状況にある。

そのような中で，高橋らの当事者の身体感覚等に関する多くの知見は，インクルーシブ教育を念頭に入れた新たな学校保健の構築と養護教諭の専門力の向上のために大きく貢献している。これらの知見は特に養護教諭専門力を向上させることや養護教諭の実践の根拠となり，これからの実践的研究の発展につながる主要な知見である。

〈文献〉

林幸範・石橋裕子・小杉幹子他（2013）特別支援教育に関する研究(2)―養護教諭が認識する特別支援教育の役割．こども教育宝仙大学，こども教育宝仙大学紀要，4；11-24.

林幸範・石橋裕子・太田裕生他（2014）特別支援教育に関する研究(3)―養護教諭が認識する特別支援教育関連職種の役割の比較．こども教育宝仙大学，こども教育宝仙大学紀要，5；47-60.

石橋裕子（2014）特別支援教育に関する研究―特別支援教育における小・中・高校の養護教諭の役割．帝京科学大学紀要，10；137-146.

鎌塚優子（2004）軽度発達障害の学校保健における支援を考える―軽度発達障害児への学校現場での援助と対応 養護教諭の立場から．学校保健研究，46(5)；478-485.

葛西敦子・前田洋子（2012）「慢性疾患の子ども支援のための養護計画」フォーマットの提案―糖尿病の子どもへの実践事例での試み．弘前大学教育学部紀要，第108号；141-151.

川上ちひろ・辻井正次（2011）思春期広汎性発達障害男児への性教育プログラムの検討―試行的実践からの分析．小児保健研究，70(3)；402-411.

関根夢・大庭重治（2015）特別支援教育における養護教諭の位置づけに関する現状と諸課題．上越教育大学特別支援教育実践研究センター紀要，第21巻；5-9.

篠ヶ瀬奈生・田部絢子・髙橋智（2015）発達障害者の「皮膚感覚」の困難・ニーズに関する研究：発達障害の本人調査から．東京学芸大学紀要 総合教育科学系Ⅱ，66；73-106.

髙橋智（2013）発達障害を有する子どもの「食」の困難に関する実証的研究―発達障害の本人・当事者のニーズ調査から―平成25年度広域科学教科教育学研究経費研究成果報告書,1-25

髙橋智・増渕美穂（2008）アスペルガー症候群・高機能自閉症における「感覚過敏・鈍麻」の実態と支援に関する研究―本人へのニーズ調査から．東京学芸大学紀要 総合教育科学系，59；287-310.

髙橋智・石川衣紀・田部絢子他（2011）本人調査からみた発達障害者の「身体症状（身体の不調・不具合）」の検討．東京学芸大学紀要 総合教育科学系Ⅱ，62；73-107.

髙橋智，井戸綾香，田部絢子他（2014）発達障害と「身体の動きにくさ」の困難・ニーズ―発達障害の本人調査から．東京学芸大学紀要 総合教育科学系Ⅱ，65(2)；23-60.

竹鼻ゆかり（2012）学校における慢性疾患の子どもを支援するための指導法の評価―1型糖尿病の子どもの支援を中心に．学校保健研究，54；14-15.

都築繁幸・大島光代・山田丈美他（2014）インクルーシブ教育システム構築に向けての教員養成の在り方に関する一考察．障害者教育・福祉学研究，第10巻；63-74.

1-5 支援体制・コーディネーター・地域性

1-5-4
へき地における特別支援教育推進の困難性への挑戦

二宮 信一

I へき地学校の抱える課題

1．へき地学校と特別支援教育

「へき地教育振興法」は，教育の機会均等とへき地における特殊事情を踏まえて，へき地における教育の水準の向上を図ることを目的として1954年に施行された。「へき地学校」とは，「交通条件及び自然的，経済的，文化的諸条件に恵まれない山間地，離島その他の地域に所在する公立の小学校，中学校及び義務教育学校並びに中等教育学校の前期課程（略）」のことである。

へき地においても障害のある子ども達をはじめとする多様な教育的ニーズのある子ども達は学び，生活しており，特別支援教育には，都市部の子ども達と同様の支援を行うことが求められている。

特別支援教育は，すべての学校で展開されるものとして，柘植（2004）は，「山間部にある学校であろうと島にある学校であろうと都市部にある学校であろうと，あるいは大規模校であろうと小規模校であろうと，すべてということである」と述べ，特別支援教育という壮大な新プロジェクトの使命を示した。

2．へき地学校の抱える課題と矛盾

平田ら（2008）は，長崎県の離島地区の教員が抱える特有の課題・不安について，①地理的条件から，専門機関と連携する上での不便さ，困難さを感じる。巡回相談の充実が望まれる。②小規模校では，教員数が限られ，児童生徒のニーズに対応できない。③中学校卒業後の進路先など，将来的に地域の中で生活するための具体的な支援策が必要。④研修の機会が少なく，保護者への啓発活動も遅れている，とまとめている。

この報告は，へき地における特別支援教育が，都市部のものとはかなり違うさまざまな工夫が必要であることを示している。例えば，専門機関との連携が奨励されても，日常的に活用できる専門機関は地域には「ない」のであり，広域特別支援教育連携協議会が，都市部に設置されても，遠隔地となるへき地では，活用しづらいのである。巡回相談も，実際には大変効率の悪いシステムとなっている。

また，複式学級のある学校であれば，教職員の人数も少なく，マンパワーも限られてしまうのであるが，へき地の学校が全て小規模校・複式学級ということでもない。複式学級の学校もあれば，1学年1学級という単級の学校や1学年複数学級という中規模の学校もある。むしろここ数年，へき地学校の統廃合は進み，スクールバスを利用するなど校区が広大になってきており，子ども達の通学の負担も増している状況となっている。このようなへき地の学校を取り巻く外部環境の課題については，学校規模に関わりなく提示できるであろうが，学校内の課題については，学校規模によって質の違うさまざまな問題を抱えていると考えることができ，へき地学校の特別支援教育の課題を一律に提示することはできない。それぞれが個別の課題を有しているのである。

また，距離的，時間的課題から教員の研修の機会も限られており，地域によっては，特別支援教育の経験の少ない教員しかおらず，手探りで指導を行っているという実態でもあった（服部,2009）。このような中で，学校が保護者と向き合うということにも課題が生まれる。子どもの抱える課題をどのように共有するかという課題は，都市部においてもよく言われる問題であるが，へき地においては「障害」に対してポジティブな対応の地域もあれば，そうでない地域もあり，ネガ

ティブな対応の地域であれば，匿名性の低いへき地では，保護者の振る舞いにも影響を与えることとなり，連携がスムーズにいかないケースも少なくない。加えて，多くの親の会が，「障害種」で構成され，都市部で活動していることが多いため，へき地においては，「障害種」で括られることは，孤立してしまうことにもなり，情報が少ない中での子育てとならざるを得なくなっている。

つまり，へき地においては，特別支援教育が想定していた社会資源や人材（リソース）が地域にはないという状況であったため，特別支援教育の推進は，大きな歪みを生じさせることになった。たとえば，学校が専門機関を保護者に紹介するということは，暗黙的に経済的，時間的負担を保護者に強いるということが前提なのであり，専門機関が地域にはないのにもかかわらず，専門機関に頼るという矛盾を生んでいったのである。あるいは，専門機関がないことを理由に，自ら指導の限界を納得せざるを得ないという構造を生み出していったのでもあった（二宮，2014）。

II へき地の特別支援教育を推進する視点
1．へき地における課題への注目

日本特殊教育学会は，2010年の大会で「離島・へき地における特別支援教育の現状と課題」と題したシンポジウムを行い，日本LD学会では，2011年に「社会的資源の少ない地域における特別支援教育と連携」，続けて2012年には，「社会資源の少ない地域における特別支援学校のセンター的役割，その成果と課題」と題した大会企画シンポジウムを行っている。

このような動きは，へき地における特別支援教育推進の困難さを示したものとも言え，提供された話題は，「離島を含めた県レベルのネットワーク形成の取り組み」「離島の巡回相談の工夫」「イントラネットの構築による教育相談」「離島内特別支援学校分教室のセンター的機能の活用」「通級指導教室の取り組み」「小規模校・複式学級での授業作りの工夫」「教職員の意識改革」「地域の方々の特別支援教育に関わる理解促進」「へき地における地域の教育力の向上」等多岐にわたっている。

このことは，特別支援教育に求められている多様なニーズに対して，学校教育が誠実に応えていかなければならない現実を示すものであり，社会資源や人材が限られていたとしても，地域にある資源の有効な活用や新たなネットワーク形成によって課題を克服していこうという萌しが生まれていることを示している。

つまり，都市部と置かれている条件が違うのにも関わらず，都市部のシステムをそのままへき地で推進していくという発想には限界があるということであり，へき地における特別支援教育の推進には，新たなパラダイムが必要であるということが示されているのである。

2．へき地における特別支援教育システム

肥後（2003）は，地域に根ざしたリハビリテーション（Community-based Rehabilitation：CBR）に着目し，「社会資源の地域間格差，財政危機，学校で特別な支援を必要としている子どもたちの増大」といった現状に、CBRの哲学と支援システムを取り入れることが「重要な役割を果たす可能性が高いことが示唆された」として、CBRの有用性について紹介している。

これまでの障害のある人たちへのサービス提供システムは，施設中心型（Institution-based Rehabilitation：IBR）モデルに従い，専門施設を建設し多くの専門家を配置するというシステムであった。それは，限定された狭い地域に人口が集中していれば，より質の高いサービスを比較的低いコストで得られるということであり，かつ，その戦略であれば，従来の施設中心，専門家中心のサービスモデルをそのまま維持できるのである。しかし，対象となる子どもの量的拡大や財政的な問題も踏まえるならば，これまでのシステムそのものの見直しが求められるということも視野に入れなければならず，特に，へき地においては、IBR的な支援システムの構築は困難なのであり，これまでの既存のシステムのパラダイムをCBRの発想に基づくパラダイムにチェンジしていく必要がある，と提案している。

CBRとは，障害のある人へのサービスの形態とそれを支える考え方（哲学）によって構成される。サービスの形態としては，施設ではなく障害のある人の住む地域で展開され，家族を含めた地

域の方々がどのようなサービスを提供するかを決定し，実行していく。それを具現化していく考え方（哲学）は，専門家の絶対視から相対化であり，地域の現状やストレングスを活かしたサービスの開発である。要は，地域のエンパワーメントによって，支援を作り上げていくという考え方なのである。

このように，IBR と CBR は対極に位置付けられるのであろうが，むしろ，これらを連続性として捉え，都市部を含め地域の社会資源を有効に活用していくという発想こそが重要なのである。求められているのは，それぞれの地域が置かれた状況の中で，どのような特別支援教育のデザインをするのかということであり，それを具体化していく戦術，戦略が求められているのである。

Ⅲ　へき地における特別支援教育推進の戦略
1．へき地学校への支援システムの構築

既存の資源とのネットワークを強化することにより，へき地の学校を支援するシステムを構築するという動きは，離島・へき地における特別支援学校の分教室の役割として，また，特別支援学校のセンター的機能の活用によって進んできており，例えば，へき地を含む広大な地域を対象としなければならない北海道では，地域ごとに特別支援学校のネットワークのグループを作り，担当地域における巡回相談のほかに，各学校（園）の要請に応じて，特別支援学校のコーディネーターが教育的支援を要する子どもの教育に関し助言を行う北海道独自の取り組みであるパートナーティーチャー事業を立ち上げ，学校支援にあたっている。

浦崎ら（2010）は，大学で蓄積した教員・学生等を対象とした実践力養成プログラム（発達障害者の集団適応教室），実践事例研究，教育相談を八重山教育事務所との共同で出前講座として行い，離島の地元の教員や発達支援教育に携わる支援者の人材育成を行い，実践力養成システムの構築とその定着を図っている。この実践は，大学が蓄積したプログラムがへき地の特別支援教育推進の「資源」になることを認識したことから始まっている。つまり，関係する機関がそのような認識に立つことによって，多様な支援がへき地で展開される可能性を示している。また，この取り組みの特徴は，へき地の学校が大学という専門機関に依存して地域の子どもの発達支援を行うのではなく，地元の教育事務所との共同で，地元の教員の実力を養成することによって子ども達の支援を行っていくという点にあると思われる。

また，学校内の体制整備として，内田ら（2008）は，屋久島における巡回指導・支援の実践報告から，校内研修を通して，教員が共通の言葉を持ち模索し続けることが支援体制の充実につながると報告している。

一方，インターネットの活用により，へき地の学校支援の距離的，時間的課題を克服しようとする動きも出てきている。聴覚障害児への専門家による遠隔指導，保護者への教育相談，教員研修，また，地域には同一の障害のある子どもがいないことから，子ども同士の交流の機会の提供も行われている。また，大学が情報提供のHPを開設し，デジタル絵カードなどの教材・素材を提供していくという動きも始まっている。

へき地の学校への支援は，今後，この分野の技術の向上により，ますます，充実していくものと期待される。

2．地域の特性を見据えた支援システムの構築

緒方（2007）は，宮古圏域の障害のある人々への教育，医療・保健，福祉，労働等が本土復帰後どのような変遷を辿ってきたかをそれぞれの分野の出来事を時間軸で合わせた年表方式にまとめ上げ，現状に至るまでの歴史的な流れを整理している。この試みは，「○○がない」「遅れている」などの「点」のみを見て，平面的な批判になりやすいへき地の特別支援教育の実状に対して，「文脈で捉えることの重要さ」を示すものであり，「文脈」で捉えるからこそ，地域資源のネットワークの課題や次の方向性を戦略的に展望することが可能になっていくことを示している。小さな自治体でも行政の縦割りの課題は存在し，少ない関係機関が充分にネットワーク化されていないという問題を抱えている。特に，福祉関係者が，自治体職員であるため異動が少ないのに対し，教育関係者は転勤族である。このような職種の特性を踏まえたネットワーク作りが求められているのである。

また，緒方ら（2009）は，奄美大島と宮古島における特別支援教育体制の比較から，同じ島嶼地

域でありながら，特別支援教育体制の構築が独自に行われており，教育・医療・福祉・保健・労働等の分野において，さまざまな異同があることを報告している。類似した地域の比較を通して，自分たちの地域の「良さ」と「課題」を発見すること，他地域の実践をヒントに自分の地域用に修正し取り入れていくことが可能であることを示した。

この他にも，複式学級における特別支援教育の課題と良さに着目し，複式であることが指導上の困難を生むこともあるが，地域環境を活かした良さも十分にあることに着目した調査報告やCBRに着目し，保護者の力量形成を試みる取り組み，過疎であることを活かした保幼—小連携のシステム構築の実践も生まれている。

二宮ら（2015）は，「地域型インクルーシブ教育」を提唱し，道東の特別支援教育の推進状況をソーシャルキャピタルに着目して分析している。行政主導型の羅臼町，保護者ネットワークにより地域に広がりを見せている地域住民主導型の標津町，学校，行政，地域住民が参画した融合型の津別町を紹介し，それらが地域固有の特性から生まれてきていることから，へき地における特別支援教育の推進には，個別性の高い地域固有の状況を分析し，その上に立った戦略が必要であるとして，「地域型インクルーシブ教育分析モデル」を提案している。このモデルの活用により，地域のストレングス，ウィークネスを明らかにし，それぞれの地域における特別支援教育推進，インクルーシブ教育推進の戦略立案が可能になるとしている。

Ⅳ　へき地の特別支援教育推進の模索

へき地の特別支援教育は，①距離的，時間的，経済的な課題，産業の衰退，少子高齢化の進行，障害に対するこれまでの価値観などへき地の抱える構造的課題が基底にあること，②特別支援教育を担う教員の経験・専門性，研修機会の創出などの課題があること，③地域内連携，保護者の学びの場が少ないなどの問題が浮かび上がってきている。それに対し，現在，専門機関と地元の関係機関によるへき地の学校支援システムの構築，地域の特性を活かした特別支援教育のデザイン（地域づくりの視点）の模索が行われている。

〈文献〉

服部健治・二宮信一（2009）へき地地域の教員に求められる意識変化—特別支援教育推進から見えてきたもの. 北海道教育大学釧路校研究紀要, 41；123-132.

肥後祥治（2003）地域に根ざしたリハビリテーション（CBR）からの日本の教育への示唆. 特殊教育研究, 41(3)；345-335.

平田勝正・三浦一也（2008）長崎県離島地区の小・中学校における特別支援教育に関する調査研究. 長崎大学教育学部紀要・教育科学, 72；29-36.

二宮信一・服部健治・小渕隆司他（2014）障害のある子ども及びその「きょうだい」支援のための地域資源の創出の意義. 北海道教育大学へき地教育研究センターへき地教育研究, 69；51-59.

二宮信一・服部健治（2015）へき地の特性を見据えた「地域型インクルーシブ教育」の理論と方法—社会資源の少ない地域におけるインクルーシブ教育構築のための試論. 北海道教育大学へき地教育研究センターへき地教育研究, 70；63-77.

緒方茂樹（2007）宮古圏域における特別支援教育ネットワークシステムの構築(1)—教育，医療・保健，福祉，労働等に係る戦後の歴史的背景を知る. 琉球大学教育学部教育実践総合センター紀要, 14；81-97.

緒方茂樹・宮内英光・福田孝史（2009）島嶼地域における特別支援教育の現状と動向—奄美大島と宮古島における特別支援教育体制の比較. 琉球大学教育学部障害児教育実践センター紀要, 10；23-29.

柘植雅義（2004）学習者の多様なニーズと教育施策. pp.i-ⅱ. 勁草書房.

浦崎武・武田喜乃恵・崎濱朋子他（2010）発達支援教育に於ける実践力養成システムの構築と離島・へき地への展開—八重山への出前トータル支援教室について. 琉球大学教育学部発達支援教育実践センター紀要, 1；65-80.

内田芳夫・片岡美華・有田研二他（2008）離島僻地の発達障害児に対する巡回指導・支援に関する研究. 鹿児島大学教育学部教育実践研究紀要特別号, 4；87-96.

1-6 コンサルテーション・教員支援・保護者支援

1-6-1 特別支援教育における行動コンサルテーションの実践

大石 幸二

I 特別支援教育に行動コンサルテーションの実践が求められる理由

別府（2013）は，教師のストレス亢進，バーンアウトの要因として，児童生徒の多様性やニーズ充足困難感，さらに児童生徒との関係形成困難感や指導困難感が，教師のストレスやバーンアウトのリスクを高めているとの指摘を行っている（p.463）。これらのストレス亢進やバーンアウト出現のリスクを防御するような後方支援体制は，必ずしも十分に整備されているとは言えない。

近年の児童生徒数の減少にともなう学級数減および学校規模の縮小は，学校の人員的余力を奪っている側面がある。また，若手教師の急増により，学校組織や体制はいびつな構造となり，前記の実情と相まって，教師や学校の課題解決力を弱体化させている側面もある。そのような余力が乏しく，課題解決力が低下している教師や学校に課せられた現代的課題の１つが「特別支援教育」である。

特別支援教育は，単に従来の特殊教育からの制度上の転換を導くだけでなく，教育の根本体系の見直しを迫る新たな教育実践の枠組みの提案である。そのために当初は，教育界に与えた衝撃はとても大きなものであった。けれども，その後，この機を捉えて授業改善・学校改革を達成し，教師自身のさらなる成長に結びつけようとする動向が定着してきた。そして，その際に課題解決力が弱体化しつつあった教師や学校のエンパワメントを実現しながら，特別支援教育を成功させようとして取り沙汰された技法こそ，行動コンサルテーションであった。したがって，わが国の特別支援教育領域における行動コンサルテーションには，コンサルティである教師の指導力向上という視座が，実践開始の当初から内包されていた。

II 行動コンサルテーションの目標と技法，特長

特別支援教育の実践を成功に導き，この新たな枠組みに基づく教育実践を通じて教師や学校の課題解決力を補強するために，行動コンサルテーションという間接援助技法を用いることができる。行動コンサルテーションは，その目標・技法・効果が明確だというすぐれた特長を有している。

そもそも行動コンサルテーションは，バーガンによる４段階の介入モデルを典型とする。他の心理学的コンサルテーション技法と同じく，クライアント，コンサルティおよびコンサルタントの三者関係を基盤とする間接援助モデルである（大石，2015，p.175）。このモデルでは，第I段階で介入の標的を決定し，第II段階で標的とされた行動の機能を分析し，第III段階で標的とされた行動への介入を計画・実行し，最後の第IV段階で介入の効果を評価する。行動コンサルテーションがわが国において少しずつ浸透している背景には，①明確な問題解決モデルであり，②実証的な根拠に富み，③インテグリティ（整合性）やアクセプタビリティ（受容性）のような概念を重視し，④コンサルティとコンサルタントとの強化的な相互関係により展開されるという特長が存在する。

先行研究を紐とくと，国内外の実証・実践研究において，行動コンサルテーションは，発達支援・特別支援教育の領域で顕著な成果を修めている。介入が行われる場面は，家庭，学校，施設あるいは地域内の公共サービス機関などである。そして，コンサルティはこれらの場面におけるサービス提供者となっている。ただし，わが国では臨床心理士の養成課程の中で，臨床心理学的地域援助が系統的に教育されることが少なく（大石，2011～2015），コンサルタントの育成には成功していない。

Ⅲ 行動コンサルテーションの実践の充実・発展

大石（2016）は，行動コンサルテーションの理論と技法を，学校における発達障害児の指導・支援に活用するための今後の課題を整理している。この中で抽出された課題は，①具体的な相談過程の詳細な記述と，②相談効果の長期的な維持と般化の測定である（大石, 2016, p.48）。相談過程とは，どのような流れで何を語り，どのように合意や共通理解に至ったか，ということである。実践上は，このような具体的な手立てがこの上もなく重要である。けれども，その内実はほとんど明らかにされることがない。一方，行動コンサルテーションは，数回から数十回の範囲で行われるものだが，数年に及ぶ実践の経年変化や効果・所産を調査した縦断追跡研究も存在しない。

近年の行動コンサルテーション研究は，「通常の学級をフィールドとし，全校に波及する（スクールワイドな）支援手続きの考案」というところにテーマがシフトしている（大石, 2016, p.50）。一方，微視的なアプローチでは，先述した行動コンサルテーションの相談過程の詳細な分析と，介入効果の長期的維持の確認へと展開している（大石, 2016, p.52）。特に長期的維持の問題は，コンサルティである教師の持続的変容という教育課題（「学び続ける教師像」の実現）に関わってくる。教師の持続的変容により，指導力の向上がもたらされたり，さらに派生して教師の課題解決力が高まれば，行動コンサルテーションの効果はより一層支持されることになるであろう。

このことに関連して大石（印刷中）は，行動コンサルテーションがコンサルティである教師の目を，幼児・児童生徒の行動に及ぼす働きかけの効果に向けさせて，教師自身の関わりを絶えず見直させる契機となることに言及している。また，このような教師の持続的変容が達成されるために，コンサルタントの資質や態度，それから知識・技能が問題になることを指摘している。というのも，行動コンサルテーションは，コンサルティである教師に関与しながら，児童生徒と教師の相互作用を量的・質的に変化させようとする試みだからである。よって，その成否はコンサルタントのあり方にかかっている。

Ⅳ 授業コンサルテーションの到達点と課題

小林（2005）は，わが国の学校コンサルテーション研究が「事例を通じて検討しているもの」すなわち「ケースコンサルテーション」が圧倒的である（p.263）ことを指摘している。ケースコンサルテーションは，事例検討（ケース会議）をつうじて児童生徒が示す問題を解決しようとするものである。ところが，コンサルティ（学校場面では，主に教師）が①児童生徒の実態をうまく捉えることができず，問題の絞り込みを行えていないとき，②児童生徒が示す問題の背景や要因を分析できないとき，③問題を解決するための手法を選択肢という形で複数案出できないときには，コンサルテーションとは言いながら，スーパービジョンやコーチングの色彩を色濃く帯びることになる。そこに，コンサルティである教師の主体性を損なう懸念が生じる（小林, 2005, p.271）。教師の主体性を損なうことなく，教師や学校の課題解決力を高められるような行動コンサルテーションの技法を磨くことが必要である。

そのためには，一定の教職経験を有するベテラン教師をコンサルティに迎えた上で行われる行動コンサルテーションの実践と研究が必要となるであろう。このような経験者は，独自の教育観を持ち，理想とする教師像に向かってキャリア発達の途を歩んでいると考えられるからである。かつて大石（2000）は，教師の指導力ないし課題解決力を向上させるための現場研修やトレーニングプログラムの対象者について，その約9割が教職経験年数が10年以下で，約7割が小学校の教師となっていたことを報告した（p.59）。このことがコンサルテーションとは言いながら，実際にはスーパービジョンやコーチングの色彩を強めることに一役買ってしまうとしたら，問題である。よって，このような比較的経験の浅いコンサルティを対象として行動コンサルテーションを実行する場合には，コンサルタント自身が細心の注意を払って対等な専門家同士の関係を構築する必要があるだろう。

上記の点を除けば，クライアントである幼児・児童生徒の行動変容と，教師の専門性向上，それから学校の課題解決力の強化に対して，行動コンサルテーションが発揮する威力は絶大である。

V　学校システム・コンサルテーションの到達点と課題

野口・大橋・大石（2012）は，私立幼稚園を舞台にして，約3年間に及ぶ行動コンサルテーションの過程で，担任教師が替わっても，支援の枠組みと手法が引き継がれ，その結果として対象幼児の行動変容が達成されたことを報告している。また，幼稚園の支援システムの転換が生じたことを示している。この行動コンサルテーションでは，管理職を含む全教師参加のケース会議が重要な役割を果たしていた。一方，大石（2007）は，複数の自治体において安定的に作用する支援システムを構築するには，特定の学校や施設のコンサルティに関与するだけでは十分でなく，当該の自治体に採用されているキーパーソンとなり得る人材をコンサルティとするような行動コンサルテーションの展開が必要であるとしている。しかも，コンサルタントがそのために様々な役割を担って複数機関に関与し，フォーマル，インフォーマルの両面での関与を実現する必要があるとしている。特に，全校に波及する（スクールワイドな）支援の実現のために管理職が果たす役割と責任は大きい。

大石（2006）は，国内外の先行研究を整理し，学校長のリーダーシップが学校のパフォーマンスを高める上で，重要な役割を演じていることを説明している（p.67）。学校のパフォーマンスには，児童生徒の学業適応や行動の自己管理とともに，教師の専門性向上やキャリア発達が含まれている。これら学校のパフォーマンスを最大化するような学校環境の設計こそ，学校長のリーダーシップの中核に据えられるものである。

特別支援教育を意識した学校経営を，実効性の高い方法で行うために，学校長が随伴性マネジメントを実行することが求められる（大石，2006, p.69）。学校長による随伴性マネジメントとは，学級担任や教科担任が効果的な指導・支援技術を適用して，全校児童生徒のだれもがわかる授業づくりを追求し，児童生徒が望ましい行動変化を達成できるようなフィードバックを生み出す学校環境の設計方略である。この環境設計のために，行動コンサルテーションは一役買うことができる。その際，巡回相談は有効なフィードバック源になる。

VI　行動コンサルテーションの実践におけるカウンセリング技法の位置づけ

大石（2016）は，わが国の行動コンサルテーションが，特別支援教育の実践に急速に広がっていると述べている。そして，行動コンサルテーションの技法が研究機関と実践現場をつなぐ強力なツールになっていると指摘している（大石，2016, p.50）。

大石（2016）は，行動コンサルテーションを効果的に用いることによって，教師の職能発達に結びつけることができるのではないか，との仮説をもって実践的な研究を実施している。一方，米国のカウンセラー教育・指導協会のコンサルテーションに関するタスクフォースの報告を引用しながら，小・中学校の教師が求めるコンサルタントの特性についても説明している。それによると，①必要な情報をわかりやすく提示できる，②コミュニケーション能力に長けており傾聴できる，③教室や学校で実施できる具体的な方法を提案できる，④十分な実務経験を有する，⑤好感の持てる人間性を具えている，⑥教室に出向いて協働できる，ことを教師が求めていることが明確にされた。

理想的なコンサルタント像（上記の6項目）は，知識・技能的側面の特性と，資質・態度的側面の特性に大別できる。行動コンサルテーションの実践におけるカウンセリング技法は，後者の特性との関連が深く，コンサルティの印象形成に強い影響を及ぼしている。けれども，大石（印刷中）によると，コンサルタントの資質・態度的側面を問題にし，これを分析した研究は，わが国ではほとんど例がない。そのような中，大石（印刷中）が明らかにしているように，コンサルタントの態度や非言語行動は，社会的統制力を有しており，コンサルテーションの成否を左右するほど重要なファクターとなっている。とかく，行動コンサルテーションの中で「何を行うか」に注目が集まり，技法と言うと専ら知識・技能的側面が問題にされる。既述のバーガンによる4段階の介入モデルはその最たるものであろう。その一方で，行動コンサルテーションを「どのように行うか」すなわち，どのような言葉や態度により相談・協議に臨むかについては定式化されていないのである。

Ⅶ 行動コンサルテーションの実践から見えてきた特別支援教育の課題

　特別支援教育は，すべての教師の変容と学校における教育実践の質的転換を迫る新たな教育の体系である。行動コンサルテーションは，このような新たな教育の体系に大きな貢献をすることが期待される。また，わが国における特別支援教育の着実な歩みとともに，実証研究によるエビデンス（科学的根拠）が少しずつ蓄積されてきた。さらに，実践を進める中で，保育・教育現場の実情に応じた技法の開発も進んでいる。しかし，①相談過程の丹念な分析と，②長期的な効果・所産の調査は，今後の実証研究の大きな課題として残されている。

　一方，実践上は，①教師の主体性を尊重しつつ学校の課題解決能力を高め，②全園・全校規模のカンファランスないしケース会議と自治体規模の多職種連携システムの構築を成功に導く技法のさらなる検討が，今後に残された課題である。その意味でも，教育を取り巻く専門機関や専門家の重層的・多段階的な行動コンサルテーションの技術革新が求められている。

　特別支援教育の幕開けから10年が経過し，教職に就いた教師（学校長等管理職を含む）が社会的状況を広く見渡しながら，絶えず自己変革・自己変容を遂げ続けることが求められている。そして，その目標は，教師や学校の課題解決力を効果的に発揮し，その能力を一層伸長させるというところに置かれる。このことは裏表の関係として，コンサルタントの自己変革・自己変容も問われているということを意味する。行動コンサルテーションの専門技術は言うに及ばないが，非言語行動を含むカウンセリングや相談・協議時のファシリテーション技術，多職種連携を実現させるネットワークやチームアプローチの技術をも革新させなければならない。

　幼児・児童生徒の特別な教育的ニーズに応じるには，多くの関係者の協働が求められる。その際，教育実践を振り返りながら変革を達成するアクションリサーチが必要となる。関係者が協働しながら，相互の研鑽と相互影響力の発揮により，特別支援教育の更なる発展が期待される。

〈文献〉

別府悦子（2013）特別支援教育における教師の指導困難とコンサルテーションに関する研究の動向と課題．特殊教育学研究，50；463-472．

小林朋子（2005）スクールカウンセラーによる行動コンサルテーションが教師の援助行動および児童の行動に与える影響について―周囲とのコミュニケーションが少ない不登校児童のケースから．教育心理学研究，53；263-272．

野口和也・大橋智・大石幸二（2012）私立幼稚園における発達障害児への「柔軟な指導」を実現するための行動コンサルテーション．コミュニティ心理学研究，15；117-135．

大石幸二（2000）知的障害教育における「現場研修」への応用行動分析学のアプローチ．特殊教育学研究，38；53-63．

大石幸二（2006）特別支援教育における学校長のリーダーシップと応用行動分析学の貢献．特殊教育学研究，44；67-73．

大石幸二（2007）自治体の対人援助サービスにおける研究者の多重関与―応用行動分析の観点から．コミュニティ心理学研究，10；200-212．

大石幸二（2011-2015）学校心理・教育臨床におけるコンサルテーション教育訓練プログラムの開発．科学研究費補助金（基盤研究C）．

大石幸二（2015）行動コンサルテーション―実践と研究の現在位置．コミュニティ心理学研究，18；175-185．

大石幸二（2016）行動コンサルテーションに関するわが国の研究動向―学校における発達障害児の支援に関する研究と実践．特殊教育学研究，54；47-56．

大石幸二（印刷中）行動コンサルテーションにおける非言語行動の社会的統制の分析―教育現場において教師の"反省的実践"を支持するために．人間関係学研究．

1-6 コンサルテーション・教員支援・保護者支援

1-6-2 ペアレント・トレーニングに関する研究動向

神山 努

I．はじめに
1．ペアレント・トレーニングとは

ペアレント・トレーニング（parent training）とは，保護者が具体的な子育て方法を学び，それにより子どもの心理面や行動面の改善や，保護者の育児負担の軽減をねらう保護者支援の方法である（Brookman-Frazee et al., 2009）。これまでの研究で，自閉スペクトラム症や注意欠如・多動症がある子どもとその保護者など，さまざまな対象に効果が示された（Brookman-Frazee et al., 2009）。

ペアレント・トレーニングにおいて保護者が学ぶ子育て方法は，適切行動の褒め方，明確な指示等，トレーニングの支援目標（標的行動）によって多岐にわたっている（表1）。ペアレント・トレーニングの実施形態は，我が国では保護者複数名に対して実施する教室型がほとんどであるが，国外では，特に自閉症児の支援において，保護者個人に実施する個別型による研究もある（原口他，2012）。

表1 教室型ペアレント・トレーニングの例
（神山他，2016）

	講義および演習内容
第1回	目標行動とその記録方法の選定
第2回	環境調整と明確な指示
第3回	強化子の提示
第4回	子育ての工夫の自己評価
第5回	まとめ

2．わが国における
ペアレント・トレーニングの動向

わが国においてペアレント・トレーニングは近年，厚生労働省の事業において注目が高まってきている。2014年にまとめられた『今後の障害児支援の在り方について（報告書）～「発達支援」が必要な子どもの支援はどうあるべきか～』において，家族支援の充実に関する提言の中で，ペアレント・トレーニングの推進が示されている。また2014年からは，発達障害者支援体制整備事業のメニューにペアレント・トレーニングが追加された。

一方，わが国の特別支援教育においては2016年現在，ペアレント・トレーニングが紹介された行政による報告書等は見当たらない。しかしながら，学校と保護者が連携して子どもの指導・支援を行うことの重要性は，2004年にまとめられた「小・中学校におけるLD（学習障害），ADHD（注意欠陥／多動性障害），高機能自閉症の児童生徒への教育支援体制の整備のためのガイドライン（試案）」など，多く指摘されている。また，2012年にまとめられた「共生社会の形成に向けたインクルーシブ教育システム構築のための特別支援教育の推進（報告）」において，早期からの教育相談・支援を充実させることと共に，子どもが早期から成人に至るまでの一貫した指導・支援の仕組みを構築することに関して，保護者との連携・支援が重要であるとされている。

わが国においてもペアレント・トレーニングの実践研究は行われており，学校において実施されたものもある。本稿では，わが国で近年に公表された，ペアレント・トレーニングの研究8本を，学校において実施されたものとそうでないものについて，その知見を整理する。それをふまえ，我が国の特別支援教育におけるペアレント・トレーニングに関する研究上の課題について考察する。

II 国内のペアレント・トレーニング研究
1．学校におけるペアレント・トレーニング

岡村（2015）は特別支援学校（知的障害）の小学部に在籍する自閉症児1名の保護者に対して，

個別型ペアレント・トレーニングにあたる支援を行った。保護者との個別の指導計画に関する面談において，要求言語行動と身体洗いを支援目標とした。その指導方法は，アセスメントや学校での指導を基に選定し，家庭訪問や保護者面談において，ロールプレイや書面を介して保護者に伝えた。保護者が家庭において指導を行っている最中は，指導結果を記録してもらい，連絡帳，電話，面談を介して記録結果に対してフィードバックを提示した。その結果，目標とした行動が改善し，保護者は自発的に新たな目標を選定し，それに対して記録や指導を行った。

岡本ら（2014）も特別支援学校（知的障害）の小学部に在籍する自閉症児 1 名の保護者に対して，個別型ペアレント・トレーニングにあたる協働的アプローチを行った。主に連絡帳を介して，アセスメント，支援目標に対する指導手続きの立案，家庭における指導の評価について，保護者と教員でやり取りした。その結果，対象児は支援目標に選ばれた着替えを，短時間で行えるようになった。

岡村（2015）と岡本ら（2014）から，特別支援学校（知的障害）における学校と保護者との連携において，個別型ペアレント・トレーニングの手続きが適用できる可能性が示唆された。その実施のために，個別の指導計画についての面談，連絡帳といった，学校と保護者との既存のやり取りが活用できることも示唆された。

一方，神山ら（2016）は小学校と中学校において通級による指導を利用している発達障害児の保護者 10 名に対して，標的行動の選定，その行動に対する子育ての工夫の立案，保護者による記録から子育ての工夫の再検討，などから構成された，全 5 回の教室型ペアレント・トレーニングを放課後に行った。その結果，10 名中 7 名の対象児が最低一つの標的行動に改善を示した。さらに，事後アンケートにおいて，保護者からは肯定的な評価が得られた。また，子どもからは，保護者と標的行動について話し合ったことが報告された。

2. 学校以外の場における
ペアレント・トレーニングの研究

学校以外の場において実施されたペアレント・トレーニングの研究では，対象範囲，トレーニング実施形態，指導の構成要素を拡大するための研究や，トレーニング実施者に及ぼす効果などその有効性の拡大を検討した研究がある。

対象について，松尾ら（2013）は 10 代の発達障害児の保護者 5 名（対照群の保護者は 5 名）に対して，認知再構成法や行動契約などから構成された，全 7 回の教室型ペアレント・トレーニングを行った。その結果，子どものひきこもり，親子のコミュニケーションの葛藤に関する質問紙による評価に，変化が見られた。ペアレント・トレーニング研究の多くが，比較的に低年齢の子どもの保護者を対象としている。この研究から，トレーニング内容によって，思春期にあたる発達障害児の保護者にも効果を及ぼせることが示唆された。

トレーニング実施形態について，神山ら（印刷中）は自閉スペクトラム症幼児の保護者 7 名を対象に，全 4 回 2 カ月の教室型ペアレント・トレーニングを，インターネット電話を介して行った。その結果，いずれの保護者も最低 1 つの標的行動の達成度を大きく上昇させることに成功したこと，保護者が事後アンケートにおいて本トレーニングを高く評価したことなどが示された。この研究から，インターネット電話を介することにより，ペアレント・トレーニング実施機関を定期訪問することが困難な家庭に対しても，ペアレント・トレーニングを提供できることが示唆された。

ペアレント・トレーニングにおける指導の構成要素について，上野ら（2012）は自閉症児 2 名の保護者に対して，個別型ペアレント・トレーニングを行った。その中で，保護者が家庭生活において，子どもの標的行動に関する筆記記録を行い，さらに，保護者が自らの子育て行動を動画撮影し，その動画をもとに自らの子育て行動を自己評価するビデオフィードバックを行った。その結果，親子の行動が改善した。

多くのペアレント・トレーニングにおいて，保護者に家庭場面において，子どもの行動記録を行ってもらっている。この記録が保護者にとって，自らの子育て行動の自己記録として機能し，それにより保護者の子育て行動に変化を及ぼしうるとされている（神山他，2010）。しかしながら，すべての

保護者にとって，記録が子育て行動の自己記録として機能しない場合がある。この研究からビデオフィードバックが，保護者による行動記録に対して，自己記録の機能を促進しうることが示唆された。

さらに上野ら（2012）は発達障害児4名の保護者に対して，教室型ペアレント・トレーニングを行い，その中で親同士による相互ビデオフィードバックを行った。その結果，3組の親子の行動に改善が見られた。相互ビデオフィードバック時には，親同士で子育てについて称賛し合うような発言が見られた。この研究から，ビデオフィードバックを教室型ペアレント・トレーニングにも適用できることが示唆された。

ペアレント・トレーニングが実施者に及ぼす効果について，藤原ら（2012）は発達障害児の保護者を対象とした，全5回の教室型ペアレント・トレーニングを行った。5名の大学院生に，グループワークにおいて保護者に助言等を行う親面接を，担当してもらった。その結果，親面接を担当した大学院生は，託児を担当した大学院生と比べて，子育て支援に対する効力感に有意な変化が見られた。この研究から，ペアレント・トレーニングにスタッフとして参加することが，発達障害児の保護者支援に関する専門性向上の一助となりうることが示唆された。

Ⅲ わが国のペアレント・トレーニングの課題

1．学校における保護者との連携の包括的モデル

岡村（2015），岡本ら（2014），神山ら（2016）から，特別支援学校や通級による指導といった教育の場においても，学校と保護者との連携の手段として，ペアレント・トレーニングが応用できる可能性が示唆された。その一方で岡村（2015）が指摘するように，すべての保護者に対して，例えば連絡帳のやり取りを中心としたペアレント・トレーニングを適用できるとは限らない。また，保護者によってはペアレント・トレーニングに継続参加することが困難であることが示されている（Chronis et al., 2004；神山他，2011）。そのため，どのような対象に，ペアレント・トレーニングを含めどのような保護者との連携方法を適用することが有効なのか整理する必要がある。

これに関して，McIntyreら（2007）はペアレント・トレーニングを多層支援モデル（図1）で捉えて，第1層にあたる保護者にはペアレント・トレーニングの自己学習教材，第2層にあたる保護者には教室型ペアレント・トレーニング，第3層にあたる保護者にはビデオフィードバックなどを用いた個別型ペアレント・トレーニングを適用することを提案している。このように今後の研究では，我が国の特別支援教育における保護者との連携方法を，包括的に整理し，その有効性を検証する必要がある。

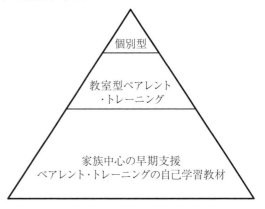

図1　ペアレント・トレーニングの多層モデル
（McIntyre et al. (2007) の図を筆者が訳した）

2．教員の保護者との連携に関するスキル向上の研究

行動分析学に基づくペアレント・トレーニングであれば，実施者には行動分析学に関する一定の知識が必要と考えられる。また，ペアレント・トレーニングの実施には，実施者の行動が大きく影響する。Eamesら（2010）は教室型ペアレント・トレーニングにおいて，実施者の保護者に対する称賛や，反映的行動（reflective behavior）が，保護者による称賛などの子育て行動の変容に影響することを示した。

近年，教員や保育士を対象とした研修に関する効果研究はいくつかあるが（平澤他，2016など），保護者との連携に関するスキルを扱ったものはない。教員と保護者との連携方法を整理した上で，保護者との連携において必要とされるスキルを明確にし，そのスキルを身に着けるための研修等の方法を検討する必要がある。

〈文献〉

Brookman-Frazee, L., Vismara, L., Drahota, A., Stahmer, A. & Openden, D. (2009) Parent training intervention for children with autism spectrum disorders. In Matson, J. (Eds) Applied Behavior Analysis for Children with Autism Spectrum Disorders. pp.237-257. Springer.

Chronis, A.M., Chako, A., Fabiano, G.A., Wymbs, B.T. & Pelham, W.E. (2004) Enhancements to the behavioral parent training paradigm for families of children with ADHD：Review and future directions. Clinical Child and Family Psychology Review, 7(1)；1-27.

Eames, C., Daley, D., Hutchings, J., Whitaker C.J., Hughes, C., Jones, K., Hughes, K. & Bywater, T.(2010) The impact of group leaders behaviour on parents acquisition of key parenting skills during parent training. Behaviour Research and Therapy, 48(12)；1221-1226.

藤原直子・大野裕史・日上耕司他（2012）発達障害児の親に対するペアレント・トレーニング参加がスタッフに与える効果―大学院生を対象とした支援者養成の試み．特殊教育学研究，50(4)；383-392.

原口英之・上野茜・丹治敬之他（2013）我が国における発達障害のある子どもの親に対するペアレントトレーニングの現状と課題―効果評価の観点から．行動分析学研究，27(2)；104-127.

平澤紀子・坂本裕・大久保賢一・藤原義博（2016）行動問題を示す発達障害幼児の支援教室担当者を対象とした行動支援計画の作成支援に関する検討．発達障害研究，38(1)；90-99.

神山努・野呂文行（2010）知的障害幼児・生徒の保護者支援における保護者の負担軽減の検討―物理的手がかりを主とした支援手続きおよび保護者による行動記録を中心に．特殊教育学研究，48(4)；311-322.

神山努・澤田智子・岸明宏（2016）通級指導を利用する発達障害児の保護者に対するペアレント・トレーニング―全5回のプログラムの効果．LD研究，25(4)；476-488.

神山努・竹中正彦（印刷中）自閉スペクトラム症幼児の保護者に対するインターネット電話を介したペアレント・トレーニングの効果．特殊教育学研究．

神山努・上野茜・野呂文行（2011）発達障害児の保護者支援に関する現状と課題―育児方法の支援において保護者にかかる負担の観点から．特殊教育学研究，49(4)；361-375.

松尾理沙・井上雅彦（2013）思春期の発達障害児を持つ親のためのペアレント・トレーニングプログラムの開発．発達研究：発達科学研究教育センター紀要，27；71-80.

McIntyre, L.L. & Phaneuf, L. (2007) A three-tier model of parent education in early childhood：Applying a problem-solving model. Topics in Early Childhood Special Education, 27(4)；214-222.

岡本邦広・井澤信三（2014）行動問題を示す発達障害児をもつ母親と教師の協働的アプローチにおける協議ツールの効果と支援行動の維持の検討．特殊教育学研究，52(2)；115-125.

岡村章司（2015）特別支援学校における自閉症児に対する保護者支援―母親の主体性を促す支援方略の検討．特殊教育学研究，53(1)；35-45.

上野茜・野呂文行（2012）自閉症障害児の母親に対するビデオフィードバックとチェックリストを用いた介入の効果．障害科学研究，36；69-80.

上野茜・高浜浩二・野呂文行（2012）発達障害児の親に対する相互ビデオフィードバックを用いたペアレントトレーニングの検討．特殊教育学研究，50(3)；289-304.

1-7 発達障害とその周辺

1-7-1 発達障害の出現率に関する研究動向

柘植 雅義

はじめに

発達障害の出現率を巡る研究動向について、特に、文部科学省が2回に渡って行った全国調査の結果と、それに対するリアクション等を含む論文、さらに、出現率を巡る他の論文、及び、諸外国の研究等との比較の視点から概観するとともに、この研究領域の今後の方向性について述べる。

I 文部科学省による調査（2003年公表）

文部科学省（2003）は、通常の学級に在籍する特別な教育的支援を必要とする児童生徒に関する全国実態調査．今後の特別支援教育の在り方について（最終報告）を公表した。その中の参考資料2で調査結果が述べられている。

調査は、全国5地域の公立小学校（1～6年）及び公立中学校（1～3年）の通常の学級に在籍する児童生徒41,579人を対象として、学級担任と教務主任等の複数の教員で判断の上で回答するよう依頼した。これは、対象地域の全児童生徒数の2.5％にあたる。対象学校は370校で回収率は98.9％。対象学級では4328学級で回収率は98.6％。

質問の試行による信頼度の確認とともに、諸外国の調査で利用された基準を踏まえて本調査における基準を設定。

1 学習面（「聞く」「話す」「読む」「書く」「計算する」「推論する」）：米国の研究者におけるLDに関するチェックリスト（LDDI）、及び、日本の研究者におけるチェックリスト（LDI）（現在標準化中）を参考にして作成。（現在では、標準化済み）

2 行動面（「不注意」「多動性－衝動性」）：米国の研究者によって作成された、ADHDに関するチェックリスト（ADHD-RS）を参考にして作成。

3 行動面（「対人関係やこだわり等」）：スウェーデンの研究者によって作成された、高機能自閉症に関するスクリーニング質問紙（ASSQ）を参考にして作成。

調査の結果、知的発達に遅れはないものの、学習面や行動面で著しい困難を持っていると担任教師が回答した児童生徒の割合は、6.3％であった。内訳は、学習面で著しい困難を示すが4.5％、行動面で著しい困難を示すが2.9％、学習面と行動面ともに著しい困難を示すが1.2％であった。

また、A：「聞く」「話す」「読む」「書く」「計算する」「推論する」に著しい困難を示すが4.5％、B：「不注意」又は「多動性－衝動性」の問題を著しく示すが2.5％、C：「対人関係やこだわり等」の問題を著しく示すが0.8％であった。

II 文部科学省による調査（2012年公表）

文部科学省（2012）は、通常の学級に在籍する発達障害の可能性のある特別な教育的支援を要とする児童生徒に関する調査結果について、と題した調査結果を公表した。

調査対象は、全国（岩手、宮城、福島の3県を除く）の公立の小・中学校の通常の学級に在籍する児童生徒を母集団とする。

標本抽出方法は、層化三段確率比例抽出法とする。学校を市郡規模と学校規模で層化する。標本学校数は、小・中学校のそれぞれ600校とし、各層への標本学校数の割り当ては、児童生徒数に比例割当とする。各層における標本学校の抽出は、児童生徒数による確率比例抽出とする（第一段抽出）。抽出された学校の各学年において、1学級を単純無作為抽出し標本とする（第二段抽出）。

抽出された学級において，原則，男女それぞれ5名の児童生徒を単純無作為抽出し標本児童生徒とする（第三段抽出）。標本児童生徒数は，53,882人（小学校：35,892人，中学校：17,990人）であった。

また，1学習面（「聞く」「話す」「読む」「書く」「計算する」「推論する」），2行動面（「不注意」「多動性－衝動性」），3行動面（「対人関係やこだわり等」）を測るために使用したチェックリストは，1回目の調査と同様であった。

その結果，質問項目に対して担任教員が回答した内容から，知的発達に遅れはないものの学習面又は行動面で著しい困難を示すとされた児童生徒の割合は，学習面又は行動面で著しい困難を示すが6.5%，学習面で著しい困難を示すが4.5%，行動面で著しい困難を示すが3.6%，学習面と行動面ともに著しい困難を示すが1.6%であった。

また，A：学習面で著しい困難を示すが4.5%，B：「不注意」又は「多動性－衝動性」の問題を著しく示すが3.1%，C：「対人関係やこだわり等」の問題を著しく示すが1.1%であった。

さらに，本調査は，カットオフポイントには届かなかったものの，それに連続的に続く結果も示され，発達障害をスペクトラム（連続体）として捉えることの意味や意義を考えるきっかけともなった。

本調査を踏まえた国立特別支援教育総合研究所（2014）による補足調査によると，全国で通級による指導を先導的に行っている教員からは，6.5%の数字を低いと感じ，もっと多くの割合が困難を示し，支援を必要としていることが明らかになった。本調査で使われたチェックリストでは，6.5%には入らなかったものの（カットオフポイントには達しなかったものの），困難を示し支援を必要としている児童生徒がスペクトラムに存在していることを支持する結果であった。

Ⅲ 文部科学省による調査に対するリアクション

宮本（2013）は，2回目の調査がサンプリング等から1回目と比べて妥当性が高いと述べている。その上で，両調査の結果の類似性から，1回目の調査においても，実態をある程度正確に把握していたことがわかるという。さらに，2回目の調査で，同様の値であった項目と，変化した項目について考察している。さらに，この2回の調査結果が，医療で一般的に言われている発達障害の有病率とほとんど同じであった点であると指摘している。また，特に，今回は，「不注意」との割合が「多動－衝動性」の割合の2倍になっているが，1回目は，そのまったく逆であったことを指摘し，考察している（筆者は，2012年公表の実態調査に企画の段階から関わった）。

柘植（2013）は，文部科学省が2回にわたって行ってきた，義務教育段階の一般母集団を対象とした発達障害に関する大規模調査の意義や成果について述べると共に，発達障害のある子どもの理解や指導・支援を一層充実させていく際に，今後必要になってくると思われる調査の在り方について整理して検討した。具体的には，まず，発達障害の児童生徒の実態を探るための一般母集団を対象とした大規模調査であった本調査の可能性と限界についてそれぞれ整理した。このような調査は，教育政策の企画立案のエビデンスとなるものであると指摘している。そして，その調査結果後に，さらなる知見の集積や発達障害のある児童生徒等への特別支援教育の推進に向けて，今後求められると考えられる調査の在り方について，長期に渡る（少なくとも学齢期をカバーする）前向きの縦断研究の必要性など，具体的に9点に整理した（筆者は，2003年公表の実態調査，及び，今回の2012年公表の実態調査の双方に企画の段階から関わった）。

Ⅳ その他の国内における研究

大神（2008）は，福岡県糸島地区における出生時コホート研究により，発達障害のある子どもの共同注意とその周辺の発達過程を明らかにした（本研究では，前向き調査と後ろ向き調査の組み合わせで行われた。また，2000年と2001年に出生した約2,000名が調査対象となった）。その結果，共同注意の定型発達過程と自閉症群の初期兆候の違いを明確にした。その成果は，糸島地区における早期発見・早期支援のシステムの構築と運用につながっていった。その一方で，定型発達と自閉症群が明確にカットオフされるのではなく，連続

的に繋がっていることの改めての提示も本研究の意義であり，一人一人の個別の把握とそれに基づくカスタマイズされた支援が必要であることを主張した。

森脇・神尾（2013）は，小・中学校通常学級に在籍する一般児童・生徒における自閉症的行動特性と合併精神症状との関連について，保護者に対する質問し調査で実施した（保護者：回収率29.7%，有効回答24,728名）。その結果，合併する情緒の問題は，ASDが疑われる群の約半数に，行為の問題は約4割にメンタルケアが必要なレベルの合併症が認められたという。今後の課題として，子どもの，メンタルヘルスが予後の適応や生活の室（QOL）にどのような影響を及ぼすのか，また，それらに自閉的行動特徴の程度が関連するのか等，発達的観点を踏まえた前向きの縦断研究の必要性を述べている。

名村・柘植（2010）は，特に高等学校において生徒対象に，「進学校」と呼ばれる高等学校における発達障害の生徒の状況を，特色の異なる複数の高等学校の全ての生徒と教員への質問紙調査の手法を通して明らかにした（生徒：回収率100%，有効回答2,201名）。その結果，生活編（社会的スキル，注意の切り替え，細部への注意，コミュニケーション，想像力）では，「高得点者＝気になる生徒」の割合は，公立進学校で2.6%，私立進学校で4.6%，公立一般校で2.2%であった。一方，学習偏（聞く，話す，読む，書く，計算する，推論する）では，「高得点者＝気になる生徒」の割合は，公立進学校で1.5%，私立進学校で0.7%，公立一般校で3.4%であった。

神尾（2013）は，自閉症は本当に増えているのか？，という問いを投げかけて論じている。30年前には自閉症（当時はASDという概念はなかった）は10,000人に2～3人という稀な病気と考えられていたが，今日では，100人に2～3人と稀とは言えないほどに増えた，と述べている。その背景には，ASD診断の根拠となる診断基準の変化，その根本にある概念の変化，サービスの普及に伴う気付きの高まりなどを挙げている。そして，明らかなASDと非ASDの境界は自明には存在しない，と言う。

柘植・上野（2012）は，サミュエルカーク以降の学習障害と精神遅滞（知的障害）との関係性に関する論争が現代においてもなされていることを紹介している。学習障害を含む知的障害のない発達障害の出現率を探る，一般母集団を対象にした調査を設計する際には，発達障害のみに焦点を当てて切り取るのではなく，そもそも，知的障害やその周辺も含めて，実態として，義務教育段階という一般母集団がどのような子どもたちで構成されているのか，ということを明らかにする必要が示唆される。

V 諸外国における研究

American Psychiatric Association（2013）DSM-5 Diagnostic and Statistical Manual of Mental Disorders: Fifth Edition.〈アメリカ精神医学会（2014）DSM-5 精神疾患の診断・統計マニュアル〉では，以下のような記述がある。

神経発達症群／神経発達障害群

自閉スペクトラム症／自閉症スペクトラム障害（Autism Spectrum Disorder）：子どもと成人いずれも1%

注意欠如・多動性／注意欠如・多動性障害（Attention-Deficit/Hyperactivity Disorder）：子どもの約5%，成人の約2.5%

限局性学習症／限局性学習障害（Specific Learning Disorder）：学齢期の子どもの5～15%，成人はよく知られていないが約4%

なお，文部科学省から2003年に公表された，「通常の学級に在籍する特別な教育的支援を必要とする児童生徒に関する全国実態調査」調査結果には，4. 参考資料，として，下記の記述がある。

LD：「公立学校の生徒の約5%がLDを有すると同定されている。」（アメリカ精神医学会DSM-Ⅳ, 1994）。「6-17歳で5.59%」（アメリカIDEA第22回議会報告書，教育省，2000）

ADHD：「有病率は，学齢期の子供で3～5%と見積もられている。」（アメリカ精神医学会DSM-Ⅳ, 1994）

高機能自閉症：上記のいずれの資料にも記載なし

国内で実施されてきている結果の吟味には，APAによるこれらの記述も参考になる。

次に，Kimら（2011）は，韓国のソウル近郊の地域を対象にした自閉症に関する一般母集団による調査結果を公表した（小学生の子どもの保護者：参加の意向 36,592 名，回答 23,234 名）。これによると，特別支援学校と小学校の合計で 2.64％，その内，小学校は 1.89％であった。小学校の通常学級か特別支援学級かは不明である。

また，その他，諸外国の動向について，土屋（2013）は，2000 年以前の自閉症有病率研究は，対象者を適切に選択していないため，その多くが有病率を過小評価している可能性が高い，と述べている。知的障害のない自閉症を含め発達障害を適切に把握していく調査デザインが求められる。

おわりに

発達障害の出現率に係る研究動向を，文部科学省が行った2回にわたる研究，それへのリアクション論文，その他の国内で実施された調査，諸外国における研究としてまとめた。改めて，発達障害の出現率調査は，政策の企画立案や政策評価で強固なエビデンスとしての役割を担うことがわかった。

その一方で，今後のさらなる発達障害の出現率調査において留意すべき事項も見えてきた。特に，一般母集団を対象とした発達的観点を踏まえた前向きの縦断研究（出生時から 20 歳くらいまで継続）が必要であろう。また，そのような個の追跡のみならず，個と環境（教育）との関連からそれぞれのステージ（年齢）毎の教育サービスとの関連からの追跡が重要であろう。その際には，一人一人に作成される「個別の指導計画」「個別の教育支援計画」の記述内容との総合的な分析が必要であろう。

〈文献〉

American Psychiatric Association（2013）DSM-5 Diagnostic and Statistical Manual of Mental Disorders：Fifth Edition. APP.（アメリカ精神医学会（2014）DSM-5 精神疾患の診断・統計マニュアル．医学書院）

David, B., Paul, S., & Richard, S.（2009）Evidence-based Education Policy - What Evidence? What Basis? Whose policy? Wiley-Black Well（柘植雅義・葉養正明・加治佐哲也監訳（2013）エビデンスに基づく教育政策．勁草書房）

神尾陽子（2013）自閉症スペクトラム障害の診断の根拠とは何か．教育と医学，718；4-14.

Kim, Y.S., Leventhal, B.L., Koh, Y.J., et al.（2011）Prevalence of autism spectrum disorders in a total population sample. American Journal of Psychiatry, 168(9)；904-912.

国立特別支援教育総合研究所（2014）調査報告書 B-285「通常の学級に在籍する発達障害の可能性のある特別な教育的支援を必要とする児童生徒に関する調査」の補足調査．（研究代表者：伊藤由美）

宮本信也（2013）文部科学省の実態調査結果が示すもの．LD研究，22(4)；391-398.

文部科学省（2003）通常の学級に在籍する特別な教育的支援を必要とする児童生徒に関する全国実態調査．今後の特別支援教育の在り方について（最終報告），参考資料2.

文部科学省（2012）通常の学級に在籍する発達障害の可能性のある特別な教育的支援を要とする児童生徒に関する調査結果について．

森脇愛子・神尾陽子（2013）我が国の小・中学校通常学級に在籍する一般児童・生徒における自閉症的行動特性と合併精神症状との関連．自閉症スペクトラム研究，10；11-17.

名村美保・柘植雅義（2010）「進学校」と呼ばれる高等学校における特別支援教育の現状と課題―生徒・教員への質問紙調査を通して．LD研究，19(3)；247-252.

大神英裕（2008）発達障害の早期支援―研究と実践を紡ぐ新しい地域連携．ミネルヴァ書房．

土屋賢治（2013）自閉症は増えているか．教育と医学，718；26-35.

柘植雅義（2013）発達障害の実態を探るための一般母集団を対象とした大規模調査の可能性と限界：文部科学省調査結果（2012）後に求められる調査とは．LD研究，22(4)；399-405.

柘植雅義・上野一彦（2012）サミュエル・A．カークが主張した学習障害と精神遅滞の関係を巡る最近の一連の学術論文と日本への示唆．LD研究，21(2)；297-305.

1-7 発達障害とその周辺

1-7-2 学習障害の研究動向と特別支援教育への寄与

熊谷 恵子

I 日本における学習障害の内容の変遷

以前は、学習障害というと、LD、ADHD、ASDなど現在の知的遅れのない発達障害のことを代表して指していた。言語性学習障害、非言語性学習障害という用語が一部の専門家の間で使用されていたが、言語性、非言語性学習障害という概念はあまりにも多様であり「下位分類になっていない」など、さまざまな議論があった。しかし、2002年の文科省で行った「通常の学級に在籍する特別な教育的支援を必要とする児童生徒に関する全国調査」において、LD、AD／HD、高機能自閉症などの割合が6.3％とされたチェックリストより、学習障害が「聞く、話す、読む、書く、計算する、推論する」ことに困難を示す児童生徒であると具体的に挙げられた。その10年後にも同様のチェックリストによる「通常の学級に在籍する発達障害の可能性のある特別な教育的支援を必要とする児童生徒に関する調査」が、2012に行われ、現在では、通常の学級に存在する子どもたちの6.5％が特別支援教育の支援ニーズがある子どもたちであり、その中で、学習障害は4.5％であるとされた。この中で、聞く・話すに著しい困難を示す児童生徒は1.1％、読む・書くに著しい困難を示す児童生徒は2.5％、計算する・推論するに著しい困難を示す児童生徒は2.8％という結果であった。

II 米国の学習障害の定義の変遷

日本は、米国の影響をかなり受けているため、米国の学習障害の定義の変遷について述べる。

米国では、学習障害という定義は法的に定められた1975年の全障害児教育法以降、すぐに1976、それを修正した1977にFederal Registerで公表されたものとして、多くの州で、知的能力とアチーブメントの差異法（Discrepancy Method）が採用されてきた（図1）。

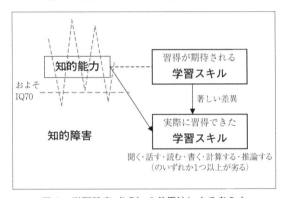

図1 学習障害（LD）の差異法による考え方

すなわち、全体的な知的能力レベルに期待される学習スキル（聞く・話す・読む・書く・計算する・推論する）が1つ以上統計的に著しく低いということである。そこで、知的能力も学習スキルもそれぞれ個別標準化された検査によって測定され、その結果が直接比較されその差異によって学習障害が判定されてきた。すなわちこれらについては、医学的診断基準であるWHOのICD-10やAPAのDSM-IV-TRにおいても「学習障害は読み、算数、書きにおいて、個別施行されたその人の標準化検査の成績が、年齢、就学、知的水準から期待されるより十分に低い場合に診断される」となっており、全般的な知的能力とそれぞれの学力（読み、書き、算数）の水準との差異で語られてきた。このように、全体的な知的能力水準が知的障害よりも高いのに、学習スキルが低くなってしまうのは、知的能力を構成する認知能力のアンバランスがあるからなのである。

しかし、このようなやり方では、「著しい差異」の判断が州ごとに異なることや著しい差異がなければ学習障害の子どもとして支援が始まらない。

2002年落ちこぼれ防止法（No Child Left Behind Act）が制定され，学校心理士による知能検査の完了を待つまでもなく，普段の授業における子どもの反応から，落ちこぼれる子どもがなくなるように科学的に検証された授業を行うこと，常に子どもの学習スキルの獲得状況を客観的に把握することが重要であると考えられるようになってきた。その具体的な方法として，RTI（Response to Intervention）という方法が採用されるようになった（図2）。

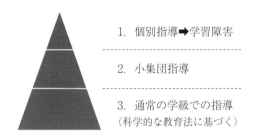

図2　学習障害のRTIによる考え方

このRTI（現在，特に共通認識された日本語訳はない）は，通常の学級による集団が基本としてある。指導形態は第1層：通常の学級での指導（教師が科学的な教授法に基づく授業を行う），第2層：小集団による指導（科学的に裏付けされた指導でも，学習スキルの獲得が困難な子どもたちの小集団指導），第3層：個別指導（小集団指導でも指導できなかった子どもの指導）という構造となっている。そして，第3層に指導が移った子どもたちが学習障害ということになった（海津，2006）。その後も2010年には個別障害者教育法（Individual with Disabilities Education Act）も制定され，障害のある子どもたちに対する基本的な教育の姿勢が示され，学習障害も，他の障害と同じように，日々の学習の進度状況を客観的にモニターしていくことが重要であることが示された。このように，学習障害の定義も，どのように判断するのかという点から，法律の制定によっても影響されてきた。

Ⅲ　日本における学習障害のある子ども

個人内差が測定できるような知能検査で個人内の認知能力のアンバランスが測定されることは，個々の子どもに対して適切な指導を行うためには非常に重要である。しかし，まず，図2のRTIのように，第3層にある通常の学級において，海津（2010）が作成した「読みのアセスメント・指導パッケージ」にあるような，簡便で大まかなスクリーニングを行うことは，より支援ニーズの高い子どもたちをピックアップするためのよい方法であろう。そのように対象を絞った上で，個別の心理検査（WISC-Ⅳ，KABC-Ⅱ，DN-CAS等）を行い，認知能力のアンバランスを知るという手続きを取ることが，適切な指導法を用いていくために必要ではないだろうか。

Ⅳ　読み書き障害に関する研究の進展

読み書き障害については，英米圏ではDyslexiaとして一般的であり，そのメカニズムについては，Coltheartら（2001）やShaywitzとShaywitz（2008），（大石訳2008）により，展望論文やLD研究への寄稿論文としてされている。それによると，二重ルートモデルという考え方が一般的であり，読み書きのルートには，逐次的処理と全体的処理という二重経路があると考えられている（図3）。

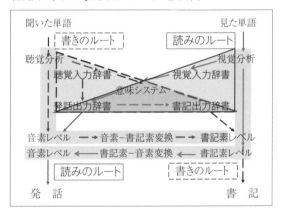

図3　読み書きの二重ルート（DRC）モデル（Ellis & Yong, 1988; Coltherstら,2001を参照し、筆者改訂）

これらは，英語圏における読み書きの問題として言及しているが，日本語においても，全体処理と部分処理という観点から考えることは非常に分かりやすい。「読み」は視覚から音声へ，「書き」（さまざまなレベルから処理を考えることはできるが「聞いて書く」というルートを考えると）は聴覚から運動へというルートとなる。このように，視覚運動系と聴覚音声系をまたぐようなクロスモダルルートをたどるということ，全体（単語）と部分（文字）という大きく2重のルートをたどることとなっている。このような視点から考えると，英語であろ

うが日本語であろうが，基本的な処理はあまり差がなく考えられる。日本語においては，宇野（2006）が小学生のひらがな・漢字のスクリーニング検査や加藤ら（2016）の音読・音韻処理の検査が作成されている。また，春原・宇野ら（2005）や大石ら（2007, 2008 など），高橋ら（2008），吉田ら（2013），他にも多くの研究者が，日本語の読み書き障害児の特徴と指導についての研究が発表されている。

読みについて，音韻処理や意味処理という高次脳機能の障害であるディスレクシア（たとえば，伊藤・正高，2009 参照）ではなく，「見る」という，より初期の処理である視覚という点に注目した研究（いわゆる視覚の感覚過敏の一種であるアーレンシンドロームの研究（熊谷，2006 など）や両眼の複奏軸や眼球運動（奥村ら，2007 など）の研究もますます必要性が高まっている。

さらに，日本語話者の英語の学習について，藤田ら（2011）などが報告しているが，研究としてはまだ数少ない。今後の研究が期待される。

V　算数障害に関する研究の進展と課題

算数障害とは，大人の後天性計算障害（あるいは失算）ではなく，発達性の問題を指している。すなわち，正確には発達性算数障害（通常は，LD 学会等では発達性という言葉はつけない）という。しかし，研究歴としては，この大人の後天性計算障害から発展してきた概念である。算数障害は，神経心理学的背景と法的研究等からの概念整理の研究を通して，4 つの観点が含まれる。すなわち，数処理（数字の読み書きを含め，数詞と数字と具体物とのマッチング），数概念（序数性・基数性），計算（暗算・筆算），数的推論（文章題）という 4 つである。

大切なことは，算数障害の「算数」とは，算数教科の 4 つの領域，数と計算，量と測定，図形，数量関係を直接指しているものではない。確かに，算数の教科学習には一番関係しているが，そのものを指しているものではないのである。この算数教科に即していうのであれば，「数と計算」の領域にすべて含まれていることになる。この「数と計算」というところができなければ，「量と測定」や「数量関係」はまず，困難が出てくると言わざるを得ない。しかし，「図形」という領域については，神経心理学的には，視覚認知の障害（大人で言えば「視覚失認」）の領域に入ると言った方がいいだろう。このことから，算数障害は，数やそれを使って行う四則演算と数的推論の障害ということで限定的に使用するべきである。

このように限定的に使用しても，算数障害に関わる能力は非常に多岐にわたる。そもそも数というものは，シンボル（言語）と空間（主に視空間）が結びついたところに存在するものである。そして，それを操作する演算や文章題となると，さらに，情報処理過程の問題も加わる上に，プランニングなども関わってくる。数字はほぼ万国共通のものであるが，数詞というのは，それぞれの国によって異なる。言語のみの問題ではなく，数詞のシステムでも異なる。例えば，「いち，に，さん，し，……く，じゅう，じゅういち（ten-one），じゅうに（ten-two），じゅうさん（ten-three），じゅうし（ten-four）……」と「one, two, ……ten, eleven, twelve, thirteen, fourteen, ……」という数詞システムの違いがある国とは，数の理解のしやすさがまったく異なってくる。そのため，言語によっての算数障害の研究の内容や指導の内容やレベルは異なり，「英米で言われていること＝日本で言えること」とならない場合もあることに気をつけて外国文献に当たらなければならない。

また，数概念という抽象的な概念の形成には，全体的な知的能力レベルが影響を与える。特に，知的能力が IQ70～85 程度の境界線レベルの人であると，ピアジェによる形式的操作段階に至らず，11，12 歳の精神年齢で留まるとの報告（Fischer & Zeaman, 1970）がある（図 4）。そこで，算数障害なのか，知的能力レベルによる限界なのか

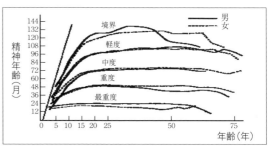

図 4　知能程度と精神発達
（Fischer & Zeaman, 1970）

については，WISC-Ⅳ等の知能検査により測定する必要がある。

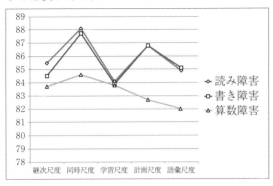

図5　米国における学習障害の種類とそのKABC-Ⅱの平均得点

ところで，算数障害だけではなく，学習障害というのは，能力のレベルや能力のアンバランスがそれぞれの事例ごとに非常に異なるため，量的研究の進展を阻んできている。特に算数障害については，Kaufmanら（2004）の表をグラフ化した図5によると，算数障害群という集団として捉えると，個々の能力的アンバランスが相殺されてしまい，読み書き障害よりも，継次処理，同時処理などすべての能力が低く見え，個々の能力的アンバランスの特徴が見えにくくなってしまう。そこで，今後は，継次処理優位，同時処理優位など，認知能力のアンバランスの特徴別に事例を集め，それらの群に共通の算数の困難さを検討し，さらに，熊谷（2007），伊藤（2008）のように，アセスメントの方法という観点についての研究もなされなければならない。算数障害については，読み書き障害に比べ研究が少ない。今後さらに研究が進まなければならない領域である。

〈文献〉

Coltheart,M., Rastle,K., Perry,C. & Ziegler,J.（2001）DRC：A dual route cascaded model of visual word recognition and reading aloud. Psychological Review, 108(1)；204-256.

Ellis, A. W. & Young,A.（1988）Human Cognitive Neuropsychology. Erlbaum.

Fischer, M. & Zeaman, D.（1970）Growth and Decline of Retardate Intelligence. International revie of research in mental retardetion. Academic Press.

藤田清代・勝二博亮・松本敏治（2011）中学生の英単語読み能力と日本語読み速度との関連性—phonics学習を通して．LD研究, 20(1)；76-88.

春原則子・宇野彰・金子真人（2005）発達性読み書き障害児における実験的漢字書字訓練—認知特性に基づいた訓練方法の効果．音声言語医学, 46；10-15.

伊藤一美（2008）算数のアセスメントの検討．LD研究, 17(3)；295-302.

伊藤祐康・正高信男（2009）認知神経科学からみたディスレクシア．LD研究, 18(3)；230-242.

海津亜希子（2006）日本におけるLD研究への示唆—米国でのLD判定に見られる変化をうけて．LD研究, 15(2)；225-233.

海津亜希子（2010）多層指導モデルMIM読みのアセスメント・指導パッケージ—つまずきのある読みを流暢な読みへ．学研．

加藤醇子・安藤寿子・原恵子・縄手雅彦（2016）読み書き困難児のための音読・音韻処理能力簡易スクリーニング検査ELC: Easy Literacy Check. 図書文化社．

Kaufman, A. S. & Kaufman, N. L. Clinical vaildity studies, Chapter8: Reliability Demographic Differences and Validiey. In Kaufman, A. S.& Kaufman, N. L.（Eds.）Kaufman Assessment Battery for Children, Secoud Edition（KABL-Ⅱ）. pp.126-131. AGS.

熊谷恵子（2006）読みに関連する色フィルムの効果に関する研究—日本人の一般的な傾向と読み障害児の結果．LD研究, 15(2)；198-206.

熊谷恵子（2007）学習障害児の数量概念の理解度を測定する手法についての基礎的研究．LD研究, 16(3)；312-322.

大石敬子（2008）読み書きのアセスメントを支援に活かす—通常の学級の場合．LD研究, 27(3)；277-281. Sally, E., Shaywitz, B.A.（大石敬子訳）読みの科学とディスレクシア．LD研究, 17(2)；218-230.

奥村智人・若宮英司・三浦朋子・竹田契一・玉井浩（2007）近見・遠見数字視写検査の有効性と再現性—視写に困難を示す児童のスクリーニング検査作成．LD研究, 16(3)；232-331.

高橋久美・後藤隆章・成基香・小池敏英（2008）漢字の形の熟知情報提示に基づく書字指導に関する研究—書字困難のみを持つLD児に関する検討．LD研究, 17(1)；97-103.

吉田有里・小池敏英・徐欣薇・藤井温子・牧野雄太・太田裕子（2013）小学2年生における漢字の読み書き困難の実態に関する研究—漢字学習の基礎スキルとの関連について．LD研究, 22(3)；242-253.

宇野彰・春原則子（2006）小学校の読み書きスクリーニング検査，インテルナ出版

1-7　発達障害とその周辺

1-7-3 ADHD（注意欠如多動性障害）の研究動向と特別支援教育への貢献

岡崎 慎治

I　はじめに

　ADHD（Attention-Deficit ／ Hyperactivity Disorder；注意欠如・多動症あるいは注意欠如多動性障害）が本格的に本邦の教育現場で知られるようになったのは，文部科学省が平成13（2001）年10月に「特別支援教育の在り方に関する調査研究協力者会議」を設置し，その調査研究の結果を受けて平成15（2003）年3月の「今後の特別支援教育の在り方について（最終報告）」において試案として示した定義が知られるようになって以降であろう。ここにいたる経緯として，ADHDという状態像が表面的な行動上の困難とその背景との関連のわかりにくさもあり，そもそも発達障害と考えるべきなのかといった議論を経て，その特性が生得的なものであり，何らかの支援が必要な状態であることに同意が得られてきた（原, 2007）ことも理解しておくべきと考えられる。

　上述した「今後の特別支援教育の在り方について（最終報告）」における定義は，「ADHDとは，年齢あるいは発達に不釣り合いな注意力，及び／又は衝動性，多動性を特徴とする行動の障害で，社会的な活動や学業の機能に支障をきたすものである。また，7歳以前に現れ，その状態が継続し，中枢神経系に何らかの要因による機能不全があると推定される」である。

　この定義はアメリカ精神医学会（American Psychiatric Association；APA）による，精神疾患の診断・統計マニュアル（Diagnostic and Statistical Manual of Mental Disorders；以下，DSM）の第4版（DSM-IV）における，ADHDの診断基準を主に参考にしたものであった。その後，2013年にアメリカで，2014年に日本で第5版のDSM-5が出版されており（APA, 2013；日本精神神経学会, 2014），ADHDの診断基準にも種々の変更がなされている。大きな変更点として，関連障害である自閉症スペクトラム障害（DSM-IV-TRまでの広汎性発達障害）等とともに神経発達症群／神経発達障害群（Neurodevelopmental Disorders）のカテゴリーに含められたこと，自閉症スペクトラム障害が除外診断から外され，併存が認められたこと，症状の存在が7歳以前から12歳以前に引き上げられたこと，3つのサブタイプを廃しこの代わりに過去6カ月間の症状の現れ方として混合状態，不注意優勢状態，多動性-衝動性優勢状態として特定すること，症状の程度として重症度を3段階で特定表記すること，等が挙げられる。変更の背景には以下で述べる研究の進展が大きく，発達とともに状態が変化すること，成人期以降の支援とりわけ成人期まで診断対応がなされていないADHD者への対応の必要性を意識したものといえる。

　また，神経発達症群／神経発達障害群への包含は，この間の神経科学や脳科学，神経生物学といった基礎研究の進展によって示された多くの知見に基づき，ADHDが神経発達に起因する状態像であることを位置づけるものとした大きな変化ととらえる事ができる。現状ではADHDの診断ないし判断は基本的に行動上の問題の程度から行われ，生物学的背景の存在については基礎研究からの示唆に基づく推測にとどまっているものの，このような位置づけは国内における特別支援教育の進展においてADHDをどうとらえるかにも影響を及ぼしていくものと考えられる。これらのことも含め，ADHDを取り巻く特別支援教育ならびに関連する研究分野の動向とその成果について以下にまとめる。

II　本態解明に向けた知見の進展

　上述のように，不注意，衝動性，そして多動性という三つの基本的な症状は，行動面に表出される状態像（特性）によるものであり，その背景に中枢神経系の機能不全があることを仮定している。このことについて，心理学，認知科学等の研究分野の進展から，不注意や衝動性，多動性といった特性，ならびにこれらの特性から生じる種々の困難さが生じる背景には，主に前頭葉が関与する認知処理過程の不全が存在するとの仮説とそれらを裏付ける知見が蓄積されてきた。その主な端緒は，Barkley（1997）による，ADHDの中核障害を行動抑制の障害ととらえた，実行機能のハイブリッドモデルであろう。国内においてもこのような観点からの理論提示や実験研究が行われてきており，いくつかの認知モデルおよび仮説（注意障害モデル，抑制障害・遂行機能（実行機能）障害モデル，デフォルトモード障害仮説）が紹介され，適用されてきている（加藤，2010など）。

　これらの研究の多くは，対象としてADHD児者とコントロール群としての定型発達児者を対象に行われてきた。それらの研究において，次項で述べるADHDの特性評価にも関連して，注意や実行機能の評価課題の成績が必ずしもADHD児・者で低下しないことも指摘されてきた。そのような結果の一貫性のなさの説明として，ADHD児・者におけるパフォーマンスの個人差の大きさ，不均一性（heterogeneity）が存在することが指摘されてきた（岡崎，2011）。このようなADHDの本態解明に関する知見は神経科学や脳科学，心理学とともに生物学，遺伝学的要因を含めて検討されてきており，発達に伴う変動を含めたADHDの多様性を示す「ADHDスペクトラム」（室橋，2011）との提唱もなされるに至っている。

　これらの研究成果をふまえ，現時点ではADHDは脳科学的には実行機能に関連する経路の不全，報酬系の機能障害と時間調節機能の障害，安静時の脳内ネットワーク結合（デフォルトモード）の特異性があると考えられてきている（齋藤，2016）。

　生物学的背景を中心とした本態解明に向けた知見の蓄積は，支援にも関わる医学的アプローチとしての薬物療法に関する知見の進展への寄与が大きいといえる。ADHDへの薬物治療は当初は治療薬として承認されたものがなく，経験的にメチルフェニデート（商品名リタリン）が使用されていた。その後，ADHDの存在が知られるようになってきたこととともに，2007年12月のメチルフェニデート徐放錠（商品名コンサータ）の6歳から18歳までのADHD児への薬価収載，2009年6月のアトモキセチン（商品名ストラテラ）の薬価収載に至り，薬物治療の選択肢が広がった。さらには成人期以降のADHD者の治療対応ニーズの高まりにより，2012年にメチルフェニデート徐放錠，2013年にアトモキセチンが青年期と成人期に診断された場合にも処方可能という適応拡大に至っている（齊藤，2016）。

III　支援に関わる知見の進展

　上述の本態解明に向けた知見の進展もあり，発達障害への理解と特別支援教育の進展とともにADHDをはじめとする発達障害児者の認知特性を含めたアセスメントと，そこで用いられるツールも発展してきている。もともと欧米ではADHDの状態評価には種々の評定尺度が用いられており，診断にも支援にも寄与するものであった。国内でも，海外の評定尺度をベースに，標準値をもつ尺度がいくつか利用可能となってきた。例としてはADHD-Rating Scale-IV（ADHD-RS）やConners3日本語版などが挙げられ，主に医療機関におけるADHDの診断に寄与してきている（齊藤，2016）。

　また，知能検査や認知検査に含まれる検査項目には注意や記憶に関連するものが含まれること，ADHDのある子どもの多くが認知面の得意，不得意のアンバランスが大きいことが知られてきていることに伴い，個別実施の知能検査，認知検査は，その結果がADHDの診断に直結するわけではないことを含め，広く理解，使用されるようになってきた（岡崎他，2013）。このような用途で学齢期の子どもによく用いられる個別検査には，WISC-IV（Wechsler Intelligence Scale for Children Fourth Edition），KABC-II（Kaufman Assessment Battery for Children Second

Edition），DN-CAS（Das・Naglieri Cognitive Assessment System）を挙げることができ，指導支援を含めた事例も報告されるようになってきている（上野他，2015；前川他，2017 など）。例えば DN-CAS においては「注意」を評価できる点において ADHD の特性評価に資することが指摘されており，海外において指摘されている ADHD 児者における「プランニング」と「注意」に弱さがあるプロフィールパターンは，国内の事例研究においても同様に認められることが多いとされる（岡崎他，2013）。

ADHD への指導支援の基本は，先述の薬物治療を中心とした医学的アプローチとともに，行動療法や環境調整を含めた教育的支援の有効性を示す実践や知見が蓄積されてきた。

当初，ADHD は表面的な行動上の問題が目立つために学級崩壊や素行の問題に関連付けられたが，ADHD 等の発達障害の存在が周知されるに伴い，むしろ社会全体における構造の変化や教育力の低下が直接の原因として考えられるべきものであること，発達障害を含め教育的ニーズの高い子どもへの支援という観点が重要であることは比較的すぐに受け入れられてきた経緯がある。

ADHD 児への教育的支援については，ADHD をはじめ発達障害がある，あるいはその可能性がある子どもの多くが通常の学級に在籍していることをふまえ，早い段階から通常の学級における指導ニーズが指摘された（全国情緒障害教育研究会，2003 など）。通常の学級単位で行われる指導支援は，個別あるいは少人数の集団で有効なアプローチを拡充する形で発展してきたといえる。具体的には，教育あるいは授業のユニバーサルデザインの考え方に基づく通常の学級を含めた子どもを取り巻く環境の調整に代表される，通常の学級を中心にした他の児童生徒とともに包括的に行われる支援や配慮から，個々の認知特性を考慮した環境調整や課題の工夫といった，より個別的な教育的支援まで含まれるようになってきている。このような教育的支援の広がりを受けて，学校現場においては，2006（平成 18）年 4 月から，ADHD を含め発達障害のある児童生徒が通級指導教室を利用可能となったことで，個別的な形態の指導がより効果的に行われるようになってきているといえる。

具体的な支援や配慮としては，予定表やがんばり表のような見通しを促す手がかりを用いること，適切な言動に明確なフィードバックを返すこと，その蓄積を促すこと（例：トークンエコノミー法）や，そのような対応をできるだけ家庭と学校とで一貫性をもたせるといったことが挙げられる。これらの指導・支援は，上述の教育あるいは授業のユニバーサルデザインの考え方の広がりに合わせ，ADHD を含め発達障害のある児童生徒には必要な支援であるとともに，周囲の子どもにとってはあると便利な支援として，通常の学級においても定着してきている状況にあるといえる。このような教育的支援が有効であることの広がりは，ひいては ADHD をはじめとする発達障害のある可能性のある子どもへの早い段階への気づきにも波及し，教師を中心に周囲の気づきから適切な支援に至る道筋ができつつあると考えられる。

加えて，保護者に対する支援，訓練も周囲の環境調整という点で重視されてきた。保護者支援は二次的障害の軽減にも重要であることが指摘され，特に就学前の子どもと保護者を対象とした子育て支援の中で，ADHD への理解が広がってきたことにともない，その有効性が受け入れられてきた経緯がある。それらの動きは教育現場よりもむしろ医療，福祉現場で進展してきており，国内でも保護者への支援の方法としてペアレント・トレーニングが各地で用いられるようになってきている（齊藤，2016）。ペアレント・トレーニングは少人数の親を対象に 10 回程度のプログラムで構成され，保護者に子どもの行動変容のための方法を学習してもらうことで，効果的な子どもの問題解決に親が関わってもらうことをねらうとともに，親の養育ストレスの低下やうつ状態の軽減，親子の相互作用の改善にも効果があることが報告されている。

薬物治療を中心とした医療，学校教育における特別支援教育，上記ペアレント・トレーニング等に関わる福祉，そして保護者，親の会や自助組織といった団体を含めた地域連携が重要であることが指摘できる。これらの取り組みは当初の幼児期から児童期，思春期の段階から，成人期も含めた支援へと広がりつつある。

Ⅳ 特別支援教育への貢献

上述した教育現場における支援に関わる知見の進展およびそれに伴う変化は，基礎的な研究知見の蓄積が資するところは大きいと考えられる。すなわち，ADHDが直接的な環境要因や，技術や知識の欠如によって生じる状態ではなく，知識を用いて計画を立てたり，系統立てて考えたり，行動を管理する一連の心理機能上の困難であることの理解が進んできているものを反映していると考えられる。また，行動に現れる衝動性や多動性が困難につながる比較的低年齢のADHDへの指導支援から，表面的な衝動性や多動性が見えにくくなることに相対して不注意にともなう困難が表面化していく年齢の高いADHD児の指導支援，さらには成人期への移行支援の重要性も指摘される（齊藤，2016）に至っていることは先に述べた通りである。あわせて，ADHDの薬物治療の有効性が周知されることに伴う，薬物治療を受けるADHD児者本人や周囲に対する心理的サポートは，必ずしも医療サイドのみが担うわけではなく，学校を中心とした特別支援教育に携わる教員等の関係者も連携して対応することが重要であるというコンセンサスが得られてきた状況にある。特別支援教育の進展に伴い，通常の学級の担任もADHDをはじめとする発達障害とその可能性のある児童生徒への気づきと，支援の必要な存在としての認識が着実に広がってきているといえる。その中で，ADHD＝薬物治療ではなく，薬物治療は医療サイドのアプローチの有効な一つであること，有効性の担保には心理社会的支援の併用や機関間や地域での連携を通した長期的支援が重要であることも広く認識されつつあると考えられる。

思春期から成人期にかけての支援との関連では，2016年4月に施行された「障害者差別解消法」において，発達障害を含む障害のある人に対する「不当な差別的取り扱いの禁止」，「合理的配慮（reasonable accommodation）の提供」が法的に義務づけられたことは，とりわけ大学などの高等教育段階における発達障害学生支援の必要性に関連してその動向が注目される。日本学生支援機構（2016）の調査において，大学入学後の修学は高等学校までの学習とは大きく異なることが，ADHD等の発達障害のある学生にとって困難につながりやすいことが指摘されている。同調査において，大学における修学支援例として，「配慮依頼文書の発行」「履修支援」「学習指導」「出席に関する配慮」「授業内容の代替」「提出物の期限延長」などが実際に行われていることも示されており，高等学校段階までの特別支援教育における支援対応が，高等教育段階にスムーズに移行できるようになる体制作りは，今後の課題とも言える。

成人期の支援の重要性ならびに成人に至るまでの時期に成人期を見据えた指導支援が重要であることはLDやASDへの理解や支援の進展とともに指摘されてきてもおり，ADHD者の生涯発達に対しても特別支援教育の貢献する点は大きいと考えられる。

〈文献〉

Barkley, R.A.（1997）ADHD and the Nature of Self-Control. Guilford Press.

原仁（2007）ADHDは発達障害か？ 現代のエスプリ，474；96-106.

加藤元一郎（2010）神経心理学からみたADHDの不注意症状について．児童青年精神医学とその近接領域，51(2)；94-104.

前川久男・中山 健・岡崎慎治（2017）日本版DN-CASの解釈と事例．日本文化科学社．

室橋春光（2011）ADHDスペクトラム？：岡崎論文へのコメント．心理学評論，54(1)；73-75.

日本学生支援機構（2016）平成27年度大学，短期大学及び高等専門学校における障害のある学生の修学支援に関する実態調査報告．日本学生支援機構．

岡崎慎治（2011）ADHDへの認知科学的接近．心理学評論，54(1)；64-72.

岡崎慎治・宮寺千恵・増南太志（2013）ADHDへのアセスメント．（前川久男・梅永雄二・中山健編）発達障害の理解と支援のためのアセスメント．pp.113-127．日本文化科学社．

齊藤万比古編（2016）注意欠如・多動症—ADHD—の診断・治療ガイドライン第4版．じほう．

上野一彦・松田修・小林玄・木下智子（2015）日本版WISC-IVによる発達障害のアセスメント：代表的な指標パターンの解釈と事例紹介．日本文化科学社．

全国情緒障害教育研究会（2003）通常の学級におけるAD/HDの指導．日本文化科学社．

1-7 発達障害とその周辺

1-7-4 自閉症教育の到達点

渡部 匡隆

平成13年（2001年）に答申された「21世紀の特殊教育の在り方について——一人一人のニーズに応じた特別な支援の在り方について（最終報告）」において、「知的障害と自閉症を併せ有する児童生徒等に対し、この二つの障害の違いを考慮しつつ、障害の特性に応じた対応について今後の研究が必要である」こと、「今後、高機能自閉症児への教育と心因性の情緒障害児への教育の違いを考慮しつつ、両者に対する教育的対応の在り方を見直していく必要がある」ことが指摘された。

本稿では、それらをふまえ、2001年から2016年までに特殊教育学研究（日本特殊教育学会発行）に掲載された実践研究論文を中心に、知的障害を伴う自閉症児と知的障害を伴わない自閉症児への教育的対応の研究成果について振り返ってみたい。

I 知的障害のある自閉症児の教育的対応

表1に、国及び国立特別支援教育総合研究所、東京都を例に、2001年から現在までの自閉症教育の充実に向けた主な取組を示した。

1. 特性に応じた環境的な配慮

太田・青山（2012）は、小学部2年生の自閉症男児を対象に、登校後の荷物整理から着替えまでの一連の活動を自発的に取り組む指導を行った。最初に、一連の活動の課題分析を行った。そして、掲示物、人の出入り、周囲の声といった環境の問題、教師の指示やプロンプト、指導手続きの一貫性といった指導方法の問題、行動の強化子となる動機づけの問題から自発的な行動の妨げとなる要因を明らかにした。

それら結果にもとづいて、環境に対する配慮、手順カードやプロンプトの与え方など指導方法の配慮、対象児の好みやお楽しみとなる活動を見つけ、一連の活動後にそれらに取り組める時間を設ける動機づけへの配慮を行うことで、活動のつながりが図られ、荷物整理から着替えまでに要する時間の短縮や教師のプロンプトがなくても行動できるようになった。自閉症児の行動の妨げとなる要因を明らかにするためのアセスメントや、自閉症の特性に応じた環境的な配慮は、多くの知的障害特別支援学校で取り組まれてきている。

2. 指導内容の工夫

自閉症児に対する指導内容にも変化がみられている。伊藤ら（2011）は、小学部3年生の自閉症男児にPECSを用いたコミュニケーション指導を行った。PECSとは、Picture Exchange Communication System（Bondy & Frost, 2001）の略であり、絵カード交換式コミュニケーションシステムと訳されている。

対象児は、発声はみられるものの奇声が多く、音声模倣や文字による表出も困難であった。主に指さしやリーチング、「ア」という発声で要求し、聞き手に伝わらない場合は強引に要求物を取るという状況であった。そこで、対象児の好みの活動や飲食物、色や大きさなどの修飾語を約5cm大の絵カードにして、それらをマジックテープで取り付けるPECSブックと文シートを作成しおやつ場面、自由遊び場面、家庭場面で指導した。その結果、相手との意思伝達が定着し、要求の機会が拡大したり、家庭でお手伝いを担えるようになったりした。

岡部・渡部（2006）は、中学部に在籍する3名の生徒を対象に、休み時間に自発的に余暇活動を開始する指導を行った。それらの生徒は、休み時間に自発的に余暇活動に取り組むことはなく、取り組んでもすぐに終わってしまったり、常同的な

表1　国，国立特別支援教育総合研究所，東京都における自閉症教育の主な取組

2003年〜2005年　国立特別支援教育総合研究所
　　知的障害特別支援学校における自閉症教育に関するプロジェクト研究
2004年　筑波大学附属久里浜特別支援学校
　　自閉症者に特化した学校設置
2005年　東京都教育委員会
　　知的障害養護学校における自閉症の児童生徒の教育課程の開発―新たな指導の形態として「社会性の学習」と自閉症学級の創設
2006年　学校教育法施行規則第73条の21の改正
　　自閉症者を通級による指導の対象者とする
2007年　学校教育法の一部改正，及び文部科学省通知
　　通常の学級に在籍する自閉症者を指導対象とする
2007年　国立特別支援教育総合研究所
　　小・中学校における自閉症・情緒障害等の児童生徒の実態把握と教育的支援に関する研究―情緒障害特別支援学級の実態，及び自閉症，情緒障害，LD，ADHD通級指導教室の実態調査
2008年　文部科学省通知
　　自閉症者を特別支援学級の対象とする
2008年〜2009年　国立特別支援教育総合研究所
　　自閉症スペクトラム障害のある児童生徒に対する効果的な指導内容・指導方法に関する実際的研究―小・中学校における特別支援学級を中心に
2009年　学習指導要領告示
　　自立活動に「人間関係の形成」の区分が追加
2009年〜2010年　文部科学省
　　自閉症の教育課程の調査研究事業
2009年〜2010年　東京都教育委員会
　　知的障害特別支援学校小学部での「社会性の学習」研究開発―自閉症学級の指導書「社会性の学習」の作成
2010年　東京都教育委員会
　　小学校特別支援学級における自閉症児の指導の工夫―特別支援学級指導書作成
2010年〜2011年　国立特別支援教育総合研究所
　　特別支援学級における自閉症のある児童生徒への国語科指導の実際―習得状況の把握と指導内容の編成及び実践を中心に
2011年〜2012年　東京都教育委員会
　　知的障害特別支援学校中学部での「社会性の学習」研究開発―自閉症学級の指導書「社会性の学習」作成
2012年〜2013年　国立特別支援教育総合研究所
　　自閉症・情緒障害特別支援学級に在籍する自閉症のある児童生徒の算数科・数学科における学習上の特徴の把握と指導に関する研究
2012年〜2013年　東京都教育委員会
　　自閉症・情緒障害特別支援学級の指導内容の研究開発―自閉症・情緒障害特別支援学級の教育課程編成の手引き作成
2013年〜2014年　東京都教育委員会
　　自立と社会参加に向けた高等部の自閉症教育の充実事業
2014年〜2016年　東京都教育委員会
　　自閉症・情緒障害特別支援学級の指導内容の開発普及

行動がみられていたりした。そこで，生徒の興味関心の高い活動を選び，活動の自発的な開始を促す補助具（レジャーナビ）と休憩時間であることを示す手がかりを用いながら，活動の自己宣言と自己完了報告を含めた余暇活動の行動連鎖を形成することで，休み時間に自発的に余暇活動を始められるようになった。余暇活動のレパートリーも徐々に拡大し，余暇活動をとおして級友や教師との相互作用も増加した。

高畑（2004）は，教室外への飛び出しや大声等の行動問題が頻回に生じている高等部に在籍する重度知的障害を伴う自閉症男子生徒を対象に作業学習の指導を行った。最初に，行動問題の機能的アセスメントを実施した。そして，行動問題が起こりやすい状況への予防的な環境的配慮，行動問題の機能に代替する行動と望ましい作業行動について，支援ツールや校内実習と校外実習を段階的に組み合わせて指導することで企業での現場実習に安定して取り組めるようになった。

3．行動問題への支援

強度行動障害とも言われる著しい自傷や他害，物壊しなどの行動問題は，学齢段階の自閉症児の家庭や学校生活に著しい困難や制約をもたらす。平澤・藤原（2001）は人を叩く，物を投げる，壁を蹴る，唾を吐く等の行動問題のある保育園に在籍する知的障害のある年長児を対象に機能的アセスメントと支援計画の作成手順を明らかにした。

機能的アセスメントは，行動問題の機能と生起要因を特定し，行動問題の軽減と望ましい行動の増加を図るための予防的な環境的配慮，行動問題と機能的に等価な代替行動，建設的で望ましい行動を計画するための一連のプロセスのことである

が，平澤ら（2001）の研究は，自閉症児の行動問題の軽減と生活の質の向上を図る標準的な手法となっている。

II　知的障害のない自閉症児の教育的対応
1．自閉症・情緒障害特別支援学校の取組

笹森洋樹を研究代表者とする「小・中学校における自閉症・情緒障害等の児童生徒の実態把握と教育的支援に関する研究（2007）」から，情緒障害特別支援学級に小学校では約75％，中学校では約60％の自閉症児が在籍していること，その中に，標準的な知的発達のある自閉症児が一定に在籍していることを明らかにした。

そこで，廣瀬由美子を研究代表者として，自閉症・情緒障害特別支援学級における特別の教育課程の編成や，具体的な指導モデルの策定をねらいに2008年から2013年まで一連の研究が行われた。2008年から2009年は，特別支援学級における自閉症教育と自立活動の指導状況の把握と，自立活動を中心に自閉症の特性を踏まえた特別支援学級での教育課程の編成案について検討した。続いて，2010年から2013年にかけて，国語科と算数・数学科について小・中学校学習指導要領，及び国立教育施策研究所の評価規準を参考に，国語科学習評価シートと算数科・数学科の学習に関する調査票を作成した。それらを用いて，自閉症児の学習上の特徴を把握するとともに，重点的あるいは簡単に取り扱う内容といった指導内容の組織化，授業時数の配当や指導の場の選択といった教育課程編成の基本的な要素を，担任が一定の手順で進められる方法について開発した。それらは，自閉症・情緒障害特別支援学級の教育課程を編成するための貴重な手がかりとなっている。

一方，大羽・井上（2007）は，特別支援学級を担任する教師のための短期研修プログラムを開発した。セルフチェックシート，問題解決リーフレット，セルフチェック演習ビデオを用いながら自己研修とeラーニングによって，最小限の職場外研修で短期間に高い研修効果が得られたことを明らかにした。

2．通常の学級における取組

大久保・福永・井上（2007）は，通常の学級に在籍する小学2年生の自閉症男児を対象に，小学校と専門機関が協働して，通常の学級への参加を促す指導・支援を行った。対象児は，他児への暴力や授業中の徘徊などがあり，級友の保護者から学校に苦情が出されていた。そのため，対象児の保護者は，具体的な対応策が見いだせるまで対象児を欠席させるという対応を行っていた。そこで，対象児への個別的な支援，校内支援体制の整備，学級全体の保護者への支援を総合的に実施することで行動問題の軽減とともに学級への参加が促進された。加えて，対象児への個別支援も含め，最終的に学校の教職員で対応していくことが可能となった。

松岡（2007）は，通常の学級の担任に継続的に行動コンサルテーションを行うことで，通常の学級に在籍する行動問題のある小学4年生の男児の授業参加行動を向上させた。行動コンサルテーションは約8ヵ月間，週1回，2時間程度のペースで続けられた。コンサルタントが学校を訪問し，授業観察を行った後に校長室で話し合いが行われた。話し合いでは，コンサルタントが担任の取組と成果を客観的に示す，担任の取組に対して肯定的なフィードバックを行う，担任の適切な支援行動を学校長や保護者に伝え担任と関係者の橋渡しを行う，話し合いには誰でも参加できるように心がけ，教師の支援に対する提案や企画について常に肯定的なメッセージを行うようにした。その結果，教師の効力感が向上するとともに，教師間でアイデアを出し合う，互いに助け合うなど学校全体で特別支援教育に取り組む姿勢がみられるようになった。

通常の学級に在籍する自閉症児の学習や級友とのかかわりを促進するための指導や配慮，学級経営に関する研究はさらに蓄積が求められる。しかし，担任や学校が，校内外の資源を活用しながらチームとして支援を主体的にマネージメントしていく手法が徐々に開発されつつある。

III　自閉症児をもつ保護者や家族への支援

2001年から2016年までの取組の中で，自閉症児の保護者や家族に対する支援についても忘れてはいけない。上野・野呂（2010）は，知的障害特別支援学校の小学部1年生に在籍する2名の自閉

症男児の保護者と，幼稚園の年長児クラスに在籍する1名の自閉症女児の保護者の3名に対して，ペアレントトレーニングを行った。ペアレントトレーニングは，子どもがスキルを獲得したり，子どもの行動上の問題を解決したりするために，保護者が必要な知識やスキルを計画的に身につけられるように支援することである。

上野ら（2010）は，子どもが目標とされた行動に家庭で取り組んでいる場面をビデオ撮影するように母親に依頼した。撮影されたビデオを指導者が編集し，母親と一緒にそのビデオを視聴しながら，適切な支援とそうではない支援について振り返りを行った。そして，適切な支援方法について行動リハーサルを行い，指導者が賞賛や助言等のフィードバックを行った。それらの介入を，4～6週間継続して実施した結果，目標された行動に取り組む場面では，子どもの望ましい行動を母親が的確に強化するとともに，適切なプロンプトを行うことで子どもの自発的な課題遂行が高まった。ところが，介入成果を確かめるための般化場面では，母親が子どもの行動を強化することや，適切にプロンプトすることがみられにくかったことから，支援の般化を促す工夫が必要とされた。

岡村・渡部（2015）は，通常の学級に在籍する小学6年生の広汎性発達障害の男児の母親に行動記録を用いたカウンセリングを継続的に実施した。対象児の顔に青あざがあることに指導者が気づき，保護者にそのことを伝えると，対象児の暴言をきっかけに体調を崩して療養している父親が蹴ったため青あざができたこと，対象児のせいで家庭がおかしくなっているため夫に引け目を感じていると涙ながらに告白した。そこで，子どもを叩く行動を止めること，母親だけでがんばって取り組むのではなく引け目を感じず夫と協力して子育てしていくこと，そのために専門機関と一緒に問題解決に取り組むことを確認し，支援が開始された。

支援の中で，対象児の睡眠障害が強く午前2時を過ぎても寝られない，暴言がひどく食事も一緒にとれない，学校での行動問題のため毎日母親が付添をしたり級友や保護者に謝罪を繰り返したりする，母親自身の体調もすぐれない，祖父母を含めて複雑な家庭環境にある，父親の離職により経済的にも厳しい状況にあるなど，さまざまなニーズへの対応が迫られた。

ペアレントトレーニングをはじめ，子どもの行動を理解し，子どもが必要なスキルを身につけ，行動問題の軽減を図るための保護者支援の手法はかなり普及してきた。しかし，保護者の強いストレス事態を理解し，それらの軽減や保護者や家庭の豊かな生活を実現していくための手法の解明は，今後の課題となる。

〈文献〉

平澤紀子・藤原義博（2001）統合保育場面の発達障害児の行動問題に対する専門機関の支援—機能的アセスメントに基づく支援における標的行動と介入手続きの特定化の観点から．特殊教育学研究，39(2)；5-19.

伊藤玲・松下浩之・園山繁樹（2011）自閉性障害児に対するPECSを用いたコミュニケーション指導—文構造の拡大の観点から．特殊教育学研究，49(3)；293-304.

松岡勝彦（2007）通常学級における特別支援のための継続的行動コンサルテーションの効果．特殊教育学研究，45(2)；97-106.

岡部一郎・渡部匡隆（2006）発達障害のある生徒の余暇活動の自発的開始の指導—知的障害養護学校における休み時間の変容を通して．特殊教育学研究，44(4)；229-242.

岡村章司・渡部匡隆（2015）公汎性発達障害児の保護者が示す子どもを叩く行動の変容—行動記録を用いたカウンセリングの効果の検討．特殊教育学研究，52(5)；369-379.

大羽沢子・井上雅彦（2008）特別支援学級担任の短期研修プログラムの開発と有効性の検討—学習指導場面における教授行動と学習行動の変容．特殊教育学研究，45(1)；85-97.

大久保賢一・福永顕・井上雅彦（2007）通常学級に在籍する発達障害児の他害的行動に対する行動支援—対象児に対する個別的支援と校内支援体制の構築に関する検討．特殊教育学研究，45(1)；35-48.

太田千佳子・青山真二（2012）自閉症児の行動連鎖を妨げる要因のエコロジカルな分析と指導の展開—特別支援学校での登校後の荷物整理と着替えの場面を通して．特殊教育学研究，50(4)；393-401.

高畑庄蔵（2004）行動障害を示す自閉症生徒への機能的アセスメントと支援ツールに基づく作業行動支援—校内作業学習から校外現場実習へのスムーズな移行を目指して．42(1)；47-56.

上野茜・野呂文行（2010）自閉性障害児の親に対するペアレントトレーニングに関する研究—ビデオフィードバックが親の養育行動にもたらす効果の検討．特殊教育学研究，48(2)；123-133.

1-7 発達障害とその周辺

1-7-5 学習困難の研究動向と特別支援教育への貢献
研究の動向と特別支援教育への貢献

伊藤 由美

　本稿は2001年～2016年の16年間に発表された「学習困難」に関する研究の動向を探ることが目的である。

　学習困難とは，学習内容を学年相応に習得することの妨げとなるような，学習上の困難の総称であり，教育において特別な対応が必要な状態を包括的に示した概念である（雲井，2016）。学習困難は結果として学業不振となって現れるものであり，その背景には学業の修得に不利に働くさまざまな要因があると考えられている。また，その要因は1つとは限らず，複合的な場合もある。さらに，学習困難と一言で言っても，その背景となる要因は多様で，障害に起因する場合とそうでない場合がある。

　障害のある子どもの場合には，知的障害や感覚障害，肢体不自由等の有無に関わらず，その子どもの教育的ニーズに応じて学習環境を調整したり，支援機器の活用等必要な手立てを講じられたりすることが必要であり，このような手立てをはじめ，適切な指導・支援が行われなければ，その子どもにとって学習困難を引き起こす可能性が高くなる。これは，2Eの子どもたちにとっても同様である。さらに，障害に起因しない例としては，外国語の文化で育ってきた場合，虐待等厳しい家庭環境で育ってきた場合，貧困などで十分な学習期間が保障されなかった場合など心理的要因や社会，家庭といった環境要因が大きく影響する場合が考えられる。

　今まで日本語にほとんどふれたことがない外国籍の子どもが日本の学校に入学することになった場合，日本語の理解そのものが困難なため，授業の内容理解のみならず，教師の指示に従うことさえも困難な状況になることがある。いうまでもなく，不登校の場合には学校に行くこと自体が困難であり，学習機会が保障されないこととなる。さらに，不登校の状態にある子どもの中には被虐待や生活困窮といった保護者が原因で学習困難をきたしている子どももいる。

　このように，子どもが学習に対して困難さを感じるという状態は同じであっても，その背景要因はさまざまであることから，学習困難に関する研究も多様な角度から取り組まれている。

　2001年から2016年までに発表された研究論文のうち「学習困難」を含む論文をCiNii（Citation Information by NII）を用いて検索をしたところ表1に示した164本が該当した（2016/10/24 現在）。

表1 CiNiiにおける「学習困難」を含む論文の検索結果

発表年	本数	発表年	本数
2001	12	2009	4
2002	14	2010	5
2003	8	2011	9
2004	11	2012	16
2005	8	2013	13
2006	9	2014	11
2007	13	2015	13
2008	12	2016	6

　この結果から「学習困難」で該当した研究は，この16年間で著しく数が増えているとはいえないが，毎年10本程度は発表されていることから，教育においては，常に関心のあるテーマだといえよう。164本の論文のうち，発達障害のある子どもの学習困難の状態やその支援に関するテーマが多くを占めていたが，諸外国における学習困難の捉え方や実態報告，国際比較に関する研究論文も15本含まれていた。さらに，「学習困難」を「学習」

と「困難」の2ワードに分けて検索をすると3,264本の論文が掲載されており，そのテーマや内容は先に述べた以上に多岐にわたっていた。

学習困難に関する研究論文には，冒頭に述べた通り，学業不振の要因に障害を背景とするものが多いが，本章では各障害に関する内容が扱われることから，本稿では，「諸外国における学習困難に関する研究」，「虐待をめぐる学習困難に関する研究」と広く子どもをとりまく状況という視点で「学習困難」をめぐる研究の特別支援教育への貢献について述べることとする。

I 諸外国における学習困難に関する研究

諸外国の学習困難に関する研究については，アメリカ，イギリス，オーストラリアといった欧米各国を対象に，学習困難の概念や支援等に関する歴史的経緯が示された論文，また国際比較に関する論文を取り上げる。

まずは，学習困難の概念や支援に関する論文からイギリスとオーストラリアについて紹介する。

イギリスにおいては，Inner London Education Authority (ILEA) が取り組んだ学校改革に関する研究と，知的障害のある子どもを例にナショナルカリキュラムの適用の現状と課題について取り組んだ研究を挙げる。

現在，イギリスでは障害の有無にかかわらず，特別な教育的な手立てを必要とするほど学習における困難さがあれば，その子どもにとって特別な教育的ニーズがあると捉えられている。そのため，支援ニーズの判断は「学習における困難さ」の有無が基本となる。新井（2010）は現在の教育制度になる前の1960年代から1980年代にかけ，イギリスのILEAが取り組んだ学校改革について分析し，学習困難のある子どもの支援システムの開発について示している。1970年代に入り，ILEAは包括的な教育実践を構築するために，能力の異なる子どもたちを一緒に課題に取り組ませたり，学校全体のアプローチを確立させたりと，各学校のチームサポートの考え方を普及させることが重要であることを示しており，1980年代になるとILEAはアドバイザリーとサポートサービスを改善し，学習が困難な子どもを指導するための指針を発表し，指導の改善に取り組んでいる。30年に渡りイギリスで学習困難のある子どもを支援するために取り組んできた経緯を概観することで，特別支援教育に先駆的に取り組んできたイギリスの教育施策と課題を把握する一助となる。

一方，米田・宮内（2015）は，過去20年間に公表された学術論文10編を分析することにより，イギリスにおける知的障害児へのナショナルカリキュラムの適用の現状と課題について述べている。イギリスでは、1988年にナショナルカリキュラムが規定され，以降，どの学校でも統一された学習内容が保障されるようになった。しかし，知的障害児教育においてはナショナルカリキュラム履行上に課題があり，その課題とは，教師集団の教科に関する専門性の確保と個々のChildren with Special Educational Needs (SEN) に応じたカリキュラムの柔軟性の確保であることを述べている。また、評価方法について，ナショナルカリキュラムが求める水準に達していない児童生徒の学習到達度を評価する手段として「Pスケール」が開発されたが，評価の一貫性に課題があることを指摘している。

次にオーストラリアについてである。玉井・片岡（2001）は，オーストラリアの歴史的背景を踏まえ，学習困難に関する課題の展開と対応について整理している。オーストラリアはアメリカやイギリスとは異なり独立した教育法制をとっていないことから，教育や支援の制度等を考える際に異なった視点を得ることができる。オーストラリアでは「学習障害」を障害のカテゴリーとしてではなく，「学習困難」という概念を用いて教育サービスが展開されている。教育行政文書で使用される用語は州によって異なり，学習困難の基準も異なっている。しかし，国としては，学習上の困難を経験している児童・生徒すべてに対し，教育的なサポートを提供するという方針が取られており，教育的努力がなされてきたことが示されている。また，州の取り組みの例として，クイーンズランド州における障害や困難をもつ子どもへのサービス提供について具体的な内容が紹介されている。

次に国際比較に関する論文を紹介する。片岡

(2008) は OECD の調査結果から，23 カ国中の読み書き障害の定義や指導の場，教育制度等について示している。論文では，ほとんどの国で読み書き障害を一つの障害カテゴリーととらえ，支援の対象としていたが，支援を提供する場は各国によって異なることを述べている。ベルギーやフランスでは特別学校，カナダやスペインでは通常学級を中心に支援が行われている。また，用語の使われ方と定義も国により異なり，イギリスではディスレキシア，アメリカでは学習障害，オーストラリアでは学習困難が日常的に用いられており，スカンジナビア半島では読み障害など厳密に区分された用語が用いられていることを記している。また，教育制度においては，イギリスでは特別なニーズ教育のもと支援が提供され，ディスレキシアフレンドリースクールが提唱されている。一方，アメリカでは IDEA に基づき，無償で適切な教育が提供され IEP に従って支援が行われており，各国によりさまざまな違いがあることが示されている。

千賀・是永 (2012) は20世紀初頭のアメリカとスウェーデンにおける学習困難児を中心とする特別学級・補助学級の対象児に関する実態把握の比較検討をし，両国の共通点についても述べている。民族的な背景も，特別支援教育の推進状況も異なる両国だが，当時新たに開発されたビネーテストを活用することで，今まで教師による子どもの実態把握だけで判断がされていたものに医師の診断と検査結果が加わり，特別学級・補助学級での継続的な指導の必要性の判断や進路の助言に活かされるようになったことを示している。また，検査を活用することで子どもの状態の差違が明確になり，指導の課題が明らかになったことも示しており，国の背景に関係なく，学習困難への支援におけるアセスメントの重要性と支援に結びつけることの大切さが述べられている。

国の状況により施策等に違いが生じるのは当然のことであるが，違いを知るだけでなく，状況が異なる国であっても，共通して必要となることを知ることで，我が国における学習困難への取り組みを改めて見返す際の参考となる。

II 虐待をめぐる学習困難に関する研究

次に，子どもにとって身近な環境である家庭で生じる虐待についてとりあげ，虐待を受けた子どもの学習困難について示す。

桑原・田中・中村・江田 (2009) は児童養護施設における被虐待児への教育的取り組みについて述べている。児童養護施設の入所児童には障害を有する子どもの割合が高く，厚生労働省の調査によれば，児童養護施設の入所児童の20％に発達障害・行動障害の診断ないし疑いがあり，こうした子どもの障害は虐待とも関係していると考えられている。情緒障害児短期治療施設では児童の69.3％に発達障害・行動障害が見られ，被虐待体験も77.7％ときわめて高い。

入所してくる児童は，心理的に不安定で，学習に取り組めるような環境下にないことが多い。低学力の子どもの割合が大きく，学習への自信のなさや抵抗が見られる。ネグレクトの影響や，不就学・不登校の例もあり，過去の学習経験に不足もある。また発達障害を有する児童の場合は個人差が著しく，改めて学習の習慣を身に付けさせることは容易ではないと，学ぶことへの困難な状態が示している。こうした中，過去には，基本的な生活習慣の定着が第一と考えられ，学習面の支援は重視されてこなかったが，現在は学習支援の大切さから，大学の学生ボランティアと協力をして学習支援に取り組み始める等，児童養護施設に入所する子どもの状況と支援が変わってきたことも述べている。

小野 (2012) は，被虐待児の認知特性と学習の遅れについて，発達初期に不適切な養育を経験した子どもの多くに知的発達の遅れが認められることを示している。養子になった子どもの精神運動発達の遅れは，数カ月〜1年の間に改善されたという結果を示す一方，社会的認知，記憶，実行機能においては障害が認められたり，養子となった子どもが実子よりも学力や言語能力に遅れがみられるといった研究結果も示している。

被虐待児の知能検査 WISC-Ⅲ を分析した結果，不適切な養育を受けた子どもは，社会常識と因果性に関する理解が極端に不足している場合に〈理解〉や〈絵画配列〉といった下位検査の結果が特

に低くなり，失敗を極度に恐れ過敏に反応に場合は高くなることが考えられると考察している。またこうした結果の背景として，愛着形成の不全が対人関係のみならず，学習面においても問題を生じさせているのではないかと推察している。

数井（2003）は，アメリカを中心にした海外の研究を概観することから，虐待を受けた子どもが学習意欲の減退や学業成果の悪化など，基礎学力が大幅に低下している状況について論じている。

学習意欲については，虐待を受けることは自分自身の能力をどのように認識し，それに基づき学習意欲をどのように持つかという部分に影響を与えており，たとえば，虐待を受けた幼稚園や低学年の児童は，虐待を受けていない児童に比べて，自分の能力を過大評価し，高学年の児童は過小評価する（Barnetl et al., 1996；Vondra et al., 1989）という研究結果から，虐待の経験が学業を滞りなく遂行する能力や学習意欲を示す自発性や内発的動機づけを阻害していることを示している。学業成果については，Rowe & Eckenrode（1999）が行った，5歳〜18歳までの314名の虐待経験のある子どもと，統制群330名を比較検討した研究結果から，読解力と計算力の領域で被虐待児の方が成績が悪かったことを示している。

また，165名の平均年齢9歳の被虐待児と169名の統制群との比較では，被虐待群は各強化の成績が低いばかりではなく，無断欠席や特殊学級・特殊学校への移行や留年，問題行動の増加が顕著であった（Kinard, 1999）。このように，多くの研究で虐待という適切な育ちの環境が与えられないことが学習困難を引き起こすことに繋がる可能性が高いことを示していた。

Ⅲ まとめ

学習困難のある子どもをめぐる諸外国の制度，指導・支援等の研究と虐待による学習困難に関する研究成果の一部を示した。海外と国内とでは，学習環境，保護者の養育に関する考え方等に違いがあるため，研究結果をそのまま流用することは難しいが，諸外国の取り組みから得られた結果を整理することで得られた知見は，我が国の特別支援教育を考える際の参考になると言えよう。虐待については，注目されている社会的問題であり，引き続き研究がおこなわれる領域と考えられる。しかし，情緒面に関する課題と支援に注目されることが多く，その結果として生じる学習困難に着目して扱った研究が同じくらいあるとは言い難い。一方で学習困難の背景に情緒的な影響が大きくあることから，情緒が安定することなく学習意欲を高めることは難しい。そこで，子どもにとってどのような支援が情緒を安定させ，学習に向き合うことができるかを考える研究を充実させることも期待される。

学習困難は原因も対応も多様であり，研究の到達点を決めることは難しいが，今後も学習困難のある子どもの学びについて考えることは必要であり，研究の推進が求められる。

〈文献〉

新井英靖（2010）ロンドンの初等・中等学校における学習困難児への支援システムの発展過程．特殊教育学研究，47(6)；471-482.

片岡美華（2008）読み書き障害と学習障害の教育的把握と支援方策：国際的比較研究の動向にふれて．障害者問題研究，35(4)；294-302.

数井みゆき（2003）子ども虐待—学校環境に関わる問題を中心に．教育心理学年報，42；148-157.

雲井未歓（2016）学習困難．（日本LD学会編）発達障害事典，pp.170-171. 丸善出版．

桑原徹也・田中ón・中村通雄・江田裕介（2009）現在の児童養護施設における教育的な課題と旭学園の取り組み．和歌山大学教育学部教育実践総合センター紀要，19；1-8.

小野純平（2012）被虐待児の認知特性と学習の遅れ（第20回大会特集 あらためて問う発達障害児の学習支援：知能・学力・生きる力：一般社団法人日本LD学会第20回大会教育講演）．LD研究，21(2)；152-161.

千賀愛・是永かな子（2012）20世紀初頭のアメリカとスウェーデンにおける特別学級・補助学級に関する検討—学習困難児の実態把握の方法を中心に．北海道教育大学紀要．教育科学編，63(1)；99-114.

玉村公二彦・片岡美華（2001）オーストラリアにおける「学習困難」問題の展開と早期対応—クイーンズランド州の場合．奈良教育大学紀要，50(1)；241-250.

米田宏樹・宮内久絵（2015）英国の知的障害児教育におけるカリキュラムの現状と課題—1994年から2014年の文献レビューを中心に．障害科学研究，39；75-89.

1-8 才能（ギフテッド）

1-8-1 才能に関する研究動向

松村 暢隆

I　才能教育と特別支援教育

　本書で「才能」（giftedness, talent）が特別支援教育の対象となる障害種と並んで取り上げられたのは，日本の特別支援教育研究にとって，画期的で有意義である。以前はわが国では，学校で才能の問題に対処する「才能教育」（gifted education）が特別支援教育と関連して実践されたり論じられたりすることはきわめて希であった。アメリカ等では通例のことなのに，日本では特別支援教育の講義テキスト本に才能教育の章が含められることは，今日まで松村（2004）の一例を除いて皆無であった。ところが近年，発達障害と才能を併せもつ「２Ｅ」（本書 **2-3-1** 参照）の子どもたちへの支援のあり方が論じられるようになり，背景となる才能教育を理解する重要性が増してきた。

　才能教育とは，平均より優れた能力・才能が識別された児童生徒（以下，生徒）を対象に，学校で特別プログラムを提供したり，在籍措置を講じたりするものである。学校教育制度上，才能教育が公式に存在するアメリカ等では，障害に応じる特別教育（special education：日本の特別支援教育に相当）と並んで才能教育も，学年相当の通常カリキュラムでは十分にその個別の学習ニーズに応じられない特定の優れた才能のある子ども（以下，才能児）を対象とする。才能児も，学業不振や学校不適応に陥って，通常とは異なる支援を要することもある。また，発達障害等の障害を併せもつことも少なくない（本書 **2-3-1** 参照）。

　アメリカの才能教育の措置や学習方法は，世界中の多くの国の学校教育に取り入れられるようになった。日本では，先進国の中では珍しく，公式の才能教育の制度は存在しない（文字通りきわめて例外的な「教育上の例外措置」すなわち大学への飛び入学を除いて）。そのため，才能教育に関する教育学や心理学の研究も，極端に乏しかった（松村，2003に概説）。戦後の長いあいだ，学校での才能教育は，平等主義に反すると排除されることが多かったが，近年，多様な教育のあり方がオープンに論じられるようになり，「才能を伸ばす」「優れた能力を伸ばす」という課題について，文科省や教育再生実行会議等，国の教育行政レベルで大っぴらな議論が行われるようになった。また，2010年度から４年間，放送大学大学院で『才能と教育』（TV講義）が開講されたのは，日本では才能教育を全体テーマとした最初の講義で，画期的な意義があった（岩永・松村，2010）。

　2001年以降も，わが国では才能教育の理論・実践研究に関する文献はきわめて乏しいが，研究の発展の契機として，松村（2003）を挙げることができる。アメリカの教育実践を紹介しているが，才能教育についての理論・実践を整理して，わが国でも共通認識すべき内容が述べられた。なお，外国の才能教育の制度・方法に関して，本多（2008）はオーストラリアについて，また石川（2011）は韓国について，総合的に詳述して，そのような優れた比較教育学的研究も現れた。

II　アメリカの理論・実践に基づく概念の整理

　アメリカの才能教育は長年，法的基盤をもって実践されてきた。そして，効果のある実践方法のエビデンスを伴う検証も含めて，多くの研究が蓄積されてきた。今世紀に入って，松村（2003, 2008），岩永・松村（2010）などの文献によって，それらの理論・実践に関する概念整理が行われてきた。以下に，わが国の特別支援教育の中で，現在および今後，２Ｅ教育について検討する際に認

識しておくべき背景の観点をごく簡略に述べる。

1．才能の概念

アメリカ連邦法の1978年改正「初等中等教育法」（ESEA）に盛り込まれ，現在まで継承されている定義によると，才能児は，①知能，②創造性，③芸術の能力，④リーダーシップ，⑤特定の学問の能力（教科ごとの学力）のいずれかで並外れて優れている。また定義の付記では，文化的マイノリティや社会経済的に不利な集団の中からも公正に，多様な才能を識別する必要性が強調されている。

連邦法や州の法令には才能教育実施の強制力はなく，その実施は学校区や学校の判断に任される。それ故，特別プログラムへの選抜基準に合致する子どもが，特定の才能をもつことになる。対象者の認定は，州・学校区の才能教育プログラムの予算や実施条件に左右されるが，才能児の比率は総計で10％以上にもなる。したがって才能児は，数千人，数万人に1人の顕在的な業績を示すごく少数者以外は，決して「天才」（genius）ではない。

2．才能教育の実施方法

1）才能教育の分類

アメリカでは各州の教育法や政策指針に基づいて，生徒の多彩な才能を識別して伸ばすために，多様な指導・学習方法や措置が用いられる。才能教育の形態・方法は，大きく「早修」（acceleration）と「拡充」（enrichment）に区別される。早修は，上位学年相当の科目を早期履修して単位修得が認められる措置である。拡充は，通常カリキュラムの範囲を超えて学習内容を拡張・充実させるもので，先取り学習をしても上位学年の単位修得は伴わない。

松村（2014）は，「狭義の才能教育」と「広義の才能教育」を（および「狭義／広義の2E教育」を初めてそれらの呼称で），概念整理の枠組みとして区分した。才能教育の制度がないわが国では，才能教育および2E教育を検討する際に，当該のプログラムはどちらなのかを認識することが，概念・議論の混乱を招かず有用だからである。早修・拡充と関連させると，狭義の才能教育では，各領域の優れた才能が明確な基準で識別された生徒（プログラムごとに数％以下）を選抜する（すべての早修と，才能児対象の拡充）。いっぽう広義の才能教育では，通常学級をベースにすべての生徒の得意・興味を活かして，学習の個性化を行う（才能児に限定しない拡充）。

早修には，飛び級や，飛び（早期）入学，科目ごとの早修，「AP」（Advanced Placement：高校生が在籍中に大学レベルの科目を単位先取りできるプログラム）などがある。拡充には，個人・小集団学習やプロジェクト学習，土曜・夏期プログラム，コンテストなどがある。レンズーリが提唱した「全校拡充モデル」（SEM：Schoolwide Enrichment Model）では，学校ぐるみで指導チームを組んで，柔軟に編成された学習集団で，すべての生徒を対象とした多様な拡充の機会を提供して，学習の個性化が図られる中で，才能児にも種々の高度な学習活動が提供される（Renzulli, 1995）。

松村による上記レンズーリの訳書（2001年）で紹介されたSEMは，アメリカ全土で広く用いられてきた，典型的な拡充のプログラムである。SEMの「すべての子ども」のための拡充の方法は，才能のある子どもにも障害のある子どもにも，共通して有効であることが，多くの実践プログラムを通じて実証されてきた。

昨今わが国では「優れた能力を伸ばす」という趣旨の下，自治体レベルで学校の課外学習プログラムを実施することもある。しかし参加した生徒がその場で「楽しい」「またやりたい」と感じる効果はあっても，成果発表等で通常学級での学習と連携する拡充のモデルが基盤にないなら，ふだんの学習への波及効果はあまり期待できない。

2）才能の識別方法

早修プログラムの対象者の才能の識別には，該当教科（たとえば数学）の標準学力テストが，適性を評価するのに最適だといわれる。いっぽう，拡充プログラムで対象者の才能を識別するには，知能検査・認知能力検査や標準学力テストだけでなく，学習の成果・作品，教師による授業中の観察，行動観察用チェックリスト等，複数の評価手段を組み合わせて，担当教師やチームが総合的に評価する方法が多く用いられる。

また才能児は，2Eの発達障害が診断されなくても，過度の興奮や完璧主義などの心理的な問題を伴ったり，いじめ・不登校など学校不適応の行

動を引き起こしたりすることもある。これに対処するには，学習支援だけでなく，カウンセリング等も含めた社会・情緒的支援が必要である。日本では，生徒の才能特性に起因するこれらの問題に注意が払われることは希だが，そのニーズへの対応は今後検討されるべき課題である。

3）特別公立学校の才能教育実践

アメリカで特別に設置された公立学校の才能教育は，公立でも多様な形態で実践が可能なことに目を見開かせてくれる。松村（2005）は，ニューヨーク市立「バード（Bard）ハイスクール早期カレッジ」（2001年創立）について紹介した。これは全国に数十校ある「早期カレッジ・ハイスクール」の一つで，高校と短大卒業の学位の両方を同時に得させる。早修としての「二重在籍」を学校ぐるみで実施する。とくにマイノリティや低所得層の生徒の学習・進学意欲を高める目的がある。

また松村（2010）は，「ノースカロライナ科学数学高校」（1980年創設）について紹介した。同校は十数州に設立されている「州立寄宿制数学科学学校」の一つとして最初に創立された。この種の科学高校は11-12学年の二年制が多く，理数系に高い能力・興味をもつ生徒を集めて，各種の早修・拡充プログラムを交え，理数系の授業に重点をおいて指導する。学費・寄宿費は無料か低額で，マイノリティや低所得層含め広く才能のある生徒に開かれ，大学進学が目指されている。

これらの特別な学校での才能教育実践は，日本でそのまま類似の形で実施は困難だが，今後の才能教育や２Ｅ教育のあり方を検討する際に参考となる。才能教育は，決して少数の人材開発のためのエリート教育ではない。学校ですべての生徒の個性を，多様な評価手段・基準で適切・公正に捉えて，通常教育および特別支援教育の中で，それに応じた指導・支援を行うことによって，優れた才能も適切に伸びる。その実践方法を実証に裏打ちされたアメリカの才能教育は示唆している。

Ⅲ 日本の才能教育の課題

1．才能教育から特別支援教育へ

2001年修正ESEA，別称「落ちこぼれをなくす法」（No Child Left Behind Act）の施行以来，アメリカ全州で，標準学力テストの低学力層を底上げすることに重点がおかれ，従来の一部の生徒を選抜する才能教育プログラムは，限られた学校区の予算では後回しにされ，縮減・廃止される傾向があった。しかし，すべての生徒対象の拡充によって，才能児の個別の学習ニーズにも応じる方策が取られた。また，才能児は発達障害等の障害を併せもつこともあるので，特別教育と融合して予算を獲得しながら，才能教育の蓄積されたノウハウを有効に生かしてきた。発達障害に特化した広義・狭義の才能教育は，２Ｅ教育として理念化・実践される（本書 **2-3-1** 参照）。

2．才能を活かすMI実践

わが国では戦後，公教育で才能教育や英才教育と謳わなくても，実質，才能教育に相当する制度は存在してきた。たとえば，私立・国立の中高一貫でいわゆる受験難関の進学校である。そこでは高学力で選抜された生徒が学校単位で集まり，狭義の才能教育に当たる。そして学力の学校間格差を伴う，等質学力の学習集団が形成されている。松村は日本の才能教育の実態について，英語の本の一章でそれを「バーチャルな才能教育」として紹介したことがある。しかし，大学進学を最終目標として生徒の学力向上を図るそれらとは異なり，生徒の個別の学習および社会・情緒的ニーズを考慮しながら，多様な才能を伸ばし活かすような，広義の才能教育の理念による教育実践も，今後実施が検討される意義がある。

以下では，小規模ながら，「MI」（多重知能：multiple intelligences）を活かす観点からの試行的研究に触れる。ガードナーが提唱したMI理論（Gardner, 1999：松村による2001年の訳書）では，知能を「文化的に価値のある問題解決や創造の能力」と定義付け，知能検査で測定されるIQを超えて多様であると考えた。MIとして8つの独立した知能が識別された。すなわち，①言語的，②論理数学的，③音楽的，④身体運動的，⑤空間的，⑥対人的，⑦内省的，⑧博物的，と呼ばれる知能である。人は誰でもこれらの知能の，どれかが得意でどれかが苦手である。多様な才能を平等に尊重するというMI理論の理念が，アメリカの学校教育現場に熱狂的に歓迎され，それを応用し

た「MI実践」が多数行われ，才能・個性化教育実践の理論的支柱となってきた。

松村（2011）は，国立大学附属中学校の異学年合同の総合学習で生徒のMIを活かすために，まずMIのチェックリスト（自己評定尺度）を開発した。自己評定の結果，得意なMI（8種の知能）と設定課題で活かされるMIとの一致度が高いことが示された。また生徒は，設定課題で活かされ自分と等質のMIをもつ生徒を仲間に入れるだけでなく，異質な生徒も仲間に入れると，成果発表までの学習過程がより良く進行することも示唆された。

また涌井（2015）は，発達障害児を含む通常学級での「ユニバーサルデザインな授業づくり」に，MIにやる気・記憶・注意（やる・き・ちゅ）を加えた特性を活かした「学び方を学ぶ」学習と，と協同学習を組み合わせた授業実践モデルを開発した。児童の自己理解を高め，教師からの支援がやりやすくなる効果が報告されている。

3．才能・特別支援・個性化教育の密接な関係

松村ら（2010）は，従来の心理学理論や教育実践で概念化されてきた，MIを始め得意や苦手な能力，興味，学習・認知スタイルなど，さまざまな観点からの個人差を，「認知的個性」という概念で統合して捉えた。同書では，才能教育，個性化教育，特別支援教育の中で活かされる認知的個性について，教育実践・研究家が各方面から論考した。認知的個性の観点から生徒の個人差を捉えることによって，従来の教科学習では尊重されない学習特性に生徒自身が気付き，その個性を活かした支援によって学習活動に達成感を感じて自尊心を高め，苦手な教科学習に取り組む意欲を引き出すことを目指した。

認知的個性は，子ども一人ひとりの学習特性や個人差を，障害や才能も含めて，発達の偏り（凸凹・非同期性）のある多面的な特性の総合プロフィールとして捉える。現在のところ，認知的個性の特性や客観的比較が可能な評価基準が明確に規定されていないが，「すべての子どもの得意や興味を見出し，それを伸ばして，苦手を補うのに活かす」という共通理念は，才能教育と特別支援教育という本来異なる領域の知識・経験を関連づけ・統合して，今後の2E教育の実践に貢献するものと期待される。

〈文献〉

Gardner, H.（1999）Intelligence reframed : Multiple intelligences for the 21st century. Basic Books.（松村暢隆訳（2001）MI：個性を活かす多重知能の理論．新曜社）

本多泰洋（2008）オーストラリア連邦の個別化才能教育―米国および日本国との比較．学文社．

石川裕之（2011）韓国の才能教育制度―その構造と機能．東信堂．

岩永雅也・松村暢隆（2010）才能と教育―個性と才能の新たな地平へ．放送大学教育振興会．

松村暢隆（2003）アメリカの才能教育―多様な学習ニーズに応える特別支援．東信堂．

松村暢隆（2004）才能児の特別支援教育．（鈴木陽子・井坂行男・東風安生編）特別支援教育への扉，pp.183-193．八千代出版．

松村暢隆（2005）早期カレッジ・ハイスクールの興隆―高卒時の準学士号取得で学習意欲を高める．関西大学文学論集，55(3)；111-117．

松村暢隆（2008）本当の「才能」見つけて育てよう―子どもをダメにする英才教育．ミネルヴァ書房．

松村暢隆（2010）才能を伸ばすアメリカの科学特別学校．関西大学文学論集，59(4)；47-63．

松村暢隆（2011）中学生の異学年合同総合学習に活かすMI（多重知能）―クラスター編成資料となる自己評定尺度の開発．個性化教育研究，3；12-20．

松村暢隆（2014）発達障害のあるすべての児童生徒の2E教育とは．実践障害児教育，42(1)；10-13．

松村暢隆・石川裕之・佐野亮子他編（2010）認知的個性―違いが活きる学びと支援．新曜社．

Renzulli, J.S.（1995）Building a bridge between gifted education and total school improvement. Diane Pub Co.（松村暢隆訳（2001）個性と才能をみつける総合学習モデル．玉川大学出版部）

涌井恵編（2015）学び方にはコツがある！その子にあった学び方支援．明治図書．

1-9 種々の障害

1-9-1

不登校・情緒障害
研究の動向と特別支援教育への貢献

小野 昌彦

I　はじめに

　本稿においては，2001年から2016年までの日本における不登校（発達障害を持つ児童生徒の不登校を含む），情緒障害（チック，強迫性障害，嘔吐恐怖）を対象とした支援方法に関する研究の到達点を明らかにすることを目的とする。

　柘植（2013）は，一般的に障害のある子どもの行動問題への対応は，応用行動分析の手法による対応が効果的であるとしている。そこで，本稿は，応用行動分析，または応用行動分析と同じくエビデンスベースの方法論である行動療法（認知行動療法を含む）の立場からの研究を取り上げた。

　不登校，情緒障害は，それぞれの問題ごとに個体と環境の相互作用の歪みが問題となるが，個々の事例における発現前条件，発現時条件，問題維持条件は異なっている。したがって，応用行動分析，行動療法の立場における不登校，情緒障害に対する行動アセスメントは，新しい問題に対する行動アセスメントの拡大，慎重な配慮に基づく技法選択，技法適用の結果検証，追跡研究による効果検証というプロセスで構築していくことになる。

　具体的な手順は，以下の通りである。これらの問題に，従来対応可能であった行動アセスメントおよびそのアセスメントに基づいて選択されたアプローチが，そのまま適用できるか，そうでないかを見極める。そこで，従来の行動アセスメントが活用できない新しい要因による問題の場合は，それまでの行動アセスメントのポイントを参考にして慎重に行動アセスメントのポイントを拡大させて作業仮説を設定して，技法選択および介入を実施する。そして，その事例の目標行動達成状況や問題行動改善状況を検証，評価する。次に作業仮説通りの問題改善であれば，介入は継続され仮説と異なる状況であれば作業仮説の再設定，行動アセスメント領域の見直し，再介入となる。問題改善以降も追跡研究によってアセスメントのポイントや介入方法の妥当性，信頼性を検討する。このプロセスを踏みながら，さまざまなタイプの問題に対して行動アセスメントの領域，複数技法の選択基準等を明らかにし妥当性，汎用性の高い支援方法を構築していくのである。

　本稿は，主にこの支援方法構築プロセスの視点から不登校，情緒障害の支援方法に関する研究の到達状況を検討する。なお，本稿においては，「基本的に家庭－学校－家庭という往復パターンが家庭で停滞し，断続してしまった状態」（小林ら，1989）という不登校の定義を用いた。また，情緒障害は，「身体的，あるいは器質的には何らかの原因になると考えられるような要因は認められず，主として社会的あるいは対人関係を中心とした心理的な原因によって生じた，機能的な行動異常」（杉山，2000）という定義を用いた。情緒障害は，2001年から2016年の期間，行動論の立場からはチック，強迫性障害，嘔吐恐怖に関する支援研究がなされていたことから，これらの問題を取り上げた。

II　不登校研究の到達点――市単位の不登校半減へ

　不登校支援研究においては，行動論の立場から，その多様な発現メカニズムに対応可能な行動アセスメントと対応技法が提案され，再登校，再登校以降の継続登校支援に大きな成果を挙げてきたといえる（小野，2015）。わが国で初めて行動論の立場からの系統的な不登校へのアプローチを検討した小林（1980）は，不安・恐怖による不登校に対する主張反応法や系統的脱感作法といった

単独技法適用事例の検討及び，長期の不登校に対する単独通所，学習，体力訓練等を含めた総合的アプローチを提唱した。小野（2010）は，この総合的アプローチの適用対象を拡大し，不安のみられない不登校，家庭内誘発・維持要因による不登校，学校内要因（いじめを含む）が誘発・維持要因である不登校に対応できる包括支援アプローチを提唱し97％の再登校支援達成の成果を挙げている。さらに，小野（2014）は，この包括支援アプローチを市単位の中学校不登校減少対策に応用適用し，新規不登校発現率半減の効果を挙げたことを報告している。

この報告によると，東京都東大和市内全中学校を対象として，典型事例の行動アセスメントに基づいて設定した不登校認定手順を導入した不登校発現予防対策を適用した。4年間の対策実施の結果，東大和市の全中学校長，全教員の不登校認定手順の実施率が90％となり，新規不登校発現率が，2.87％から1.3％，新規不登校数59人から28人となり，新規不登校発現率及び新規不登校数ともに半減した。必然的に不登校発現率も約40％減少し，不登校発現率が2.75％と所属自治体である東京都の対策実施年度の中学校平均不登校発現率2.93％を下回った。これは，前例のない優れた成果であった。

以上のことから，不登校支援研究は，行動アセスメントの拡大，慎重な技法選択，技法適用による結果検証，追跡研究による検証というプロセスによる研究蓄積から，不安の見られるタイプ，見られないタイプの行動アセスメントの領域，登校行動形成のための必須支援領域（学力，体力，対人関係の問題改善），事例によって支援が必要な領域（不安，生活習慣を含む登校行動形成）および技法選択基準，再登校行動形成および登校維持の方法が明らかになっている。さらには，この包括支援アプローチの学校単位，市町村単位の適用方法も実際の適用成果から明らかになっているといえよう。

Ⅲ　発達障害を持つ児童生徒の不登校研究の到達点と課題

小野（2013）は，わが国における不登校状態を呈している発達障害児童生徒に関する実態調査およびその支援方法に関する2001年から2010年までの研究動向と今後の課題を検討した。その結果，発達障害を持つ児童生徒の不登校状態の原因と対策は，まず個別支援計画との関連で検討されなければならないとしている。たとえば，発達障害を持つ児童生徒の対人関係の問題，学習の問題といったことが不登校の先行条件となっていた場合は，個別支援計画の目標，方法選択の見直しを考えるべきであるといえる。

しかしながら，2007年以降の特別支援教育実施後の支援研究論文においても，発達障害児童生徒の不登校状態と不登校状態となる前までに実施されていた個別支援計画との関連，たとえば，個別支援計画設定の適切性，不登校発現経過時の修正の有無は明らかにされていなかった。

また，不登校発現経過と個別支援計画との関連の指摘，個別支援計画の修正，再登校後の長期，短期個別支援計画の設定に関する言及がない研究がほとんどであったという。

たとえば，奥田（2005）は，高機能広汎性発達障害をもつ不登校児童2人の保護者に対して登校行動を形成するための行動コンサルテーションの効果を検討し，介入後，両名ともに学校参加率が増加し，100％の学校参加率が継続したという素晴らしい成果が報告されていたが，対象児童の発達障害に関する不登校発現前の個別支援計画の存在は報告されていなかった。

これは，現在の特別支援教育における個別支援計画の立案，実施が充分ではないという基本的かつ重要な課題を示していると同時に個別支援計画の妥当性の問題を示している。行動論の立場からの不登校支援研究の蓄積は，発達障害を持つ児童生徒の個別支援計画の作成および不登校問題解決に大きく貢献できる可能性があるといえる。

Ⅳ　チック研究の到達点と課題

野中（2015）は，チックに対する支援方法を主に行動療法の立場から概観している。それによると，チックの支援は，チックハビット・リバーサルを中心としてエビデンスが蓄積されているという。そして，ハビット・リバーサルの有効性と限

界を理解するとともに，国内の現状と課題を明らかにすることを目的として文献を概観した。その結果，ハビット・リバーサルのエビデンスの蓄積はなされているが，低年齢の場合，併発症がある場合，音声チックに対してはまだ不十分であること，社会機能の改善やコントロール感の向上を重視した介入効果研究が増えてきていること，国内では単純チックへの単一事例の報告が多く，家族の関係調整の必要性が唱えられることが多いことが示されたという。今後は音声チックを伴う例や併発症を有する例を対象に実践研究を積み重ねるとともに，家族関係の調整による効果の実証的な検討が望まれるとしている。

以上のことから，チック支援研究は，ハビット・リバーサルという単独技法の適用検証期であるといえよう。今後は他技法の適用，複数技法の技法選択基準の開発，家庭，社会機能を含めた行動アセスメントの拡大，追跡研究を実施していくことになろう。

V 強迫性障害研究の到達点

2001年から2016年の期間，強迫性障害に関しては行動療法研究の立場から大塚（2003）と小林・五十嵐（2013）の支援研究があった。

大塚（2003）は，17歳の身体醜形障害を伴う強迫性障害の女性患者に対して，曝露反応妨害法を中心とする認知行動療法を行った結果，支援開始3カ月間で不潔恐怖を主とする強迫観念，強迫行為や身体醜形障害症状に改善がみられた事例の報告であった。

小林・五十嵐（2013）は，治療に抵抗を示す思春期強迫性障害の17歳の女子高校生に対して行動療法の曝露反応妨害法を用いて，クライエント，母親，およびセラピストによる自宅訪問を含んだ治療を行い，4カ月半で症状が改善した。"チーム"治療の際の，治療導入時の働きかけ，治療過程における"チーム"の役割と家族を"チーム"に含めることの重要性およびクライエントの主要な生活の場である自宅での治療について考察し，思春期強迫性障害に対する"チーム"による治療の必要性を検討した。

以上のことから，強迫性障害の支援研究は，曝露反応妨害法という単独技法の適用検証期であるといえよう。今後は他技法の適用，技法選択基準の開発，家庭を含めた行動アセスメントの領域拡大，追跡研究を実施することになろう。

VI 嘔吐恐怖

2001年から2016年の期間，嘔吐恐怖に関しては2つの支援研究が実施されていた。認知行動療法の立場からの支援研究である雨宮・野崎ら（2004）と行動療法の立場から支援研究である仁藤・奥田（2013）である。

雨宮・野崎ら（2004）は，強い嘔吐恐怖から経口摂取が困難となり，著明なやせをきたして当科に入院となった13歳女子の1例を報告している。対象事例は，12歳時に嘔吐する友人をみて，「食べると嘔吐するのではないか」という恐怖をおぼえたことが，経口摂取が困難となったきっかけであり，心理検査では不安と抑うつが高い傾向を認め，仕事が忙しい母親を気遣いながら母子家庭で生育した患者には，感情表出に乏しい傾向がみられたという。対象事例は，嘔吐恐怖からくる食べることに対する不安など，さまざまな不安に対する回避反応として経口摂取量が低下し，体重減少をきたしていることが問題と思われた。対象事例に対し，回避を遮断する「行動制限を用いた認知行動療法」を用い，効果があったことを報告している。

仁藤・奥田（2013）の研究は，嘔吐不安を訴えて来院したひきこもり男性に対して，食事量を指標として，精神科デイケアを利用したエクスポージャーを実施し，その効果を検討することを目的とした。対象は，介入開始時19歳のひきこもり男性で，特定の恐怖症と診断されていた。研究計画は，基準変更デザインを用い，精神科クリニックのデイケアにおいて介入を実施した。標的行動は，「昼食を一定量食べ，その後13時から15時までのデイケアプログラムに参加，あるいは見学する」こととした。基準1では食事量300gを，基準2では400gを目標として，それらの目標を達成するまで，あるいは昼食時間が終了する13時までは食事の部屋にとどまるという取り決めを行った。昼食時間が始まって30分経過しても目

標に達しない場合には，もう少し食べるよう口頭で促した．行動の指標は，食事量であった．支援の結果，基準1では300g，基準2では400g食べられるようになった．また，その効果はデイルーム場面や外食場面にも般化したという．嘔吐不安を訴える男性に対して，不安そのものへの介入ではなく食事量を指標としたエクスポージャーの適用が有効であることが示された．

以上のことから，嘔吐恐怖の支援研究は，行動制限を用いた認知行動療法，エクスポージャー法という単独技法の適用検証期であるといえよう．今後は，行動アセスメントの領域の整理，複数技法の技法選択基準の開発，追跡研究による効果検証，および行動アセスメントの妥当性の検討を実施することになろう．

Ⅶ 不登校・情緒障害への系統的支援システムの構築へ

2001年から2016年の期間，行動論の立場からの不登校，チック，強迫性障害，嘔吐恐怖に関する支援研究を各問題の系統的支援システムの構築という視点から概観した結果，不登校支援研究において，最も成熟した系統的な支援システムが構築されていた．発達障害を持つ児童生徒の不登校の問題は，基本的には，個別支援計画の脆弱性が問題であるが，不登校研究における行動アセスメントは，個別支援計画作成時，不登校予防に参考になると考えられる．

チック，強迫性障害，嘔吐恐怖に関する支援研究においては，いずれも単独技法適用検証期と考えられた．今までの研究蓄積から行動アセスメントのポイントを整理し，行動アセスメントおよび技法適用基準，追跡研究のポイントを備えた多様なタイプに対応できる系統的な支援システムを構築することが急務であるといえる．

〈文献〉

雨宮直子・野崎剛弘・植田美津子・高倉修・河合啓介・瀧井正人・久保千春（2004）『行動制限を用いた認知行動療法』が有効であった，経口摂取ができず著明なやせをきたした嘔吐恐怖の1例．心身医学研究，45(11)；873-879.

小林奈穂美・五十嵐透子（2013）思春期の強迫性障害に対する"チーム"治療の必要性の検討．心身医学研究，39(2)；111-120.

小林重雄（1980）登校拒否症について．行動療法研究，5；44-49.

小林重雄・加藤哲文・小野昌彦・大場誠紀（1989）登校拒否治療への積極的アプローチ―行動アセスメントとその臨床例への適用．安田生命社会事業団研究助成論文集，24(2)；61-68.

文部科学省（2014）平成25年度の児童生徒の問題行動等生徒指導上の諸問題に関する調査 http://www.mext.go.jp/b_menu/houdou/26/10/__icsFiles/afieldfile/2014/10/16/1351936_01_1.pdf（2016年12月17日最終確認）

仁藤二郎・奥田健次（2013）嘔吐不安を訴えるひきこもり男性の食事行動への介入：エクスポージャーにおける行動アセスメントと介入の評価．行動分析学研究，27(2)；80-91.

野中舞子（2015）チックへの行動療法の現状と今後の展望．行動療法研究，41(1)；55-65.

奥田健次（2005）不登校を示した高機能広汎性発達障害児への登校支援のための行動コンサルテーションの効果―トークン・エコノミー法と強化基準変更法を使った登校支援プログラム．行動分析学研究，20(1)；2-12.

小野昌彦（2010）不登校への行動論的包括支援アプローチの構築．風間書房．

小野昌彦（2013）不登校状態を呈する発達障害児童生徒の支援に関する研究動向．特殊教育学研究，50(3)；305-312.

小野昌彦（2014）学校教育法施行令を遵守した不登校認定導入による市単位の中学生不登校発現予防の効果―新規不登校発現率半減を達成した東大和市の例．スクール・コンプライアンス研究，2；71-80.

小野昌彦（2015）第5章教育：通常学級②未支援長期不登校生徒の支援依頼行動の形成．（日本行動分析学会編）ケースで学ぶ行動分析学による問題解決，pp.70-77. 金剛出版．

大迫秀樹（2003）虐待を受けた子どもに対する環境療法：児童自立支援施設における非行傾向のある小学生に対する治療教育．発達心理学研究，14(1)；77-89.

大塚明子（2003）曝露反応妨害法が奏功した身体醜形障害を伴う強迫性障害の一治療例．行動療法研究，29(2)；171-181.

杉山雅彦（2000）自閉症・情緒障害児の教育．（五十嵐信敬編著）教職教養・障害児教育2．コレール社．

柘植雅義（2012）特別支援教育―多様なニーズへの挑戦．p.80. 中公新書．

1-9 種々の障害

1-9-2

言語障害
研究の動向と特別支援教育への貢献

宮本 昌子

I ことばの教室における「言語障害」とは

学校教育法施行規則第140条では「言語障害」のある小学生、中学生は特別の教育課程によることができる、と定められている。この規定に従い、ことばの教室（難聴、言語障害学級及び通級指導教室）では、通常学級で学習する児童、生徒の言語指導を行っており、平成26年5月の文部科学省での調査によると、全国で34,375人（小学生34,071人、中学生304人）がこの制度を利用している（文部科学省, 2016）。この数は、通級指導制度を利用する総数83,750人に対し、41％の割合で最も多くの割合を占める障害種であると言える。ところが、この調査での言語障害以外の障害種については、自閉スペクトラム症（ASD）、学習障害（LD）、注意欠陥・多動性障害（AD／HD）の他、情緒障害、弱視、難聴、肢体不自由、病弱・身体虚弱、と分類されており、この分類は医学的診断名と教育上の分類が混在し、言語障害という名称自体も非常に曖昧な表現であるという見方もできるだろう。

この「言語障害」の分類は、特別支援教育の文脈では、主に構音障害、言語発達の遅れ、吃音などの障害を指すという共通理解もある。これは、図1が示すように、現状ではこの3つの障害種を対象とすることが多いことを反映している。さらに、この3つの障害種の中で「言語発達の遅れ」については非常に広範囲の状態を含めて総称され、実態が見えにくいことが危惧される。言語発達遅滞の背景には様々な原因疾患が想定される一方で、知的障害がない場合も想定され、後者は高次脳機能の問題として捉えられる。また、一般的に「吃音」であると理解された子どもが示す発話の非流暢性は、実際には「発達性吃音」ではなく、

類似した別の症状である場合もある。教育現場では、児童や生徒の実態に即した指導が重要であることは言うまでもないが、正確な実態把握と理解がされていない状態では、適切な支援がなされているとは言い難い。

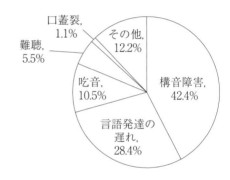

図1 ことばの教室における障害別構成比
平成23年度全国難聴、言語障害学級及び通級指導教室実態調査報告書（小林, 2013）を一部改変

一方、ことばの教室で対象となるケースの近年の傾向としては、主訴以外にも他の問題が重複している場合が多いことが知られる。吉田（2011）は、「構音障害が主訴で通級を開始したが、音韻の課題がありLDも併せもっていることが判明したケース……（中略）……なども経験した。主訴の解決だけをはかろうとしていたら、このような課題はみえてこなかっただろうし、主訴の解消も難しかったであろう」と述べる。このように、ことばの教室で遭遇するケースには複数の障害を併せ持つ可能性があり、それぞれの症状が相互に関連し、指導に影響を与えることも推測される。

以上のことから、対象となる児童・生徒の言語症状については背景要因も考慮した上で正確に捉えると同時に、併せ持ちやすい疾患についても想

定した上で，アセスメントと支援を繰り返し検証する必要があると考える。

II 吃音と他の障害の関連性

続いて，吃音の分野を中心に，他の障害との重複に関する研究のレビューを行う。

吃音と他の障害の重複に関する研究で最も大規模に実施された調査結果としてまず Blood ら（2003）によるものがあげられる。彼らの報告によると，2,628 名の吃音のある学齢児のうち，62.8％に発話障害（speech disorders），言語障害（language disorders），発話，言語障害以外の障害が重複していた。発話障害との重複で最も多かったのは構音障害（articulation disorders）（33.5％），続いて音韻障害（phonology disorders）（12.7％）であった。34.3％の児童にLD（15.2％），注意障害（5.9％）などの発話障害，言語障害以外の障害との重複がみられた。

上記の Blood ら（2003）の調査結果で，注意障害（ADD）との重複が5.9％の吃音児にみられたように，吃音と AD／HD，ADD の関連性については注目が高まっている。AD／HD が重複した吃音の出現率について，低いものでは Arndt & Healey（2001）の4％，高いものでは Riley & Riley（2000）の26％との報告がある。Healey & Reid（2003）によると，AD／HD を重複する吃音のある子どもの多くは投薬による治療を受けているが，投薬により吃音症状が消失する場合，逆に重症化する場合の症例報告があるとのことであり，投薬による吃音症状の変化をよく観察する必要性があることがわかる。Donahera & Richels（2012）は，36 名の吃音のある学齢児を対象とした予備的研究において，彼らの親に AD／HD のスクリーニングテストを実施したところ，58％に中核症状への該当があり，医学的確定診断を受ける必要性があることを報告した。Donaher & Richels（2012）は，AD／HD の重複がある吃音児とない吃音児では明らかに指導時の配慮事項が異なること，また AD／HD の下位分類により，さらに指導法を変えるべきだと指摘する。例えば，多動傾向の高い吃音児の場合は，相手が話し終えるのを待つことが難しいため，ターン・テイキングを促進する方法の方がより効果的である，などの点があげられる。

次に，自閉スペクトラム症（ASD）との重複について，出現率を示すデータは少ないようであるが，ASD の重複がない吃音児者と比較し，吃音症状のタイプが異なる可能性があることが報告されている。Scaler Scott ら（2014）は，ASD の中に一定数，非流暢性症状を呈する者が存在する可能性を示し，彼らの非流暢性は一般的な吃音症状と似ている点もあるが，「語末を繰り返す」という点で特徴であることを示唆した。

Beltrame ら（2011）の研究は予備的調査段階であるが，吃音群と ASD 群を比較すると，ASD 群の方に，発話中のポーズの生起頻度が高く，時間数も多い傾向がみられた。語間のポーズを文形成に関連するポーズ（grammatical pause），句にまたがるポーズを文形成に関連しないポーズ（non-grammatical pause）と分類したところ，ASD 群には文法に関連するポーズ数の生起数が多かったため，彼らのポーズ数の多さは，思考を言語的に形成する際の困難さに影響を受けている可能性があると考察されている。ASD が重複する吃音の発生機序が，言語の形成能力の影響をより強く受け，一般的な吃音とはやや異なる可能性が示唆された研究結果である。この様な知見の積み重ねにより，ASD を重複する吃音の指導プログラムを立てる際に，一般的な吃音とは異なる視点を持つ必要があることが明確になるだろう。

III 吃音と言語能力の関連性

英語圏で，6歳以下の幼児の吃音は音韻的特徴よりも発話長や文構造の複雑さから影響を受け，学齢児以降は音韻構造の複雑さに影響を受けると言われる（Coalson & Byrd, 2016）。また，吃音児の3分の1は音韻障害を併せ持ち（Byrd et al., 2007），10％は言語障害（language disorder）を併せ持つという報告がある（Arndt & Healey, 2001）。このように「音韻認識能力の未熟さ」や「語想起の苦手さ」が吃音のある者にみられる場合があることは知られているが，吃音が引き起こされる決定的な要因ではない。しかし，言語学的な要因は，吃音の始まり，維持，進展に，全く関係が

ない，ということもわかっていない。

Wolk & LaSalle（2015）は，7歳7カ月ら19歳5カ月までの学齢児で吃音のみある者，吃音に言語障害（language disorder）が重複した者（吃音＋LD群）を対象とし，彼らの発話症状が，音韻的な複雑さに影響を受けているかどうかについて検討した。彼らの研究結果から，①吃音群が表出した吃音症状には，聴覚的に認識されにくい音が多く含まれ，吃音＋LD群には繰り返しの非流暢性が多く含まれていたこと，②全対象者の吃った箇所は，流暢な発話に比べ，より精緻な運動が必要な音韻であり，より音節構造が複雑な語であったことに加え，音韻隣接密度（phonological neighborhood density）が低い語であったことがわかった。この音韻隣接密度とは，単語内の一部の音韻を追加，削除，置換することにより，形を変えることのできる単語の数を示す。例えば，「cat」は「bat」「kit」「cap」など35の単語に形を変えられる可能性があることが計算されている。数値が高いほど，標的となる単語に近い言い回しを実際に見聞きし，発話を経験する可能性が高いと解釈でき，簡単に言うと，馴染みやすい音の並びであると解釈できる。よって，馴染みの少ない音節構造の単語では，吃りやすくなることがわかった。このような研究から，吃音のある子どもを支援する際に，音韻認識や構音運動の能力を充分に評価するべきであることの重要性が示唆され，指導を行う教材を作成する際にも，どのような音節構造で構成された単語を使うかについて検討することの意義についても考えるヒントになっている。

IV 非典型的な吃音「クラタリング」とは

吃音だと思われていた発話症状が，典型的な吃音の症状ではなく，クラタリングであることを見過ごす場合がある。宮本（2004）の調査では吃音児の約15％にクラタリングが疑われることを報告した。

クラタリングは，吃音学者の間では，Van Riperのタイプ II 型である「言語発達遅滞タイプの吃音」に含められていた時期もあった。しかし元来はWeiss（1964）を中心とした西ヨーロッパの神経心理学者の研究対象であった。よって過去に微細脳機能障害に分類されていた症状とクラタリングが同じ者に現れやすく，原因が中枢性の障害であることが氷山の図として描かれている（図2）。

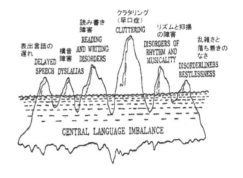

図2　中枢性言語障害の概念（Weiss, 1964）

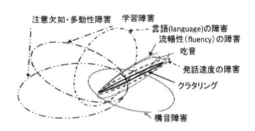

図3　クラタリングと関連する障害の関係

Weiss（1964）は，クラタリングとは本人が自分の話し言葉の障害に気がつかない，アテンションスパンが短い，表出言語の遅れ，構音の問題，および文の形成の障害，話の速度が過度に速いなどの症状が特徴である話し言葉の障害であると定義した。また，クラタリングは思考プロセスの障害であり，背景に遺伝的気質があることが想定され，読み書き，リズムと抑揚などコミュニケーションのあらゆる経路及び行動に影響を及ぼす中枢性言語障害（Central Language Imbalance）の言語面の表れであると説明した（図2）。現在では，Weissの時代に曖昧であった諸症状が，独立した疾患名を持ち，各々がクラタリングと重複しやすいことが確認されている（図3）。このような特徴から，クラタリングは吃音や発達障害の裏に隠れ，正確に評価されない場合が多いのが問題であ

る。特に吃音が主訴である場合は，吃音との重複の確認，あるいは鑑別がなされることが，指導を考案する上で，重要である。クラタリングと吃音の相違点を表1に示した。

表1 クラタリングと吃音の相違点
（Weiss,1964 を宮本が一部改変）

	クラタリング	吃音
■障害の認識	なし	あり
■緊張して話す場合	改善	悪化
■リラックスして話す場合	悪化	改善
■慣れた本の音読	悪化	改善
■慣れない本の音読	改善	悪化
■自己の発話に対する態度	不注意	より多く注意を向ける
■指導のゴール	話しことばへの注意を促す	話しことばから注意を逸らす

クラタリングの指導では，まずは自分の発話症状を自覚し，自己の発話に注意を向けながら指導が行われることが，流暢性の獲得に効果的であることが分かっている。以上のことから，言語障害の指導現場では，主訴を捉えた上で精査を行い，正確な評価を行うことがまず，重要であると考える。その上で，発達障害を始めとし，重複しやすい障害の存在や傾向を確認すること，あるいは類似した障害の重複や鑑別を常に確認し続ける臨床態度が望まれる。その結果，広い視野で子どもを捉えることができ，子どもの実態に即した支援が可能になると考える。

〈文献〉

Arndt, J. & Healey, E.C. (2001) Concomitant disorders in school-age children who stutter. Language Speech Hearing Services in Schools, 32; 68-78.

Beltrame, J.M., Viera, R.A., Tamanaha, A.C., Arcuri, C.F., Osborn, E., Perissinoto, J. & Schiefer, A.M. (2011) Comparison of pausing behavior in children who stutter and children who have Asperger syndrome. Journal of Fluency Disorders, 36; 280-284.

Blood, G.W., Ridenhour, V.J., Qualls, C.D. & Hammer, C.S. (2003) Co-occurring disorders in children who stutter. Journal of Communication Disorders, 36; 427-448.

Byrd, C.T., Wolk, L. & Davis, B.L. (2007) Role of phonology in childhood stuttering and its treatment. In Conture, E.G. & Curlee, R.F.(Ed.)Stuttering and related disorders of fluency, pp.168-182. Thieme.

Coalsona, G.A. & Byrd, C.T. (2016) Phonetic complexity of words immediately following utterance-initial productions in children who stutter. Journal of Fluency Disorders, 47; 56-69.

Donaher, J. & Richels, C. (2012) Traits of attention deficit／hyperactivity disorder in school-age children who stutter. Journal of Fluency Disorders, 37; 242-252.

Healey, E.C. & Reid, R. (2003) ADHD and stuttering：A tutorial. Journal of Fluency Disorders, 28; 79-93.

小林倫代（2013）平成23年度全国難聴・言語障害学級及び通級指導教室実態調査報告書．国立特別支援教育総合研究所．2013年7月 http://www.nise.go.jp/cms/resources/content/7390/20121002-125826.pdf（2016年12月22日閲覧）

宮本昌子（2011）日本語版クラッタリングチェックリストの適用可能性の検討．音声言語医学, 52(4); 322-328.

文部科学省（2015）平成26年度通級による指導実施状況調査結果．2015年3月 http://www.mext.go.jp/a_menu/shotou/clarinet/kaigi/__icsFiles/afieldfile/2013/03/04/1330294_1.pdf（2016年12月22日閲覧）

Riley, G.D. & Riley, J. (2000) A revised component model for diagnosing and treating children who stutter. Contemporary Issues in Communication Sciences and Disorders, 27; 188-199.

St. Louis, K.O. & Myers, F.L. (1997) Management of Cluttering and Related Fluency Disorders. In Curlee, R.F. & Siegel, G.(Ed.)Nature and Treatment of Stuttering. New Directions, pp.313-332. Allyn and Bacon.

Scaler Scott, K., Tetnowski, J.A., Flaitz J.R. & Yaruss J.S. (2014) Preliminary study of disfluency in school-aged children with autism. International Journal of Language & Communication Disorders, 49(1); 75-89.

Weiss, D.A. (1964) The problem of cluttering. Cluttering. Prentice-Hall Foundations of Speech Pathology Series, Englewood Cliffs, pp.1-62, Prentice-Hall.

1-9 種々の障害

1-9-3

知的障害
研究の動向と特別支援教育への貢献

菅野 和恵

I はじめに

知的障害の教育に関する研究動向と特別支援教育への貢献について検討するために，2001年から2016年の間に国内で発表された論文を収集した。「知的障害」と「教育」のキーワードを用い，CiNii Articlesで検索したところ2,297件がヒットした。そのうち，学会誌で発表された研究論文は248件であった（2016年12月10日最終確認）。

この248件について，発表年次毎に整理し，累積件数を図1に表した。ここ3年程度は，発表件数が15件以下であることが続いており，本分野における知的障害に関する研究は，学会誌で発表された論文に着目すると，減っているように見える。対象とした学会誌における研究論文発表数全体を勘案して増減について論じなくてはならないが，減少傾向にある可能性が考えられる。

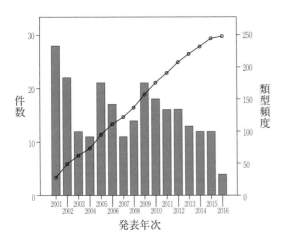

図1 2001年から2016年の間に国内で発表された論文の動向

248件をもとに研究動向を概観し，「知的障害特別支援学校のセンター的機能」，「知的障害特別支援学校高等部における課題」，「知的障害特別支援学級担任の困難」，「知的障害教育とICT」，「知的障害の心理」の5領域に整理した。本稿においては，それぞれの領域について，研究論文を紹介し，到達点と課題を論じる。なお，紹介する研究論文については，その領域を論じる上で，基幹であり，重要なものであれば，学会誌にこだわらず，大学等高等教育機関・研究機関が刊行する紀要や報告書で発表されたものも対象とした。

II 到達点と課題

1．知的障害特別支援学校のセンター的機能

知的障害特別支援学校のセンター的機能の実施状況について，石橋（手島）・牛山・吉利（2008）は，①センター的機能に向けた校内体制整備，②小中学校等に対するセンター的機能の実施状況，③センター的機能担当者の意識について全国調査を実施した（調査は2004年に実施。有効回答331校，回収率60.6％）。その結果，70.1％の学校で学校経営方針にセンター的機能が明示され，学校が組織としてセンター的機能を展開する体制が整いつつあることを述べた。また，小中学校等に対する「センター的機能」の実施状況について，実施した支援をセンター的機能別に，教育相談機能，指導機能，研修機能，情報提供機能，コンサルテーション機能，実践研究機能，施設設備提供機能にわけ，学校数を示したところ，研修機能およびコンサルテーション機能を実施した学校がそれぞれおよそ80％にのぼっていた。これらのことから，2004年度の時点においても，小中学校等に出向いて提供する支援が展開されていることが示された。

石橋（手島）ら（2008）は，センター的機能の

担当者が校内の仕事との両立に困難を抱えている実態があることや，年度が替わるとそれまでの支援がほとんど受け継がれないことがあることを述べている。これらの課題をどのように解消していくのか，検討が必要となる。

2．知的障害特別支援学校高等部における課題

知的障害特別支援学校高等部における課題を，職業教育の展開，生徒数増加とその対応，選抜式高等部の3視点から整理した。

1）職業教育の展開

知的障害特別支援学校高等部の学習指導要領は，専門教育に関する教科（選択教科）として，［家政］［農業］［工業］に加え，2005年度から［流通・サービス］が設置され，さらに，現行学習指導要領（2009）には専門教科［福祉］が設置された。これは，日本における産業構造の変化等への対応であり，特別支援学校高等部においては新たな職業教育の展開が始まっている。

渡辺（2009）は，軽度の知的障害のある生徒を対象とする知的障害高等特別支援学校と職業学科や普通科に職業コースを設置している特別支援学校（高等部）を対象に，［流通・サービス］の設置や他の教科や作業学習の中での［流通・サービス］の実施状況についてのアンケート調査を行った（調査は2007年に実施。回答58校，回収率82.9％）。その結果，教科として［流通・サービス］科を実施している学校と他の教科（［家政］［農業］［工業］など）や作業学習の作業種目の中で［流通・サービス］のいずれかの分野（「販売」「清掃」など）を実施している学校は，半数以下であることが報告された。そして，［流通・サービス］における7つの分野の実施状況を尋ねたところ，「販売」や「清掃」分野の学習活動の実施率は高いが，「商品管理」等は低いことが認められた。また，［流通・サービス］を行う現場実習を進める上での問題点や課題として，実習（仕事）内容が多様で，生徒が対応できにくいことが多い，生徒自身ができばえを評価しにくいという指摘が多いことが示されていた。渡辺（2009）は，［流通・サービス］を進めるための課題として，教師の専門的知識・技術を向上させるための研修機会の設定や就労支援機関とのきめ細かな連携を指摘している。

2）生徒数増加とその対応

次に，知的障害特別支援学校に在籍する高等部生の増加が著しい（文部科学省，2016）ことを取り上げる。これは，高等部段階の教育のみならず，特別支援学校全体の課題となっている。国立特別支援教育総合研究所（2010）は，知的障害特別支援学校に在籍する児童生徒数の増加や学校の狭隘化，教室不足等の問題が各学校や自治体の課題となっていることを受け，全国特別支援学校知的障害教育校長会とともに，児童生徒の増加の実態を整理した。その結果，児童生徒数が300人以上の大規模校が，比較的人口の多い都道府県のみでなく，人口規模が中程度の都道府県にも散見されることが示された。また，児童生徒数の増加に伴い普通教室が不足し，大規模校では90％以上の学校で不足があることが明らかとなった。特別教室の普通教室への転用，パーティション等による教室の分割等による対応がなされているが，児童生徒の学習活動の影響が必至であり，活動の質と量の低下が危惧されている。

安藤（2011）は，全国の知的障害特別支援学校の「大規模校化」の深刻な状況を一刻も放置してはならないとして，2010年12月20日付で「〈国民の皆さんへの緊急アピール〉知的障害特別支援学校の大規模化を憂える～適正化のための『基準』を」を公にした。これは，文部科学省に直接届けられたほか，政党，衆・参両院文教委員，学会，保護者団体，教職員組合などに送られた。安藤（2011）は，文部科学省（2006）の「特別支援学校の在籍児童生徒等の増加に伴う大規模化・狭隘化への対応について（通知）」によって示された，小・中・高等学校における特別支援学校の分校または分教室の設置促進による対応は，大規模化の解消には程遠い現状であるとした。そして，小中学校等には設けられている設置基準を知的障害特別支援学校にも設けるべきであると訴えている。

3）選抜式高等部の現状

選抜式高等部について，伊藤（2014）は，相対的に障害の程度が軽度である生徒を選抜している特別支援学校高等部の現状を，2014年度の入学者選考にかかわる募集要項等を収集することから調査した。その結果，選抜式高等部は学科数でカ

ウントすると220学科あり，選抜を経て入学するのは，知的障害児のおよそ4分の1であると算定された。設置形態は，高等学校内分校や分教室の形態をとる学科もあった。また，220学科のうち約3分の2が専門学科であった。

伊藤（2014）は，知的障害特別支援学校高等部生の約4分の1が選抜を経て入学するという現実を，「過度に競争的な」仕組みと述べている。高等部段階の生徒の学びの場は多様となってきているが，入学選抜には，量的規模の抜本的拡充が前提となるのではないか，職業教育への偏重ではないのかなど，課題が多くあげられている。

3．知的障害特別支援学級担任の困難

知的障害特別支援学級の設置学級数が増加し，在籍児童生徒数が増えている一方，特別支援学級担当教員の特別支援学校教諭免許状保有率は3割程度である（文部科学省，2016）。涌井ら（2015）は，多くの特別支援学級担任は，特別支援教育について系統的に学んだ経験のない中で担任をしていることが推測されると述べ，小・中学校の知的障害特別支援学級担任を対象に指導上の困難や課題解決サポートについて調査した（調査は2012年に実施。小学校2,193件・回収率54.4％，中学校2,075件・回収率52.4％）。知的障害特別支援学級の経験期間ごとに，Ⅰ群（1年未満），Ⅱ群（1年以上3年未満），Ⅲ群（3年以上6年未満），Ⅳ群（6年以上）に分けて分析した。その結果，「集団での授業をすべての児童のニーズに合うように展開すること」が，すべての群において，何らかの対応策を講じても現在もなお困難であると回答されていた。また，課題や困難の対応策として，校内の特別支援教育コーディネーター，外部の専門家，そして特別支援学校の特別支援教育コーディネーターと相談して対応するという選択肢よりも，校内の同輩や先輩に相談することが最も多く選ばれる傾向が認められた。また，多種多様な児童の実態ニーズに応じた指導や教材・教具に関する研修ニーズが高いことが示された。

涌井ら（2015）が指摘するように，知的障害特別支援学級の担任が日々の授業について相談できるネットワークを校内・校外で構築することが必要である。

4．知的障害教育とICT

中邑（2015）は，ICT機器を訓練機器とするのではなく，知的障害者自らが活用する支援技術（AT：Assistive Technology）とすることで，知的障害者の能力を大きく拡大することができると述べている。そして，軽度・中度知的障害者の感覚・記憶・認知機能がかかわる日常生活場面における困難さ補う支援技術として，タブレットなどの情報端末にある，読み上げ，拡大，ルビふり，音声録音，リマインダー，スケジューラー，GPSなどを紹介している。中邑（2015）は，生活するうえで必要な能力が「覚える」から「ツールを使う」にシフトしていることを例としてあげ，社会の変化にともない，知的障害教育の内容を見直す必要を問うている。その中で，知的障害のある人の苦手とする機能をICTで補助・代替し，それを彼らの能力の一部としてとらえる，いわばICTをふくんだ能力をその人が社会で生きるための能力ととらえた上で，教育や就労訓練を行なっていくことがよいと述べている。

知的障害者のATとしてICTを位置づけ，その上で教育内容を検討するという視点は新しく，テクノロジーによる能力の拡張やその影響に関する実践や研究が待たれる。

5．知的障害の心理

知的障害者の心理に関して，プランニングと自己概念についてとりあげる。

一般に，知的障害者は問題解決場面において，場あたり的に解決をはかろうとする傾向があることを踏まえ，渡邉（2008）は，構造化されていない問題における知的障害児のプランニングの特徴とその影響要因について検討した。プランニング過程を遂行基準の産出と目標状態の構想，それに至る遂行の見通しからなるとし，遂行基準のとらえ方に着目し，プランの形成（局所的プランニングと大局的プランニング）に与える影響について調べた。積木構成場面を設定し，対象児の構想図，積木の準備行動，積木操作過程における修正行動と構成物，構成物の自己評価が分析された。その結果，MA5歳の知的障害児は，構想図から遂行基準のとらえ方を分析することが困難であったり，積木構成において積木を修正する行動が少

なく，構成物に対して不正確な評価を行ったりと，プランニング以前の教示理解が問題状況に即していなかった。それは教示内容に関連する知識の取り出しが制約されていることが一因と推察された。MA8歳の知的障害児は，局所的プランニングを行う傾向が示された。その要因として，遂行基準を曖昧にとらえたため，概略的な目標状態が構想され，遂行を部分的にしか見通せなかったことが考えられた。しかし，実際の遂行を通して，遂行基準を作り出し，目標状態を精緻化することによってプランを形成し直すことが可能であったことが報告された。

渡邉（2008）は，MA5歳レベルにある知的障害児に対しては関連知識の取り込みを促す方法を，MA8歳レベルにある知的障害児の大局的プランニングを促進するためには教示には含まれない遂行基準や目標状態を自分で作り出すことを，支援方法立案のヒントとしてあげている。今後の研究が期待される。

知的障害児教育の現場実践において，肯定的な自己概念の形成や自己理解を育む必要性が指摘されることや，自己概念をはじめとする内面世界を明らかにし，当事者の立場に立った支援を行っていくことの重要性をふまえ，小島（2010）は，知的障害児の自己概念の特徴を検討した。知的障害児の自己概念の特徴を自己叙述と選択式で測定し，生活年齢，MA，重要な他者からの賞賛・叱責の認知，他者意識の程度との関連について検討した。その結果，MA7歳程度の知的障害児の自己概念は，自身の性格や対人的態度よりも，職業，勉学，学校生活などの内容について叙述されていた。定型発達児の結果と比較すると，MAと対応しておらず，自己叙述による自己概念が単純に生活年齢とMAのどちらかで規定されているとはいえないと述べた。また，選択式法を用いて，学業・運動といった自身の能力に関する自己概念を検討した。その結果，知的障害児は，比較的高い自己概念を頂いているとともに，重要な他者からの賞賛が多く，叱責が少ないほど学業面や運動面の自己概念が高いことが明らかとなった。

小島（2010）は，他者をより強く認識する児童は，比較基準を形成する過程にあるとし，それが自己概念の量的側面の増加につながると述べている。自己概念の影響要因に関して，今後の検証が待たれる。

〈文献〉

石橋（手島）由紀子・牛山道雄・吉利宗久（2008）知的障害養護学校におけるセンター的機能に関する調査研究：校内体制整備と小中学校等に対する支援を中心に．発達障害研究, 30(1)；52-58.

伊藤修毅（2014）選抜式知的障害特別支援学校高等部の現状．障害者問題研究, 42(1)；10-17.

小島道生（2010）知的障害児の自己概念とその影響要因に関する研究：自己叙述と選択式測定法による検討．特殊教育学研究, 48(1)；1-11.

国立特別支援教育総合研究所（2010）平成21年度研究成果報告書 知的障害者である児童生徒に対する教育を行う特別支援学校に在籍する児童生徒の増加の実態と教育的対応に関する研究．国立特別支援教育総合研究所．

文部科学省（2016）特別支援教育資料.

中邑賢龍（2015）ICTを活用した知的障害のエンハンスメントの可能性（特集 知的障害教育の課題：障害者の権利に関する条約批准を踏まえて）．発達障害研究, 37(3)；226-232.

渡辺明広（2009）知的障害高等特別支援学校（特別支援学校高等部）における「流通・サービス」の実施状況についての調査研究．特殊教育学研究, 47(1)；23-35.

渡邉雅俊（2008）構造化されていない問題における知的障害児のプランニングに関する研究．特殊教育学研究, 46(3)；149-161.

涌井恵・神山努・尾崎祐三・武富博文・松見和樹・菊地一文・工藤傑史（2015）知的障害特別支援学級（小・中）の担任が指導上抱える困難やその対応策に関する全国調査―知的障害特別支援学級経験年数の相違による検討から．国立特別支援教育総合研究所研究紀要, 42；51-66.

1-9 種々の障害

1-9-4

病弱・身体虚弱
研究の動向と特別支援教育への貢献

滝川 国芳

I はじめに

　病気の子どもたちを対象とする病弱・身体虚弱教育における環境も2001年以降，大きく変化してきた。病弱・身体虚弱教育は，明治時代から，一貫して医療と密接に関連しながら取り組まれてきた。医療においても，厚生労働省による医療制度改革が進行している。病弱・身体虚弱教育は，教育界と医療界との大きな改革の中にあるといえる。そして，近年，医療の進歩等による入院期間のさらなる短期化や，短期間で入退院を繰り返したり，退院後も引き続き治療や生活規制が必要なために小・中学校等への通学が困難であったりする児童生徒者への対応など，病院等に入院又は通院して治療を受けている病弱・身体虚弱の幼児児童生徒を取り巻く環境は大きく変化している。また，病気の子どもは，圏域を越えた医療体制の下で，治療を行うことになる。そこで，病気療養を必要とする子どもの就学方法や手続きについては，より一層の柔軟な対応が必要であり，インクルーシブ教育システム構築において求められている「連続する多様な学びの場」が不可欠なのである。

II 教育の対象となる児童生徒の見直し

　このような背景から，2002（平成14）年，学校教育法施行令の一部改正によって就学基準が見直され，「一　慢性の呼吸器疾患，腎臓疾患及び神経疾患，悪性新生物その他の疾患の状態が継続して医療又は生活規制を必要とする程度のもの，二　身体虚弱の状態が継続して生活規制を必要とする程度のもの」となった。子どもの病気の種類は，小児がん，心臓疾患，腎臓疾患，呼吸器疾患，内分泌疾患，筋ジストロフィー，てんかん，心身症，肥満，アレルギーなど多種多様である。そのため，入院治療する子どもの他，通院しながら小学校，中学校等に在籍している子どもも多い。そのため，病弱・身体虚弱の対象となる子どもは，特別支援学校（病弱），小中学校の特別支援学級だけではなく，通常の学級にも在籍している。滝川・西牧・植木田（2011）は，全国都道府県・政令指定都市の病弱・身体虚弱教育における特別支援教育体制の実態を把握することで，今後の病弱・身体虚弱教育に資することを目的に，日本初の全数調査を行った。さらに，対象児童生徒の疾患に関する調査も行った。知的障害や肢体不自由など複数障害種に対応する特別支援学校において病弱・身体虚弱教育を行う自治体が増加していること，病弱・身体虚弱特別支援学級のうち，小中学校校舎内設置の学級が，「いわゆる院内学級」といわれる医療機関内設置の学級よりも多く設置されており，2007年以降その設置数は増加していること，病弱教育部門がある特別支援学校において，精神疾患や心身症を有し不登校を経験した児童生徒の在籍が顕著であることが明らかとなった。そして，病弱・身体虚弱教育の専門性の確保が喫緊の課題であり，教育情報を学校間で蓄積し共有することが重要となることを提言した。また，病弱教育部門がある特別支援学校に在籍する病弱・身体虚弱教育対象児童生徒数に占める精神および行動の障害の診断のある児童生徒の割合は，24.9％と高いことを報告した。また，村上（2006）は，地域の小学校，中学校，高等学校に在籍する慢性疾患児が直面する困難を分析し，その解消に向けた教育的支援を検討している。慢性疾患の障害特性の分析対象の中心として，糖尿病，腎疾患，心疾患，気管支喘息，血友病をあげ，検討対象の年齢層を特に治療管理が難しい思春期としている。それぞ

れの疾患ごとに分析の観点として，慢性疾患児の直面する課題，困難とそれに伴う心的負荷の発生状況，慢性疾患児の教育的ニーズをあげている。疾患の外来治療や家庭管理および自己管理が可能となったことは，患者が普通の生活を送る際に困難がないことと同義ではなく，学校生活を送る中で，疾患の特性に応じた治療管理，服薬管理，生活管理が必要である。そして，治療管理を実施するうえで慢性疾患児が直面する困難として，治療管理実技の実施上の問題，友達と同じ行動をしたいという集団への同調意識が顕著となるがゆえの病状への適切な対処が困難さ，自らが望まない方向への容姿の変容への強い心的負荷と治療管理の実施の困難さを挙げ，これらのことは，不安傾向や抑うつ傾向をもたらすと述べている。また，思春期における治療管理の意味を「治ること」から「目的のある生活のためへの手段」へと転換することが，教育的ニーズであり，生活の中の目的を子どもとともに考え，その選択を子どもに委ね，傍らで見守ることが最も必要な教育的支援であると提言している。

Ⅲ 医療と連携した教育

児童精神科等の医療と連携した教育，あるいは，医療の一環としての教育の進め方について，考え方や指導方法は確立しておらず，統合失調症，気分障害など精神疾患や心身症，発達障害の二次障害のある生徒等への教育を，インクルーシブ教育システムに位置づけることは，喫緊の課題である。鈴木・武田・金子（2008）は，全国の特別支援学校（病弱）94校に在籍するLD・ADHA等で適応障害のある生徒の実態把握および実際の支援の状況を調査した。その結果，調査対象校の65％にLD・ADHA等で適応障害のある生徒が在籍し，全生徒に占める割合は11.4％であった。彼らは多くの課題を抱えて特別支援学校に転入してくるが，特別支援学校におけるさまざまな支援を通して改善の状況にあることが明らかとなった。具体的な支援内容としては，専門の医療機関の支援を受けながら，学習の空白をつくることなく（転入前の空白を埋める）学習が続けられること，ティーム・ティーチングや個別指導を含め，特別な教育課程を編成しやすく，生徒の状態に応じた学習が多く実施され，教師との信頼関係や仲間との親密な対人関係を築きやすい環境にもあること，自立活動においては，心理的な安定，コミュニケーションの指導領域が重視され，カウンセリング的活動やソーシャルスキルトレーニング等の実践がなされていること，を挙げている。しかし，進路指導について，一見障害とは理解されにくいタイプの生徒が多く在籍していることが推測され，周囲からの要求水準が上がり，進路先での適応が困難になっていくことなど，制度上の問題も含め，多くの課題を抱えている，と論じている。

Ⅳ 行き詰まりとその解決策

病弱・身体虚弱教育においては，小学校，中学校等に準ずる教育を行う他，加えて自己の病気の状態の理解，健康状態の維持・改善等に必要な知識，技能，態度の習得を目指した教育活動を，自立活動の指導において，個々の病状や発達段階を的確に把握して行っている。武田（2006）は，「自立活動について，教師や学校は，どのような問題や課題を抱え，行き詰まりを感じているのか」に着目し，実際に学校現場に対し行き詰まりの実態調査を行うとともに，その対策等について検討している。自立活動における教師の行き詰まりについて，3つのタイプに分類し，それぞれの行き詰まりタイプにおける打開策を示した。タイプ1（課題を意識しているがどうしてよいかわからない）は，他校の取り組み，専門家の意見，文献等を参考に解決策を整理してみる，タイプ2（課題への解決・改善策がわかっているがやれない・やらない）は，課題に踏み出せない理由（行き詰まりの原因）を追求し，達成可能な目標を再設定し，新たな解決策を打ち出す，タイプ3（課題への解決・改善策を実際に試みているが，解決に至らない）は，他者が絡むレベルでの行き詰まりが多いため，個人や学校の努力等で解決されにくく，関係者どうしが信頼関係の確立を目指して行き詰まりを再評価しながら解決策を見つけることが必要だと述べている。さらに，慢性疾患，心身症・神経症，小児がんの子どもに対する自立活動の特徴的な行き詰まりと打開策をまとめている。特別支援学校

（病弱）高等部卒業後の進路に関しては，武田・篁・原ほか（2003）が，病弱養護学校高等部在籍生徒の実態と職業教育の実施状況，進路指導上の課題について報告している。全国の病弱養護学校高等部設置校46校（平成10年度）で，1,009人の生徒がその対象であった。疾患別人数としては，筋ジストロフィーなど神経系疾患422人（41.8％），心身症など行動障害238人（23.6％），二分脊椎など先天性疾患97人（9.6％），喘息など呼吸器系疾患60人（5.9％），腎炎など腎臓疾患49人（4.9％）であった。高等学校普通科課程に準じる各教科・科目に，職業に関する各教科・科目，例えば家庭，商業，工業を併設する形で教育課程を編成している養護学校は38校（84.4％），実際に職業教育に関する各教科・科目を履修した生徒は402人（39.8％）であった。また，就業体験を実施した学校は30校（66.7％）で，就業体験をした生徒は177人（17.5％）であった。これらの卒業生の疾患の種類等の実態を踏まえ，病弱養護学校高等部での進路指導や職業教育について考察し，継続入院する生徒の職業教育の課題，障害者手帳を持たない生徒の職業教育，進路指導のあり方に関する課題を挙げている。そして，進路指導を進めるにあたって，病気の特質や体調・体力・病状等の要因も進路を決定する際に大きく影響すること，医療者等と連携を深め，それらに配慮し，生徒の特性に即した進路指導が重要であることを報告している。

V 子どもの不安

病気の子どもは病気への不安を抱いており，家族，友達と離れた生活を余儀なくされることによって，心理的に不安定な状態になる。また，積極性，自主性，社会性が乏しくなりやすい傾向もある。谷口（2004）は，子どもの不安定な心理的混乱状態の総称として曖昧なものとしてしか把握されてこなかった入院時の「状態不安」の構造について，量的手法によって得られた知見を呈示し，入院児がどのような不安のタイプに分かれるか，その類型化を試みている。入院という状況下の不安を測定する42項目から成る質問紙を作成し，小学校4年生から高校3年生までの157名の入院児を対象に調査を行った結果，入院児の不安が「将来への不安」「孤独感」「治療恐怖」「入院生活不適応感」「取り残される焦り」の5つの下位構造を有し，3つの不安の類型に分かれることを明らかにした。また，性差，入院回数，入院期間，罹病期間，発達段階の子どもの属性と不安の構造との関連を検討した結果，女子のほうがより強い「不安」と「孤独感」をもち，発達段階の高いほうが「将来への不安」「入院生活不適応感」をより多く抱いていることが示された。また，泉（2011）は，小児がん患児の心理的問題とインフォームドコンセントに関わる調査研究を紹介し，慢性疾患を抱える子どもに必要とされる心理的サポートの在り方について考察した。欧米諸国では子どもを含めすべての人に病気の説明を行うため，患児自身へのインフォームドコンセントの問題は，日本特有の問題であり，患児に行う病気の説明は患児の精神的健康に悪影響を及ぼすことはなく，むしろその「質」によってはよい影響をもたらす可能性が高いことを示唆している。また，小児がん患児に限らず，さまざまな種類の慢性疾患をもつ子どもにとって，自己の病気を理解すること，受け入れることは，その後の心理発達や社会適応に大きな影響あることを紹介し，今後は疾患の種類を広げながら，子どもへのインフォームドコンセントの効果と心理的適応について検討を行うことを提案している。

VI 病弱教育における情報共有

土屋・川間（2015）は，全国の小児がんや慢性疾患の児童生徒が多く在籍している病院にある学校58校における，退院後に居住地の学校へ通学できない小児がんや慢性疾患の在籍児童生徒に対する教育的支援の状況を明らかにし，今後の病院にある学校の支援の方策等を検討している。退院後に児童生徒が在籍している学校が22校（38％）あり，その児童生徒は増加の傾向にあった。支援の方策は「病院にある学校に通学」が最も行われ，次いで「課題を自宅で自主学習」「前籍校に行って学習」が行われていた。「自宅にて直接支援」を行っているのは3校のみで，場所を病院内に限定せずに在宅訪問教育を行うことが重要となると述べている。また，間接的支援の「ICT機器の

活用」を行っているのは1校のみで，課題として環境・予算が多く挙げられたが，ICT機器は今後，発展が予想され，間接的支援は「課題を自宅で自主学習」を中心にしながら，ICT機器を整備することが大切となる，と提言している。課題として，退院後に，学区外の居住地に戻る児童生徒への教育的支援を行うことは難しく，支援を保障する方策が行われる必要があると述べている。滝川（2013）は，日本の病弱・身体虚弱教育における情報の共有と活用について，ICTの活用の視点から，関連する国の施策，1976年の養護学校義務制以降の研究，実践研究を概観し，現状と課題について論じている。マルチメディアを活用して，院内学級と本校，病室と病弱養護学校を情報通信手段で結んで行う補充指導や学校間や学校と家庭との双方向の交流が可能であること，同年代の子どもや親元から離れて入院生活を送る子どもたちにとっては，インターネットによるコミュニケーションの拡大とWEB会議システムなどによる前籍校等との連携・交流は心理面においても有効であることを紹介している。さらに，病弱・身体虚弱教育を担当する教師間での情報共有に関して，全国の病弱教育担当教師による病気の子どもへの教育支援に関する情報を，ICT活用によって集約し短時間で費用をかけることなく，支援冊子という形にまとめたことを報告した。武田（2012）は，病弱教育の対象疾患は多様化していることから，病弱教育の今日的な課題として二つのことを提唱している。一つ目として，不登校や発達障害で特別支援学校（病弱）に在籍する者が多く，自治体によっては，「本来の病弱教育ではない」として特別支援学校（病弱）が統廃合されている現状にあることをあげている。二つ目は，学籍移動の問題である。病院内の教育機関で教育を受けるためには，原則として学籍を移動しなくてはならない。しかしながら，入院期間が短い場合，または入退院を頻繁に繰り返す場合などは，病院内にある教育機関を利用できない現状がある。このことをいかに打開し，教育を保障していくかという今日的課題について，発達障害の二次障害のうち医療を必要とする児童生徒は，病弱教育の対象となってしかるべきであること，復学支援に関しては，転学手続き運用の一層の柔軟化，入退院の移行期において個別の教育支援計画，個別の指導計画を作成し，プライバシーを尊重しながら関係者が協働で支援していくことを提言している。

Ⅶ　まとめ

今後は，インクルーシブ教育システムの構築に向けて，これからの病弱・身体虚弱教育は，特別支援学校（病弱）と病弱・身体虚弱特別支援学級とが協働し，幼稚園，小学校，中学校，高等学校とより緊密な情報共有を図ることによって，病気のある子どもの学びの場に隙間のない教育システムを考えなければならない。

〈文献〉

泉真由子（2012）病気の子どもに対する心理的サポート―小児がん患児に行うインフォームドコンセントの心理的影響を通して考える．特殊教育学研究，49(1)；95-103．

村上由則（2006）小・中・高等学校における慢性疾患児への教育的支援―特別支援教育の中の病弱教育．特殊教育学研究，44(2)；145-151．

鈴木滋夫・武田鉄郎・金子健（2008）全国の特別支援学校〈病弱〉における適応障害を有するLD・ADHD等生徒の実態と支援に関する調査研究．特殊教育学研究，46(1)；39-48．

武田鉄郎・篁倫子・原仁他（2003）病弱養護学校高等部における職業教育に関する実態調査．特殊教育学研究，41(3)；307-315．

武田鉄郎（2006）病弱教育における自立活動の行き詰まりとその打開策．特殊教育学研究，44(3)；165-178．

武田鉄郎（2012）病弱教育の現状と今日的役割．障害者問題研究，40(2)；27-35．

滝川国芳・西牧謙吾・植木田潤（2011）日本の病弱・身体虚弱教育における特別支援教育体制の現状と課題：全国都道府県・政令指定都市を対象とした全数調査から．小児保健研究，70(4)；515-522．

滝川国芳（2013）日本の病弱・身体虚弱教育における教育情報の共有と活用に関する研究動向．特殊教育学研究，51(4)；391-399．

谷口明子（2004）入院児の不安の構造と類型：病弱養護学校児童・生徒を対象として．特殊教育学研究，42(4)；283-291．

土屋忠之・川間健之介（2015）病院にある学校における退院後の教育的支援に関する研究．特殊教育学研究，53(4)；241-249．

1-9 種々の障害

1-9-5

肢体不自由
研究動向と特別支援教育への貢献

一木 薫

　本稿では、2001年～2016年に公表された肢体不自由教育に関する論文に着目し、研究の動向と、特別支援教育への貢献について論じる。査読のある研究誌に掲載された論文のうち、タイトルに「肢体不自由」「脳性まひ」「養護学校」を含む論文を対象とした。なお、「重複」及び「重度・重複」については基本的には除いたが、上記のキーワードを含む論文と同著者による文献は対象とした。

　以下、肢体不自由のある子どもを対象とした研究、日々の指導を担う教師の実態や成長に関する研究、教育課程やカリキュラム・マネジメントに関する研究に分けて述べる。

I　肢体不自由のある子どもを対象とした研究

　肢体不自由のある子どもの運動・動作に関する研究は1980年代以降、数多く報告されてきた。現在においても、重力に応じて姿勢の安定を図る指導を通して日常生活に必要な基本動作の獲得をめざした実践研究が蓄積されている。

　その中で、佐藤（2002）は、脳性まひ児の運動障害を改善するための訓練計画の作成に際しては、当初の臨床上を適切に評価すると同時に、訓練によって期待される臨床上の変化について可能な限りの見通しを立てる必要があることに着目し、75名の脳性まひ児を対象に、4歳時点から10歳時点までの運動・動作の縦断的変化を記述し、動作発達の道筋を整理した。

　また、香野（2010）は、肢体不自由のある子どもの日常生活実態（障害）を明らかにするために、175名の子ども（6～12歳）を対象とした横断的調査を実施し、自立度に影響を与えている諸能力等の要因を検討した。日常生活実態を目的変数、諸要因を説明変数として、カテゴリカル回帰分析を行い、「コミュニケーションの表出」「手の動き」「移動」「年齢」等の要因が生活実態に影響を与えていたことを報告している。

　特別支援教育では、「子どもが今、持てる力」と「卒業時までに育む力」の双方の視点による、個々の実態に即した指導の考案が求められる。実践研究の蓄積に加え、このような縦断的、横断的調査から得られる知見は大きい。

　一方、肢体不自由のある子どもの認知特性に着目した研究としては、安藤らの研究がある。安藤ら（2006）は、WISC－Ⅲと学習状況等の資料に基づき、脳性まひ児の認知特性を明らかにし、肢体不自由児の認知特性と学習の困難に対する教師の気づきと理解を促進することが喫緊の課題であることを指摘した。しかし、全国の肢体不自由養護学校を対象とした小・中学校支援の現状に関する調査では、通常学級の教師に対して、身体の不自由さに着目した支援が主として行われており、認知特性や学習の困難さを考慮した支援は少ない実態が明らかになった（安藤ら、2007）。そこで、脳性まひ児の視覚認知に起因する学習の困難さに対する通常学級教師の気づきの現状を調査し、通常学級教師支援に際しては、教師の気づきの状態や水準に応じた支援方略を検討することが必要であることを指摘した（安藤ら、2009）。さらに、安藤ら（2013）は、安藤ら（2007）の小・中学校支援の実態に関する調査を、特別支援学校（肢体不自由）を対象に実施し、経年比較を行った。「進路・進学」や「認知特性を考慮した支援」等、支援内容が多様化した一方で、新たな課題として「校内の人的資源の制約」と「時間の制約」が浮かび上がったこと、また、その背景には特別支援学校の児童生徒数の増加や授業時間数の増加、相談の

長期化が想定されたことから，小・中学校が特別支援学校に依存することなく実情に応じたノウハウを構築していくための学校全体に対する支援の強化を今後の課題として指摘した。

2008（平成20）年告示の特別支援学校小学部・中学部学習指導要領の第2章各教科には，肢体不自由のある子どもの指導で必要な配慮事項として「児童の学習時の姿勢や認知の特性等に応じて，指導方法を工夫すること」が明記され，肢体不自由のある子どもの認知面の困難に関する教育現場の理解も広まりつつある。安藤らの研究は，1960年代〜1970年代に指摘されて以降，肢体不自由教育で十分に継承されてこなかった，肢体不自由のある子どもの認知特性と学習上の困難への関心を喚起する役割を果たしたと言えよう。

なお，川間（2002）は，子どもの姿勢と認知発達には密接な相互作用があることを指摘し，双方に関する実践的研究の必要性を提唱している。2018（平成30）年度には高等学校における通級による指導も開始される。姿勢と認知発達に関する実践研究を蓄積し，新たに自立活動の指導の担い手となる通級指導担当教師の，発達の相互作用に関する理解を図ることが今後の課題となる。

II　日々の指導を担う教師の実態や成長に関する研究

特別支援教育の充実には，その教育を担う教師の成長が欠かせない。特に，自立活動の指導では，学習指導要領に目標の系統性や扱う内容の順序性が示されないことから，子どもの実態に即した指導の実現は，指導を担う教師の力量次第となる。そこで，本項では，自立活動の指導を担う教師の実態や成長に関する研究に着目する。

一木・安藤（2010）は，特別支援学校（肢体不自由）教師を対象に「教師が児童生徒に対して描く指導の展望」に関する調査を実施し，各教師が描くことのできる指導の展望の期間は平均3年であり，「日々の指導の見通しに対する困難さ」や「自立活動の指導における個別の指導計画作成上の不安」が指導の見通しに影響を及ぼしていること，障害児教育経験年数の浅い教師ほど「自立活動の指導における個別の指導計画作成上の不安」が有意に高いことを明らかにした。また，本調査対象の中から教職経験年数の異なる教師を選定し半構造化面接を実施した調査（一木・安藤，2011）では，新任期及び安定期にある教師は，自らが設定した指導目標の不確実性から日々の授業やその他の職務に不安を抱き，中堅期及び熟練期の教師は，指導目標に一定の自信を持ちつつも限られた就学期間における指導内容の精選に悩む実態を報告している。自立活動の指導については，教科指導に比して，教師が指導に対する一定の自信を見い出すまでに時間を要する実態が浮き彫りとなった。

一方，任・安藤（2007）は，肢体不自由養護学校の重複障害学級担任教師が仕事から職務満足感を得るプロセスを検討し，教職経験年数にかかわらず，重複障害学級担任教師の職務満足感を高めるには「仕事の主体性」と「仕事自体から得られる自己評価」の水準を向上させる必要があることを明らかにした。また，重度・重複障害教育に携わるベテラン教師が自身の専門性をどのように認識し，どのようなプロセスを経て成長してきたのかについて検討した研究（任・安藤，2012）では，「子どもの理解」「教育への熱意」が重要な専門性として強調されたこと，職能成長の契機としては，初任期の「出会い」から「地位」「勉強」「実践」へと変化することを報告した。また，飛躍的な成長が見られた時期は，おおむね7・8年から12・13年の間に集約され，その間に大きな変化が見られた専門性は「子どもの理解」に関する「子どもを見る観点」であったことを明らかにした。以上から，教師の職能成長を進展させるには，初任期の熱意を高めて維持するとともに，子どもを理解する専門性を身に付けさせるための指導及び支援が重要であることを指摘している。

中央教育審議会（2015）は，これからの教育を担う教員に求められる指導力を，教員の専門性の中に明確に位置付け，全ての教員がその指導力を身に付けることができるようにするため，教員の養成・採用・研修の一体的改革を基本とした具体的方向性について示した。以上の研究は，自立活動に関する養成段階の学びや現職研修のあり方を検討する上で，必要な知見を提供している。

Ⅲ 教育課程やカリキュラム・マネジメントに関する研究

「重複障害者等に関する教育課程の取扱い」の適用が可能な特別支援学校は，小学校等に比して教育課程編成における裁量が大きい。また，「個」を基点とするボトムアップの視点で指導計画を立案する自立活動の考え方は，個々の子どもの実態や教育的ニーズに対応する点で評価される。しかし一方で，「Ⅱ」で示した教師の実態を鑑みれば，いつ，何を指導するのか，その判断を個々の教師に委ねることの限界も踏まえる必要がある。在学期間に何をどこまで指導するのか，教育課程に関する研究が不可欠となる。

一木・安藤（2013）及び一木ら（2014）は，特別支援学校（肢体不自由）の自立活動を主として指導する教育課程を卒業した生徒の多くが，デイサービスを利用しながら在宅生活を送る中，保護者の加齢に伴い姿勢変換の機会が制限され，在学中に習得した姿勢保持能力や周囲への関心を低下させる実態にあることを明らかにした。その上で，在学期間に「達成したカリキュラム」に対する保護者と教師の評価について調査している。保護者は，外界や人と関わる力を評価したのに対し，在学時の指導を担当した教師は，それらの力を育む指導を重視しながらも指導記録にその形跡は確認されなかった。一方，指導の経過が詳細に記された身体の動きに関する指導について，保護者は，卒業後の生活を見据える視点が不十分であったことを指摘した。なお，身体面の課題に焦点化した指導が積み重ねられた背景には，子どもの成長を描ききれずに指導目標・内容の設定に戸惑う担任や，自らが習得した指導法を拠り所とし自立活動の内容を適切に関連づけることができなかった専任の実態があったことを報告している。

また，香野（2016）は，高校生もしくは成人の肢体不自由者の保護者を対象とした質問紙調査と聞き取り調査を実施し，肢体不自由のある子どもに対して保護者がもつニーズを明らかにした。乳幼児期から現在に至るまでの各年齢段階で，特に重要と感じたニーズを振り返ってもらった結果，早い年齢段階では「健康の保持」「身体の動き」「生活行為」に関するニーズが高く，年齢進行に伴い「人間関係の形成」や「社会生活体験」に関するニーズが高まったことを報告している。

新学習指導要領では，子どもが「何ができるようになるか」，育成すべき資質・能力を明確にし，そのために「何を学ぶか」「どのように学ぶか」を捉える視点が重視される。日々の授業の学習評価に基づき教育課程の評価・改善を行うカリキュラム・マネジメントの重要性も示された（中央教育審議会，2016）。個々の子どもの実態を基点として，扱う教育内容や目標水準を判断し編成する特別支援学校の教育課程の評価には，卒業生の学びの履歴や卒業後の生活の実態，保護者の評価に基づき検証する手続きが不可欠となる。今後の特別支援学校には，これらの研究の知見や手法を活用した育成すべき資質・能力の具体化やカリキュラム・マネジメントが期待される。

一方，肢体不自由養護学校における教育課程の展開を歴史的観点から明らかにした研究もある（丹野・安藤，2011；丹野・安藤，2012a；丹野・安藤，2012b；丹野・安藤，2012c；丹野・安藤，2014）。肢体不自由教育創生期に着目し，東京都の肢体不自由養護学校における特別学級設置の経緯や教育課程をめぐる議論を明らかにした。さらには，1971（昭和46）年に盲・聾・養護学校独自の教育内容として新設された養護・訓練の前身である克服指導や機能訓練について，その特徴や教育課程における位置付けの変遷を紐解き，指導体制や教員の役割の変化についても考察している。

現在，特別支援学級の在籍児童生徒数と通級による指導を受けている児童生徒数は，共に増加傾向にあり，通級による指導は，平成30年度より高等学校でも制度化される。また，次期学習指導要領の改訂により，特別支援学級では自立活動の指導を行うこととなり，通級による指導においても学校教育法施行規則第140条の規定による特別の教育課程について定める件の一部改正により，「障害に応じた特別の指導は，障害による学習上又は生活上の困難の改善又は克服を目的とする指導とし」と，自立活動の指導を中核とすることが明示された。

通級による指導の対象者の拡大と増加に伴い，これまで以上に小学校等の教師には自立活動の指

導に関する理解が求められる．自立活動の前身である養護・訓練が，どのような背景と経緯により教育課程に位置づけられるに至ったのか．その道筋を示す研究は，小学校等の教師が，教科指導だけでは十分に対応できない子どもの自立活動の指導を理解する上で必要な示唆を与えてくれる．

2001～2016年，肢体不自由教育に関しては，主に，子どもの運動・動作や認知特性と支援の実際に迫る研究，指導を担う教師の実態と成長の支援方策を探る研究，経年的視点で子どもの学びや変容を捉え在学期間の教育内容を検討する研究が報告された．特別支援教育の充実には，障害固有の課題の改善に資する研究はもとより，特別な教育的ニーズのある子どもの教育に共通する課題の改善に寄与する研究も重要不可欠となる．これらの研究は，特別支援教育体制のもと実践されてきた肢体不自由教育の到達点と課題を把握し，今後の展開を考究する上で必要な基礎的知見を提供している．

〈文献〉

安藤隆男・野戸谷睦・任龍在他（2006）通常学級における脳性まひ児の学習の特性に関する教師の理解．心身障害学研究，30；139-151．

安藤隆男・渡邉憲幸・松本美穂子他（2007）肢体不自由養護学校における地域支援の現状と課題．障害科学研究，31；65-73．

安藤隆男・丹野傑史・佐々木佳菜子他（2009）通常学級に在籍する脳性まひ児の教科学習の困難さに対する教師の気づき．障害科学研究，33；187-198．

安藤隆男・池田彩乃・甲賀崇史他（2013）特別支援学校（肢体不自由）における地域支援体制の現状―特別支援教育制度施行以前との比較から．障害科学研究，37；57-64．

中央教育審議会（2015）これからの学校教育を担う教員の資質能力の向上について―学び合い，高め合う教員養成コミュニティの構築に向けて（答申）．

中央教育審議会（2016）幼稚園，小学校，中学校，高等学校及び特別支援学校の学習指導要領等の改善及び必要な方策等について（答申）．

一木薫・安藤隆男（2010）特別支援学校（肢体不自由）における自立活動を主として指導する教育課程に関する基礎的研究―教師の描く指導の展望に着目して．障害科学研究，34；179-187．

一木薫・安藤隆男（2011）重度・重複障害教育担当教師の描く指導の展望の背景と日々の職務への影響．障害科学研究，35；161-176．

一木薫・安藤隆男（2013）実施した指導の振り返りによる設定された指導目標・内容の妥当性の検討―自立活動を主とする教育課程を履修した卒業生の指導について．障害科学研究，37；91-102．

一木薫・池田彩乃・安藤隆男他（2014）特別支援学校（肢体不自由）卒業生の生活の実態と保護者の学校教育に対する評価．特殊教育学研究，52(2)；85-95．

川間健之介（2002）肢体不自由児の姿勢―認知発達との関連を中心に．特殊教育学研究，39(4)；81-89．

香野毅（2010）肢体不自由のある児童生徒における日常生活行為の自立度と諸能力との関係．特殊教育学研究，48(3)；201-210．

香野毅（2016）肢体不自由者のもつニーズの年齢段階による変化―保護者への質問紙と聞き取りによる調査から．特殊教育学研究，54(2)；77-86．

任龍在・安藤隆男（2007）肢体不自由養護学校における重複障害学級担任教師のとらえる職務特性と職務満足感に関する研究―特殊教育教職経験に着目して．障害科学研究，31；115-126．

任龍在・安藤隆男（2012）重度・重複障害教育におけるベテラン教師の職能成長―男性教師のキャリア・ヒストリーに着目して．障害科学研究，36；173-186．

佐藤暁（2002）脳性まひ児の運動・動作の変化とその要因―4歳時と10歳時における比較から．特殊教育学研究，39(4)；1-10．

丹野傑史・安藤隆男（2011）肢体不自由養護学校における特別学級の設置と教育課程の展開―東京都立不自由養護学校に着目して．障害科学研究，35；135-146．

丹野傑史・安藤隆男（2012a）東京都立光明養護学校における「言語の克服指導」から「言語治療」への展開―1958年度から1962年度にかけての実践に着目して．特殊教育学研究，49(1)；1-10．

丹野傑史・安藤隆男（2012b）1957年度から1962年度にかけての東京都立光明養護学校における克服指導の実践―機能訓練との関連に着目して．特殊教育学研究，50(2)；141-150．

丹野傑史・安藤隆男（2012c）学習指導要領制定前の単独型肢体不自由養護学校における機能訓練―教育課程の位置付けと教科指導との関連に着目して．障害科学研究，36；159-172．

丹野傑史・安藤隆男（2014）1963年の学習指導要領通達に伴う東京都立光明養護学校における「治療」から「機能訓練」への転換．障害科学研究，38；67-78．

1-9 種々の障害

1-9-6

視覚障害
専門性の確保のために

小林 秀之

I はじめに

　特別支援教育への移行に伴い，学校教育法上では「盲学校」という用語は用いられなくなった。ただし，平成18年7月の「特別支援教育の推進のための学校教育法等の一部改正について（通知）」〔18文科初第446号〕においては，「現に設置されている盲学校，聾学校又は養護学校を特定の障害種別に対応した教育を専ら行う特別支援学校とする場合には，『盲学校』，『聾学校』又は『養護学校』の名称を用いることも可能である」とされている。平成19年4月から「視覚特別支援学校」等に校名を変更したのは69校中5校であり，平成28年4月には67校中24校となった。また，全国盲学校長会や全国盲学校PTA連合会なども固有名詞として用いられており，「盲学校」という用語は使用され続けている。一方，先の〔18文科初第446号〕では，「盲学校」は視覚障害に対応した教育を専ら行う特別支援学校のみに校名として用いることを可能としているが，全国盲学校長会は平成18年度までの盲学校を中核として，現に視覚障害教育を実施している特別支援学校の総称を「盲学校」として用いるなど，用語に揺ぎがみられる。なお，本稿における「盲学校」は，平成18年度までの盲学校，平成19年以降は校長会と同様に視覚障害教育を展開している特別支援学校をさすものとする。

　なお，平成28年4月現在で，視覚障害に対応した教育を専ら行う特別支援学校が設置されていない自治体は富山県と山口県の2県に，盲・ろう併置校は青森県立八戸盲学校と徳島県立徳島視覚支援学校の2校となっている。

II 盲学校の存続に関する研究者らの緊急アピール

　特別支援教育への移行に伴う方向性が示されていく中で，研究者たちは盲学校の存続に関して，漠然とした危機感を感じていた。平成15年1月から，視覚障害教育に関わる研究に携わる研究者，盲学校を中心とする教職員が年一回集まり「これからの視覚障害教育を考える懇談会」が開催され，活発な情報交換や議論が行われてきている。平成15年3月の特別支援教育の在り方に関する調査研究協力者会議での「今後の特別支援教育の在り方について（最終報告）」及び，平成16年12月の中央教育審議会からの「特別支援教育を推進するための制度の在り方について（中間報告）」を踏まえ，平成17年1月の「第3回これからの視覚障害教育を考える懇談会」では，今後の視覚障害教育の在り方が議論の中心となった。この議論の中では，「視覚障害児一人一人の教育的ニーズに対応した効果的な支援を今後ともに行っていくためには，何よりも専門性の裏付けが重要であるため，これまで盲学校が蓄積してきた専門性を維持・発展させていく方途を探り，その方向に向けて，今こそ関係者が一丸となって努力しなければならない時期である」という点が確認された。特別支援教育への移行を視野に入れた時，視覚障害教育の専門性を維持・発展させていくために盲学校の存続がいかに大切であるかを広くアピールする必要性に鑑み，「第3回これからの視覚障害教育を考える懇談会」の名において『盲学校の必要性に関する緊急アピール』として公表した（第3回これからの視覚障害教育を考える懇談会，2005）。

　続いて，特別支援教育に移行した平成19年9月の日本特殊教育学会第45回大会（神戸大会）

において視覚障害教育研究者が一堂に会し，特別支援教育への移行を踏まえて，多くの自治体の盲・ろう・養護学校の再編・統合の検討の状況を共有し，特別支援教育体制の整備にあたって，視覚に障害のある子どものニーズへの十分な対応がなされることを切に要望する『「視覚障害に対応する教育を専ら行う特別支援学校（盲学校）」の必要性に関する緊急アピール』をまとめあげた。なお，このアピールの「まとめ」には次のようにある。

　長年にわたり盲学校は，その専門性を蓄積しつつ，在籍幼児児童生徒の自立と社会参加のための教育に力を注ぐとともに，地域における視覚障害教育をはじめとする幅広いセンターとしての実績を積み上げてきました。このような役割と実績についての正しい評価に基づき，今後さらなる視覚障害幼児児童生徒の教育のために，各自治体に1校以上の「視覚障害に対応する教育を専ら行う特別支援学校（盲学校）」を確保することを要望します。

　以上のように，研究者は特別支援教育への移行に伴い，視覚障害教育の専門性の拠点として，各都道府県に最低1校の「盲学校」の確保を希求してきている。さらに，2014年1月にわが国は「障害者の権利に関する条約」を批准したが，締結に必要な国内法の整備をはじめとする障害者制度の集中的な検討を行うために設置された「障がい者制度改革推進会議」からの『「障害者制度改革の推進のための基本的な方向（第一次意見）』を受けて，視覚障害教育関係研究者は3度目となる『すべての視覚障害児の学びを支える視覚障害教育の在り方に関する提言―視覚障害固有の教育ニーズと低発生障害に応じた新しい教育システムの創造に向けて―』というアピールを上書した。この提言では，「インクルーシブ教育システムの理念とそれに向かっていく方向性については基本的に賛成」し，「視覚障害児のニーズに的確に応える指導を提供できる多様で柔軟な教育のしくみ」の必要性を求めている。またこのようなシステムにおいては，視覚特別支援学校（盲学校）を専門性の拠点（センター）として位置づけることが主張されている。なお，提言は，『視覚障害児の学習を保障するための必要条件』，『視覚障害児の心を育てる，同じ障害のある友達』，『視覚障害教育のシステム』『専門性の拠点としての視覚特別支援学校』，『視覚特別支援学校教員の専門性を保障する人事システム』の5つの柱で，それぞれ具体的な方策や方向性が示されている。なお，研究者による第1回目となる『盲学校の必要性に関する緊急アピール』の賛同者は17名であったが，3回目の『すべての視覚障害児の学びを支える視覚障害教育の在り方に関する提言』での賛同者は38名と倍増しており，研究者らも今後の視覚障害教育のあり方に注目し，またその方向性を懸念している状況が理解できる。

Ⅲ　視覚特別支援学校教員の専門性を保障する人事システム

　ここで，先の『すべての視覚障害児の学びを支える視覚障害教育の在り方に関する提言』の中から視覚特別支援学校教員の専門性を保障する人事システム』について焦点をあてて整理していく。

　一般的な教員の人事異動は，学校教育の活性化であったり，複数校を経験することによる個々の教員の資質向上といった研修的な効果をねらっていたり，また，広域での人事異動を実施することにより地域間のバランスを担保し，教育の機会均等という全体の質の確保等が目的とされている。また，実際に各自治体が人事異動の原則を明確化しつつある。その原則の一部は，中央教育審議会義務教育特別部会第35回・第36回合同会議配付資料に示されている（文部科学省，2005）。これを整理すると，全国の60の都道府県市の中で，3年〜5年の勤続を異動対象とする自治体は全体の23.3％，6年〜10年では61.7％，具体的な年限は規定せずに同一校の勤務が長期に渡る者等といった基準を設けている地域が11.3％，規定を設けていない自治体数は2であった。これらの数字から，小学校・中学校においては積極的に人事異動が行われていることがわかる。一方，盲学校は平成28年度には67校中37校が同一県内1校の設置であり，積極的な人事異動が行える状況とはいえない。一般的な人事異動のメリットと盲学校の設置状況を勘案すると，確かに同じ教員が長年に

渡って勤務することは活性化という点での懸念は生じるが，教員の資質の向上という視点では，盲学校においては専門性を有する教員が離れてしまうことを考えると有用なシステムであるとはいえないだろう。

全国的な盲学校の人事異動の現状は，大内ら（2006）が全国盲学校校長会によって編集・発行されていた平成4年度から平成13年までの『全国盲学校実態調査』を用いて明らかにしている。この冊子は，学校の所在地や施設の状況，組織の実態と合わせて，各盲学校に在籍している教員の個人名や所属学部などの情報も記載されおり，全国盲学校教職員名簿としての機能も有していた。ただし，平成14年度以降は，盲・ろう・養護学校全体で1冊の実態調査として発行されるようになり，個々の教職員に関する情報は掲載されなくなった。まず，10年間の調査対象となった教員（校長・教頭，教諭・実習助手，寄宿舎指導員）数は9,360名であり，在職年限ごとに整理すると，1年間のみの在職者が1,565人（13.2％）であり，在職年限9年まで年限の増大に伴って，その人数は減少することを明らかにしているなお，10年以上の在籍者は1,143名で全体の12.2％であった。また，各盲学校における在職年限が3年以下の教員が占める割合と学校数の関係も整理している。この割合が30％未満の学校は存在せず，30％～40％未満の学校は6校（8.6％），40％～50％未満の学校は26校（37.1％），50％～60％未満の学校は34校（48.6％），60％以上の学校は4校（5.7％）であり，50％を超す盲学校で在職教員の過半数が3年未満であったことになる。このような人事異動のサイクルは，盲学校がこれまで継承してきた視覚障害教育に関する専門性を維持するだけでもぎりぎりの状況にあり，継承し発展させていくには非常に厳しい状況にあると考えられる。

ところで，視覚障害教育の専門性を継承あるいは発展していくためには，どの程度の在職年限が必要なのであろうか。この疑問の一端は，川口・小林（2010）が一定の知見を提供している。まず，川口らは盲学校の通算在職年数と視覚障害教育に関する知識や技能75項目についての自己評価の関係を検討している（第1研究）。調査項目ごとの得点（理解している：2点，やや理解している：1点，理解したとも理解していないともどちらともいえない：0点，あまり理解していない：−1点，理解していない：−2点）をカテゴリーごとに平均得点を算出し，在職年数ごとに整理している。ほとんどの内容において，在職年数が増えるごとに自己評価の得点は上昇しており，在職年数が11年を過ぎると「やや理解している」を示す得点1を超え始める。また，在職年数が16年を超えると，ほとんどの内容で得点1を超えている。一方，「重複障害児の指導」に関しては，得点1を超す在職年数はなく，この領域の専門性の獲得は難しいことも伺える。盲学校の教員が，自己の有する専門性に対してやや自信をもてる段階に至るにも通算10年を超える勤務経験が必要であることが明らかになった。現在の年限を区切った人事異動の動きは，視覚障害教育の専門性の向上を阻害している可能性がある。

さらに川口らは，校内の教科教育研究グループ研修を通して，各教科の専門性の自己評価との関連で成果や問題点についても検討している（第2研究）。各教科グループが1年間取り組む自己研修内容は，「視覚障害教育に関する知識・技能の一覧（視覚障害教育実践研究会，1995）」中の視覚障害教育の内容と方法から適宜設定することとした。さらに，研修の内容が「視覚障害教育に関する知識・技能」の内容を3項目以上取り上げて研修を行ったグループ（Aグループ）と，1～2項目のみで研修したグループ（Bグループ）で比較検討を行っている。各教科の専門性の自己評価の得点化については，理解しているを2点～理解していないを−2点とした。分析の結果，両グループにはいくつかの差が生じていた。Aグループの教科の自己評価は0点～0.75点にあったのに対して，Bグループの自己評価は−1.3点～−0.4点の間にあった。Aグループの方が自己評価が高いという点が第1点，また，「教材・教具の準備と作成」「教科の準備」「教科指導以外の専門性」について，1年間の研修により自己評価が高まったか否かを検討するとAグループの方が有意に理解が深まっていたことが第2点である。Aグループは，特に教科に関する研修を行いながらも

教科以外の専門性においても理解が深まっている点は注目してよいであろう。さらに，Bグループの在職年数をみると，その教科の専任教員において10年以上の教員がいなかったことが3点目である。Bグループにおいて，基本的な研修内容にしか取り組めなかった理由の1つとして，教科の専門性を年限の浅い教員に十分に伝えることのできる教員がいなかったことが考えられる。また，第1研究において在職年数と「視覚障害に関する知識・技能」の内容における理解度の関係として，在職年数が11年を越えないと自己評価において理解しているとの回答は得られなかったことからも，視覚障害教育の専門性向上には，充分な在籍年数がありリーダーシップをとることもできる専門性を有した教員の存在が大きく関わっているといえる。ここでも，年限を区切った画一的に行われる定期的な人事異動体制の見直しが求められることがわかる。

IV 視覚障害教育を支える専門性の確保のために

インクルーシブ教育システムの構築に向けた取り組みも進み，文部科学省（2016）によると，平成27年度に小学校と中学校に在籍する学校教育法施行令第22条の3に該当する視覚障害児童生徒は294名となっている（文部科学省，2016）。一方，同年度の盲学校小学部には618名，中学部には476名の在籍であり（全国盲学校長会，2016），通常の学校で学ぶ視覚障害児は確実に増加していると考えてよいであろう。さらに，この傾向に伴い盲学校には視覚障害教育のセンター的機能としての地域支援がますます求められるようになると考える。その一方で，画一的な人事異動等により，盲学校の専門性の維持・継承・発展が難しくなり始めている。この状況の対応としてベテランの教員が退職後に盲学校に再雇用され，視覚障害教育を支えつつ後進の指導にあたっているという話もいろいろな地域から聞こえてくる。

盲学校を中心とした視覚障害教育の充実のためには，今後，視覚障害領域の免許状の所有の有無や視覚障害教育に対する情熱などを加味した柔軟な人事異動システムの構築が急務であると考えられる。国立と都道府県立間や東北3県あるいは広島県と岡山県で実施された盲学校間の人事交流，県立盲学校の教員が市町村立小学校の弱視学級の担任として人事異動し，また盲学校に戻るなどの実績は存在している。これらを一部の地域の実績に留めず，視覚障害教育の継承・発展に寄与できるシステムの構築も重要となるであろう。

〈文献〉

第3回これからの視覚障害教育を考える懇談会：代表香川邦生（2005）盲学校の必要性に関する緊急アピール．弱視教育，43(3)；36-38．

川口数巳江・小林秀之（2010）視覚特別支援学校の教員の専門性向上に関する検討――視覚特別支援学校における教員の在職年数と専門性との関係を中心として．広島大学大学院教育学研究科附属特別支援教育実践センター研究紀要，8；33-39．

文部科学省（2005）人事異動対象となる同一校勤務年数について（小中学校）．中央教育審議会義務教育特別部会第35回・第36回合同会議配付資料3．http://www.mext.go.jp/b_menu/shingi/chukyo/chukyo6/gijiroku/05091301/003.htm（2016年12月20日閲覧）

文部科学省初等中等教育局特別支援教育課（2016）特別支援教育資料（平成27年度）．

大内進・金子健・田中良広・千田耕基（2006）盲学校の人事異動に関する実態調査――盲学校在籍年数に焦点をあてて．国立特殊教育総合研究所紀要，33；49-59．

視覚障害教育実践研究会編（1995）視覚障害教育情報ガイド．コレール社．

視覚障害教育研究者一同代鳥山由子（2008）「視覚障害に対応する教育を専ら行う特別支援学校(盲学校)」の必要性に関する緊急アピール．視覚障害教育ブックレット，7；8-13．

視覚障害教育研究者一同（2010）すべての視覚障害児の学びを支える視覚障害教育の在り方に関する提言　提言の要点．視覚障害教育ブックレット，15；80-87．

全国盲学校長会編（2017）視覚障害教育の現状と課題．55；全国盲学校長会．

1-9 種々の障害

1-9-7

聴覚障害
研究動向と特別支援教育への貢献

佐藤 正幸

I 特別支援教育移行後の聴覚障害教育

聴覚障害教育においては，特別支援教育への移行後，国内のみならず，世界全体においても大きな動きがみられた。まず，新生児聴覚スクリーニングにおける検査技術の進歩によって聴覚障害の確定が早期化し，教育機関における乳幼児教育相談の受け入れが低年齢化したこと，次に2010年の聴覚障害教育国際会議バンクーバー大会で，1880年の同会議ミラノ大会での聴覚障害教育から手話を排除するという決議が却下され，聴覚障害教育での手話の使用が正式に公認されたことである。また，特別支援教育との関連においても，インクルーシブ教育の台頭により通常校で学ぶ聴覚障害児が増加したこと，それに伴う聴覚特別支援学校におけるセンター的機能の活性化，及び聴覚障害児の学力に関連した研究も多くなされてきた。さらには，聴覚障害児の大学進学，進学後の学修環境支援等の高等教育支援についても充実してきた。

本項では，特別支胃教育移行後の聴覚障害教育における乳幼児教育相談，インクルーシブ教育，言語力・学力，高等教育支援について取り上げる。

II 新生児聴覚障害スクリーニング後の乳幼児教育相談

これまで聴覚特別支援学校での乳幼児教育相談は，1歳半検診及びその後の耳鼻科医受診で聴覚障害と診断されてきた聴覚障害幼児がほとんどであった。平成12年（2000年）10月に厚生労働省によって新生児聴力検査（新生児聴覚スクリーニング）実施要綱が施行されてからは，0歳台であっても聴覚特別支援学校，難聴幼児通園施設を訪れるケースが増加しており，聴覚特別支援学校にあっては教育相談部から乳幼児教育相談部に名称変更し，センター的機能の一つとして位置づけるようになってきた。今後の相談の見通しを立てるための聴力測定，乳幼児に対する補聴器フィッティング等についてはこれまでの経験が活かされ，これらの聴覚的サービスはかなり充実してきてはいたが，保護者支援，家族支援，家族と聴覚障害乳幼児の間のコミュニケーション支援については，まだ未整備なところが多かった（佐藤・小林，2004）。特に問題とされたのは，新生児聴覚スクリーニングにて聴覚障害と診断された直後のケースに対する初回の相談対応である。そのケースとは，我が子が聴覚障害であるという事実を受け入れないでいるケース，なぜ，新生児聴力スクリーニングをする必要があるのかさえ理解できないでいるケースであり，Baugleyら（2002）は，このことについて新生児聴覚スクリーニングを担当する医師等医療関係者が，我が子に聴覚障害があると告知された保護者の不安を理解しようとせず，聴覚障害が子どもの今後の生活にどのような影響をもたらすのかを考慮していないことを指摘している。このような状態で聴覚特別支援学校に相談にこられる保護者，子どもへの初回の対応が問題とされ，聴覚特別支援学校における初回の相談では保護者が聴覚障害のある子どもの子育てに見通しが立てるような対応が課題とされた。さらにはその子どもをとりまく祖父母，きょうだいなど家族支援（例えば，聴覚障害理解など）が必要とされた。このことについては15年近く経た今でも廣瀬（2015）が新生児聴覚スクリーニング事業の療育・教育に関する問題点として，聴覚障害告知の問題，聴力が確定する前の保護者の不安に対する支援の問題等を挙げており，保護者支援についてはいまだ課題として残されている。さらに廣瀬

は，新たな問題点としてスクリーニング結果に問題が出ても精密検査を受診しないなど熱心さに欠ける，虐待やネグレクトなどの要素がみられる保護者の支援を取り上げている。これは，保護者の共働き，祖父母世帯との別居による核家族化で家族の形態の多様化もあり，保護者支援，家族支援の課題については今後も続く可能性がある。特に初回の相談は，「個別の教育支援計画」の「入口」に繋がり，また，保護者の聴覚特別支援学校もしくは聴覚障害児教育に対する印象を決定する重要な場面となろう。

III 通級による指導，通常の学校に学ぶ聴覚障害児の教育的プログラム（インクルーシブ教育）

通常の学校に聴覚障害児が在籍していることはもはや珍しいことではなく，その教育的プログラムは半世紀近い歴史の中でメインストリーミング，インテグレーション，インクルージョンと様々な変遷を遂げてきた。これらのプログラムは聴覚障害児に限らず他の障害において用いられているが，特に聴覚障害児教育においては3つの教育的プログラムが行われてきた。

聴覚障害児教育におけるインクルージョンについては，主として聴覚障害児のインクルーシブ教育の現状と課題に関する研究が多くみられた。

英国の聴覚障害の研究機関であるRNID（2002）はインクルージョンに関わる教員の指導方法について聴覚障害生徒にとって効果のある方法と効果のない方法を示した。それによれば，効果のある方法は担当する授業における指導方法が実演的でありかつ実際的な活動を取り入れていること，生徒にとって教員の顔がはっきりとみえること及び重要なポイントを生徒にわかるように示すことであった。一方，効果のない方法，換言すれば生徒にとって支援にならない方法とは，数多く話すこと，黒板に向かって話すこと及び授業において何が課題なのか明確に示さないことであった。これらのことについて，RNID（2002）は聾学校，難聴通級指導教室における聴覚障害教育専門の教員にとっては最も基本的なことであるが，インクルーシブ教育を行っている小学校，中学校においては配慮されていないことが多く，聴覚障害児童・生徒にとっては授業が参加できないこともみられると報告した。

日本においては，インクルーシブ教育という用語は浸透しつつあるものの，研究としては通級による指導や通常の学校におけるコミュニケーションに関するものが多くみられた。その通級による指導とは聾学校のセンター的機能における一つの機能が担うものと，地域の小・中学校に設けられている難聴通級指導教室が担うものがある。また，通常の学校における聴覚障害児の教育的支援については難聴特別支援学級も担っている。

池谷（2007）は通常の学校に在籍する聴覚障害児と聴児とのコミュニケーションについて調査を行った。その結果，手話や指文字を用いてコミュニケーションできる聴児ほど，「遊び」や「困り」に関する頻度が高くなり，生活全般に対して接点が増えるという実態を明らかにした。また，聴児のコミュニケーション手段が手話や指文字に広がりつつある学校では児童・生徒や職員だけではなく，保護者や地域に向けた啓発の取り組みが盛んな様子がみられたことを報告した。このことから，難聴特別支援学級を中心に聴覚障害の理解啓発がなされたことは，通常の学級に在籍する聴覚障害児童・生徒が学校生活をおくるための教育的支援を行うのみではなく，学校を拠点に児童，家庭，地域社会におけるソーシャルインクルージョンに繋がることが窺える。

豊田ら（2008）は，聾学校における通級による指導は，小学部では，言語学習やコミュニケーションの指導等による言語の発達等，中学部ではコミュニケーションの指導や障害受容に関するものが行われ，その効果として前者は，言語の発達等，後者では情緒面の安定等がみられたと報告した。これは，通常の学校に在籍する聴覚障害児が，通級による指導を受けることによって日頃，聴の児童・生徒とともに授業を受けることに不安を感じ，教科，コミュニケーションについて相談できるところがあるという安心感を持っていることが窺える。

一方では，課題とされるところもみられた。豊田ら（2003）は，在籍校にある通常の学級のクラス担任との連携と通級による指導に関わる時間の確保であった。また，吉田（2010）は，従前より

通級による指導が弱視（視覚障害），難聴（聴覚障害），情緒障害のある児童・生徒に対して行われてきたが，特別支援教育に移行してから発達障害のある児童・生徒の支援の場としても役割を担うようになった。しかし，それに見合うだけの通級指導教室および担当教員が配置されていない現状があり，教室等の設備，教員の配置などの人的整備が喫緊の課題であるとした。

IV 聴覚障害児の言語力・学力

聴覚障害児童・生徒は，知的な遅れなど知能について何ら障害はないとされているものの，聴覚による情報量が制限されていることから，授業による学習についていけないことなどから同年齢の聴の児童・生徒と比べ学力が著しく低下する傾向がよくみられる。

数学（算数）にせよ社会にせよあらゆる教科には言語力が必要とされており，学校教育法で掲げられている「準ずる教育」を達成するには，まず言語力を伸ばすことが必要であると言っても過言ではない。特に，聴覚障害児は聴覚情報が制限されているために抽象的な言葉の理解が困難であることから，論理的に思考する力，推論する力などが弱く，教科学習を困難としている背景となってくる。

数馬（2014）は中学部社会科にみられる豊富な語彙を習得することを大切しながら，授業の中で資料を「見て考える時間」，その後生徒と教師が対話しながら理解を深めまとめる「書いてまとめる時間」の両方を設定するように心がけた，これらの実践はまさに，言語理解は勿論，論理的に思考する力，推論する力を育成する教科活動であり，自立活動における言語指導と区別すべきものと考えられる。

また，中村ら（2012）は，聴覚障害児童生徒の数学的な見方・考え方・態度を育成するための指導への示唆について，聴覚特別支援学校の算数数学担当教員への質問紙調査及び小学部4年生へのテスト調査を行った。その結果，①数学的な意味よりも数や図の持つ視覚的なイメージにより問題の意味を捉えてしまうこと，②問題の意味を正しく理解し数学的な意味や関係を捉えること，③創造的に考えること等に課題があることが明らかとなり，多くの聴覚特別支援学校では問題解決活動を取り入れていた。中村らは，これらの課題を改善するためには，図形化の考え方と数量化の考え方の育成，問題の意味の把握と数学的な意味や関係の意味を促すための単純化の考え方などが必要であるとしているが，基本的にはその考え方を育てるための言語力が必須であることは論を待たない。

佐藤（2014）は，小学部の理科教育においてICT教材を活用するにあたってただ漠然と映像を流すのではなく，要所で止めながら，映像のその後の結果や展開について話し合ったり予想したり理由を話し合ったりする活動を取り入れた。この研究では，言語力に直接触れていないが，理科教育における話し合い活動の中で言語力を高めることに繋げていることが推測される。

しかしながら，現在出されている言語力，学力を測定するアセスメントの多くは聴児に対応したものがほとんどであり，聴覚障害児に対応したものはほとんどない。このことについて，長南ら（2009）は，聴覚障害児の学力に関して考察を行い，聴覚障害児の学力についてのアセスメントは，現在出されているものが，健聴児を対象として開発されたものが多く，聴覚障害児の学力を反映していないところから，聴覚障害児を対象に標準化したものを出すべきであること，及び聴覚障害児の学力向上のための質の高い授業が必要であることを課題とした。

V 高等教育機関における聴覚障害学生支援

近年，大学等高等教育機関における聴覚障害学生に対する情報保障等，教育的支援が充実していくに従い，一般の大学に学ぶ聴覚障害学生が増加する傾向にある。そのような状況下で高等教育機関における聴覚障害学生支援に関する研究もみられるようになってきた。これは特別支援教育に移行するまではあまりみられなかった領域である。この領域に関する研究は主に聴覚障害学生及び支援学生の情報保障に対する考え方に関する研究が多く見られた。

まず，霍間ら（2012）は，情報保障支援を受けることにより，聴覚障害学生の支援ニーズが変化していくプロセスについて質問紙法による調査を行った。その結果，対象となった聴覚障害学生は入学当初は情報保障支援に対しては受け身であっ

たが，徐々に自分のニーズを把握していき，支援の要・不要について判断できるようになる様子がみられた。そして，文系の学生がほとんどの講義に情報保障支援を受ける一方で，理系の学生は，周囲の学生や教員の理解・協力を得て自らに適した方法を探し，学年があがると情報保障を利用しなくなる傾向がみられた。このことについて著者らは同じ専攻の学生同士でサポートし合える関係が重要であると考えた。

一方，杉中ら（2014）は支援する学生が，現在行われている聴覚障害学生支援の環境の改善について望んでいることについて面接調査を行った。その結果，カテゴリーとして事前情報の提供，研修の充実，支援に対する評価，聴覚障害学生からの働きかけが抽出された。中でも支援学生は聴覚障害学生に関する情報が不足している状態にあり，さらには支援学生自身の支援行為に対するフィードバックや評価を求めていることが見受けられた。そこで著者らは，これらの改善のためには，聴覚障害学生に関わる事前情報等の提供の機会や，聴覚障害学生の自己開示を促す研修の設計などが効果を上げると考えられるとした。

このように聴覚障害学生と支援学生に関わる研究が中心となっているが，筑波技術大学以外の一般大学においてはある意味ではインクルーシブ教育である。大学という高等教育機関にあっては聴覚障害に対する理解，意識等についてはこれまで多く見られた小学校・中学校とは異なる知見が得られるものと思われる。今後，研究がなされることを期待したい。

Ⅵ 聴覚障害教育における合理的配慮とは？

聴覚障害教育における合理的配慮については，2つの考え方があると思われる。すなわち，教育的観点からの合理的配慮（教育内容・方法）及び障害の状況に応じた合理的配慮（支援体制である。まず前者は，社会に向け自立する力を育てることになり，その内容として重要なのは「きこえない・きこえにくいこと」を発信していく力を育てることである。さらには，言語力（日本語）を育てることが考えられる。2010 年の聴覚障害教育国際会議における聴覚障害教育での手話使用の正式公認を前後して，手話と日本語獲得についての研究発表が多くみられるようになってきた。しかし，もう１つの教育的観点の合理的配慮からみれば聴覚障害教育における学力の保障であり，その意味では学力向上における手話の導入の効果の検証が必要となってくると思われる。

後者は，授業時の情報保障並びに教科学習上での配慮であるが，これは小中学校，高校のみではなく，大学等高等教育機関における検証が期待される。

〈文献〉

Bugley, D., Davis, A. & Bamford, J.（2002）Pronciples of family-friendly hearing services for children. British Society of Audiology Newsletter, 29；35-39.

長南浩人・澤隆史（2009）わが国の聴覚障害児の学力に関する考察．ろう教育科学，51(2)；57-68.

池谷航介（2007）難聴学級設置校における聴覚障害時と聴児のコミュニケーションに関する研究—聴児のコミュニケーション手段の多様化とその要因．ろう教育科学，49(3)；119-136.

廣瀬佐礼（2015）聴覚障がい児の早期発見の現状とこれからの課題—大阪における新生児聴覚スクリーニング検査事業の取り組みから．ろう教育科学，56(3)(4)；135-184.

数馬梨恵子（2014）ろう学校の社会科の授業で大切にしていること．聴覚障害，69(春号)；58-65.

中村好則・森本明・米山文雄（2012）聴覚障害児童生徒の数学的な見方・考え方・態度に関する調査研究．ろう教育科学，54(2)；63-81.

Royal National Institute for the Deaf（2002）Inclusion: what deaf pupils think. Royal National Institute for the Deaf.

佐藤文昭（2014）児童の学習意欲に即した理科教育の実践—児童の思考力及び PISA 型読解力の向上を促したアプローチ．聴覚障害，69(春号)；38-43.

佐藤正幸・小林倫代（2004）聴覚障害児の早期からの相談に関する文献的考察．独立行政法人国立特殊教育総合研究所研究紀要，31；91-99.

杉中拓央・原島恒夫・堅田明義（2014）高等教育機関において聴覚障がい学生を支援する学生が支援の現況に対し改善を望む課題．聴覚言語障害，42(2)；77-88.

豊田恵梨名・井坂行男（2003）聾学校における通級による指導の現状と課題．ろう教育科学，45(3)；153-166.

靍間郁実・原島恒夫・森晴子・四日市章（2012）聴覚障害大学生の情報支援のニーズの変化．聴覚言語障害，41(1)；15-22.

吉田純平（2010）「通級による指導」の歴史と課題．ろう教育科学，51(4)；149-161.

1-9　種々の障害

1-9-8 重複障害教育の研究動向
「係わり合う」教育実践研究の進展

土谷 良巳

I　はじめに

重複障害は複数の障害が重なり合っている状態である。学校教育法施行令にある5障害に加えて、言語障害、情緒障害やASD、学習障害、ADHD等の発達障害まで含めると、障害が重複した状態は実に多様で程度もさまざまであり、その共通性よりも個人差が際立つといえる。また、複数の障害が重なる状態は、個々の障害が加算された状態というのではなく、それぞれが独自の困難とニーズをもっているのである。このように、重複障害は多様な状態像を示し、個々の障害の状態が独自の困難と教育ニーズをもっていることが、いまだに学校教育の関係者に十分には理解されていないという現状をまず指摘しておかなければならない。

これまで重複障害の状態を概括する際には、①重度・重複障害、②重度の知的障害と重度の肢体不自由を併せ有する重症心身障害、③感覚障害と知的障害および/あるいは肢体不自由が重なる重複感覚障害（いわゆる盲重複障害，ろう重複障害）を主たる領域としてきたが、最近出版された特別支援教育に関する大学テキスト（柘植ら,2015）では、視覚障害と聴覚障害が重なる「盲ろう」を独自の障害として捉え一つの章をあてている。盲ろうを独自の障害として捉える観点が専門家に共有されることで、重複障害への理解はグローバルな視点をもち、いっそう深まっていくといえる。

II　日本特殊教育学会第50回大会学会企画シンポジウムにおける論点

2012年に開催された日本特殊教育学会第50回大会において、学会企画シンポジウム「重複障害教育から創出された教育実践の視点の共有と今後の教育のあり方」が実施された。

このシンポジウムは、1949年から取り組まれた山梨県立盲学校における盲ろう児の教育実践を端緒とするわが国の重複障害教育において、これまで蓄積されてきた教育実践の視点とその背景を明らかにし、今後の教育のあり方を展望するという企画趣旨のもとに開催されたもので、重複障害教育に関する到達点を明らかにしている。

話題提供者の川住隆一（以下敬称略，東北大学）は、重複障害の子どもへの教育的働きかけの糸口を見いだす観点として、「自発的な動き」「応答的動き」を挙げ、「微弱・微小な表出」に注意を向けること、子どもの「反復的な行動」「何気ない行動」が係わり合いの糸口となることがあること、また子どもが「注意を向ける場面」に着目する必要があること、「拒否的，回避的行動」さえも係わり合いの糸口となることを述べた。加えて濃厚な医療的ケアを日常的に必要とする最重度の重複障害児においては、「きわめて微小なあるいは不随意的な動き」に着目することが必要であると指摘した。同じく話題提供者の土谷良巳（上越教育大学）は、子どもとの係わり合いにおいては「子どものイニシアチブ」が重要であることを指摘し、教育的な係わり合いを進めるにあたって、まずは子どもの興味・関心が焦点化している活動を受け入れ、共同活動として成立させつつ、子どもとの相互的な活動へと展開していくアプローチへの転換がなされつつあると述べた。また松田直（高崎健康福祉大学）は「長期間の教育的係わり合い」によってこそ「子どもの理解」が深まり、子どももその「秘めている力」を発揮するようになると述べつつ、重度・重複障害のある子どもの教育的係わり合いに関して重要な観点を指摘した。

話題提供者を務めた松田、川住と土谷は司会の

菅井裕行（宮城教育大学）とともに，1971年に設立された国立特殊教育総合研究所の重複障害教育研究部において，1970年代後半から2000年代前半にかけて共同して実践研究を積み重ねてきており，その主要な成果は1976年から2002年にわたって，同研究部において継続して取り組まれた全25集からなる「重度・重複障害児の事例研究」に集約されている。この事例集で取り扱われた主題は多岐にわたるが，1）重複障害の子どもの行動を理解する視点（第3集：実態のとらえ方，第14集：行動の見方，第25集：子どもの理解など），2）重複障害の子どもの身体の動きや活動に関する視点（第4集：手の動き，第6集：さわること，第7集：みること，第8集：探索行動，第11集：食べることなど），3）重複障害の子どものコミュニケーションに関する視点（第13集：意思の表出，第17集：やりとりの成立，第24集：コミュニケーション支援など），4）重複障害の子どもと係わり合う状況を作ることや見通しに関する視点（第15集：状況作り，第18集：活動の見通し，第22集：分かることなど）に大別することができる。この実践的事例研究の成果が近年の重複障害教育における研究と実践を下支えしているということを強調しておきたい。

Ⅲ 近年の研究と教育実践の動向

学会誌に掲載された重複障害，重度・重複障害，あるいは超重症児，先天盲ろうに関連するレビュー論文は少なくないが，本稿の趣旨から2010年以降の資料（細渕，2014；松田，2010；中村，印刷中；岡澤，2012）を手掛かりにした。これらの資料をみると，障害の状態に関しては，継続的で濃厚な医療的対処が必要な超重症児と先天盲ろう児に焦点をあてた研究と実践が多いことがわかる。以下では，上述したシンポジウムで報告された論点を加えて，近年の重複障害教育に関する研究と実践の到達点ないしは動向について素描することにする。

第一に，重度で重複した障害のある子どもと「係わり合う」あるいは「係わり手」という観点が確立するとともに，子どもとの「関係性のあり方」が重視されるようになったことである。

1979年に養護学校教育義務制が施行された当初には，子どもへの教育的対処に関して係わり合う，また係わり手という観点は乏しかった。前述した重度・重複障害児の事例研究に掲載された実践事例の報告において，表題に「係わり」という用語が初めて記載されたのは，1986年（第10集）であったことから，この指摘はあながち管見であるとはいえないであろう。

松田は上述したシンポジウムにおいて，①係わり手は複数年（できれば3年以上）係わり合いを継続すること，②子どもが安定できる居場所を作ること，③係わり手との関係づくりを丁寧にすすめること，④探索活動とコミュニケーション活動を基盤にして，拠点から徐々に空間と活動を広げること，⑤全ての教育活動を子ども本人にとってどうであったかという視点から評価することを提言している。松田の提言は，特別支援学校であるか特別支援学級であるかによらず，重度で重複した障害のある子どもの教育の質を高めるための実践的課題として提示されているのである。

第二に，障害の重い子どもが表出する行動をどのように理解するか，その意味を明らかにすることの重要性が指摘されるようになったことである。

このシンポジウムにおいて川住が述べたように，明確な随意性を把握することが困難な身体の動きであっても，超重症児の動きに何らかの意図や随意性を仮定し，教育的対応の展開の中で，係わり手がその仮定の妥当性を検討しつつ，種々のセンサーやスイッチ等を用いて，入力に応じたフィードバックがなされる状況を設定することで，行動の発現頻度が増加し，随意性が明確になることを明らかにした研究が蓄積されてきている（岡澤，2012）。川住ら（2008）は，応答的環境下において超重症児の不随意的微小運動と心拍との関係を見ている。また，身体的な動きがほとんど見られない超重症児との長期にわたる継続的な係わり合いの中から，子どもが表出する動きに随意性を見いだし，その意味を捉えようとした一連の研究（岡澤，2008；岡澤他，2005；岡他，2015）がある。これらの研究において，超重症児が表出した行動の意味は，子どもと係わり手とのやりとりの中で確定されていくという視点が共有されて

いることを看過することはできない。

第三に，先天盲ろうの子どもを対象にしたコミュニケーション研究（中村，印刷中）において著しい進展があったことである。

前述した第二の観点は，先天盲ろう児のコミュニケーションに関する実践研究において先導的に取り組まれている。菅井（2004）は1990年から2000年にかけての先天盲ろう児の教育に関する実践研究の動向をまとめ，コミュニケーションに関して「相互性」と「共同性」から捉える実践が発展することの必要性を述べている。先天盲ろうを含む障害の重い子どもとのコミュニケーションにおける共同性と相互性の概念は土谷（2006, 2016）によって整理されており，その成果として，中村ら（2007a）が先天盲ろうの子どもとの相互的なやりとりにおいて触覚的な共同注意の様相を明らかにした研究を挙げることができる。

次に，先天盲ろうの子どもによって表出された行動の意味を理解する上で，北欧において新たに創出された共創コミュニケーションというパラダイム（土谷，2011）による研究の蓄積（土谷他，2016）がある。このアプローチは，先天盲ろう児のコミュニケーションにとどまらず，上述した第二の観点による取り組みと関連して，重度で重複した障害の子どもの教育に関する実践研究へと拡大（細渕，2014；岡澤，2012）してきている。

これまでは子どもたちに適したコミュニケーション・システムを選択し，その学習を進めるということに力点が置かれていたが，ともするとコミュニケーションを教授－学習の構造に組み込むことになり，先天盲ろうの子どもたちの主体的，能動的なコミュニケーションが生じる上での隘路となっているとの指摘（菅井，2016；土谷，2011, 2016）がある。それゆえ，係わり手が子ども（から）の表出を確認し，その場の文脈のもとでその意味を解釈し，その解釈にもとづいて活動の提案としての働きかけを行い，さらに子どもの応答からその意味の解釈と働きかけの妥当性を探るというプロセスを重視して，子どもの能動性とイニシアチブのもとで行動の意味を子どもと共同して確定していくという共創コミュニケーション・アプローチがもたらしたインパクトは大きかった。

さらにこのアプローチは，宣言的，叙述的コミュニケーションとしての対話型コミュニケーションへの取り組みへと進展しつつある。中村ら（2006, 2007b）は，弱視ろうである子どもを対象に対話の成立と展開を目指した実践に取り組み，子どもの生活史（ライフストーリー）の把握が鍵となるとして，その生活史を子どもと共につくること，また活動を共にすることから共有体験をつくることが重要であるとしている。中村（印刷中）はさらにナラティブの観点も含みこんだ実践研究が発展することが重要であることを指摘している。

これらの共創コミュニケーション・アプローチによる実践研究の蓄積が，超重症児が表出する「行動の意味」をやりとりを通して確定していくという新たな視座（岡澤，2012）を導いたのである。

第四に，生活の場で常時医療的ケアを必要とする超重症児のQOLと教育的対応に関する実践研究の進展がある。医療的ケア場面そのものを重度・重複障害者がどのように状況把握しているかを問う研究（笹原他，2009），また係わり手による働きかけに対して緊張を生じがちな超重症児（笹原，2011）や身体の動きがきわめて微弱微細な超重症児（岡澤，2008），自発的な身体の動きがまったく見いだされなかった超重症児（岡澤他，2005）など，子どもへの係わり方に関する実践研究（菅井他，2015）の拡がりが見られる。

また細渕（2014）が指摘するように，重症児の終末期ケアに関していのちの尊厳の観点からなされる提言は，超重症児のQOLに関する今日的な課題を明示している。細渕（2014）は医療的依存度がきわめて高い子どもたちこそ，教師とともに学ぶことの喜びと，子どもと保護者との深い信頼関係が欠かせないのであり，それを担う教師と学校教育のあり方が問われるとしている。その意味で，自発的な動きがまったく見いだされないといわれる子どもであっても，長期間にわたる教育的対応の中で，身体の動きの発現と変化とが見いだされ，周囲の人びとの理解も変化していくという岡澤（2012）の指摘が示唆するところは大きい。さらに細渕（2014）は，出生前検査が急激な広がりを見せる現状において，在宅で医療的ケアを受けながら生活する超重症児のいのちを支えるシス

テムの構築が喫緊の課題であると指摘している。今日までの医療技術の開発と超重症児に対する教育的対応の進展によって，われわれは新たな課題に直面しているのである。

IV おわりに

最近の研究時評を手掛かりに，21世紀初頭の研究と実践の動向を素描してきた。1979年の養護学校教育義務制の実施を契機として，重複障害教育に関する研究と実践は拡がりと深まりをみせてきたが，近年の取り組みとしては，濃厚な医療的ケアを要する子どもと先天盲ろうの子どもを対象とした研究と実践が特筆される。いずれにおいても，その教育実践的な課題は，①これまで見過ごされがちであった微細で微弱な表出，あるいは不随意とみられがちであった動きに対して，子どもとのやりとりをベースに，その意味と意図性を実践的に明らかにすること，及び②子どもの能動的な表出と双方向のコミュニケーションを創出することに収斂している。これらの研究と実践には，子どもとの関係性を問い，子どものイニシアチブを受け入れつつていねいな係わり合いを積み重ねることによって，子どもの表出の意味を共有し，子どもと取り組む活動を共同してつくりあげていく共創コミュニケーションのパラダイムが通底している。その実践によって，われわれは極めて障害の重い子どもたちと相互主体的に係わり合いつつ，共生していく実践への一歩を踏み出すのである。

〈文献〉

細渕富夫（2014）特別支援教育に関する教育心理学的な研究動向と課題―重度・重複障害児の教育実践研究を中心に．教育心理学年報，53；96-107.

川住隆一・佐藤彩子・岡澤慎一他（2008）応答的環境下における超重症児の不随意的微少運動と心拍数の変化について．特殊教育学研究，46；81-92.

松田直（2010）重度・重複障害児教育における実践研究のこれまでとこれから―係わり手のあり方の省察を視点として．特殊教育学研究，47；324-326.

中村保和・川住隆一（2006）弱視ろう児への組織的な働きかけにおける会話状況の展開過程―話相手による情報保障に視点をおいて．特殊教育学研究，44；35-46.

中村保和・川住隆一（2007a）盲ろう児のかかわり手との共同的活動の展開過程―触覚的共同注意の操作的定義を用いて．特殊教育学研究，45；179-193.

中村保和・川住隆一（2007b）弱視ろう児の「過去の出来事」の会話に関する特徴と維持．東北大学大学院教育学研究科年報，56；229-245.

中村保和（印刷中）先天盲ろうの子どもとかかわり手とのコミュニケーションに関する研究動向．特殊教育学研究

岡麻衣子・土谷良巳（2015）NICU（新生児集中治療室）に長期入院する超重症児の行動表出とやりとりに関する研究．特殊教育学研究，53；275-284.

岡澤慎一（2008）身体の動きが極めて微弱微細な超重症児への教育的対応の経過．宇都宮大学教育学部教育実践総合センター紀要，31；365-373.

岡澤慎一（2012）超重症児への教育的対応に関する研究動向．特殊教育学研究，50；205-214.

岡澤慎一・川住隆一（2005）自発的な身体の動きがまったく見いだされなかった超重症児に対する教育的対応の展開過程．特殊教育学研究，43；203-214.

岡澤慎一・川住隆一（2006）超重症児に見出された身体の動きに関する発現条件の検討．東北大学大学院教育学研究科研究年報，55(1)；283-294.

笹原未来（2011）働きかけに対して緊張を生じがちな超重症児への教育的対応の在り方に関する実践的検討．福井大学教育地域科学部紀要（教育科学）1；211-233.

笹原未来・川住隆一（2009）医療的ケア場面における重度・重複障害者の状況把握の促進過程．特殊教育学研究，47；231-243.

菅井裕行（2004）感覚障害を伴う重複障害児教育をめぐる研究動向―視覚聴覚二重障害を中心に．特殊教育学研究，41；521-526.

菅井裕行（2016）先天盲ろう児のコミュニケーション発達．手話学研究，25；17-29.

菅井裕行・岡麻衣子・土谷良巳・笹原未来・岡澤慎一・川住隆一（2015）重度・重複障害者への教育的支援．発達障害研究，37(1)；53-61.

柘植雅義・木舩憲幸編（2015）改訂新版特別支援教育総論．放送大学教育振興会．

土谷良巳（2011）欧州における先天性盲ろうの子どもとの共創コミュニケーションアプローチ．上越教育大学特別支援教育実践研究センター紀要，17；1-11.

土谷良巳（2016）障害の重い子どもとの共同活動における共同性と相互性―行動体制間(相互)調整の観点からの考察．上越教育大学特別支援教育実践研究センター紀要，22；9-18.

土谷良巳・菅井裕行・中村保和・岡澤慎一・笹原未来（2016）先天盲ろうの子どもとの共創コミュニケーション―理論と実際．盲ろう教育ネットワーク21.

1-10 関連の学問領域の動向

1-10-1

社会福祉学
発達障害を中心とした研究の動向と特別支援教育への貢献

大塚 晃

Ⅰ　はじめに

　平成28（2016）年5月に発達障害者支援法が10年ぶりに改正された。この間，発達障害者支援法を中心に発達障害者へのライフステージを通した一貫した支援，地域における医療，福祉，教育，労働などの関係機関が連携して支援する体制の構築などが取り組まれてきた。また，平成14年1月の障害者権利条約の批准，2月の発効，そして平成28年4月の障害者差別解消法の施行など，障害者の権利擁護（アドボカシー）が注目されてきた。このような制度施策が大きく変化するなか，発達障害者に関する福祉分野の研究動向も大きく変化してきた。いくつかの観点から見てみたい。

Ⅱ　発達障害の定義

　発達障害者支援法により「発達障害」という新たな障害が法律に規定された。発達障害者支援法における「発達障害」とは，「自閉症，アスペルガー症候群その他の広汎性発達障害，学習障害，注意欠陥多動性障害その他これに類する脳機能の障害であってその症状が通常低年齢において発現するものとして政令で定めるもの」（法第2条第1項）とされている。法律上，発達障害者支援法の対象は，①広汎性発達障害（自閉症，アスペルガー症候群等），②学習障害，③注意欠陥多動性障害，④その他これに類する脳機能の障害であってその症状が通常低年齢において発現するものとして政令で定めるものとなっている。この範囲とは，ICD-10（疾病及び関連保健問題の国際統計分類）における「心理的発達の障害（F80-F89）」および「小児〈児童〉期及び青年期に通常発症する行動及び情緒の障害（F90-F98）」に含まれる障害の範囲である。

　一方，アメリカ精神医学会DSM-5（2013年5月）は，神経発達障害を，知的障害，コミュニケーション障害，自閉症スペクトラム障害，注意欠如・多動性障害，特殊的学習障害，運動障害の5つに分類した（宮川，2014）。今回の発達障害支援法の改正においては，従来の定義に知的障害を加えることが検討されたが，それは見送られた。しかし『発達障害者支援法の一部を改正する法律案に対する附帯決議』（平成28年5月24日参議院厚生労働委員会）において，「個々の発達障害の原因究明及び診断，発達支援の方法等に関する調査研究を加速・深化させるとともに，発達障害に関する症例を広く把握することにより，不足している分野における調査研究に重点的に取り組むこと。また，これら調査研究の成果や国際的動向等も踏まえ，常に施策の見直しに努めること。この際，発達障害の定義の見直しにも留意すること」とされた。今後，今まで福祉的支援の射程に入っていなかった軽度知的障害者の課題とその解決が大きなものとなってくるだろう。軽度知的障害については，現行の知的障害者福祉法の中で支援を考えるより，発達障害者支援法の枠組みの中で支援していくことが，現実的で有効であると考える。

Ⅲ　家族支援について

　平成26年7月の『障害児支援の在り方に関する検討会の報告書』において，家族支援の重視が記述された。ペアレント・トレーニングの推進，精神面のケア，ケアを一時的に代行する支援，保護者の就労のための支援，家族の活動，障害児のきょうだい支援の充実が指摘された。辻井（2013）は，近年，世界的に，ペアレント・トレーニングという形で，発達障害児の支援のスタートに取り

組もうという動きがある。ペアレント・トレーニングの場合，応用行動分析（ABA）を基本に，子どもの行動のなかで目標行動を定め，行動の機能分析をし，環境調整や子どもへの肯定的な働きかけを習得していくことで子どもの発達促進を行っていくとされている。ペアレント・トレーニングでは，基本として，誉めることに慣れさせる取り組みを進めていく。悪循環に陥ることを止められるように，母親が誉めやすいものを探していき，親たちに成功感を与えて，子どもの行動も母親の行動もコントロールできるという実感を構築していくものである。そのため，取り組みはポジティブなものから始め，行動を見る，誉める，〈無視・待つ・誉める〉のコツ，自分の感情のコントロール，子どもの注目を捉えた指示，制限など，具体的な誉め方を順に習得していく。また，すでにある問題行動に対する行動療法的な取り組みとしては，たくさん問題行動があってもすぐには扱わず，行動を変容するための環境調整等をしつつ，観察しやすい行動や成功しやすい行動を具体的に決めてもらう。そして，向社会的な行動・望ましい行動を増やす形で成功できるように，セラピスト主導から始めて，親が自分で工夫していけるようにと進めていくものであるとしている。

　家族支援については，従来その方法・効果などを含めて現場で活用できるものは少なかった。現在，ペアレント・トレーニング（その入門のためのペアレント・プログラムを含め）は，家族支援の標準的なものとなりつつあり，全国の発達障害者支援センター及び児童発達支援センターなどにおいて取り組まれることが期待されている。

IV 福祉と教育の連携について

　改正発達障害者支援法においては，教育に関して，「発達障害児が，その年齢及び能力に応じ，かつ，その特性を踏まえた十分な教育を受けられるようにするため，可能な限り発達障害児が発達障害児でない児童と共に教育を受けられるよう配慮することを規定するとともに，支援体制の整備として，個別の教育支援計画の作成（教育に関する業務を行う関係機関と医療，保健，福祉，労働等に関する業務を行う関係機関及び民間団体との連携の下に行う個別の長期的な支援に関する計画の作成をいう）及び個別の指導に関する計画の作成の推進……，その他の支援体制の整備を行うことその他必要な措置を講じる」とされた。大塚（2015）は，「発達障害者支援法の意義と課題」において，障害児の支援の見直しにおいては，福祉分野と教育分野の連携が大きな課題となっている。新たな仕組みの中では，児童発達支援センターが学校や幼稚園に出向いて支援することや，放課後児童デイサービスにおいて児童を適切に支援していくためには学校との連携が不可欠であるとしている。相談支援においては児童を含めた障害者すべてに個別支援計画であるサービス等利用計画が作成される。

　放課後等デイサービスは，児童福祉法においては「学校に就学している障害児に，授業の終了後または休業日に，生活能力の向上のために必要な訓練，社会との交流の促進その他の便宜を供与するもの」である。国が示す放課後等デイサービスの具体的例示は，①自立と日常生活の充実のための活動，②創作活動，③地域交流の機会の提供，④余暇の提供等とされている。しかし，内容にしばりがないため，上記以外にも，塾やお稽古ごと，入試対策など幅広いものとなっている。子どもは，放課後のほとんど毎日利用したり，土曜日や日曜日や祭日に利用したり，夏休みや冬休みに利用するなど放課後等デイサービスの利用一辺倒となる場合がある。また，毎日異なる事業所の利用によって子どもに混乱が生じているという状況も想定される。良好な家族関係の構築を目指した適切な利用，子どもの最善の利益の観点からの利用の援助等の課題が出されている。平成27年春に「放課後等デイサービスガイドライン」が作成され，厚生労働省と文部科学省の連盟通知が全国に発出された。この内容の重要な部分は，福祉と教育の連携である。放課後等デイサービスの事業者は，学校等の間で相互の役割の理解を深めるために，保護者に同意を得て，事業所の児童発達管理責任者等が，学校の特別教育支援教育コーディネーターから，個別の教育支援計画等についての情報を受けるとともに，逆に，事業所の児童発達支援管理責任者は放課後等デイサービス計画（個

別支援計画）を特別支援教育コーディネーターに提供することが重要である。それによりお互いが子どもの状況や支援の目標をよく理解し合い，摺り合わせて事業所や学校の現場にフィードバックさせれば，子どもの支援や教育に良い効果が現れることが期待される。例えば，学校において毎週水曜日が体育等の授業でアクティブな活動であったら，その日の放課後等における支援はアクティブな活動は避けるとかの調整が可能となる。これは，子どもの必要な支援を行う上で，福祉と教育が役割分担を明確にして，連携して支援していく一つの形であり，障害者差別解消法が規定する合理的配慮であるかもしれない。放課後等デイサービス計画は，相談支援専門員が作成する障害児支援利用計画における総合的な援助方針等を踏まえて作成するものであるから，児童発達管理責任者と特別教育支援教育コーディネーターが，お互いの計画を擦り合わせるとき，相談支援専門員がそれを調整し，相談支援専門員が企画・運営するサービス担当者会議に児童発達管理責任者と特別教育支援教育コーディネーターを招いて擦り合わせることもできる。何よりも，相談支援専門員，児童発達管理責任者，特別教育支援教育コーディネーター，そして保護者が同じテーブルにつく支援会議において調整を図っていくことが重要である。そうすれば，本人を中心に関係者があつまり，建設的対話及び合意という共通理解された支援が可能となる機会が生まれるだろう。

V 成人期の支援

発達障害者の成人期の課題が大きなものとなっている。辻井（2012）によれば，自閉症スペクトラム障害（ASD）のある成人の地域適応における課題として，アメリカ等では高等教育を受ける，独立して生活する，友人関係を維持する，結婚する，就労することなどができているのはごく少数（Howlin et al., 2000；Tsatsanis, 2003）である。多くは一般的な地域適応ができていない（Seltzer et al., 2004）とされている。

日本では，発達障害者支援法の施行後，支援は徐々に充実してきているが（就労支援等），成人期発達障害者の地域生活支援は十分ではない状態にある。特に，年老いた両親の亡き後の生活支援において大きな課題（田中，2010）がある。多くの成人の発達障害者には，適応行動・生活の質・メンタルヘルスの問題があるとされている。また，支援区分で「非該当」にある成人の発達障害者でも，支援が必要なケースがあり，障害支援区分の程度が適応行動・生活の質・メンタルヘルスを反映できていない可能性があるとしている。障害支援区分は，成人の発達障害者の生活の適応水準を十分に反映できていない可能性がある。それに対して，Vineland-Ⅱ適応行動尺度は，成人の発達障害者の生活の適応水準を把握する上で有用である。障害支援区分が「非該当」とされた成人の発達障害者であっても，日常生活を営む上で不可欠な生活スキルが不足している場合がある。成人の発達障害者の支援には，就労のみに留まらず，生活スキルの支援・指導が必要である。現在，公的支援機関では，成人の発達障害者に対する生活スキルの支援・指導が十分に実施されていない状況である。生活スキルの支援・指導を実施とする施策，生活スキルの支援・指導ができる人員を配置することが必要である。発達障害者への生活スキルをどこでだれが担うのかを検討する必要性があるとしている。

Ⅵ 雇用・就労支援について

独立行政法人高齢・障害・求職者雇用支援機構は，発達障害者支援法が施行されて以来，積極的に発達障害者の雇用・就労支援の研究を実施し，さまざまな面から，制度・施策に提言してきた。センターの研究部門は，平成23年までに実施した一連の発達障害関連研究を総括して，以下の研究内容にまとめている。

研究の目的は，これまでの発達障害者就労支援研究を総覧して研究の現到達点を明らかにするとともに，発達障害者の職業リハビリテーションにおける課題を考察し，今後の発達障害者就労支援の取組むべき方向性を明らかにすることとしている。

得られた知見としては，「雇用の場に入り，継続することを通して職場で自立していく」障害者を支援するために，何が問題であるかを考察した結果である。特に，事例研究では，発達障害者が

雇用に入ること，そして，適応・定着をはかり雇用を継続していくうえで，「障害者雇用」または「職業リハビリテーション」を選択すること，の重要さを明らかにされた。

個別的に明らかとなった内容は，以下の通りである。

①成人期の支援の考え方をわかりにくくしている背景には，発達障害に固有の問題がある。それは，発達とともに状態像が変化していくという点であり，これが予後の事態を好転させる可能性に対する期待や診断時期の遅れに結びついている。

②就業支援を効果的に行うために，まずは，職業選択時点における職業適性・職業興味等を客観的に基準に照らして評価することが必要である。さらには，職業リハビリテーションの支援の利用可能性についても的確に評価することも重要となる。障害者雇用に際し，企業の配慮を必要とする場合，支援者は，当事者側の問題の把握と企業における環境整備の課題を明らかにすること重要である。

③職業準備の課題達成支援は，作業の習得と対人行動スキルの習得から構成されるものであり，模擬的な職場や現実の職場を活用した段階的な支援を必要とすることが多い。就業前支援，就業支援，適応支援といった一連の経過の中で段階的支援を構想する場合には，支援機関と企業との連携が必要となる。

④職業自立を支援するうえでは，企業就労が求める要件を支援目標においた職業準備の過程が必要となる。このため，発達障害者への就業支援は，「学校」を仲介する仕組みの構築こそが要となる。加えて，卒業後の若年雇用支援機関や医療機関と障害者就労支援機関との連携の必要性についても検討課題である。

⑤学校卒業後いわゆる「職リハサービスを選択していない」発達障害のある若者のために，職業リハビリテーションを選択肢として提案する役割を担う仕組みが必要である。

⑥発達障害のある者が一般企業で適応・定着するための要件は，企業において「できる仕事」に配置され，担当業務や作業工程が本人の特性を考慮されていること，個別・具体的な支援が行われること，支援機関や特例子会社等から支援と助言を得ること，の3点に集約される。

Ⅶ おわりに

発達障害の福祉分野の研究動向についてみてきた。障害者権利条約の批准・発効，障害者差別解消法の施行のなかで，発達障害者への差別の禁止や合理的配慮が求められている。福祉分野同様に，教育分野においても障害のある児童・生徒が，その障害の状態に応じ，十分な教育を受けられるよう，教育上必要な支援を講じることが求められている。そのためには，福祉分野と教育分野が現場レベルで連携して一貫した支援を実施していくことが重要である。その根拠となる支援計画の作成が発達障害者支援法に入った意味は大きなものであると考えている。この法を根拠に，現場レベルにある連携を構築していく上での社会的障壁を除去していくことに挑戦していただきたい。発達障害者への支援は，法律に基づく制度・施策の充実とともに新たな段階を迎えたと言えるだろう。このような異なる専門性の協働により，児童生徒の最善の利益が確保されると信じている。

〈文献〉

独立行政法人高齢・障害・求職者雇用支援機構，障害者職業総合センター，研究部門（2010）発達障害のある人がよりよい就労を続けるために―障害者職業総合センターにおける発達障害研究の歩み．

宮川充司（2014）アメリカ精神医学会の改訂診断基準DSM-5：神経発達障害と知的障害，自閉症スペクトラム障害．椙山女学園大学教育学部紀要，7；65-78.

大塚晃（2015）発達障害者支援法の意義と課題．教育と医学，2015年11月号．

辻井正次（2013）平成25年度厚生労働省障害者総合福祉推進事業．「家族支援体制整備事業の検証と家族支援の今後の方向性について」「市町村で実施するペアレント・トレーニングに関す調査について」

辻井正次（2012）労働科学研究費補助金 障害者対策総合研究事業（平成24-26年度）「成人期以降の発達障害者の相談支援・居住空間・余暇に関する現状把握と生活適応に関する支援についての研究」

1-10 関連の学問領域の動向

1-10-2

医学
神経発達障害に関する研究動向と特別支援教育への提言

高木 一江

I 発達障害における医療の役割

わが子に発達障害があることを疑った保護者は，医師による正確な診立てや診断を求めて，発達専門の療育や相談機関，医療機関の専門外来に訪れることが多い。近年，乳幼児から成人まですべての年齢層で発達障害，あるいはその疑いをもった相談者が増えている。

しかし，実際は保護者がわが子の子育てのしづらさを感じたときに，最初から専門機関に行くとは限らない。まずは，乳幼児健診や近所の開業医に相談することが殆どである。その他，保育所や幼稚園，幼児教室などで，指導者からことばの遅れや行動の問題を指摘され，悩む保護者も少なくない。

横浜市にある9カ所の地域療育センターは乳幼児から学齢前期までを対象としており，年間約4,500名の新規相談者が訪れている。40％が福祉保健センターから，20％が保育所・幼稚園・小学校から，13％が医療機関からの紹介である（高木・本田，2015）。

発達障害とは，中枢神経系に何らかの機能不全があり，脳への情報入力や出力に遅れや偏りが認められ，そのことが原因で生活や学習上につまずきが生じた場合を指す。

発達障害に対する医療の役割は，ライフステージに沿ってさまざまである。まずは，発達障害の医学的診断（診立て）である。その後，経過観察しながら，必要に応じて医学的精査を行い，療育指導の方略を示し，教育や福祉機関とも連携する。さらに，随伴症状や合併症の治療，精神的問題への対処，診断書の作成など，医療が生涯にわたって必要な場合もある。複雑な背景の事例であっても，周囲の人たちが発達障害における脳の特性を理解し，しつけや教育などに肯定的な助言指導や適切な治療が行われれば，人間の脳はより良い方向に発達していける。

II 発達障害の診断基準の改訂

2013年5月，米国精神医学会による精神疾患の分類と統計の手引き（Diagnostic and Statistical Manual of Mental Disorders, DSM-5）が19年ぶりに改訂された（日本精神神経学会精神科病名検討委員会，2014）。

今回の改訂により，DSMで初めて発達障害を独立したカテゴリーとして扱うことになり，神経発達障害群（Neurodevelopmental Disorders）が新設された。神経発達障害群は，日常生活，社会生活，学習，仕事などに支障をきたすほどの発達上の問題が顕在化している場合を指している。さらに，DSM-5独自の重症度評価尺度を導入し，治療者評価精神病症状重症度ディメンション（Clinician-Rated Dimensions of Psychosis Symptom Severity；CRDPSS）が収録された。

今回，disorderの日本語訳を作成する際，「障害」ではなく，「症」と訳すことが提案された。当面は，この用語はどちらを使ってもよいことになっている。今後もさらにDSM-5の病名・用語については検討を続けることになっている。

神経発達症群／神経発達障害群には，知的能力障害／知的発達症，コミュニケーション症／コミュニケーション障害，自閉スペクトラム症／自閉症スペクトラム障害，注意欠如・多動症／注意欠如・多動性障害，限局性学習症／限局性学習障害，発達性協調運動症／発達性協調運動障害，チック症／チック障害が挙げられた（以下，本稿ではdisorderを「症」と訳す）。

これらの中で，診断基準が最も大きく変更されたのが，自閉スペクトラム症である。広汎性発達障害から自閉スペクトラム症（ASD）へと名称が変更され，自閉症やアスペルガー症候群などの下位分類がなくなった。また，基準となる症状が3項目から2項目になり，2項目すべてを満たすことが診断の必須条件と規定された。

注意欠如・多動症（AD／HD）は，カテゴリーが破壊的行動障害から神経発達障害群に変更された。また症状出現年齢の上限を7歳から12歳に引き上げられ，自閉スペクトラム症の合併が認められた。3つの下位タイプは，3つの状態像として記された。

学習障害は，読字障害・書字表出障害・算数障害の下位分類はなくなり，限局性学習症として統合された。その他，コミュニケーション症群の中に，社会的コミュニケーション症が加えられたが，専門医の間では，ASDとの鑑別や診断の位置づけについて議論がある。

DSMの診断基準の改訂により，複数の発達障害の併存診断の増加が予測され，実際の臨床像をより反映したものになったと考えられる。特別支援教育においては，診断名の変更や追加に惑わされることなく，児童生徒一人ひとりの状態を理解し，必要な指導方略を考え，実行することは変わりない。

Ⅲ　超早期療育・診断ツールの世界的潮流

国内では，乳幼児健診から療育機関での診断・評価・療育へと，行政の導入システムが構築されてきた（高木・本田，2015）。一般的には，1歳半健診でスクリーニングを行い，2歳頃に経過を追跡，保護者の同意を得た上で専門機関へ紹介となる。前述のように，3歳児健診あるいは保育所・幼稚園の入園後の紹介もある。そして専門機関で改めて評価し，治療や療育が開始される仕組みである。

しかし世界に目を向けると，発達障害あるいはその疑いがあるハイリスクの子どもを，1歳台という超早期に抽出し，すぐに非常に綿密な指導計画に基づいた療育を行うEarly Start Denver Model（ESDM）という治療教育法が確立し，実践され始めている（Rogers & Dawson, 2010）。本人が多くの失敗や叱責を経験する前に，脳の機能特性に合わせた合理的で肯定的な支援を丁寧に導入することにより，知能も社会性も成長することが証明され，Evidence Based Practice（EBP）の一つと承認された。2007年以降，米国連邦政府はEBPと認められた指導方略には政府の予算をつけ，大変安価に，または無料で受けられるようにした。日本では，1歳半健診で対人関係の質を評価する問診をとり，視線の定量化検査を導入する実践的研究が行われ始めており（土屋他，2015），佐賀市では1歳半健診直後からESDMを実践し，成果が確認されている。

横浜市の各地域療育センターにおける発達障害の診断の約60％は自閉スペクトラム症である（高木・本田，2015）。ASDの診断は，従来から使われている知能検査で代替をするには限界がある。現在，ASDの診断・評価用アセスメント・ツールのゴールド・スタンダードとされる，信頼性が高い診断のための検査を紹介する。

自閉症診断面接改訂版（Autism Diagnostic Interview-Revised：ADI-R）（Rutter et al, 2003）は，保護者が半構造化面接により子どもの状態を答えるものであり，子どもは同席しない。対象は精神年齢が2歳以上なら成人にも使うことができる。発達早期および現在の行動特性や対象者の強みである能力など，詳細に聞き取り，支援に役立つ多くの情報を得ることができる。ASDの診断は，主として幼少期の特性をもとに行われる。93項目の面接プロトコルを用い，質問に対してその症状の度合い（程度が低いほうから1，2，3，なければ0）として記録し，最後に包括的にスコアリングする。スコアは，a：相互的対人関係の質的異常の合計，b：意志伝達の質的異常の合計，c：限定的，反復的，常同的行動様式の合計，としてまとめる。非常に有用な検査だが，面接の所要時間が90〜150分程度かかる（Rutter et al., 2003）。

自閉症診断観察検査第2版（Autism Diagnostic Observation ScheduleTM, Second Edition；ADOS-2）（Lord et al., 2012）は，ASDの疑いのある本人の直接観察による検査であり，対象は1

歳の幼児から成人までである。年齢と言語水準によって5つのモジュールがある。標準化された検査用具や質問項目を用いて半構造化された場面を設定し、対人的スキル・コミュニケーションスキルを最大限に引き出すように意図されている。そして、行動観察の結果から意思伝達、相互的対人関係、遊び／想像力、限定的・反復的行動を評価する。所要時間は40〜90分程度である（Lord et al., 2012）。

小児自閉症評定尺度第2版（Childhood Autism Rating Scale, Second Edition；CARS-2）（Schopler et al., 2012）は、本人の行動観察と親からの聞き取り情報を総合的に診断および重症度評価できる有用な検査である（Schopler et al., 2012）。日本語の訳本が発行されておらず、国内で使用するにはもう少し時間がかかるだろう。

以上、ADI-Rは過去の発達歴から、ADOS-2は現在の行動観察から、CARS-2はその両方の情報からASD特性を評価するものであり、国内でこれらの評価方法がゴールド・スタンダードになるように専門医が研鑽する必要がある。

Ⅳ 発達障害におけるオキシトシンの研究

大学を中心とした研究機関では、疫学調査から画像研究、電気生理学的研究、遺伝子研究、分子生物学的研究、内分泌・代謝学的研究など、発達障害に関するさまざまな研究が行われている。

2005年、スイスにて健康成人男性にオキシトシンを投与すると、他者への信頼性が増すという報告が発表された（Kosfeld et al., 2005）。元来、オキシトシンは、妊娠末期に子宮収縮を、出産後に乳汁分泌を促す下垂体後葉ホルモンとして知られていた。1990年代から、このホルモンの脳内分泌による働きについての研究が進み、性別年齢に関係なく生成されることや、扁桃体をはじめとする「社会脳」領域を介して、母性愛・男女の愛情や、人への信頼などに関係し、人と触れ合うことで分泌が誘発されることがわかってきた。

2000年以降、ASDの人はオキシトシンの血中濃度が定型発達よりわずかに低いという報告や、オキシトシン鼻腔噴霧投与により社会的会話が増えて感情理解が改善するという報告などが次々に発表された。

国内では、オキシトシン研究の第一人者である金沢大学の東田陽博先生を中心とした研究チームが画期的な研究を進めている。彼らは2007年、オキシトシン遺伝子、オキシトシン受容体、オキシトシンの脳内分泌を制御するCD38などが社会的行動に関係することを解明した。それらの遺伝子や分子の欠損や異常が、ASDの社会性障害の原因ではないかと考えられるようになった。2010年、オキシトシン投与によりASDの一部の症状が改善した自験例を報告した。

2016年の夏には、さらに次の新たな研究報告を発表した。高機能ASDの40歳未満の成人男性において、長期間のオキシトシン鼻腔噴霧投与により、「視線が合う」「共感性が高まる」「会話量が増える」などの対人・社会性の一部に改善が確認された。投与量が多い群で、よりよい効果が見られた。投与量が少ない群では、オキシトシンと結合するタンパク質（オキシトシン受容体）の型を決めるオキシトシン遺伝子の違いで効果の程度が異なった。副作用を示した例はなかった。オキシトシンによるASD治療の確立に向けた重要な成果であると海外からも高い評価を受けている（Kosaka et al., 2016）。

このように、合成オキシトシンの投与がASDの治療にある程度有効性があることが明らかになりつつあり、合成オキシトシンの商品化が進められている。欧州などでは、授乳促進の適応で承認されている経鼻オキシトシンスプレーだが、日本では、それさえ未承認である。ASDでの使用については、その有用性と安全性が十分に検証される必要があるが、今後の研究や治験への発展を期待して見守りたい。

Ⅴ 特別支援教育に求められていること

本稿では、発達障害の診断基準の変更、ASDの超早期治療教育と診断のための検査ツール、新たな原因究明のための研究の一端と治療への可能性について紹介した。最後に、発達障害のある児童生徒を直接指導しておられる特別支援教育に携わる教育関係者の方々に、専門医の立場からお願いしておきたいことを述べる。

発達障害のある人々の多くは，突出した才能の持ち主でもあることが多い。多くの身体的疾患と異なり，生来の機能特性を尊重し，支援を続けることが必要だと言われている。診断，あるいはその疑いがあった時点で，できるだけ早く必要な構造化の手法を使って生活環境を理解しやすいように整え，社会的情報を丁寧に提供し，理解者による肯定的支援を行うこと，つまり，本人に合わせて特別に配慮された教育が継続的に必要なのである。

　少なくとも学齢期以降の特別支援教育では，成人の社会生活に見通しを立てながら，本人が自分の得意不得意を客観的に学び，自己を理解することが必要である。正しい自己理解のためには，指導者は決して問題の先延ばしや誤魔化しをしてはならないのである。その上で，他者に相談することの意味を学ぶ機会，失敗しても相談することで良い方向に展開できるのだという有意義な実体験をたくさん積むことが何よりも大切である。

　そのために指導者は，現在できていることを観察して適応能力を評価し，一人ひとりの自己実現に向けて，自分らしく生きる成人の生活をイメージさせ，そのための目標を設定し学ぶ計画を立てていく。この目標と計画は，担当する児童生徒と一緒に立てていただきたい。本人が納得して，自分の身の丈に合った自己選択をするステップを尊重していただきたいと思う。目標を設定するとき，ハードスキル（学力や作業スキル）の習得に焦点を絞りがちだが，最も大切なことはソフトスキル（基本的生活習慣に基づく生活スキル，時間や金銭の管理，年齢相応の余暇スキル，身辺自立，対人行動や機能的コミュニケーション）の習得にある。生きる力を育てることの本当の意味を忘れてはならない。

　医療・教育・福祉の立場で支援する者は，必要に応じて他職種とも連携し，本人の良きナビゲーターとなって伴走することが求められている。発達障害，あるいはその疑いのある子どもたちにとって，適切な支援はいつまで必要なのだろうか。クラス，学校，就労，恋愛，結婚，転居，昇進や転属，子育て，親の介護など新しい環境への移行時には，本人が自分の置かれている状況を正しく把握し，相談する相手を適切に選ぶ必要が出てくる。そのとき，視覚的手がかりを使って情報を整理し，具体的方略を一緒に考えてくれるナビゲーターが必要となるかも知れない。医療・教育・福祉からの支援とは，本人が自信と意欲をもって自分に合った人生を選択するのに役立つ便利なものであってほしい。

〈文献〉

Kosaka, H., Okamoto, Y., Munesue, T. et al. (2016) Oxytocin efficacy is modulated by dosage and oxytocin receptor genotype in young adults with high-functioning autism : a 24-week randomized clinical trial. Transl Psychiatry. 6, e872 ; doi:10.1038/tp.2016.152.

Kosfeld, M. et al. (2005) Oxytocin increases trust in humans. Nature, 435 ; 673-676.

Lord, C., Rutter, M., DiLavore, P.C. et al. (2012) Autism Diagnostic Observation Schedule-Second Edition. Western Psychological Services. （黒田美保・稲田尚子（2015）ADOS-2 自閉症診断観察検査，第2版．金子書房）

日本精神神経学会精神科病名検討委員会（2014）DSM-5 病名・用語翻訳ガイドライン（初版）．精神神経学雑誌，116(6) ; 429-457.

Rutter, M., Le Couteur, A. & Lord, C. (2003) Autism Diagnostic interview-Revised. Western Psychological Services. （土屋賢治・黒田美保・稲田尚子（2013）ADI-R 自閉症診断面接，改訂版．金子書房）Rogers, S.J. & Dawson, G. (2010) Early Start Denver Model for Young Children with Autism. The Guilford Press.

Schopler, E., Van Bourgondien, M.E., Wellman, G.J. et al. (2012) Childhood Autism Rating Scale, Second Edition. Western psychological services.

高木一江・本田英夫（2015）発達障害への早期介入―横浜市における早期発見・支援体制と保護者のメンタルヘルス支援の在り方について．ストレス科学研究, 30 ; 1-8.

土屋賢治・服巻智子・和久田学他（2015）GazeFinder（Ka-o-TV）を用いた自閉スペクトラム症の早期診断指標の開発―1歳6か月乳幼児健診における活用に向けて．脳21, 18(2) ; 203-215.

1-10 関連の学問領域の動向

1-10-3

体育学
研究動向と特別支援教育への貢献

澤江 幸則

I はじめに

わが国における障害のある児童生徒のための体育（以降，障害児体育）を取り扱う主な学術学会として，日本アダプテッド体育・スポーツ学会（JASAPE），日本障害者スポーツ学会，日本障害者体育・スポーツ研究会，日本体育学会アダプテッド・スポーツ科学専門領域がある。それぞれの学会で，それぞれの特徴があるが，2001年から2015年までの間，これらの学会で取り上げられてきた研究成果をもとに，わが国の体育学・スポーツ科学が特別支援教育に果たした役割について検討してみた。すると2007年の特別支援教育制度実施前後で，その研究トレンドに大きな違いがみられた。すなわち2001年から2007年までの前半は，「インクルーシブ体育」に関する研究が中心であり，2007年以降の後半は，「障害別特性・指導内容」に関する研究が中心であった。そこで，それらの研究傾向を概観し，現在の課題を明確にするとともに，障害児体育における到達点を示したい。

II 2001年から2007年の間の研究傾向

2001年から2007年の特別支援教育制度の移行期までの間，査読を通して掲載された論文のうち，障害児体育に関するものの多くは，インクルーシブ体育に関するものであった。例えば，草野他（2001）による「障害児をインクルージョンした体育の授業と教員の態度」や安井（2004）による「車いすバスケットボールの交流体験が障害のイメージに与える影響」，長曽我部（2006）による「インクルーシブ体育における『まさつ』が子どもの相互理解に及ぼす影響」といった題目によるものであった。

この間は特殊教育制度から特別支援教育制度への移行時期であり，いわゆる障害別専門教育という視点から障害のある児童生徒の教育的ニーズという視点に変わり，地域の学校の通常学級において特別支援教育を展開していこうとするインクルーシブ教育の風潮が現実的なものとして展開されることになった。その流れを受け，体育はインクルーシブ教育に果たせる可能性を先行的に探ってきたものと考えられた。

実際，草野ら（2001）は，「学校を社会の縮図と捉えるならば，いろいろな子どもが同一校あるいは同一学級に在籍していることが自然なことである。その中で相互の理解が生まれ共生の考え方，人権への配慮の態度が育まれる。したがって，学校において障害児を他の子どもから切り離して育てるということは，障害児にとっても，また障害のない子どもにとっても自然なことではないし，教育上も問題である」（pp.207-208）と述べ，障害の有無に関係なく学校・授業において児童生徒が相互理解や態度などの共生観を得ることがインクルーシブ教育のねらいであることを指摘した。そのうえで，「インクルージョンをすすめる上で体育は特別な位置にある。それは，学校における授業科目の中で体育はノーマリゼーションの思想の具体化に最も適した科目である」（p.209）と述べ，他教科に比べて，インクルージョン推進における体育の優位性を主張した。この主張は，現在もなおインクルーシブ体育を研究・実践する者たちの支えとなっている。

体育が他教科より優位であるとする主張の根拠には大きく2つある。まずは，当時の諸外国における体育実践などを参考に，「国語や算数・数学などの教科においては，能力の差が障壁になって障害児と健常児が同一の学習内容を一緒に学習することは非常に難しい。もちろん体育においても，運動能力の個人差は極めて大きいのであるが，

……活動内容やルールの工夫を行うことによって能力差を埋めながら学習を行うことができる……」（草野，2001，p.209）と述べ，「活動内容やルールの工夫を行う」といった方法を使いやすい教科というのが，理由の一つとして挙げている。

もう一つは，体育場面は他教科と比べて，障害のある子どもとそうでない子どもとの接触機会が多いという理由である。長曽我部（2003）は，「（体育授業における）学習内容の中には役割を分担して協力しあう場面がある」と述べ，「学習中に生じる障壁（これを著者は「まさつ」と呼んでいる）を乗り越える過程の中で，参加者が相互理解を深める場面もあるから」（長曽我部，2006, p.38, カッコ内は著者）と主張した。長曽我部（2006）は，それを検証することを目的に，中度知的障害のある児童1名（ダウン症）を含む小学校4年生36名が在籍するクラスの体育授業5時間分を対象に「まさつ」に相当する行動頻度と内容，インクルーシブ体育についての質問紙調査を実施した。その結果，「まさつ」といった事象が，障害のない児童における障害のある児童に対する適切な関わりに影響したことを述べていた。また，安井（2004）は，障害のない小学校5年生123名に対して，障害のある人といっしょに行うスポーツ体験（車いすバスケットボール）が障害者に対する意識に及ぼす影響についての研究を行った。その体験前後の障害のない児童へのアンケート調査結果をもとに検討したところ，車いすバスケットボールを障害のある人とともに行うスポーツ体験は，障害のない小学生において，障害者に対するポジティブなイメージを持たせるのに効果的であると主張していた。すなわち，体育は他教科に比べ，障害のある子どもとそうでない子どもとの相互作用が多く，方法論的にアダプテッドがしやすい教科であるために，インクルージョンの素地を作りやすいのではないかという主張である。

ところで，インクルーシブ体育の優位性の根拠に活動内容やルールの工夫を行いやすいという主張があった。金山（2014）は自らの博士論文のなかで，全国の小中学校を対象に行った統計学的な調査結果をもとに，障害のある児童生徒がいる通常学級における支援について分析し，現場では，「障害の状況に合わせて，種目，ルール，用具，評価法等の工夫が困難な様子がうかがえる」ことを示唆した。また，現在，障害者差別禁止法の実施に伴い，通常学級における障害のある児童生徒への取り組みは，体育を含めてすべての教科において，合理的配慮という枠組みから実施されようとしている。従って，現実的な実践場面で，期待されるほど体育の特性が生かされるまでに至っているわけではなく，今後も体育だからといって必ずしも優先的に能力差を埋めるための試みが行われるわけではない。

また二つ目にあげた「障害のある子どもとそうでない子どもとの相互作用」であるが，確かに体育以外の教科の多くでは，比較的，座学を中心とした一斉授業スタイルがとられている。しかし理科の実験場面や音楽や技術・家庭科などの実技場面では，必然的な他児との接触は少なくない。加えて今日，学校教育において，アクティブラーニングの意義が指摘されているように，今後，より多く，児童生徒間の相互作用が学習場面で重視される。さらに今日，インクルーシブ教育の目的である障害理解教育において，生活や道徳，総合などの授業が活用されている（今枝他，2013）。

以上より，体育はインクルーシブ教育を先導的に導いてきた。一方，現状として，体育をインクルーシブ教育において優位な教科として捉えようとするのではなく，他教科と同様にインクルージョン場面における授業で必要とされる支援として互いに方法論を共有していく必要があるのではないかと考えた。

Ⅲ 2007年以降の研究傾向

2007年以降，本研究領域における障害児体育に関する研究テーマは，これまでの「インクルーシブ体育」に代わって，障害別における運動特性と指導や支援などの実践内容に関係するものが多くみられた。例えば，障害別運動特性に関する研究では，「学齢期ダウン症児における運動イメージ機能の特色」（滝澤，2009）や「幼児期に現れる発達性協調運動障害の類型化について：MABCを用いた試み」（増田，2009），「自閉症児・者とダウン症児・者の立ち幅跳びにおける運動様相のバイオメカニクス的比較分析」（九重ら，

2010) などの題目のものがみられた。また実践内容につながる研究として，「シール貼り課題とおぽん運び課題における知的障害児の運動行為遂行の特徴とその関連要因」（平田他，2011）や「自閉症スペクトラム障害児における長なわとび跳躍動作の効率性についての研究」（村上，2014）などの題目のものがみられた。

以上のような実践的研究への変化には，特別支援教育制度に関連する状況とは無関係ではない。すなわち特別支援教育は，ノーマライゼーション社会の実現に寄与するものであると明示しているにも関わらず，実際には特別支援学校が，特別支援教育制度実施後に増設され続け，これまで通常学級で学んでいた発達障害のある児童生徒が，診断とともに配慮の必要性という理由から特別支援学級を中心に学ぶようになってきたという状況がある（三好，2009）。すなわち，日本の特別支援教育制度は，実践および研究において，インクルーシブ教育の充実より，個々の子どもへの支援の充実に注力する結果となっている（韓他，2013）。その結果，体育においても同様に，発達障害を中心に運動特性や実践に関する研究が盛んに行われていたのではないかと考えられた。

しかしこの時期も引き続き，学会による年次大会では，インクルーシブ体育に関する論文が発表されていた。ただしこれまでのようにインクルーシブ体育の優位性に関するものではなく，むしろ障害のある児童生徒からみたインクルーシブ体育の課題を提示するものであった。例えば，松浦（2009）は，肢体不自由特別支援学校高等部に在籍していて，通常の中学校から入学した生徒（中学校群）19名と特別支援学校中学部から連絡入学した生徒（支援学校群）11名を対象に，体力測定項目として5分間走の高等部3年間の記録を分析した。その結果，中学校群で支援学校群に比べて，大幅な変化がみられたことから，通常の中学校体育授業で十分な運動経験が得られなかったために中学校在籍時に体力の向上が見られなかったことが関係しているのではないかと示唆した。加えて，杉山（2014）は，自閉症スペクトラム障害（ASD）のある成人における生涯スポーツ実践の促進要因と阻害要因を明らかにするために，ASDのある成人10名を対象に半構造化面接調査を行った。その結果のなかで，ASDのある成人は，通常の学校体育で，自身の障害特性が理解されないことにより，生涯スポーツ実践にネガティブな影響があったことを示唆していた。

また七木田（2010）によれば，体育には「体育性」とも呼べるべき体育授業に特徴付けられる性質が存在するようだ。すなわち，①準備や②（体育館への）移動，③整列，④（ホイッスルなどの）号令，⑤言葉かけ（指示語，比喩表現），⑥課題の出来映え，⑦集団ルールである。もちろん体育に閉じた特性ではないし，これらの性質は経験則であり，今後，検討される必要のある内容ではある。しかし特に障害のある児童生徒が含まれる通常学級での体育授業では，根本的な問題として検討されなければならない指標であることは間違いない。具体的には，自閉症のある児童生徒のなかには感覚過敏で苦労している子どもがいる。その児童生徒にとっては，甲高いホイッスルの音や，運動会の定番であるピストル音は耐えがたい状況であり，その結果，体育場面に参加できないこともすでによく知られている。それ以外の性質もまた本人の努力に関係なく，適応上の困難さを引き起こす原因となっている。こうした事象から七木田（2010）は，特別支援教育における体育の優位性と絡めながら，「発達障害児に対して理解のある受け入れや支援の工夫を授業で実施しながら，一方で厳然としてある『体育性』が参加を拒む」と指摘し，伝統的な体育のもつ指導観にこだわらないことへの必要性を示唆するものであった。

以上のことから，現状として，主に肢体不自由や発達障害のある当事者からみた場合，体力や運動スキルの向上，運動・スポーツに対する態度の形成に効果的な教育環境は，相対的に特別支援学校が望ましいのではないかと考えられた。

Ⅳ 障害児体育における到達点

以上のことから，障害児体育における問題として大きく2つのことが考えられた。一つは，障害者権利条約に基づき，例えば，特別支援学校が増えていくにしても，選択的に通常学校における体育場面での障害のある児童生徒の教育・発達権を

保障した教育方法が求められる．そのためにもインクルーシブ体育における指導方法の充実が求められる．その際，体育・スポーツ学は，他の科学領域との連関性をもって複合的にアプローチしていかなければならない．特に，韓ら（2013）が述べているように，教師を対象にインクルーシブ教育の理念の理解を促していくことが必要であるが，それに加えて，その方法論の一つとしてアダプテッド体育の指導方法について理解する機会を持たせたい．ここでいうアダプテッドとは，インクルージョンの理念と同様に，障害だけではなく，何らかの特別なニーズのある状態である「違い：diversity」を前提とした多様さに対して，体育活動やスポーツの内容を合わせていく考え方である．こうした考え方に基づいた実践や研究を今後さらに重ねていく必要がある．

さらにインクルージョンが児童生徒の地域文化として根付くことが必要であることは言うまでもない．それに加え，体育・スポーツの価値もまた，勝負以外の価値，例えば，チームワークやパフォーマンス，努力，みる楽しさ，応援・励まし，支える，知識の獲得・学びなどの多様な価値を経験し理解することである．それが結果的には，社会における多様な生き方や存在を受け止め，多様さを前提としたインクルージョンを支えるきっかけの一つとなるであろう．

特に体育・スポーツの価値を広げていくうえで，知的障害を含めた発達障害を対象とした障害児体育は重要な役割を果たしていくものと考えている．なぜならば彼ら／彼女らのための体育授業を成立するためには，とりわけ勝敗の価値にこだわってはうまくいかない．そこでの実践は，体育・スポーツに共通する新たな方法論を提供することになるだろう．

〈文献〉

長曽我部博（2003）小学生と知的障害児とのインクルージョン実践．体育科教育，51；46-49．

長曽我部博（2006）インクルーシブ体育における「まさつ」が子どもの相互理解に及ぼす影響．障害者スポーツ科学，4(1)；37-46．

韓昌完・小原愛子・矢野夏樹他（2013）日本の特別支援教育におけるインクルーシブ教育の現状と今後の課題に関する文献的考察：現状分析と国際比較分析を通して．琉球大学教育学部紀要，83；113-120．

平田正吾・奥住秀之・北島善夫他（2011）シール貼り課題とおぼん運び課題における知的障害児の運動行為遂行の特徴とその関連要因．障害者スポーツ科学，9(1)；25-33．

今枝史雄・楠敬太・金森裕治（2013）通常の小・中学校における障害理解教育の実態に関する研究（第Ⅰ報）：実施状況及び教員の意識に関する調査を通して．大阪教育大学紀要第Ⅳ部門教育科学，61(2)；63-76．

金山千広（2013）日本におけるアダプテッド・スポーツの現状と課題―インクルージョンの普及に伴う学校体育と地域スポーツ．広島大学大学院博士論文．

九重卓・石井良昌・渡部和彦他（2010）自閉症児・者とダウン症児・者の立ち幅跳びにおける運動様相のバイオメカニクス的比較分析．障害者スポーツ科学，8(1)；39-50．

草野勝彦・長曽我部博（2001）障害児をインクルージョンした体育の授業と教員の態度．体育学研究，46(2)；207-216．

草野勝彦・西洋子・長曽我部博他（2007）インクルーシブ体育の創造―「共に生きる」授業構成の考え方と実践．市村出版．

増田貴人（2009）幼児期に現れる発達性協調運動障害の類型化について―MABCを用いた試み．障害者スポーツ科学，7(1)；69-77．

松浦孝明（2009）肢体不自由特別支援学校高等部に在籍する生徒の体力特性―通常中学校を卒業した生徒の5分間走の記録変化に着目して．リハビリテーションスポーツ，28(1)；18．

三好正彦（2009）特別支援教育とインクルーシブ教育の接点の探究―日本におけるインクルーシブ教育定着の可能性．京都大学人間・環境学，18；27-37．

村上祐介（2014）自閉症スペクトラム障害児における長なわとび跳躍動作の効率性についての研究．障害者スポーツ科学，12(1)；13-21．

七木田敦（2010）体育で気にしなければならない子どもたち．体育科教育58(2)；22-25．

奥住秀之・池田吉史・平田正吾他（2012）知的障害特別支援学校高等部生徒における卒業後のスポーツ活動と属性変数．障害者スポーツ科学，10(1)；55-61．

杉山文乃・澤江幸則・齊藤まゆみ（2014）自閉症スペクトラム障害のある人の生涯スポーツ実践の促進要因と阻害要因―当事者インタビュー調査から．日本体育学会第65回大会発表論文．

瀧澤聡（2009）学齢期ダウン症児における運動イメージ機能の特色．障害者スポーツ科学，7(1)；37-46．

安井友康（2004）車いすバスケットボールの交流体験が障害のイメージに与える影響．障害者スポーツ科学，2(1)；25-30．

1-10 関連の学問領域の動向

1-10-4 情報学・工学
研究動向と特別支援教育への貢献

鈴木 健嗣

I ICT技術とアクセシビリティ

平成28年4月に,「障害者差別解消法」として,障害を持つ人々に対して必要な環境整備などの配慮を行う法律が施行された。障害特性からなる一人一人の必要性や,その場の状況に応じた変更や調整など,それぞれ個別な対応が「合理的配慮」と位置づけられた。一般に,情報技術・ICT機器は,このような個別の対応が苦手なように見えるが,実際には非常に有効なツールである。

これまで,特に視覚・聴覚障害を中心として,ICT技術の「アクセシビリティ」に関する取り組みがなされて来た。アクセシビリティは,情報コンテンツやサービス,ソフトウェア等が,どの程度,広汎な人に利用可能であるかを示すものである。この中でも,ウェブコンテンツのアクセシビリティについては,インターネット技術の標準化を担う団体であるW3Cにより,12項目のガイドラインと達成基準等を含むWeb Content Accessibility Guidelines（WCAG）2.0（World Wide Web Consortium）が示されている。これは,世界中で将来にわたって利用するため,「あらゆる非テキストコンテンツには代替テキストを提供する」「ユーザーがコンテンツを探し,現在位置を確認し,コンテンツ内を移動するのを手助けする手段を提供する」というように,特定の技術に依存しない形式で記述している。現在,これはISO/IEC（40500:2012）及びJIS規格（X 8341-3:2016）ともなっている。

総務省関連の情報通信アクセス協議会では,高齢者・障害者のICT利活用の評価及び普及に関する調査研究を行っている（総務省, 2008）。ここでは,情報入手機会の拡大によるスキル向上及び就労機会の拡大から,コミュニケーションの拡大による意欲の喚起,自己実現などの効果が報告されている。これに加え,家族の安心・負担の軽減,コミュニティ醸成といった周囲,地域への効果も大きい。また世界的なコンピュータ技術に関する学会であるACMでは,SIGACCESSというコミュニティにより,90年代よりアクセシビリティに関する国際会議が開催されている。情報処理学会においても,2015年より正式にアクセシビリティ研究会が発足し,共生社会の実現を目指すコミュニティの活動が活発になっている。

一方,多くの企業でもアクセシビリティ及び障害者に関する取り組みがなされているが,その中でも日本アイ・ビー・エム株式会社は,古くから積極的な取り組みを行ってきた。視覚障害者のための音声読み上げブラウザの開発・普及を通じ,技術向上と障害者支援を組み合わせ,ビジネスを進めている。ここでは,「Access Blue Program」として,若年障害者に企業インターンシップの機会を提供するとともに,同社で開発しているアクセシビリティ技術の評価活用を行っている。米Apple社は,自閉症,てんかん,メラノーマの研究のためのiPhoneアプリを開発するためのキットを準備している。このように,ICT機器による障害者への応用は,従前より幅広くなされているが,その普及と比較すると,特別支援教育に関する効果の検証や研究はまだ足りていない。

近年,人工知能技術の進歩に伴い,人のように知覚する機械の実現が進められている。機械にとって,画像を見て「赤い車の上に鳥がいる」ことがわかることは難しいことであったが,近年深層学習という技術により可能になってきた（松尾, 2015）。不特定話者に対する音声認識技術を用いて,話し言葉を文字にしたり,他言語を自身の言

語に変換したりすることもできるようになっている。これらをモバイル機器やウェアラブル機器の上で実現することは，視覚や聴覚を通じた個別の支援と捉えることができるといえる。また，学習障害を有する方々にとっても有益な支援ができると考えている。

さらに，平面のディスプレイのみだけでなく，装着することで運動を支援したり，訓練を促進したり，またロボットが代替して作業を支援したりするロボット技術の進歩も大きい。近年では，小型の人間型ロボットが療育支援を行ったり，遊び相手となるロボットにより社会的なやり取りを学ぶ機会を提供したりする取り組みなども見られる。これは，社会的ロボット（ソーシャル・ロボット）と呼ばれる分野で，近年世界的にも研究が盛んな分野である（Tapus et al., 2007）。物理的な肉体労働を代替する役割を担っていた産業ロボットは，知的機能を備えることで頭脳労働を代替する知能ロボットへ発展しつつある。さらに，感情労働をも代替する社会的ロボットも，従来のロボットの働きと同様に社会の中で重要な役割を果たすと考えている。自閉症児の療育を支援するロボット，認知症患者の話し相手となるロボット，まるで人と同様な姿でコミュニケーションを取るアンドロイドの実現など，世界中で様々な研究が進められている。

もちろん，このような人工知能やロボットの技術がそのまま特別支援の現場で活用できるわけではなく，これには，その効果検証や探索的研究を含めて多くの実用化研究が必要になる。このような技術が進歩することで，補助教具やサポートツールとしての技術活用が進むと考えている。特に平成28年の法改正により，合理的配慮の対象となる人々は，視覚・聴覚のみならず運動機能・知的障害等に加え，知的な遅れのない発達障害も含めて，LD（学習障害），ADHD（注意欠陥多動性障害），高機能自閉症等も含むことが明確になった。障害特性に合わせた支援は重要であるが，発達障害については，これまでに行われてきた機能的な障害特性への支援と比較すると，障害特性の理解がより重要になっていると言える。

Ⅱ　ミライの体育館

これまで，特に発達障害児が他者との社会的交流を行う機会を創出することを目的にさまざまな試みがなされているが，提供できる交流機会には限界がある。例えば，教師らが指示を出すことによる交流の機会創出は，小児らの自発的な行動が限られてしまう可能性が考えられる。自発性は障害児の遊びや学習において重要な要素であり（障害児基礎教育研究会，2006），得られた機会を利用して彼らが持続的に社会的交流を行うことができるためには，自発的な交流の機会を彼らに提供することがより有効である。

そこで，遊びを基盤とする社会的交流の機会創出支援が多く試みられてきた。遊びは，一般的に仲間関係を築く，他者との関係やルールを学ぶといった社会的経験ができる機会であり（村上ら，2007），また自発性が大いに発揮される場面としても知られている。これより，遊びを基盤とした支援は，社会的交流を促進する効果的方法の一つとされている。しかしながら，これらは支援者と小児間の交流支援に留まる場合が多い。多くの障害児は，成長するとともに大人とは比較的良好な関係を持つようになるが，仲間同士については改善が困難であるという報告もあり（Baltaxe et al., 1983），幼少期における仲間同士の社会的交流の機会が特に必要とされる。さらに，あくまで教材により与えられた課題の達成が目的となってしまう場合もしばしば見られる。その達成が自分と他者との行動による結果であることに気づきにくいため，教材から他児へと興味が移ったり，互いに仲間であることを意識したりといった機会を創出することは容易ではない。

そこで我々は，現実に見えている空間に，文字や図形といったバーチャルな情報を重ね合わせる（重畳する）ことで新たな空間を構築する技術である複合現実感に関する研究を特別支援教育へ応用するという取り組みを行ってきた。関連する研究として，シースルー型ヘッド・マウンティド・ディスプレイ（HMD）を用いる研究が多くなされている。工場などにおいて作業手順をHMDに表示することで，作業従事者の作業効率を向上させるための実用化がなされている。また，複雑な

手順や精密な作業が必要とされる医療現場においてもその応用が進められている。

ここでは，筑波大学附属大塚特別支援学校（東京都文京区）において，高輝度のプロジェクタを8台天井に設置し，床面を加工した上で，屋内照度を調整するための自動開閉暗幕からなるシステムを構築し，導入した。同校の教諭らと協働し，大型床面プロジェクションマッピングシステムの設置された体育館のあり方について議論し，課題を共有するとともにその理念を追求した。一般にプロジェクタの投影は，スクリーンで行われる。建物やモニュメントへ投影するプロジェクションマッピングも，夜間などほぼ真っ暗な環境が想定されている。このため，木目やラインが引いてある一般の体育館の床面へ映像を投影し，それを視認させることは極めて困難であった。その中で，明るさや色などを考慮にいれて，可能なかぎり児童・生徒らの活動を妨げないという要件を満たしつつ改修を行った。これにより，生徒や先生方を広角レンズのカメラや3次元測距センサにより見守り，プロジェクタからの投影により床面に対して個別に情報を提供するという先進的なICT技術による「ミライの体育館」の改修を実現した。ここでは，すでに予備的な研究段階において，子どもたちの協調ランニングの支援，遊びの中から協力行動を促進するゲームに加え，映像演出によりスポーツ大会の意欲向上を図りオリンピック教育に資する活動の支援を行ってきた（髙橋ら，2016）。

これらアクティビティを介した実態調査により，ミライの体育館の実現可能性が確認されている。このように，学校の体育館という現場の中で，教諭らや研究者が一体となって新しい特別支援教育の支援に取り組むことはきわめて重要である。

今後は，ミライの体育館を子どもたちの活動で活用することによる効果を検証していくと同時に，特別支援学校に通う児童生徒だけでなく，その保護者や地域の方々，また一般の学校に通う児童生徒も合わせてあらゆる人々が集えるワークショップも行いたいと考えている。

Ⅲ　アクセシビリティからエンパワーメントへ

機能的な障害が明らかである視覚・聴覚障害や肢体不自由と比較すると，発達障害児／者が抱える社会における障害とは果たして何か，という問いに答えるのは容易ではない。社会的な生活を行うために必要な能力の障害（disability）において，どのような機能障害（impairment）に起因しているかについて，まだ明らかになっていない。例えば自閉症児は，幼児期より対人交流や顔・表情認知と表出に障害を示すことが知られている。表情，対人コミュニケーションに対する動機づけ，他人への身体接触などの個別的な行動特性が数多く報告されているが，心身機能的にどのような特性があるかを明らかにするとともに，その支援を行う必要がある。しかしながら，日常生活や学校において，これら社会的な行動を定量的に計測することは容易でない。つまり，客観的な評価が難しいだけでなく，適切な支援によりどの機能がどのように改善するかという詳細な分析がほとんど実証されていないのが現状である。

これに対する工学的な方法論として，人々の間にある社会的行動や交流状況，さらにその社会的な関係を顕在化して明示するための技術である「ソーシャル・イメージング」の確立を目指し研究を行っている（鈴木，2015）。ソーシャル・イメージング技術とは，複数人による相互作用行動とそ

れにより生じる情動に関し，生理的な生体電位信号や物理的な身体動作を計測することで，表情や情動状態，及び対人交流とその意図を理解することを目的としたものであり，個々の適切な行動の把握がきわめて重要である。ここでは，ウェアラブル機器や，画像計測により社会的行動を計測し，それに合わせて適切な先行刺激や後続刺激として，実時間で視聴覚情報を本人や支援者にフィードバックすることができる技術の開発を行なっている。社会性機能障害のある発達障害児について，長期縦断的に支援の効果を定量的に評価する手法は，子どもたちの能力を最大限に発揮できる環境条件を明らかにすると同時に，認知や言語機能を含めた全体的な創造性と社会性を形成する包括的な発達支援方法の構築を目指すという大きな社会的意義があると考えている。これらを通じて，子どもたちの創造的な活動の促進と社会的交流の機会を創出する新しい取り組みに着手している。

これからの人類社会にとって，生活の質，安全性，利便性，心の豊かさの向上といったさまざまな観点から人の生活の質を向上させるためには，人々と情報環境の新しい関わり方を見出すことが必要不可欠である。我々は人間情報学の分野において，「人をエンパワーする」ことを目指した技術開発を進めている（岩田編，2016）。またマイクロソフト社も，2015年に全世界の新たなミッションとして，「地球上のすべての個人とすべての組織が，より多くのことを達成できるようエンパワーする」とした（Microsoft Mission, 2017）。教育現場で注目されるインクルーシブ教育においては，定型発達児と障害児が統合した環境で教育を受けるにあたり，良好な友人関係を築くことが重要である。そのために，彼らの相互作用行動の計測・観察を行い，この結果に応じた双方をエンパワーする情報環境の実現が期待される。

21世紀になり，教育の姿はさらに多様化している。共生社会の実現に向けた子どもたちのためのインクルーシブ教育とは人間の多様性の尊重を規範とし，子ども一人一人の教育的ニーズを把握し，適切な指導及び必要な支援を行う特別支援教育につながっている。ミライの体育館は，子どもたちが集団で活動するのに安全かつ適切な環境である体育館での活動を通じ，技術が人々に対する「合理的な配慮」を支援するという挑戦である。

しかしながら，情報技術にとっての特別支援とは，障害のある子どもだけでなく，見えない困難を抱える子どもや，すべての子どもたちのためのものであると言える。そこで活動する子どもたちの行動が変わることで，他者と交流する機会を増やし，社会性形成を助けることで発達を支援するだけでなく，子どもたちの新たな創造的な活動を引き出すことに大きな役割を果たすものと期待される。

〈文献〉

Baltaxe, C.A.M., Simmons, J.Q. (1983) Communication deficits in the adolescent and adult autistic. Seminars in Speech and Language, 4 ; 27-42.

岩田洋夫編 (2016) 人をエンパワーする情報学. 情報処理, 58(1) ; 36-58.

松尾豊 (2015) 人工知能は人間を超えるか―ディープラーニングの先にあるもの（角川EPUB選書）. KADOKAWA／中経出版.

Microsoft Mission: Retrieved January 1, 2017 from https://news.microsoft.com/empowerment/

村上直也ら (2007)〈実践研究〉自閉症児の社会性・適応性に関する学習支援ツールの開発に関する研究. 筑波大学特別支援教育研究, 2 ; 2-11.

総務省 (2008) 高齢者・障害者のICT利活用の評価及び普及に関する調査研究報告書.

障害児基礎教育研究会 (2006) 一人ひとりの子どもに学ぶ教材教具の開発と工夫. 学苑社.

鈴木健嗣 (2015) ソーシャル・イメージングの創成. 情報処理, 56(6) ; 561-563.

髙橋一誠ら (2016) 床面プロジェクションを用いた体育館の空間デザイン提案. 信学技法.

Tapus, A., Matarić, M. J., Scassellati, B. (2007) Socially Assistive Robotics. IEEE Robotics & Automation Magazine, 14(1) ; 35-42.

World Wide Web Consortium, Web Content Accessibility Guidelines (WCAG) 2.0, Retrieved January 4, 2017 from http://www.w3.org/TR/WCAG20/

第2部　課題

　第2部では，特別支援教育に関する学術研究の課題について論じる。取り上げる事項は，(1) 特別支援教育の理念と基本的な考えの問題，(2) 特別支援教育の対象と範囲の問題，(3) 2 E教育の問題，(4) 個に応じた指導・支援，教育課程，指導の質の問題，(5) 通級による指導と特別支援学級の在り方の問題，(6) 教員の養成・専門性・学歴の問題，免許制度の問題，大学・高等専門学校における問題，(7) 当事者・保護者・家族の参画の在り方の問題，である（柘植，2013）。取り上げた各事項について，2001〜2016の国内で公表された論文を取り上げ，それらのレビューをしつつ，それも踏まえて論じている。つまり，一つ一つの論文がその事項のレビュー論文である。

（柘植雅義）

2-1 特別支援教育の理念と基本的な考えの問題

2-1-1 通常の学校における医療的ケアの提供をめぐる到達点と可能性
―インクルーシブ教育システム構築のための課題

吉利 宗久

I はじめに

国連「障害者権利条約」〈2006(平成18)年12月,第61回総会〉の採択を契機に,国際社会はインクルーシブ教育システムの構築に向けた取り組みを加速している(第24条)。わが国でも,障害者基本法の改正や障害者差別解消法の制定に代表される国内法の整備を経て,2014年1月の条約批准を迎えた(140番目)。その間,中央教育審議会「共生社会の形成に向けたインクルーシブ教育システム構築のための特別支援教育の推進(報告)」〈2012(平成24)年7月〉は,通常の学級,通級による指導,特別支援学級,特別支援学校といった多様な学びの場の充実を図る日本型インクルーシブ教育システムの具現化のために,学校と医療,保健,福祉といった関係機関との適切な連携の必要性を指摘し,教員と看護師等の専門家が協働する医療的ケアの実施体制の整備を提言した。

また,中央教育審議会「チームとしての学校の在り方と今後の改善方策について(答申)」〈2015(平成27)年12月〉は,「医療的ケア」を「法律上に定義されている概念ではないが,一般的に学校や在宅等で日常的に行われている,たんの吸引・経管栄養・気管切開部の衛生管理等の医行為を指す」と定義した上で,「医療技術の進歩等を背景に,特別支援学校,小・中学校ともに医療的ケアを必要とする児童生徒数は増加傾向にあり,医療的ケアを必要とする児童生徒等が安心して学校で学ぶことができるよう看護師等の配置を進めていく必要があるが,国が補助している看護師等の人数は,医療的ケアを必要とする児童生徒等の人数に比べて不十分である」とした。

これまでも,教育現場における医療的ケアの提供をめぐっては,特別支援学校を中心に議論されてきたが,その論点は通常の学校での取り組みにも波及している。従来,医師や看護師などの資格を有さない教員が,反復継続する意思をもって医行為に該当するたんの吸引,経管栄養といった医療的ケアを行うことは法的に禁じられてきた経緯がある。ただし,看護師の常駐や必要な研修の受講等を条件に実質的違法性阻却の考え方に基づき,特別支援学校における処置が限定的に許容された(16国文科初第43号通知)。さらに,介護保険法等の改正により,特別支援学校教員はもとより,一定の研修を受けた通常の学校の教員(認定特定行為業務従事者)についても特定の医療的ケア[注1]を実施することが制度上可能となっている(23文科初第1344号通知)。

このように,インクルーシブ教育に対する機運が高まる中,特別支援学校に限らず通常の学校における幅広い医療的ケアの提供のための仕組みづくりが模索されている。近年,「たん吸引必要の幼稚園児 一人で行けるよ」〈毎日新聞,2016(平成28)年10月3日〉,「障害のある子を通常学級に急がれる看護師配置」(神戸新聞,2016年10月23日),「一緒に学びたい医療的ケアの壁」(山陽新聞2016年9月20日~9月27日朝刊6回連載),「医療ルネサンス 医療的ケア児」(読売新聞,2016年10月7日~17日朝刊6回連載)などメディアを通じた問題提起も少なくない。インクルーシブ教育の理念に基づいた特別支援教育を推進する上で,通常の学校における医療的ケアの提供に関する現在の到達点とさらなる可能性について把握

注1)文部科学省は,特定行為(実施できる行為)として,①口腔内の喀痰吸引,②鼻腔内の喀痰吸引,③気管カニューレ内部の喀痰吸引,④胃ろう又は腸ろうによる経管栄養,⑤経鼻経管栄養の5行為を挙げている(23文科初第1344号通知)。

することは極めて重要であろう。そこで，制度的，実践的視点から先行研究の動向をまとめながら，今後の課題について論じたい。

II　医療的ケア提供の状況と制度的課題

まず，通常の学校における医療的ケア提供の状況と制度的課題についてみていく。文部科学省「平成27年度特別支援学校等の医療的ケアに関する調査結果」〈基準日2015（平成27）年5月1日〉によれば，小・中学校に在籍する医療的ケア対象児童生徒と看護師の人数の状況は表1のとおりである。

表1　小・中学校における医療的ケアを要する児童生徒数の推移

対象等 年度	医療的ケア対象児童生徒			看護師数 （名）※
	通常の学級数	特別支援学級数	児童生徒数（名）	
平成24年度	311	527	838	―
平成25年度	303	510	813	―
平成26年度	378	600	978	―
平成27年度	301	538	839	350

注）看護師数は，平成27年度から調査

継続的に一定数の在籍が認められるが，看護師の配置が進んでいない実態がうかがえる（47都道府県及び20政令市のうち，16県10政令市では配置がない）。清水（2014）は，全国の教育委員会を対象に，通常の学校における医療的ケアに関わる看護師の配置と雇用の状況を調査し，通常の学校における看護師の供給が十分ではないために，保護者が看護師の雇用やケアの実施などに大きな負担を負っている可能性を示唆した。一部の地域では，通常の学校における医療的ケアに関わる看護師の配置や派遣が進められてはいるものの，通常の学校で医療的ケアを要するために，保護者から離れて学校生活を送ることが難しい児童生徒が存在する状況が指摘されている。

実際に，文部科学省は全国の公立小・中学校に対する「障害のある児童生徒の学校生活における保護者等の付添いに関する実態調査」〈基準日2015（平成27）年5月1日〉を実施し，日常的に，校舎内において障害のある児童生徒に付き添っている保護者等が1,897人（1,495校）にも上ることを明らかにした。中でも，保護者等が医療的ケアを行っている割合は20％（388件）を占め，その大部分84％（326件）が，看護師が学校にいない又は常駐ではないことによる付添いであった。また，植田・野田・佐々木（2016）は公立小・中学校における看護師の配置について大阪府豊中市の先駆的取り組みを報告した。医療的ケアを要する児童生徒の在籍する各学校（2014年度は15校17人）に対して，看護師（常勤職員3人および非常勤28人）が教育委員会からの巡回型で対応し，医療的ケアを要する児童生徒，教員，看護師からも肯定的な意見が寄せられたという。その一方で，①実施体制の不備，②経費の維持・拡大の困難，③児童生徒の入学・卒業といった状況の変化によって看護師雇用の見通しがたちにくいなど，やはり人材の確保が重要な課題の一つとして示された。

学校における看護師の確保に関しては，1997（平成9）年度から宮城県で導入された「要医療行為通学児童生徒学習支援事業」（「宮城方式」）が注目されてきた。この事業は，保護者の付き添い介護の負担の軽減や，児童生徒の学習環境の整備を目的とし，保護者に代わって訪問看護師を特別支援学校に派遣し，その費用を県が負担するという事業であった。2004（平成16）年には，看護師資格をもつ養護教諭に対して医師巡回による支援を展開する「養護学校医療的ケア支援事業」が並行して開始され，2007（平成19）年度になって2つの事業を「医療的ケア推進事業」に統合し，看護師及び研修を受けた教員が医療的ケアを行う体制を整えようとしてきた。仙台市（要医療行為通学児童生徒学習支援事業）や大阪市（看護指導員派遣事業）のように，通常の学校に在籍する児童生徒を対象に含めて，自治体が雇用する看護師を派遣する試み[注2]も展開されており，看護職の処遇改善も合わせてその拡大に期待されてきた。

こうした動きに対し，文部科学省は「特別支援

注2）下川（2012）によれば，都道府県及び政令市以外にも，愛媛県新居浜市（要医療行為児童看護支援費，2005年開始）など独自事業による小・中学校への看護師配置を進める自治体もいくつかみられる。

教育専門家（看護師）配置事業」として，特別支援学校〈2013（平成25）年度から〉を対象としていた看護師の配置補助の対象に，新たに小・中学校〈2016（平成28）年度より〉を加えるとともに，人数の拡充を図っている（予算額700百万円，補助率3分の1，1,000人配置）。また林・五十嵐（2013）によれば，2012（平成24）年末時点の潜在看護職員数（看護師・准看護師）は699,599人（免許保有者に占める潜在看護職員率，32.5%）と推計された。財政的な基盤の強化をいっそう進め，先駆的な取り組みを参考としながら地域差を解消し，潜在的人材の活用などによる安定的なシステムの運用方策を引き続き検討しなければならない。

Ⅲ 学校体制整備のための実践的課題

　医療的ケアを要する児童生徒が通常の学校で学ぶことに関しては，教育的な意義や成果が報告されている。たとえば，大嶋・横山（2014）は小学生（4年生）を対象に，医療的ケア（気管切開・経管栄養）を要する児童が在籍する学級の児童（1校，116人），学校の特別支援学級に在籍のある児童（2校，88人），在籍のない学校の児童（2校，115人）の3群を設定し，他者への支援的行動への影響を検討した。結果，在籍学級群は，常に医療的ケアを要する児童とともに学校生活を送ることで，対人的な援助をしようとする思いやりの心が育まれ，かつ自発的に行動に移すことを経験的に学んでいることが示唆された。荒川・荒川（2012）は，小学校における事例報告の中で，医療的ケアを要する児童とその他の児童とが経験を共有することにより，想像力や感性が培われることを指摘した。児童たちは，体の動きや表情などをつぶさにみて，考え，自分ができることを快くさりげなく実行することができるようになり，医療的ケアを要する児童もまわりの仲間の働きかけを安心して受け入れ，自らの居場所を作っていったという。

　こうした成果がみられる一方，取り組むべき課題も残されている。長尾（2001）は，通常の学校に在籍する神経筋疾患患児の担任教員（15人）に質問紙調査を行い，患児自身にとって「多くの友達とともに学べる」（12人）とともに，他の子どもにとっても「助け合うことや思いやりを学ぶ」（11人）というメリットが感じられていたことを報告した。その一方，患児の多くが学習の習得に遅れをもっていたにもかかわらず，「特に問題なし」と回答した教員が多かった（8人）。また，中村ら（2011）によれば，医療的ケアを要する児童生徒を担任する小・中学校教諭に対する質問紙調査の結果，自身が支援を行う上で困っていることや不安に感じていることについては「ない」（36人中11人）との回答が最多であったが，身体障害者手帳や訪問看護などの社会的サービスに関する情報を実際に入手している割合（35人中6人）は低かった。吉利（2016）による小・中学校教員（92人）に対する質問紙調査では，「医療に関する配慮を要する児童生徒に対応する一定の知識を有している」ことを肯定する意見（19人，20.7%）が少ないなど，通常の学校の教員が正確な知識や情報を得る機会が限られていることが示唆されている。

　また，医療的ケアの提供のために，学校保健に関する中心的役割を担う養護教諭に対する期待も大きい。ただし榎本ら（2012）によれば，現在又は10年間に糖尿病児童生徒を指導した経験のある公立学校の養護教諭（204人）に対する質問紙調査の結果，95.4%が医療機関との連携の必要性を感じていたものの，実際の連携ができているとの回答は半数程度（53.6%）にとどまっていた。同様に丸山・高田（2010）も，小・中学校の養護教諭（150人）に対する質問紙調査から，多く（115人，76.7%）が学校で子どもに座薬を挿入することに抵抗感を示すとともに，抗けいれん坐薬を預かったことのある59人（39.3%）のうち，主治医や学校医からの指示があったのはわずか（16人，27.1%）であったことを報告した。

　さらに，清水（2011）は医療的ケアを要する子どもが通学し，看護師が配置されている通常の学校に勤務する養護教諭（10人）を対象に，子どもや看護師との関わりや自身の役割についての認識を半構造化面接によって調査した。主たる結果として，「医療的ケアを要する子どもや看護師と関わりにくい」と考えられていたが，その背景にある要因としては医療的ケアに関する知識や経験の不足，役割分担の不明確さ，看護師との接点の乏しさなどが影響していた。そして，定期的な会

議の開催など関係者によるコミュニケーションの機会が重要であり，相互に関わることで子どものことや，ケアについての知識を得ることができるため，実践的な不安が軽減されることを示した。すなわち，通常の学校が医療的ケアを提供するための機能を果たす上で，学校内外における医療関係者との連携体制の構築が不可欠な条件となる。

最後に，清水（2014）によれば，通常の学校における医療的ケアに関わる看護師は，医療的ケアの提供のみでなく，身体面の介助や学習のサポートを含む特別支援教育支援員の業務を兼務するケースも多く，特別支援学校に勤務する看護師とも異なった役割を求められている状況がある。他方，養護教諭の役割についても，砂村・大谷（2004）は「養護教諭が『医療職』的な任務を専門性として引き受ける方向で行くのか，『関係性』を重視して教職員のかかわりを推進する中での養護教諭の役割を引き受けるのか，現在は岐路に立っている」と述べている。そして，養護教諭はあくまでも養護教諭として，養護を追求するために配置されたという原点に立ち，すべての在校生が安心して学習に専念できるための条件を整備していくことが存在理由であるとしている。八木（2014）は，医療的ケアを要する子どもが通常教育に参加する過程で生じる問題を先駆的事例から分析し，その一つとして，医療的ケアは必ずしも医療職の資格を基準に，その安全性が保障されるものではなく，一人の子どもの感情表現の特徴やコミュニケーション方法，ケアの方法，緊急時の対応など個別性を考慮できる支援者が必要とされていたことを明らかにした。通常の学校において，医療的ケアという教育的ニーズをどのような立場から如何にして満たしていこうとするのか，関係者間の役割と責任を確立していくための議論も緊要であろう。

IV　おわりに

ここまで概観してきたように，制度的な改革の進行とともに，実践的課題への対応も急がれる。中でも，①通常の学校における教職員の正しい理解と知識の獲得促進，②学校内外における組織的な連携体制の構築，③関係者間の役割の明確化に向けた取り組みが進められなければならない。

〈文献〉

荒川哲郎・荒川真人（2012）地域の通常学校で医療的ケアを要する子どもが学ぶ意味．三重大学教育学部研究紀要，63；371-377．

榎本聖子・松下祥子・河原加代子（2012）強化インスリン療法以降の糖尿病児童生徒に対する養護教諭の支援に関する現状分析―埼玉県における調査から．日本看護研究学会雑誌，35(5)；75-85．

林美亜・五十嵐中（2013）日本における潜在看護職員数の推計．厚生労働科学研究費補助金（地域医療基盤開発推進研究事業）平成24～25年総合研究報告書；20-28．

丸山有希・高田哲（2010）けいれん発作のリスクを持つ児への通常学校での対応と坐薬の使用について―養護教諭の意識調査より．脳と発達，42；346-351．

長尾秀夫（2001）神経筋疾患をもった子どもが在籍する通常の学校への医学的・教育的支援のあり方―神経筋疾患児の担任へのアンケート調査から．脳と発達，33；307-313．

中村泰子・奈良間美保・堀妙子・田中千代・齊藤麻子・松永侑美（2011）子どもの医療的ケアにかかわる医療・教育職の情報入手の現状と希望の実態．小児看護，34；218-223．

大嶋絹子・横山美江（2014）医療的ケアを必要とする児と共に学ぶ児童における支援的行動への影響．小児保健研究，73；59-64．

清水史恵（2011）通常の学校で医療的ケアを要する子どもをケアする看護師と養護教諭との協働―養護教諭からみた実態と認識．千里金蘭大学紀要，8；104-114．

清水史恵（2014）通常学校において医療的ケアに関わる看護師の配置や雇用状況の全国調査―教育委員会を対象として．小児保健研究，73；360-366．

下川和洋（2012）医療的ケアの必要な子どもへの支援―教育の立場から．小児保健研究，71；647-653．

砂村京子・大谷尚企（2004）特別なニーズを抱える子どもの普通学校生活を支えるための一考察―「医療的ケア」を必要とする子どもを例に．茨城大学教育実践研究，23；13-25．

植田陽子・野田桂子・佐々木まや（2016）公立小中学校で働く看護師による医療的ケア実施状況の分析に基づく成果と課題―豊中市教育委員会児童生徒課支援教育係の実践から．小児看護，39(1)；118-123．

八木慎一（2014）普通学校における医療的ケアの必要な子どもへの教育をめぐる問題の生成―当事者としての親の視点から．立命館人間科学研究，29；65-79．

吉利宗久（2016）学校教育における「医療的ケア」の位置づけをめぐる意識調査―非医療関係者である教員の現状把握と自己評価．岡山大学大学院教育学研究科研究集録，162；71-77．

2-1 特別支援教育の理念と基本的な考えの問題

2-1-2
学習困難の度合いの大きな子どもの学びと社会参加を保障するカリキュラム
米英の通常教育カリキュラムへのアクセスが与える示唆を中心に

米田 宏樹

I はじめに

国際社会は2015年に「公正で持続発展性の高い教育」の実現のため，2030年に向けてインクルーシブ教育の導入を推進するように合意した（UNESCO, 2015）。特別支援教育の分野でも，「障害者の権利に関する条約（第24条）」において，インクルーシブ教育システムの確保が求められている。このように，すべての子どもの多様なニーズに対応できる教育システムを作るプロセスとしてのインクルーシブ教育は，世界共通の課題である（UNESCO, 2005, 2015）。このインクルーシブ教育の実現に向けた重要な論点の一つに，障害のある子どもの通常教育カリキュラムへのアクセスがある。1994年のサラマンカ宣言以降，通常教育カリキュラムの中に特別な教育的ニーズ（SEN）のある子どものための教育内容・方法を組み込むことにより，多様なニーズに応える新しいカリキュラムに改変することが求められている（UNESCO, 1994, 2005）。インクルーシブ教育における教育内容の議論が重要事項となっている。

米国や英国では，教育法制上，障害のある子どもの通常教育カリキュラムへのアクセスが義務付けられており，通常教育カリキュラムを基盤として，対象の子どもの特性や状態に応じて教育内容・方法の一部を変更・調整することで，個々のニーズにも対応することができるとされている（米田ら，2011；野口・米田，2012；米田・宮内，2015）。これらの国では，特別学校も，学区で一定の役割を果たしている点も特徴的であろう（米田ら，2011；米田・宮内，2015）。

日本においては，障害者の権利に関する条約を受けて，学校教育法施行規則の一部改正（2013年9月1日施行）がなされ，就学基準に該当する障害のある子どもは，「認定特別支援学校就学者」として，特別支援学校への選択的就学が認められることとなった。インクルーシブ教育システムを確立するために，障害のある子と障害のない子が同じ場で共に学ぶことを追求するとともに，個別の教育的ニーズのある子どもに対して，自立と社会参加を見据えて，その時点で教育的ニーズに最も的確に応える指導を提供できる多様で柔軟な仕組みを整備するために，通常学級，通級による指導，特別支援学級，特別支援学校といった連続性のある「多様な学びの場」を用意する立場が取られている。そのような中，現在は，インクルーシブな「次世代の学校」を実現することが教育政策の課題となっており，「社会に開かれた教育課程」実現の準備が行われている。特別支援教育においては，特に，小・中・高等学校の教育課程と知的障害教育教科による教育課程との関連の可視化が重要な検討課題の一つとなっている。

特別学校などの社会資源を有してきた特殊教育の先進国におけるインクルーシブ教育システムの議論では，子どもの居住地域の通常学校の役割の拡大と責任の明確化が共通する論点であるが，同時に，学校で子どもたちが，「何を学ぶか」（共通内容の設定），「どのように学ぶか」（教育方法の多様化），「どこまでの理解度を求められるか」（内容水準・達成水準の設定と評価方法の多様化）が，重要かつ不可欠な視点である。日本においても，今次の学習指導要領の改訂以降，今後もさらに追究されていくことになるだろう。

本稿では，米国における通常教育カリキュラムへの障害のある子のアクセスに関連した研究（野口・米田，2012a, 2012b, 2012c, 2014；米田ら，2011）を中心に，英国（米田・宮内，2015）の論考にも触れながら，学習困難の度合いの大きな子

どもの実質的学びと卒業後の社会参加を保障するカリキュラムの課題を考察したい。

II 米英における学習困難の度合いの大きな子どもの通常教育カリキュラムへのアクセス

1．米国における水準にもとづく教育における障害児への対応とその課題

1）教育水準に基づく指導と評価

2001年に出された改正初等中等教育法（NCLB法）は，各州に，教科（読み・算数・理科）の水準（子供が学習するべき内容を示す「内容水準」と子どもの習得状況を測る「達成水準」）を設定することと，それに基づいた学力試験を実施することにより，教育の成績説明責任を果たすことを義務付けた。NCLB法と2004年の個別障害者教育法（IDEA）改正法において，通常教育カリキュラムへのアクセスとそれを促すためのアコモデーションに関する規定が設けられている。障害のある子どもも可能な限り通常教育カリキュラムへアクセスし，障害のある子どもも障害のない子ども同様の教科の水準に基づく内容を学び，達成水準に基づきアコモデーション付きの試験で評価されるようになったのである。なお，アコモデーションとは，リハビリテーション法504項において定義されており，障害のある人が教育を受けるときに必要な配慮のことを指している。教育の内容を変えずに，方法を変えることにより，障害から生じる学習上の困難を減少させることである。例として，時間の延長，視覚的教材の使用，拡大文字の使用，課題の量の減少などが挙げられる。

さらに，最重度の認知機能障害により学習が困難な子ども（知的水準が平均より2標準偏差以上低い者，全児童生徒の1%）に対しては代替達成水準に基づく評価が認められているが，その水準も英語，算数，理科の教科に関するものでなければならない。すなわち，米国は「通常教育カリキュラムへのアクセス」を「教育内容へのアクセス」として捉える立場であり，達成水準は別のものであっても教育内容が教科の内容水準に基づいたものであれば，通常教育カリキュラムのシングルトラックに全ての子どもが内包できているという考え方である。

障害のある子どもを通常教育にアクセスさせるカリキュラム修正には，①通常カリキュラムの内容と方法に変更を加えないカリキュラム，②通常カリキュラムの内容に変更を加えないが，方法を変えるアコモデーションカリキュラム，③通常カリキュラムの内容・方法を変えるモディフィケーションカリキュラム，④通常カリキュラムと内容・方法が異なる代替カリキュラムの4種類があるとされている（野口・米田，2012a；2012b）。

2）達成水準・代替達成水準にもとづく評価結果

NCLB法は，各州に対し，設定した達成水準に沿った州統一試験を作成し実施することを義務付けた。達成水準は，「高（advanced）」「良（proficient）」「基礎（basic）」の3レベルで設定され，子どもがどのレベルまで達しているかを報告することが求められている（野口・米田，2012a）。

イリノイ州統一試験における障害のある子どもの達成率（良・高レベルの評価の者の割合）（図1）を見ると，IEPを有する障害のある子どもは，通常試験では良好な達成度を示すことが困難で，学年が進むほどにより厳しい状況となっている。この達成水準による評価結果から，障害のある子どもに必要なリソースを付けたとしても，それだけでは埋められないギャップが生じている可能性が考えられる。

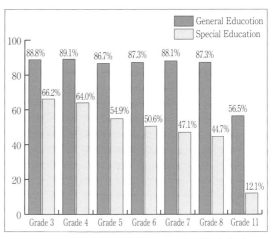

図1　2008-9年度イリノイ州統一試験「数学」結果（ISBE, 2011）

また，代替達成水準による試験は，アコモデーションを行っても州統一試験に参加することが困難な子どものために，オンデマンドで準備されるパフォーマンスベースの評価であるためか，学年

が進むごとに達成率〈進歩（progressing）・達成（attaining）の評価の者割合〉が上昇している（図2）。しかしながら，代替達成水準試験対象者は，その試験の評価にかかわらず，義務教育終了後に高校卒業資格は得られないことに留意したい。

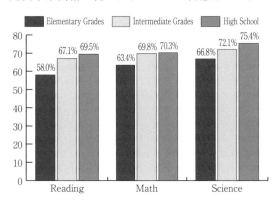

図2　2008-9年度イリノイ州代替試験結果
（ISBE, 2011）

3）重度認知機能障害のある子どもを教科の内容水準で指導し，達成水準で評価することの難しさ

2005年の連邦教育局による代替達成水準のガイドラインでは，IEPの目標達成や生活スキルの内容で設定することを認めていない。その理由は，NCLB法では，学校が，読み・数学・理科について成績説明責任があるため，IEPにおいて個別に計画された広範囲な教育内容は，学力試験を実施し，報告するに当たり，適切ではないからであり，生活スキル等について一定の水準を設定することが不可能であるとされているからでもある。このことに関して，米国の専門家や教師の中には，特定の科目のみ試験が行われることにより，個々が必要としている他のスキルの指導が希薄になることや，特に中等教育において，教科のみの指導内容が増えた場合に，職業教育の内容が減ることなどに懸念や批判を示している（野口・米田，2012a）。

野口・米田（2014）は，実際の学校で行われている授業において，通常の達成水準による学級の1日当たりの教科学習時間が270分であるのに対して，代替達成水準の学級のそれが60分であったことから，この差が生じる理由を認知機能障害による学習困難のある子どもに対し，生活スキルの指導が必要とされているためであると考察している。

可能な限り通常カリキュラムへのアクセスが促されると同時に，従来から指導の中心となっていた生活スキルも教育内容に含まれる必要があり（野口・米田，2012a），今後，各教科と生活スキルの両方を指導するカリキュラムと教育方法が検証されなければならないだろう。

2．英国における学習困難の度合いの大きな子どものナショナルカリキュラムへのアクセスと課題

1）中度・重度学習困難のある子どもへのナショナルカリキュラムの適用

英国では，ウォーノック報告後の1981年教育法以降，「特別な教育的ニーズ」（SEN）概念が導入され，通常学校でもSENに応じた支援が実行されるようになった。特別学校や特別学級を含めSENに応じる教育サービスは連続的なものと考えられている。なお，学習上に困難のある児童を表す総称である「学習困難」が用いられて，日本でいう知的障害は，中度・重度学習困難に該当する。その後，1988年教育改革法で，①学ぶ権利の保障，②学びの水準の維持，③学びの連続性と共通化の促進，④学校教育に対する公的理解の促進を目的に，ナショナルカリキュラム（教育課程の国家基準；NC）が導入された。

NCの全部または一部が子どものSENに関連性がない場合には，カリキュラム修正や適用除外などが認められているが，1996年の調査では，中度・重度学習困難のある子どもを指導する教師の3分の2以上が，適用除外ではなく修正のうえでのカリキュラム適用を行っていた。教育の権利と機会の平等が重要であるため，NCに可能な限り沿うべきと考える教師がいる一方，子どものSENに応じた最良の方法と「権利・平等」との間でジレンマを感じている教師も少なくなかった。2011年のある特別学校の実践研究では，NCに沿った教育内容が児童生徒にとって適切であるかについて議論がされ①特定の教科を中度・重度学習困難児に教えることが適切・効率的であるという証拠がない，②感覚統合などの有効性の示されている療育法など，他の重要な活動を提供する時間を含め総合的に子どものSENに適合するカリキュラムが必要である，③初歩的水準で学習する子どもにとって教科別ではない一定の共通事項が必要であることが共通理解された。

2）学習達成水準の評価がもたらす課題

　NCにおける児童生徒の学びの評価は，英語，数学，科学の中核教科について，各キーステージ終了時に全国統一試験と義務教育資格試験（GCSE）で評価されるが，GCSE受験資格の最低基準の学習水準に到達できない学習困難の子どものためにGCSEの代替案が必要とされた。1996年の教員対象の調査では，GCSEの受験資格が得られない生徒のために，それに代わる評価手段として，より職業技術に重点をおいた資格試験を活用するべきと考えられた。この調査では，NCは16歳以降の中度・重度の学習困難のある子どもの進路選択の機会に変化をもたらさないと考察された。なお，これまでのNCでは，初歩段階における学習の進歩が定義されていないことが問題であったことから，1998年以降は，NCの最初の学習水準未満の学習到達度を記述する評価基準としてP-Scalesが用いられるようになった。

Ⅲ　学習困難の度合いの大きな子どもの実質的学びと卒業後の社会参加を保障するカリキュラム

　日本における知的障害教育の内容及び方法に関する議論は，名古屋（2015）や徳永ら（2015）が示すように，「障害者の権利に関する条約」のもとで，この教育の独自性を許容しうるのか，社会の変化教育の変化を背景に通常教育との共通性・普遍性の観点から，独自性が解消できるのかという点に集約される。なお，今次の教育課程の改善の検討において，通常教育各教科と知的障害教育教科の現行の学習内容・水準が比較検討されるなど，共通性・普遍性の観点からの両教科の関連の検討は着実に進んでることも銘記しておきたい（詳細は第8期中央教育審議会初等中等教育分科会教育課程部会特別支援教育部会審議経過を参照）。

　本稿で見てきた英米の通常教育カリキュラムの学習困難の度合いの大きな子どもへの適用の経過は，子どもたちが一定の水準以上の学習が困難であるという点で，共通内容の学習が卒業後の生活を支える知識・技能の習得を保障し，学習評価結果が社会参加資格を確実に付与することになるとは限らない点に留意するべきことを示唆している。

①能力を身につけ高く伸ばすこと（学習水準の向上）を各個人内の成長としてしっかり評価しさらなる学習につなげることと，②身につけた力を活用し社会参加していくことを各個人の環境や周囲の人とのかかわりの広がりや深まりとして評価しさらなる学習につなげていくこと，とを確保するカリキュラムの体現の必要性が示唆される。このことは，キャリア教育の議論を見てもわかるように，SENの有無にかかわらず，すべての子どものカリキュラムに必要な視点でもある。

〈文献〉

Illinois State Board of Education (2011) 2008-2009 Annual State Report on Special Education Performance.

名古屋恒彦（2015）「障害者の権利に関する条約」の下での知的障害教育教科．発達障害研究，37(3)；201-208.

野口晃菜・米田宏樹（2012a）米国スタンダード・ベース改革における知的障害のある児童生徒への通常カリキュラムの適用．特殊教育学研究，49(5)；445-455.

野口晃菜・米田宏樹（2012b）米国における障害のある児童生徒への通常カリキュラムの修正範囲―用語の整理と分類から．障害科学研究，36；95-105.

野口晃菜・米田宏樹（2012c）米国における通常教育カリキュラムの適用を前提とした障害児教育の展開．特殊教育学研究，50(4)；413-422.

野口晃菜・米田宏樹（2014）特別学級・代替学校における障害のある児童生徒の通常教育カリキュラムへのアクセスの現状と課題―米国イリノイ州第15学校区を中心に．障害科学研究，38；117-130.

徳永豊・一木薫・田中信利（2015）知的障害の子どもの発達や学び，その教育は，特異なものなのか？―定型発達の場合と何が同じで，何が異なるのか．発達障害研究，37(3)；217-225.

UNESCO (1994) Salamanca Statement and Framework for Action.

UNESCO (2005) Guidelines for Inclusion：Ensuring Access to Education for All.

UNESCO (2015) Education 2030：Towards inclusive and equitable quality education and lifelong learning for all.

米田宏樹・宮内久絵（2015）英国の知的障害児教育におけるカリキュラムの現状と課題―1994年から2014年の文献レビューを中心に．障害科学研究，39；75-89.

米田宏樹・野口晃菜・本間貴子（2011）米国の水準にもとづく教育における特別教育の実際―イリノイ州Palatine CCSD15の訪問調査から．SNEジャーナル，17；52-70.

2-1 特別支援教育の理念と基本的な考えの問題

2-1-3 特別支援教育政策の論点とインクルーシブ教育システム
歴史的経緯も含めて

荒川 智

はじめに

　特別支援教育が制度・政策化されて10年を経過するが，依然として多くの課題を残し，また新たな課題も生んでいる。それらについては，学術研究の対象となりにくいものも少なくないが，この間の学術・専門的文献などにおいて論点とされてきたことを筆者なりの視点で検討したい。

I　協力者会議報告から中教審答申へ

　2001年の省庁再編で旧文部省特殊教育課は文科省特別支援教育課になり，その後，調査研究協力者会議報告「21世紀の特殊教育の在り方について」(2001；以下「01報告」)，「今後の特別支援教育の在り方について」(2003；以下「03報告」，中教審答申「特別支援教育の制度の在り方について」(2005；以下「05答申」)が相次いで出された。

　01報告は非常に注目され，SNE学会(2002)など学会や研究会のレベルでも，国際的動向をも踏まえた改革論が提起されている。茂木ら(2002)は，通常学級在籍の障害児を新たな対象に加えるなど，いくつかの積極的提言を評価しつつも，そのための条件整備については消極的な言及にとどまっていることを指摘している。

　当時最も議論を呼んだのは，03報告であった。そこでは，01報告をさらに前進させる内容を含みつつ，他方で「固定式の学級を維持するのではなく，通常の学級に在籍した上で障害に応じた……指導を必要な時間のみ特別の場で教育や指導を行う」特別支援教室が提起された。

　これについては，インクルーシブ教育の方向に向かうものとして歓迎する論調があった一方で，教育条件の著しい低下を招くという懸念も多くの関係者から表明された。同報告では，特殊教育について「量的な面において概ねナショナルミニマムは達成されている」と判断し，「厳しい財政事情に鑑み」人的物的資源を再配分することが計画された。「学級」と「教室」では教育条件の違いは明らかであり，特殊学級の教員を新たな対象となる発達障害の指導へ「弾力的に活用」することで，今までの特殊学級教育の機能が低下することが予想されたのである。

　この議論の決着はつかないまま今日に至り，今日では03報告とは別の形態で，特別支援教室を設置している自治体もあるが，検証が求められる問題である。

　特別支援教育の在り方に関わる議論は，国内的には教育基本法改正を巡る議論，国際的には障害者権利条約策定に向けた議論と時期がほぼ重なっている。このような動向を整理・分析したものとして，『SNEジャーナル』第13巻(2007)の特集『教育改革の動向と特別支援教育の始動』の各論文が参考になる。

　発達障害児への対象拡大と通常学級での特別な支援が明確にされたことの意義は大きい。しかし，日本での議論の契機となったはずのサラマンカ宣言(1994)では，特別ニーズ教育の対象を障害のある子以外の子どもにも拡大しているが，そうした点は議論されていない。

　荒川(2005，2008)は，この時期のOECDの資料に基づき，多くの国では伝統的な障害以外の子どもへの対応がなされていることを指摘している。日本では，後の教育振興基本計画で「特別なニーズへの対応」として障害児・者の教育とともに帰国・外国人の子どもに対する日本語指導もあげられているが，特別支援教育とは区別され，いじめ・不登校などは特別なニーズとも違う範疇で

捉えられている。

これついてはその後目立った議論はなされていないが，実はインクルーシブ教育のあり方とも深く関係することとなる。

II　特別支援教育制度の発足と新たな問題
1．特別支援学校の過大過密

2007年度の特別支援教育制度のスタートにより，特別支援学校・学級だけでなく，幼稚園，小・中・高校の学校全体で特別支援教育に取り組むこととされ，特別支援学校はそのための助言・援助というセンター的機能を担うこととなった。これは大きな前進である。

また従来の「欠陥を補う」という盲・聾・養護学校の目的は，「障害による学習上又は生活上の困難の克服」に改められた。これはWHOの国際生活機能分類（ICF）を参考にしたものであり，これも一応前進といえる。しかし，そもそもICFの障害概念は，「活動と参加」の中に学習上・生活上の困難を含むものであり，かりに「障害」を「機能障害」と読み替えたとしても，原因（機能障害）と結果（学習上・生活上の困難）の一方向的なとらえ方では十分ではないことに留意する必要がある。こうした障害観や障害理解については『障害者問題研究』第43巻第4号（2016）の特集「障害分類・診断改定の新たな動向と発達保障の課題」の各論文が参考になる

従前の特殊教育の対象者も1990年代後半から増加傾向にあったが，特別支援教育になって，さらに拍車がかかり，とりわけ特別支援学級と通級指導の児童生徒増が顕著である。

一方，特別支援学校は過大過密化が深刻である。実は01報告でもすでに教室不足が指摘されているが，2007年以降，さらにそれが顕著となった。特別教室の普通教室への転用はおろか，一教室をカーテンで仕切って2クラスで使用するとか，廊下で体育をするなどの実態は尋常ではない。今日の特別支援学校の抱える諸問題については『障害者問題研究』第44巻第1号（2016）の特集「特別支援学校における現状と教育要求」の各論文が参考になる。

ところで特別支援学校は，障害の重度重複化を背景に「障害種別を超えた学校」（05答申）として議論されたはずだが，実際には複数障害種を対象とすることが可能となったにすぎない。他方で障害種別の専門性が確保されるかという懸念も払拭されてはいない。またもともと過大校だった知的障害校とその他の障害の学校が統合されるによって，さらに過大過密化を加速させている。一方，重度重複化に対応するとしながら，重複障害学級の割合は減少してきている。はたして特別支援学校の制度で何が達成されているのか検証が求められる（荒川，2016）。

2．教育的ニーズと子ども理解

特別支援教育では「一人一人の教育的ニーズを把握し，その持てる力を高め，生活や学習上の困難を改善又は克服するため，適切な指導及び必要な支援を行う」ことが強調され（2007通知「特別支援教育の推進について」），そのために，個別の指導計画や個別の教育支援計画が作成され，それに基づく指導や支援がなされることとなった。計画作成は教員には負担になるが，教員同士や保護者，関係機関などとの理解の共有や合意形成にとって重要不可欠であろう。

しかし実際の計画作成や指導の場面で，本当に教育的ニーズに応える子ども把握・理解がなされ指導が行われているかどうかは，今後も問われていかなければならない。個々の子どものことばや数の理解，身辺の自立など，様々な心身機能や動作項目について，一つ一つ「できる・できない」がチェックされ，できないこと，困難なことが一つずつできるように，スモールステップによる指導の計画が組まれることが多い。一見手堅いようである。しかし，各機能間の連関や現在の持てる力がどのように身についてきたか，ついていないとすれば何が阻んできたのかという経緯，その背景にある子どもの生活，さらにはその子自身はどのようなことができるようになりたいのかというねがいやあこがれ，あるいはやりたいけどできないという葛藤などがしっかりと把握されているであろうか。それらと切り離した子ども把握は要素（還元）主義的になってしまわないかという指摘もある。こうした障害理解の問題については『障害者問題研究』第44巻第2号（2016）の特集「1

歳半の節と発達保障」の各論文が参考になる。

特別支援教育のスタートに伴い、学習指導要領も改定された。自立と社会参加のためのキャリア教育や人間関係の形成といった観点が重視されるようになったが、知的障害教育に関わっては、中教審での審議過程を検討すると、従来からの経験主義が引き継がれているといえる。これについては『障害者問題研究』第38巻第1号(2010)の特集「改訂学習指導要領の論点」の各論文が参考になる。次期学習指導要領に関する中教審の議論では、知的障害教育についても、「思考力、判断力、表現力」や「主体的で対話的な深い学び」が強調されており、これまでの教育の総括が求められよう。

Ⅲ インクルーシブ教育システムのレトリック
1. 政府・文科省の「方針転換」

上述の協力者会議報告や答申では、インクルーシブ教育については直接言及されてはいない。2006年初頭まで、日本政府や文科省はインクルーシブ教育には極めて慎重な態度をとっていたはずである。

しかし、教育基本法の改正を審議していた2006年度の通常国会で、インクルージョンの理念が与野党から取り上げられ、その理念は重要であるという答弁がなされている。国連での障害者権利条約の採択を目前にして、突如方針転換したかのように見える。

2009年にインクルーシブ教育をマニュフェストに掲げた民主党政権が成立し、内閣府に障がい者制度改革推進会議が設置された。そこでは、権利条約批准のための条件をクリアーする教育改革がテーマの一つとなるが、多くの特別支援教育関係者は、「分離別学体制」として特別支援学校・学級が否定されるのではないかという懸念を持った。

しかし障害当事者の間でもさまざまな意見がある中で、2010年6月に出された「障害者制度改革の推進のための基本的な方向」(第一次意見)では、すべての子どもが原則として通常学級に在籍するが、本人や保護者が希望すれば特別支援学校就学や特別支援学級在籍が認められるとされた。そして議論の舞台は再び中教育の特別委員会に移っていく。

こうした動向の中で日本においてインクルーシブ教育をどのように進めていくか、多くの提言がなされている(例えば渡部、2012；清水、2012；荒川・越野、2013)。

2. 中教審報告をどう読むか

約2年間の議論を経て、2012年7月に初等中等教育分科会報告として、「共生社会の形成に向けたインクルーシブ教育システム構築のための特別支援教育の推進」(以下;「12報告」)が出された。さらに文科省は2013年度より「インクルーシブ教育システム構築事業」を手がけた。文科省の教育政策は、本当に障害者権利条約の理念に則ってインクルーシブ教育へと本格的に舵を切ったといえるのだろうか。

ところで、条約第24条第1項の政府訳では「障害者を包容するあらゆる段階での教育制度と生涯学習を確保する」とされている。「包容する」という訳には批判があったが、「あらゆる段階の教育制度」という訳は、「インクルーシブ」が教育制度全体に係る、すなわち教育全体を包摂的にするということが含意されている。否、条約の趣旨は本来そのようなものであったのではないか。

それに対し12報告では、インクルーシブ教育システムの定義として、「障害のある者と障害のない者が共に学ぶ仕組み」がとされ、「同じ場で共に学ぶことを追求するとともに、……小・中学校における通常の学級、通級による指導、特別支援学級、特別支援学校といった、連続性のある「多様な学びの場」を用意しておくことが必要である」とされた。これでは従来からの特別支援教育の施策とほとんど変わっていない。

インクルーシブ教育システム構築事業の中味を見ても、それ自体の意義は否定するものではないが、「共に学ぶ」ことと関係する従来からの施策、例えば交流及び共同学習や特別支援学校のセンター的機能などの組み合わせであって、基本的に特別支援教育推進の事業の枠の中にとどまっているといわざるを得ない。モデル事業で取り組まれる「合理的配慮」も、多くは従来からの特別支援教育の取り組みとほとんど変わらない。文科省は「インクルーシブ教育」という言葉は使わず、あくまで「インクルーシブ教育システム」としてい

るが，それはあくまで特別支援教育の一事業にとどまっているのである（荒川，2017）。

3．インクルーシブ教育の本質

ユネスコの政策文書を見ると，本来のインクルーシブ教育は決して「障害のある子とない子」というとらえ方ではなく，すべての学習者を対象とし，そのニーズの多様性に対応するための学校教育全般，とりわけ通常教育の改革のプロセスとして考えられている（荒川・越野，2013）。例えば『インクルージョンのための指針』（2005年）では，インクルーシブ教育は「学習，文化，コミュニティへの参加を促進し，教育における，そして教育からの排除をなくしていくことを通して，すべての学習者のニーズの多様性に着目し対応するプロセスとしてみなされる。」と定義されている（13頁）。エスニシティ，ジェンダー，階層（貧困・格差）などもインクルーシブ教育の不可欠な観点であり，学校教育や生涯学習全般に通じるいわば通底の原理なのである。例えば、2015年の「インチョン宣言：2030年に向けた教育・行動大綱」のサブ・タイトルは「万人にインクルーシブで公平な質の高い教育を確保し生涯学習の機会を促進すること」とされ，インクルーシブは最上位の目標を説明する形容詞なのである。

したがって，交流及び共同学習や副次的学籍といった特別支援教育の施策を超えて，通常教育そのものの改革が不可欠であり本質的な問題なのである。特別支援教育推進事業の一部にとどまっていては，本来のインクルーシブ教育のプロセスにはなかなか至らないであろう。

結びに代えて

最近の海外の研究を見ると，例えば，インクルーシブ教育という言語が「単に障害児や特別なニーズのある子をメインストリーム校で教育するという意味で使われる」ことや，インクルーシブな実践・政策が「少なくともいくつかの国や地域では，伝統的特殊教育の思考や行動とほとんど変わらない。」という指摘もある（Walton,2016）。インクルーシブ教育は，これからの教育を展望するキーワードとなりつつあるが，その理解は様々であり，言葉が一人歩きし始めている様にも思われる。特別支援教育の充実それ自体は重要なことであり，また文科省の進めるインクルーシブ教育システム構築の意義も否定するものではない。しかし，「インクルーシブ教育」という用語が，どのような文脈や中身で語られているのか，しっかりと踏まえる必要があろう。

〈文献〉

荒川智（2005）特別ニーズ教育の比較教育的考察．障害者問題研究，33(2)；106-115.

荒川智編（2008）インクルーシブ教育入門．クリエイツかもがわ．

荒川智編（2010）障害のある子の教育改革提言．全障研出版．

荒川智・越野和之（2013）インクルーシブ教育の本質を探る．全障研出版．

荒川智（2016）特別支援学校制度の虚実．民主教育研究所年報，第16号；115-121.

荒川智（2017）インクルーシブ教育の実現に向けて：現状と課題．ノーマライゼーション：障害者の福祉，37(2)；10-13.

茂木俊彦・荒川智・齋藤繁編（2002）障害児教育改革の焦点．全障研出版．

清水貞夫（2012）インクルーシブ教育への提言．クリエイツかもがわ．

SNE学会編（2004）特別なニーズと教育改革．クリエイツかもがわ．

渡部昭男編（2012）日本型インクルーシブ教育システムへの道．三学出版．

Walton, E. (2016) The Language of inclusive Education. Routledge.

2-2 特別支援教育の対象と範囲の問題

2-2-1 特別支援教育の対象とは何かを巡る動向

中尾 繁樹

I 特別支援教育の対象

平成14年10月に出された「今後の特別支援教育の在り方について（中間まとめ）」によれば、「特殊教育」が特殊教育学校、特殊学級、そして通級指導教室といった「特別な場」で障害の種類、程度に応じて行われる教育であるのに対して、「特別支援教育」はこれまでの「特殊教育」の対象でなかった、在籍者の6％程度と言われる通常の学級で学んでいるLD、ADHD、高機能自閉症等も含めた、障害のある幼児児童生徒の自立や社会参加に向けた主体的な取り組みを支援するため、その一人一人の教育的ニーズを把握し、その持てる力を高め、学校における生活や学習上の困難の改善又は克服に向けて適切な教育や指導を通じて必要な支援を行っていくことであると捉えている。

特別支援教育の対象に関する法律的根拠は、学校教育法第72条、第81条、学校期養育法第140条に規定されている。視覚障害（弱視を含む）、聴覚障害（難聴を含む）、知的障害、肢体不自由、病弱（身体虚弱を含む）、言語障害、自閉症、情緒障害、学習障害（LD）、注意欠陥多動性障害（ADHD）とされている。（図1）

さらに、従来の「特殊教育」が障害の種類や程度に応じて特別な場で手厚い教育を行うことに重点が置かれていたことに対し、「特別支援教育」は障害のある子ども一人一人の教育的ニーズに応じた支援を行うことに重点が置かれており、小学校・中学校の通常の学級に在籍する発達障害などのある子どもも含め、より多くの子どもたちの教育的ニーズに対応した教育を行うとされている。

しかし、現状を見てみると特別な支援を受けられる幼児児童生徒は専門機関で診断・判断されたものに限られている。また最近の通常学級での様子を見ていると、「平仮名や漢字がうまく書けな

図1 特別支援教育対象の概念図（2016）

い」「姿勢がすぐに崩れてしまう」「休み時間からの切り替えができにくい」「人の話が最後まで聞けずすぐ騒ぎ出す」など，学習や規律に関する問題も多く見られるようになってきた。さらに二次的な問題として，「不登校」や「いじめ」も増加傾向にある。特に小学校低学年において，話を聞くための姿勢保持が難しい様子や，鉛筆をうまく握れずに力の加減ができにくい様子，階段では手すりを使い，靴はしゃがみ込んで履くといった，身体や運動発達の未熟さを感じる状態を多く目にするようになった。これらの子どもたちはいわゆる特別支援教育の対象として，支援の制度上には上がっていない。

今現場の教師たちが指導法や関わり方について本当に困っているのはこれらの子どもたちである。前述の法律上の範囲のみで学校の枠組みに当てはめると，一人一人の教育的ニーズに応じた指導ができないのが現状である。有松（2013）はアメリカ，イギリスの特別支援教育施策と日本の特別支援教育と比較し，「ニーズの把握による適切な支援というニーズ教育概念の弱点は，ニーズの把握が難しく，特にニーズ教育政策としてより厳密なニーズ把握が求められると専門家の際限もない討議が続き，リソースが膨大になるばかりでニーズの把握は結局曖昧のままという事態が起きてしまうのである。」と述べている。これらの問題の解決のためには，曖昧なアセスメントや時間のかかる専門的なアセスメントだけではなく，保育士や教師が障害としての視点だけではなく，子どもの困っているところの認知面や心理面，環境面等の背景を読み取れるさまざまな視点を持った専門性の向上が求められると考えられる。

II 「配慮の必要な子ども」とは

「特別な配慮の必要な子ども」という言葉が幼稚園や保育所，小中学校等で頻繁に使われるようになって20年近くが経過する。幼児期では発達途上のため発達障害なのか環境要因なのかがわかりにくく，小中学校ではさらに二次的な要因が加わり，一次的な問題が障害要素なのか若しくは環境的要素なのかの判断がより複雑になっている傾向にある。高田・石岡（2010）は公立保育所を対象とした調査の結果，保育士が感じている「気になる子」「配慮の要る子」は3歳児が12.6％，4歳児9.9％，5歳児8.9％としている。さらに郷間ら（2008）は，K市の保育士を対象とした調査の結果，診断は受けていないが保育を進めるうえで困難を感じる子どもは13.3％であったと報告している。どちらの数値とも文部科学省が平成24年に調査した6.5％の数値より上回っている。

これらの結果も踏まえて，筆者がこの20年間で学校訪問指導を数千校行い，すべての子どもの観察を行っている現状から分析すると，これらに報告されている「特別な配慮の必要な子ども」「気になる子」は保育士，教師目線での困り感に関する子どもたちで，本来の子どもたちのニーズを考慮したものではない。子どもたちの困り感に視点を置いた調査を行うと，本当に困っている子どもたちの数はさらに増えると考えられる。「特別な配慮の必要な子ども」を狭義の範疇とすると前述の法律の根拠による子どもたちが対象となるが，広義の意味で「配慮の必要な子どもたち」とは，子どものニーズに合わせるという大前提があるとするならば，すべての子どもたちを対象としなければならない。

III 「みんなの特別支援教育」という考え方

「特別支援教育が普及・定着すると，発達障害等の特別な教育的支援を必要とする幼児児童生徒への正しい理解と適切な支援が促進され，いじめや不登校などを未然に防ぐ効果も期待されている」と言われている。これは特別支援教育の視点を持って子どもたちの実態を把握したり，指導したりすることで，子どもたちの困っているところや躓きが早期に発見でき，予防できると考えられているからである。しかし，いじめや不登校が減っていないのは，特別支援教育が未だ特殊教育の枠を出ず，「特別な配慮の必要な子ども」という言葉にこだわり，子どもの視点に立った実態把握ができていないのが現状である。

特別支援教育は，これまでの特殊教育が看板を変えただけのものではなく，新しい支援の対象が追加されただけのものではない。すべての幼児児童生徒の教育的ニーズをしっかり把握し，その

ニーズに応えるという学校がもつべき本来の使命を再認識し，学校外の関係機関等との連携を図りながら学校全体としての支援のシステムを作り実践していくことが大切である。

「みんなの特別支援教育」という考え方は，障害の有無にかかわらず，すべての子どもたちのためにすべての保育士・教師がかかわる保育・教育でなければならない。そのためには，保育士・教師が一人一人違う学び方をしている子どもたちを理解し，適切なアセスメントの上で個別の指導計画・支援計画が作成されなければ，楽しく「わかる，できる」ように工夫，配慮された保育・授業を行うことはできない。それができて初めて「わかる・できる保育・授業づくり」につながっていく。

文部科学省初等中等教育局長「特別支援教育の推進について（通知）では１．「特別支援教育の理念」に以下のように述べられています。

「特別支援教育は，障害のある幼児児童生徒の自立や社会参加に向けた主体的な取組を支援するという視点に立ち，幼児児童生徒一人一人の教育的ニーズを把握し，その持てる力を高め，生活や学習上の困難を改善又は克服するため，適切な指導及び必要な支援を行うものである。また，特別支援教育は，これまでの特殊教育の対象の障害だけでなく，知的な遅れのない発達障害も含めて，特別な支援を必要とする幼児児童生徒が在籍する全ての学校において実施されるものである。さらに，特別支援教育は，障害のある幼児児童生徒への教育にとどまらず，障害の有無やその他の個々の違いを認識しつつ様々な人々が生き生きと活躍できる共生社会の形成の基礎となるものであり，我が国の現在及び将来の社会にとって重要な意味を持っている。」

このような国の動向等を踏まえ，保育所・幼稚園から高等学校における特別支援教育の充実にむけて，保育士・教師自身の意識改革を図り，より高度な専門性を身につける必要がある。保育士・教師における専門性の向上とは，保育力・授業力と学級経営力を高めることに他ならない。保育や授業，学級経営を行う上で子どもたち一人一人の実態を把握・理解し，個々の教育的ニーズに応じた指導・支援の充実を図ることが求められている。

学校教育は集団での活動や生活を基本とするものである。その学級が安心できなかったり，授業がわからなかったりする状態が長く続くと子どもたちの心に不安な状況が生まれ，「特別な支援を必要とする子ども」だけでなく，すべての子どもに二次的な問題を引き起こす可能性がある。安心して過ごせる学級集団づくりを実現することは，すべての子どもが楽しく授業に参加でき，「わかる・できる」ことにつながっていくと考えられる。

Ⅳ 子どもの教育的ニーズを捉えるアセスメントという考え方

子ども一人一人の特性を理解するアセスメントとは，「子どもについての情報を様々な角度から収集し，それらを整理分析して，子どもの実態や全体像を理解していくプロセス」のことである。したがって，医学的な検査や知能検査だけでなく，学校で見られる子どもたちの行動の様子や学力の状況，家庭環境等を的確に把握し，子どもたちの得意なところと苦手なところを見つけることが大切である。保育士・教師は結果としての「できない」ということだけを見ずに，「なぜできないのか」，「どうしたらできるのか」という観点を持つ必要がある。それには子どもたちを見る手立てをいくつ持っているかが重要な課題になってくる。

保育所や学校で実態把握を行ってもらうと，保育士・教師から「よくしゃべる」「姿勢が悪い」「自分勝手」等，の目に見える現状しか出てこない。実態把握とは把握の手立てを増やすことであり，背景が違うことを理解した上で，目に見えない部分を客観的に把握することである。

Ⅴ 学習障害と学習困難とは

DSM-5（2014）では，すべて「限局性学習症・限局性学習障害」とひとくくりにされ診断されている。

「A．学習や学業的技能の使用に困難があり，その困難を対象とした介入が提供されているにもかかわらず，以下の症状の少なくとも１つが存在し，少なくとも６ヶ月間持続していることで明らかになる：
 1．不的確または速度が遅く，努力を要する読字（例：単語を間違ってまたゆっくりとためらいが

ちに音読する，しばしば言葉を当てずっぽうに言う，言葉を発音することの困難さをもつ）

 2．読んでいるものの意味を理解することの困難さ（例：文章を正確に読む場合があるが，読んでいるもののつながり，関係，意味するもの，またはより深い意味を理解していないかもしれない）以下略」

 以上の診断基準は非常にあいまいで，なぜこういったことが起きるのかが明記されていない。

 学習障害は軽度，重度によって発見時期が異なる。さらに，障害として軽度な場合は中神経系の問題からくる「学習障害起因の学習困難」なのか，経験不足からくる未学習や誤学習と呼ばれる「学習困難」なのか，本人や周りも気づかずに成長する場合も少なくない。知能には問題がなく，学習面である「聞く」「話す」「読む」「書く」「計算する」といったある特定の能力の困難を「苦手な分野」と判断されてしまうため，発見しづらいということが課題になっている。

 障害のある子どもたちへの支援にあたっては，障害種別の判断も重要だが，子どもたちが示す困難，特性により重点を置いた対応を心がけなければならない。また，医師等による障害の診断がなされている場合でも，保育士・教師は，その障害の特徴や対応を固定的にとらえることのないよう注意するとともに，その幼児児童生徒のニーズに合わせた指導や支援を検討する必要がある。

 一つの行動観察の指標として，中尾・弓山（2016）は学習の困難さ，運動の不器用さの背景にある滑動性眼球運動に関して調査し，「脳の機能の成熟に伴い，1年生から2年生へと学年が上がる頃に大きく変化し，眼の動きも滑らかになり顔（頭部）の動きは小さくなると言える。さらに，2年から4年にかけては有意差がみられないことから，脳の成熟に伴い，10歳前後にSNS（神経学的ソフトサイン）が陰性化することと関係している。」としている。これは1年生から2年生にかけての文字獲得や運動のスムーズさに眼球運動が関連していることが背景にあることがわかった。さらに，中尾・弓山（2016）は質問紙調査においても，「粗大運動の中でもバランスを必要とする項目，協調運動の正中線を超えることや地面をしっかりと踏ん張ることが必要な項目他で低い得点が見られた。いずれも眼球運動に関連性のある項目が低い値を示したと考える。」と報告している。以上の結果より，滑動性眼球運動のまずさの有無は，さまざまな学習困難さの背景の指標の一つになることができるのではないかと考える。

 子どもたちの読みや書きの躓き，不器用さは「学習障害」としてだけとらえるだけでなく，なぜその学習の困難さがあるのかの原因を明確にすることが大切である。

VI まとめ

 子どもたちの困り感の原因がはっきりすれば，その改善のためにどのような指導が必要になってくるのかが，明確になる。特別支援教育の本質は子どもの実態把握にあり，的確なアセスメントを実施することによって，より適切な指導内容につながっていく。「個々のニーズに合った」「特別な配慮」とは的確なアセスメントができて初めて成立するものであると考える。

〈文献〉

有松玲（2013）ニーズ教育（特別支援教育）の"限界"とインクルーシブ教育の"曖昧"―障害児教育政策の現状と課題．立命館人間科学研究，28；41-54．

郷間英世・圓尾奈津美・宮地知美他（2008）幼稚園保育園における「気になる子」に対する保育上の困難さについての調査研究．京都教育大学紀要，113；81-89．

高田哲・石岡由紀（2010）発達障害をもつ児に対する医療と保育所・幼稚園・学校との連携．小児内科 42；491-495．

中尾繁樹編著（2013）通常学級で使える「特別支援教育」ハンドブック．明治図書．

中尾繁樹・弓山佳美（2016）インフォーマルアセスメントの有効性の実証と体づくりのプログラム構築①―小学生の眼球運動検査からみる身体的不器用さに関しての実証研究．日本LD学会東京大会抄録．

中尾繁樹（2016）授業のユニバーサルデザイン化を進めるにあたって必要なアセスメント．日本UD学会誌，no.2．

日本精神神経学会監修（2014）DSM-5 精神疾患の診断・統計マニュアル．医学書院．

文部科学省（2007）特別支援教育の推進について（通知）．2007.4.1

文部科学省（2016）特別支援教育資料．

2-2 特別支援教育の対象と範囲の問題

2-2-2
特別支援教育が対象とする障害の範囲とその課題
病弱教育から見た一考察　　　　　西牧 謙吾

I　特別支援教育の対象の拡大の歴史

　特別支援教育の対象となる障害が拡大する過程は，学校教育の発展の歴史と関係が深い。戦前，対象となる障害は，おもに視覚障害，聴覚障害であった。特殊教育がまだ成立していない時代は，「学校衛生」の中で，身体と精神の薄弱を学校医が診断し，通常の学校（義務教育は，小学校のみ）で対応してきた。ここでいう精神薄弱は，今の知的障害よりもっと広い概念であったと考えられる（杉浦，1985）。これらの障害を対象とした特殊教育は，まだ，一部の小学校の特殊学級で行われていたに過ぎなかった（荒川，1985）。

　戦後，小中学校が義務教育となり，学校教育法で，公教育として特殊教育が位置づけられ，特殊教育の対象は，盲・聾・知的障害，肢体不自由，病弱となった。戦前の盲学校，聾学校に加え，養護学校，特殊学級という制度を作り上げてきたが，多くの障害児は，就学猶予免除の対象であった（高橋，1985）。昭和54年の養護学校義務制の成立により，この制度は完成した。当時の，特別支援教育での大きな課題は，対象障害で最大の知的障害であった。

　ミレニアムに向けて，「21世紀の特殊教育の在り方最終報告」が出て，特別支援教育への準備が進められた。平成15年3月に「今後の特別支援教育の在り方について（最終報告）」で，発達障害を新たな障害種に加える方向性が示され，平成18年12月，教育基本法を60年ぶりに改正し，平成19年4月に，小中学校においても特別支援教育が開始され，盲・聾・養護学校は，特別支援学校に一本化され，特別支援教育の場は，すべての学校に拡大した。ただ結果として，元々特殊教育から出発しているため，それまでの障害者に発達障害を加える結果となった（柘植，2013）。

II　特別支援教育と障害福祉における障害の種類とサービス提供方法の違いについて

　特別支援学校のみならず小中高等学校でも特別支援教育の考え方が浸透し，特別支援教育を受ける児童生徒数は増加の一途である（特別支援教育資料，文部科学省）。その結果，学齢期に，放課後等デイサービスなど，障害福祉サービスをも並行して受けるケースも増えてきている。しかし，保護者は，特別支援教育や障害福祉サービスに十分精通し，それを効果的に使っているかは疑問が残る。その理由として，支援者とユーザーの間に，大きな情報格差があるからである（西牧，2005）。

　ここでは，特別支援教育と障害福祉において，障害の種類とサービス提供方法の違いについて，それぞれの法体系に合わせて整理し，情報格差を埋めるための方策を検討する。

　学校教育では，学校教育法第72条で，特別支援学校の対象となる障害種を，視覚障害者，聴覚障害者，知的障害者，肢体不自由者又は病弱者（身体虚弱者を含む）と定め，法第75条で，特別支援学校の対象となる障害の程度を，政令で定める旨を規定し，それを受けて，学校教育法施行令第22条の3で，それぞれの程度について規定している。また，法第81条で，特別支援学級についての規定を設け，その対象として知的障害者，肢体不自由者，身体虚弱者，弱視者，難聴者，言語障害，自閉症，情緒障害の学級が設けられている。学校教育法施行規則第140条では，通級による指導について規定し，その対象を，言語障害者，自閉症者，情緒障害者，弱視者，難聴者，学習障害者，注意欠陥多動性障害者等としている。平成25年9月の学校教育法施行令の一部改正で，学校教育法施行令第22条の3に該当する障害のある児童

生徒についても，市町村の教育委員会が，その障害の状態等を踏まえた総合的な観点から就学先を決定する仕組みとなり，平成26年4月からインクルーシブ教育システム構築のための特別支援教育が始まり，どの学校に就学するかは，市町村教育委員会の教育支援委員会で弾力的に運用されることになった。

一方，障害福祉では，障害者基本法第2条で，「一　障害者　身体障害，知的障害，精神障害（発達障害を含む。）その他の心身の機能の障害（以下「障害」と総称する。）がある者であって，障害及び社会的障壁により継続的に日常生活又は社会生活に相当な制限を受ける状態にあるものをいう。二　社会的障壁　障害がある者にとって日常生活又は社会生活を営む上で障壁となるような社会における事物，制度，慣行，観念その他の一切のものをいう。」と規定している。この定義によれば，障害及び社会的障壁により継続的に日常生活又は社会生活に相当な制限を受ける状態にあるものも，今後，障害として加えられる余地を残した。実際，平成26年により制定された難病法により，難病は障害に加えられた。

現在のところ，日本の障害福祉施策の対象は，身体障害，知的障害，精神障害（発達障害を含む），難病であり，各障害の意味するところは，歴史的に先行して制定された身体障害者福祉法，知的障害者福祉法，精神保健福祉法，発達障害者支援法，難病法の各法により規定されている。また，従来，各法の中で規定されていた福祉サービスは，現在，障害者総合支援法にとりまとめられている。日本では，18歳未満の障害児は，児童福祉法（第4条）で包括的に規定されていることに注意する必要がある。福祉サービスの内容も，児童福祉法で規定されている。

特別支援教育は，主たる障害により，教育を受ける学校や学級が決まる。障害福祉は，障害者手帳や医療受給者証により，利用者が有する障害を区別するが，サービスを受ける手順と内容は，障害者総合支援法に一本化されている。特別支援教育と障害福祉では，障害種に差異が存在することも理解されよう。精神障害，難病は，特別支援教育にはなく，情緒障害は，特別支援教育，児童福祉の両方で使われるが，意味には違いがある。

更に本質的な違いは，障害福祉は申請主義で，ニーズがあっても本人から障害者認定の申請をし，都道府県による障害認定を経て，障害者手帳や医療受給者証が交付されなければサービスを受けることが出来ない。一方，学校教育は，すべての子どもを対象にしており，障害があれば，更にサービスを積み上げることができるという点にある。

法律で規定された障害の種類に違いはあっても，医療による障害の評価にもとづき，特別支援教育でも，障害福祉でも，実質的に必要なサービスが適切な時期に受けられるようにすることが，子どもの発達保障には重要である。これを保障するためには，支援者のソーシャルワーク力が求められる（西牧，2005）。

Ⅲ 「病気か，障害か？」
——特別支援教育の中での混乱

特別支援教育を更に推進するためには，学校現場で見られる混乱を解消する必要がある。そのためには，障害理解の思想的概念には，障害モデルと医療モデルという，大きく二つの流れがあることを理解する必要がある。

障害モデルとは，必要な支援のあり方が似たもの同士は同じ障害としてまとめる考え方（Developmental Disabilities）であり，医療モデルとは，障害をその性質によって疾病分類学的に区分けする考え方（Developmental Disorders）である。前者は，障害によってその人がこうむる不便，不利益，困窮を中心に支援の方法を組み立てるもので，目的はケアである。この系譜の上に，国際障害分類（ICIDH），国際生活機能分類（ICF），発達障害者支援法，特別支援教育が出来ている。後者は，原因，症状，経過，転機，家族の背景などに注目し，治療を目指すもので，この系譜の上には，精神障害の診断と統計の手引き（DSM），国際疾病分類（ICD）などがある。支援の思想は，医学モデルから障害モデルに動いているが，この流れは，医学では解決出来ない課題を，環境や社会を変えることにより解決しようとする考え方への変化を意味している（岡田ら，2016）。

特別支援教育の中での病弱教育は，「健康障害」

が長期に及び，継続して医療または生活規制が必要な子どもが受ける教育である。この定義の中には，病気と障害という整理し難い概念が含まれる。そのため，特別支援学校（病弱）は，通常の教育から知的障害までの複数の教育課程で運用している。病気か障害かの違いで，教育現場での対応に，どのような差が生じるのだろうか。

例えば，筋ジストロフィーは，都道府県により，国立病院機構の筋ジス病棟という医療資源の有無で，肢体不自由となったり，病弱となったりする。病態には当然差はないが，両者の特別支援学校の教育環境には差が出るし，進路指導の方法論も異なる。

また，てんかんの一つである点頭てんかん（West症候群）は，小児慢性特定疾病の神経・筋疾患の中で最大の疾患で，退行性があり，知的障害を伴う予後不良の疾患である。多くは知的障害や肢体不自由の特別支援学校に通学しているものと考えられる。しかし，特別支援学校では，その障害の状態を病気と捉えて，点頭てんかんのある子どもの育ちを支える指導計画を作成するという発想は希薄である。

このような混乱が起こる理由は，教育現場では，医療からの情報が少なく，病態を理解せず，主たる障害に対応した従来からの指導法で対応するからである。

筋ジストロフィーも点頭てんかんも，病気か障害かで学校種を選択するのではなく，どの特別支援学校に入学しても，病気にも配慮し，障害に合った自立活動を行うなど，一段高い視点を持つことでうまく対応出来る事例である。ことから，今の時代は，医療モデルか，社会モデルか，どちらかの考えにとらわれるのではなく，両者の考えを俯瞰で見ることが重要である。教育現場で子どもが起こす現象の背後にあるものを，最近の心理学や脳科学の進歩を取り入れ，科学的に捉えて欲しい（滝川ら，2008）。

Ⅳ 児童精神科からみた特別支援教育の課題
――病気や障害による長期欠席者と精神障害者の関連

児童精神科からみた特別支援教育の最大の課題は，不登校や学校不適応（いじめを含む）対策である。児童精神科を受診する子どもの多くは，小中学校では不登校やいじめを経験しており，高校は，学力底辺校や定時制，単位制高校に進学している。その理由は，不登校の早期に，教育からの手が十分に差し伸べられず，不登校を続けるうちに学力がつかないからである（滝川他，2008）。不登校児の一部は，精神疾患の病名を持ち，特別支援学校（病弱）に在籍している。実際に，全国の特別支援学校（病弱）に在籍する精神疾患等（発達障害を含む）の児童生徒数は，H15年とH21年を比較して1.5倍に増加していた（八島ら，2013）。病気による長期療養している児童生徒は，特別支援学校（病弱）に入ることが出来るが，病気を理由とする長期欠席者数と実際に病弱教育を受けている子どもの数との乖離が，相変わらず大きく（滝川ら，2008），病気や障害を理由とする長期欠席者への教育が保障されていない状態が続いている。

不登校やいじめを受けてきた子どもが，児童精神科を受診する場合，発達障害の病名以外に，適応障害やうつなどの精神科の診断名がつく。しかし，学校教育では精神障害のための学校の規定がなく，発達障害や情緒障害として対応することになる。

特別支援学校の学習指導要領の中で，精神障害に言及しているのは，現行の特別支援学校学習指導要領解説自立活動編で，特別支援学校全体の自立活動の内容の健康の保持，「病気の状態の理解と生活管理に関すること」の具体的指導事例と，留意点にかかる部分で「精神性の疾患」という言葉があり，特別支援学校学習指導要領解説総則等編（幼稚部・小学部・中学部，高等部）では，第2章各教科の病弱者である児童生徒に対する教育を行う特別支援学校の「児童・生徒の病気の状態等を考慮し，学習活動が負担荷重とならないようにすること」に，精神疾患という言葉があるだけである。精神疾患のある児童生徒は多くは，通常の学校に在籍しており，学習指導要領上も，どのような教育課程で指導・支援するか課題を残している（八島ら，2013）。

精神障害の疫学では，統合失調症は，思春期から発症率が高まるが，診断までの経過が長いこと

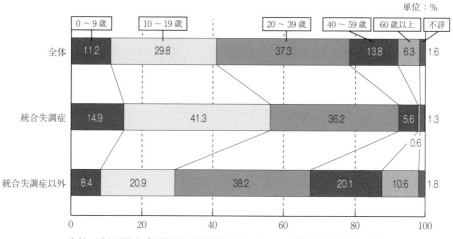

資料：厚生労働省「精神障害者社会復帰サービスニーズ等調査」（平成15年）

図1　障害発生時の年齢階級（精神障害者・在宅）

で知られている。精神疾患全体でも40％が19歳以下で発症していることになる（図1，厚生労働省「精神障害者社会復帰サービスニーズ等調査，平成15年」）。自閉症スペクトラム（ASD）で，二次障害がある場合も，薬物療法では，抗精神病薬や抗うつ剤を使用することもある。

以上のように，病気や障害による長期欠席者の中に，少なからず精神障害の存在があり，日本の現行の教育制度下では，教育権が保障されていないという認識を，特別支援関係者は持つべきである。

V　インクルーシブ教育システムと病弱教育

インクルーシブ教育システムの要は，学びの連続性の確保であろう。連続性とは，小中高大学までの縦の連続性，学校間の移動の横の連続性である。病気により入院し，学生を特別支援学校に移し，退院すれば，元の学校に復学できる病弱教育の仕組みは，横の学びの連続性のプロトタイプと考えられる。現行制度での，病気や障害による長期欠席者の存在は，システムの欠陥を意味する。精神障害のある子どものキャリア教育は，小中高の枠では収まらない場合がある。これからは，学びの連続性に加え，学びの時間も射程に入れる必要がある。世界的には，ミレニアムを境に生涯学習社会に突入している。病弱教育は，今後の特別支援教育を行う末を占うカナリアの役割を果たしているように思えてならない（滝川ら，2008）。

〈文献〉

荒川勇（1985）障害児教育官制の展開．（津曲裕次・清水寛・松矢勝宏・北沢清司編著）障害者教育史．川島書房．

厚生労働省（2003）「精神障害者社会復帰サービスニーズ等調査，平成15年」

文部科学省（2016）特別支援教育資料（平成27年度）

西牧（2005）個別の教育支援計画を巡る背景について．（プロジェクト研究報告（平成16〜17年度）「個別の教育支援計画の策定関する実際的研究」国立特別支援教育総合研究所．

岡田喜篤・蒔田明嗣（2016）重症心身障害児（者）医療福祉の誕生，pp.65-80. 医歯薬出版社．

杉浦守邦（1985）学校衛生と特殊教育．（津曲裕次・清水寛・松矢勝宏・北沢清司編著）障害者教育史．川島書房．

高橋智（1985）戦後教育改革と就学義務猶予・免除制度の成立．（津曲裕次・清水寛・松矢勝宏・北沢清司編著）障害者教育史．川島書房．

滝川国芳・西牧謙吾（2008）病院にある学校のあり方と病気による長期欠席者への対応．課題別研究「我が国の病気のある子どもの教育の在り方に関する研究―病弱教育と学校保健の連携を視野に入れて―」（平成18〜19年度）研究報告書．国立特別支援教育総合研究所．

柘植雅義（2013）特別支援教育―多様なニーズへの挑戦．中公新書

八島猛・栃真賀透・植木田潤・滝川国芳・西牧謙吾（2013）病弱・身体虚弱教育における精神疾患等の児童生徒の現状と教育的課題．小児保健研究，72(4)：514-524.

2-2 特別支援教育の対象と範囲の問題

2-2-3 特別支援教育の中の発達障害
成果と課題

辻井 正次・堀 健大朗

I 学校教育における発達障害
——発達障害をめぐる議論

　21世紀に入り，特別支援教育を大きく変えたのは，発達障害の存在である。それまでは，制度の谷間にあった発達障害に関して，学習障害概念を切り口に支援の必要性がクローズアップされ，その後，発達障害者支援法の成立によって，特別支援教育そのものの姿が大きく変わってきている。ここでは，発達障害者支援法の成立と，学校教育において発達障害を位置づけることで何が具体的に変わり，どういう特別な教育的支援を必要とする子どもたちにとってのメリットがあったか，現状，どういう課題があるのか，論じていきたい。

　発達障害概念は，学術的にも変遷をたどってきている。例えば，自閉症（自閉スペクトラム症）を例に取れば，1944年にレオ・カナーが初めて自閉症の症例報告をしてから，30～40年ほどは自閉症は育て方の問題で生じるという心因論が主流となっていたため，多くの誤解をもたらし，自閉症の人の家族（特に母親）を傷つけてきた。そして，過去のそうした心因論をもとにした「情緒障害」という概念枠組みのなかで自閉症が位置づけられ，その名残が最後まで残っているのが学校教育でもある。情緒障害学級という名称を，自閉症・情緒障害学級に変更されたのは，平成21年2月3日通知であり，後述する発達障害者支援法の施行後3年以上経過してからである。学術的な意味での世界標準の知見がなかなか展開しないのがわが国の特別支援教育の風土でもあり，これはいまだに課題となっている。実際，学校教育以外の領域で，学術的に完全に否定されている，自閉症スペクトラムを情緒障害と同じ枠組みに置くことはほぼ考えにくいことであり，制度上の課題を残している。

　現状では，特別支援学校の種別において，発達障害は明確に位置づけられておらず，特別支援学校においては極めて多くの発達障害の児童生徒が学んでいるにもかかわらず，発達障害としての教育は行われていない枠組みとなっている。実際には，結果的に後述するように，個別の支援計画に則った，丁寧な教育が行われているわけだが，いまだに発達障害を種別のなかに明確に位置づけられないことは大きな歪みを生じさせている。

　最新の診断基準であるDSM-5（アメリカ精神医学会，2013）では，すでに神経発達障害のカテゴリーの中に，知的障害が，コミュニケーション障害や自閉症スペクトラム障害，注意欠如・多動性障害，学習障害と並んで含まれており，学術的に発達障害と知的障害を区別する根拠はなくなっている。そもそも，知的障害は，知能検査によって測定される知能だけで定義されるものではなく，日常生活での一般的な生活や仕事をすることが難しいという意味での適応行動の難しさから定義されてきたが，特にDSM-5においては，知能検査による知能指数の存在を必須のものとはみなさなくなってきている。今後，発達障害概念をさらに検討しなければならないことと合わせて，知的障害概念を再検討する必要性が生じている。後述するように，特別支援学級や特別支援学校に在籍する児童生徒の増加の中で，知的障害特別支援学校の高等部への進学希望において，知的障害の手帳を有さない生徒に受験をさせないように指導する教育相談もあり，実際に境界知能圏（IQで70-85程度）の発達障害の生徒によっては最適な進学先である場合もある中，問題となってもいる。いずれにせよ，実際には知的障害が重度であるほ

どに発達障害の合併割合は増加するので，非常に多くの発達障害児を特別支援学校で指導している実態を踏まえた制度改編が必要になっている。

また，実際には，後述するように，特別支援教育の主体は，一般の小中高等学校に移っており，なおかつ，通常学級に在籍する児童生徒になってきている。しかし，特別支援教育の教員免許は現存せず，特別支援学校の教員免許しかないため，制度と実態との齟齬が生じてもいる。小中学校においては，通級指導教室の拡がりのなかで，発達障害のある児童生徒への支援が定着してきている一方で，高等学校での取り組みはまだこれからといった状況である。発達障害が特別支援教育を大きく変えつつある現状の中，社会の中で始まっているインクルーシブな動きのなかでは，課題も大きい。

II 発達障害者支援法と学校教育

平成16年12月3日に発達障害者支援法が成立し，翌17年4月1日から施行されている。発達障害者支援法は，発達障害者の存在と支援の必要性を法的に位置づけたという意味で，画期的な法律である。しかし，知的障害者福祉法等の関連法規との整合性上，理念法として，まず発達障害への支援を明確にしたものである。教育においては，義務教育段階においては，「適切な教育的支援，支援体制の整備その他必要な措置を講じるものとする」こと，高等教育においても「適切な教育的配慮」をすることを明記している。

その後の，発達障害支援の拡充と今ある課題への対応に向けて，改正発達障害者支援法が平成28年5月25日に成立しており，障害者差別解消法の施行や，障害の社会モデルを前提に，障害に対する合理的配慮に基づく，画期的な改正がなされた。インクルーシブな形で，「可能な限り発達障害児が発達障害児でない児童と共に教育を受けられるよう配慮すること」を規定している。また，ライフステージを通じた支援を明確にしており，理念だけではなく，具体的な支援において，個別の教育支援計画の作成（教育に関する業務を行う関係機関と医療，保健，福祉，労働等に関する業務を行う関係機関及び民間団体との連携の下に行う個別の長期的な支援に関する計画の作成をいう）

及び個別の指導に関する計画の作成の推進」をするように，個々の児童生徒の支援課題を明確にし，アセスメントを行ったうえで実際の支援を行うように明記している。さらに，いじめの防止等のための対策を明確にし，いじめられやすい発達障害の児童生徒への具体的な配慮を明記している。

教育法規においては，特別支援教育を通常の教育課程とは別個に位置づけてきたため，通常教育にいる児童生徒に対する合理的配慮を行うことは，教育現場においては新たな課題をつきつけることになっている。発達障害者支援法は，通常教育における発達障害児への特別支援教育の推進において大きな役目を果たしてきた。実際，発達障害者支援法の施行を受け，平成18年に学校教育法施行規則の一部改正がなされ，従来の特別支援教育の対象者にADHDと学習障害を加え，通常学級に在籍しながら特別な支援をする通級による指導を実現することとなった。

今までの特別支援学級に加えて，通級による指導が実施されるようになることで，教員の指導の在り方は大きく変わることになる。特別支援学級の児童生徒を交流教育として通常学級に迎える場合と，自分の担任する児童生徒を通級指導の教員と協力しつつ，該当学年の教育課程の指導において必要な教育的配慮をする場合とでは，教員はより多く，児童生徒の障害特性を理解し，必要な支援をしなければならなくなった。

III 発達障害を位置づけることで特別支援教育はどのように変わったか

平成14年の文部省の通常学級に在籍する発達障害の可能性のある児童生徒の実態調査において，6.3％という実態値を示し，さらに，平成24年の文部科学省の実態調査においても6.5％という数値が示されている。しかし，平成24年の調査結果では，支援が校内委員会で支援が必要とみなされている児童生徒は20％以下（18.4％）であり，実際には教育現場においては，発達障害の可能性のある児童生徒の支援における課題をもっている。

実際，図1，図2のように，特別支援教育を利用する児童生徒は急増している。特別な教育的配慮や合理的な配慮を求める児童生徒が増えているこ

とは，実態として発達障害のある児童生徒が増えているというよりは，自分が苦手なことに対して支援を求められるようになってきたことと捉えれば，より望ましいことであるとも考えられる。特に，在籍する児童生徒数の増大は，発達障害が社会的に公認されたことと関係していると考えられる。

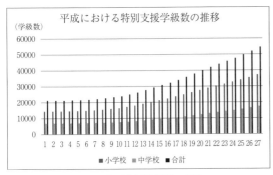

図1　特別支援学級数の推移

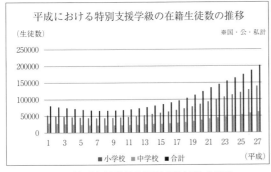

図2　特別支援学級在籍児童生徒数の推移

小中学校別に，障害種別ごとでの増加数を見てみても，知的障害学級や自閉症・情緒障害学級以外に在籍する児童生徒は大きな変化はなく，発達障害の児童生徒の在籍数が増大している。視覚障害や聴覚障害，肢体不自由の児童生徒の教育は非常に重要である一方で，教育現場においては特別支援教育の主たる実態は，発達障害の児童生徒の教育であることは明確になっており，この10年間，特別支援教育は大きく質的な転換を遂げたといえよう。

次に，通級による指導を受けている児童生徒数を見ていくと，特別支援学級と同様の増大を示している。小学校での通級指導教室配置の拡大に対して，中学校では指導教室の配置も十分ではなく，利用者数も大きく増えてはいない。実際，小学校で通級による指導を受けている児童は，中学校に進学している以上，今まで受けられていた合理的な配慮が中学校に進学したとたんに打ち切られるということは合理的なことではなく，大きな課題を残している。障害としては，自閉症，ADHD，学習障害とでは大きな傾向の違いはなく，発達障害の児童生徒を対象としたさまざまな指導を行っていくようになった実態がみられる。

IV　通常教育における特別支援教育と個別の支援計画の重要性

このように，発達障害の児童生徒が増大している中，障害者差別解消法における合理的配慮を実現するためには，改正発達障害者支援法において明記されているように，個別の支援計画・指導計画を立案し，実施していくことが求められる。しかし，現状としては図3～6にもあるように，実際に発達障害の児童生徒に対する個別の支援計画・指導計画の実施は20－30％と十分ではない。基本的に，発達障害の障害特性がある以上，必要な特別な教育的支援があるわけだが，「支援計画の作成が必要な児童生徒」かどうかという点で，

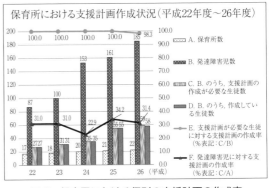

図3　保育園における個別の支援計画の作成率

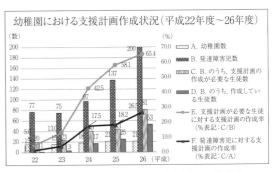

図4　幼稚園における個別の支援計画の作成率

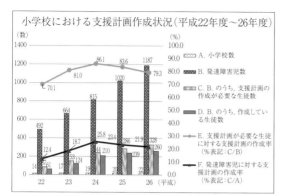

図5　小学校における個別の支援計画の作成率

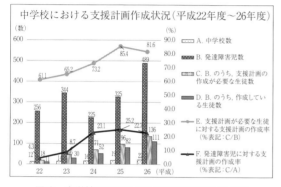

図6　中学校における個別の支援計画の作成率

個別計画を立案しなくてよいことになっている抜け穴があり，実現を難しくしている。しかし，この小学校以下で30％程度，中学校で20％という個別支援計画の実施率を現状と考えれば，これからの10年において，取り組むべき課題は明確であろう。ここで見てきたのは，あくまでも個別の支援計画の立案状況であり，しっかりした教育的アセスメントに基づく児童生徒に合った適切な計画であるかどうか，そして，計画に基づいた教育的配慮が実際に行われているかどうかといった，本来の教育実践の実態の評価はいまだになされていない。

V　発達障害のある児童生徒への特別支援教育のこれから

これまで見てきたように，発達障害概念が社会の中に浸透し，適切な教育的配慮，合理的な配慮が法的に位置づけられ，公認されるようになったなか，学校教育においては大きな課題を抱えている。発達障害の児童生徒が拡大している中，特別支援学校における障害種別として発達障害が位置づけられておらず特に排除されるリスクもあることや，通級指導教室が中学校になると設置がなされなくなるように，児童生徒の支援ニーズに合った体制整備がなされていない。その理由としては，発達障害そのものが明確に教育法規の中に位置づけられていないことがある。

従来の，身体障害をベースとした特別支援教育は非常に重要なものである一方で，特別支援教育を受ける対象者のなかの多数となっている発達障害が法的に特別支援教育の中で位置づけられていないことは，大きな課題である。さらに，特別支援教育を担う，特別支援学校の教員免許においては，障害種別に発達障害が位置づけられていないために，実際に通常学級において通級指導をおこなっていくための，特別支援教育の専門性を明確にしていくことも難しくなっている。個別の支援計画を立案し，さらに，それを実際に行って児童生徒にとっての適切な教育を実現するために，多くの課題がある。

VI　発達障害のある児童生徒への特別支援教育を推進する研究に向けて

発達障害，あるいは，発達障害者支援法で定義されている自閉症，ADHD，学習障害等をキーワードとして学術論文の検索をした場合，発達障害者支援法の施行直後に件数が増えたものの，国内の研究論文は大きく増加してはいない。実際に，通常の学校の通常の学級で学ぶ発達障害のある児童生徒の実態は明らかになっておらず，特に，どういう合理的配慮を受けながら学んでいるのか，そして，どういう教育的配慮や合理的配慮が有効であるのか等，十分な検討は行われていない。

コホート研究を基にした取り組みとして，TASP（保育・指導要録のための発達評価シート；辻井，2017）のようなアセスメントツールが開発され，保育園・幼稚園等から就学する際の就学指導を支援する取り組みもあるものの，ある程度，大きな規模での実態把握が行われておらず，国内での他機関での大きな規模での研究の実施が期待される。

2-3 2E教育の問題

2-3-1
2E教育の理念・実践の概要と問題点

松村 暢隆

I 日本の2E教育研究の展開
1．特別支援教育の未開拓領域

　発達障害のある児童生徒（以下，生徒）は，優れた才能を併せもつことがあり，その才能を伸ばして活かすために，個別の学習ニーズや，独特の社会・情緒的ニーズに対処する必要がある。近年ようやく，発達障害と才能を併せもち，二重の特別支援を要する「2Eの（twice-exceptional）」（二重に特別な）児童生徒（以下，2E生徒／2E児）への支援のあり方が論じられるようになった。2E生徒はアメリカ等では「才能教育」の対象にもなり（本書 **1-8-1** 参照），その才能にも応じる「2E（二重の特別支援）教育」は，アメリカで1980年代に始まったものの，日本では2E教育の認識や実践は未開拓である。

　わが国でも特別支援教育の中で，数学的能力がひじょうに高い発達障害の小学生など，2E（傾向含む）の生徒には，特別なニーズへの配慮の必要性が感じられても，適切に対応できない戸惑いが現場でも感じられてきた。しかし2E教育に関する研究は今世紀緒に就いたばかりで，教育実践の成果のデータを伴うエビデンスを示すまでには至っていない。

　松村（2003）は日本で最初に，アメリカの才能教育の概説の中で，2E教育について触れて，「LDの才能児」や「二重に特殊な子ども」という表記で述べた。松村（2007）は，「二重に特別な」2E生徒への二重の特別支援教育を「2E教育」と初めて表記した。この日本語表記に対応する英語の"2E education"という表現は，最近散見されるようになったが一般的ではなく，「2E生徒のための教育」などの英語表現が多く用いられる。

　2E児が全生徒集団の中で存在する割合は，その基準次第で変動するが，教師が2E（傾向含む）と判断できる生徒の比率は，アメリカのある学校区では全生徒の約2％と推測されている（松村，2016b）。わが国でも同様の比率だと仮定するなら，文科省による2012年の全国調査では発達障害（傾向）と教師が判断する生徒が約6.5％存在するので，その約3分の1が2Eということになる。発達障害生徒は才能（得意）と障害（苦手）の偏り（凸凹，非同期性：asynchrony）が定型発達の生徒より大きいので，それが事実でも不思議ではないし，それを示唆するデータもある（小倉，2011, 本書 **2-3-2** 参照）。大規模集団について全国調査の必要はあるが，生徒の才能行動の表れに教師が気づく可能性がアメリカより低いなら，2E（傾向）生徒の比率は過少に見積もられるかもしれない。今後教師の2E教育への意識が広く高まった時期に調査が実施されるべきだろう。

2．2E教育の概念の共通理解

　2E教育は特別支援教育と才能教育の両方の理念と方法を背景とするが，日本では公式の才能教育は存在しないため（本書 **1-8-1** 参照），2E児のニーズや対応方法がほとんど理解されず，概念の混乱も生じている。松村（2016b）は，概念の整理と共通理解の必要性を訴えた。

　用語についていえば，最近わが国でも2E児の存在が関心を引くようになって，「ギフテッド」の呼称が2Eの意味で誤用される嫌いがある。しかしこの用語は才能児・2E児の才能面だけを表し，障害の意味は含まないことに注意して，慎重に用いられるべきである（2E児を「天才」と捉えることが誤解をまねく問題は本書 **1-8-1** 参照）。

　日本でも必要・可能な2E教育を検討する際

に，次の両者の区別が有用である（松村，2012，2016a）。「狭義の2E教育」は，一部の発達障害生徒について，知能や学力，創造性等，才能教育で一般的な基準に合う才能を明確に識別して，障害と才能両方に対応する特別プログラムを提供する。いっぽう「広義の2E教育」は，すべての発達障害（傾向・未診断も含む）生徒の才能は必ずしも一定の基準で識別しないで，得意・興味（才能）を伸ばし，活かして苦手（障害）を補う理念の下に，学習内容・方法を個性化しながら，学習および社会・情緒的支援を行う（本書1-8-1参照）。

II アメリカの理論・実践からの示唆

日本の特別支援教育では，狭義・広義の2E教育は公式に制度として整っていないし，試行的実践のエビデンスも蓄積されていない。しかし，松村（2012，2016a）による，アメリカ等の2E教育の理念・実践の紹介から，わが国の実践への示唆が得られる。以下の情報を共通認識しておくと，発達障害に応じる特別支援教育に有用だろう。

2E教育は，法的根拠（連邦法，州法・政策指針）を伴って，アメリカのいくつかの州や地域，他の国で，実践・研究が多く蓄積されてきた。プログラム評価により，効果のある実践方法のエビデンスを伴う検証も行われてきた。

1．2Eの識別方法

2E生徒は，障害と才能の両面が適切に識別される必要がある。2E児では，発達領域間に大きな偏りがあり，知能検査等での能力と標準学力検査等での学業成績との間の，あるいは知能・認知能力検査の下位指標の得点間の乖離（ディスクレパンシー）として表れる。アメリカではかつてはLDの判断基準として知能と学業成績の間の大きな乖離が要件であった。しかし，2004年改正「個別障害者教育法」（IDEA）ではその要件が外されたため，「RtI（介入への反応）」（Response to Intervention）が多く用いられるようになった。

IDEA（2004）の施行以降，2010年頃までに，才能にも応じるRtIが，障害に応じるRtIと同時にいくつかの州で実施されるようになった。この中で，障害と才能の両方のニーズが顕在的に表れ識別される2E生徒には，早期から両方に別個に対応する措置が行われる。しかし2E生徒には才能または障害が隠される場合もあり，2E生徒の障害と才能は必ずしも公正に識別されない。このことを認識しておく重要性が最近ますます主張されるようになり，包括的なアセスメントの必要性も改めて認識されるようになった（松村，2016b）。そのために，知能検査等の個別式検査や，才能教育の多様な才能評価方法が用いられる。

2．2E教育の指導・学習方法

2E教育（狭義，広義共に）の指導・学習方法として，個人の障害と才能の特性に応じて学習内容・方法を個別化・個性化する。得意な能力や興味を伸ばし，苦手を補うために活かすことが理念となる。通常の指導・学習の代替の方法として，学習集団編成（少人数など）や教材（視覚化，ICTなど），学習の進め方（学習ペースや順序の個別化など），学習成果の発表方法を工夫する，という実践がなされる。「SEM」（全校拡充モデル）による学習の個性化が2E児にも共通して有効なことが，多くの実践プログラムを通じて実証されている（本書1-8-1参照）。しかし概して，アメリカでさえプログラム評価はいまだエビデンスに乏しい。学力や進学率の向上のみを指標にするのではなく，社会・情緒的支援の効果も多様な指標で把握する必要があるだろう。

3．広義の2E教育実践の学校の紹介

国内ではまだ実行不可能だが，2E教育実践の諸形態の例をアメリカ等の学校に見ることによって，わが国の2E教育，特別支援教育の今後のあり方の検討に資することができる。

1）発達障害生徒のみを支援する私立学校

アメリカでは最近，発達障害生徒のみを対象として大学進学も視野に，指導・支援する小規模の私立学校が，全国で数十校と増えてきた。発達障害生徒には，大学進学が適合する生徒も少なからずいるが，公立学校等大規模校では不適応を示す場合があり，それに対処しようとする。合理的配慮による障害への支援だけでなく，積極的に才能を伸ばし活かす広義の2E教育の理念によって広範な学習および社会・情緒的支援を行い，学力と学習意欲，自己肯定感を高めようとしている。

松村（2013b）は，その一つである，ワシ

ントンDCの「キングズベリ・デイスクール」(Kingsbury Day School)(K-12学年)を紹介した。高等部の全員が高卒の資格を得て卒業する。この種の学校は，広義の2E教育の理念に基づき，代替の学び場として有用な面もあるが，高学費等の問題もあり，わが国では設立は困難だろう。

2）公立学校の2E通級指導教室

松村（2015）は，カナダのバンクーバーの公立中等学校（8-12学年）の狭義の2E教育プログラムを紹介した。「GOLDプログラム」と呼ばれる2E通級指導教室で，2E生徒の発達障害と才能（高知能・認知能力）の両方を識別，選考して，拠点校2校に約60名の生徒が通う。2E生徒のニーズに最適な学習および社会・情緒的支援を行い，必要・有効なスキルの習得をめざす。信頼できる教師と2E生徒どうしの仲間集団が存在する居場所となる。得意を活かし苦手を補う学習が，個人内だけでなく，個人間の協同でも行われる。大部分の生徒が優秀な成績で卒業して大学に進学する。

III 日本の2E教育の取り組み

2E教育の理念と方法は，わが国の特別支援教育にも活かすことができる。松村（2012，2016a）は，アメリカ等の2E教育の理念・実践を概説して，とくに通級指導教室や大学進学の移行支援への示唆を述べた。広義の2E教育として，既存の実践のいくつかは，2E教育の方法と重なるといえる。特別支援学校・学級や通級指導教室で発達障害生徒に個別指導を行うとき，また通常学級で学びのユニバーサルデザインの授業や長所活用型指導として，生徒全体への指導・学習方法を工夫するとき，発達障害生徒の認知的個性（得意・興味）を活かそうとしている。

以下には，広義の2E教育プログラムとして試行された実践を紹介する。

1．発達障害生徒の才能を活かす実践
1）特別支援学校で

発達障害生徒の「取り得」（得意・興味）についての特別支援学校の教師の認識を調べるために，水野（2011b）は，中学部の教師十数名を対象に質問紙および面談調査を行った。特定の一人の生徒について，取り得，および心理的に安定できる教育環境の要因を十分に知っているという回答はどちらも約5割であった。また，「教育課題では生徒の取り得を苦手よりも重視して優先的に考えるべきだ」という意見が7割を占めながら「実際にできている」という回答は3割であった。教師は教育課題で取り得を重視すべきだと思いながらも，個々の生徒の取り得は十分に認識できていないという結果が表れた。

教師は日常経験的に，生徒の取り得を見つけて活用して，苦手を補うやり方を工夫しているはずだが，改まって自己意識を尋ねられると明確にはそれを意識化できない。しかしたとえばMI（多重知能：本書 **1-8-1** 参照）のような手がかりを与えられると，改めて納得して気づくことがある。水野（2011a）は，特別支援学校の教師約40名に，担当の発達障害の生徒の比較的優れたMIの知能を挙げてもらった。すると，空間的・身体運動的・音楽的・博物的知能が，比較的得意だと評価された（岩永・松村，2010に引用）。

水野（2011a）はさらに，個人の得意なMIの知能を客観的な指標で評定するために，「課題への傾倒」に着目して，課題ごとの傾倒（集中）時間を測定した。ある自閉症の中3女子では，手指を用いた作業など身体運動的知能を活用する活動に集中時間が長かった。MIの知能は，たとえば対人的知能は単体では苦手なら，人と話をするなど苦手な言語的知能と複合させると，より苦手になる。ところが球技など得意な身体運動的知能と複合させると，相手を模倣する等の必要に迫られ活性化される，という水野の体験的考察は，示唆に富んでいる。

2）通級指導教室で

北川（2011）は，公立小学校の通級指導教室で，MIの観点から得意や苦手，興味の対象を中・高学年の児童が自己評価するチェックリストを利用して，発達障害の児童のMIプロフィールを把握した。ある広汎性発達障害（当時の診断名）の小三男子は，比較的得意な身体運動的知能を活かして，算数に手先を使った活動を導入したり，裁縫・図工・ドッジボールなど得意なことを行うことによって，楽しく積極的に学習に取り組めるようになった。自己評定チェックリストは，教師が一緒

に問いかけ確認しながら実施可能であることが示された。

小中学校の，さらには2018年度から実施が開始される高校での通級指導教室では，生徒の才能特性に応じて興味・意欲を高める「拡充」のような（本書 1-8-1 参照），広義の2E教育の場が広がることが期待される。また大学の発達障害学生を広義の2E者と捉え直し，小中学校での障害に応じる特別支援が高校でも継続されるだけでなく，個人の教育的ニーズに応じて大学進学も進路の選択肢として，才能を伸ばし活かす，広義の2E教育としての指導・支援の重要性も今後は増すであろう（松村，2016a, b）。大学から発達障害中高生への，進路決定に必要な自己理解を高める支援については，本書 2-3-2 で論じられる。

2．発達障害生徒への狭義の2E教育

既述（Ⅰ1）のようにわが国でも，教師の認識以上に2E生徒は多く存在すると予想される。2E生徒特有のニーズに現行の特別支援では十分対応できないと，当事者や教師には感じられる場合もある。そこで，狭義の2E教育も今後必要になる。今後の検討課題として，以下の点が挙げられる（松村，2015, 2016a, b）。①2E生徒には独特のニーズがあることが広く認識される。障害への合理的配慮だけでなく，才能に応じる高度な学習支援が必要である。②2E生徒の同・異学年の小集団を対象に適切な個別の学習および社会・情緒的支援を行う。2E通級指導教室を小中高に設置する。総合学習の時間に2E生徒チームを形成する。③2Eの課外拡充学習教室を設置する。放課後や土曜日等に，有料でも2Eプログラムを提供する。これらの措置には，生徒の困り度を重視しながら，才能と障害の大きな偏りを多面的に識別することが有用である。

今後わが国でも狭義・広義の2E教育を可能にするためには，特別支援教育や才能教育に詳しい専門家，臨床心理士等が連携した，教育行政として統合されたシステムの構築が不可欠になる。アメリカでは最近いくつかの州で，学習支援のRtIと社会的問題行動に対処するPBIS（ポジティブな行動的介入と支援）が，MTSS（多層支援システム）の傘概念に統合されるようになってきた（松村，2016b）。2E生徒の包括的支援には，支援する専門家の密接な連携が有効なのである。その際には，特別支援に関わる教師等の支援者が，2E教育の理念と専門的知識技能をもつ必要があるだろう。

〈文献〉

岩永雅也・松村暢隆（2010）才能と教育―個性と才能の新たな地平へ．放送大学教育振興会．

北川圭一（2011）得意な活動を学習の中心におく通級指導．実践障害児教育，39(3)；8-11.

松村暢隆（2003）アメリカの才能教育―多様な学習ニーズに応える特別支援．東信堂．

松村暢隆（2007）才能のある学習困難児のための教育プログラム―2E教育の基礎固めのために．関西大学文学論集，57(3)；97-113.

松村暢隆（2012）認知的個性を活かす2E（二重の特別支援）教育―発達障害と才能を併せもつ子どもの支援．LD研究，21(2)；193-200.

松村暢隆（2013a）発達障害学生の才能を活かす学習支援―アリゾナ大学ソルトセンターの実践から．関西大学文学論集，63(1)；133-153.

松村暢隆（2013b）発達障害生徒の才能を活かす高度な特別支援―アメリカの特別学校キングズベリ校の実践から．関西大学文学論集，63(2)；71-94.

松村暢隆（2015）発達障害生徒の才能を活かす大学進学支援の2E教育―バンクーバー公立中等学校のGOLDプログラム．関西大学文学論集，65(1)；51-82.

松村暢隆（2016a）2Eの生徒の才能を活かす支援―大学進学を視野に入れて．LD研究，25(1)；39-48.

松村暢隆（2016b）アメリカの2E教育の新たな枠組―隠された才能・障害ニーズの識別と支援．関西大学文学論集，66(3)；121-149.

水野証（2011a）「取り柄」を見いだし生かした特別支援学校での指導．実践障害児教育，39(3)；15-17.

水野証（2011b）特別支援学校での「取り柄」を活かした教育支援．（松村暢隆編）認知的個性(CI)の発見と学習支援の基礎・実践的研究(2008-10年度科研費基盤研究(C)研究成果報告書)，pp.53-64.

小倉正義（2011）わが国の2E児に関する基礎データの収集（中間報告）―WISC-Ⅲを指標として．（松村暢隆編）認知的個性(CI)の発見と学習支援の基礎・実践的研究(2008-10年度科研費基盤研究(C)研究成果報告書)，pp.65-69.

2-3 2E教育の問題

2-3-2 わが国における 2E 教育の方向性
基礎的資料の必要性と支援の基本

小倉 正義

I 2E 教育に関する基礎的資料の必要性
1．2E 教育をめぐる議論

　ここ10年間くらいの間で，わが国では，2E教育の論考が行われるようになり，著作物や論文も増えてきている。海外の 2E（twice-exceptional）教育についての論考，発達の凸凹の顕著である，つまり才能も障害も併せもつタイプの発達障害の子どもの事例の紹介と支援方法の提案，過去の偉人の発達の凸凹と彼らの業績との関連についての論考，特別支援教育の中での位置づけに関する論考などがなされてきている。この辺りの動向の詳細については，本章「2-3 ① 2E 教育の理念・実践の概要と問題点」（松村）に詳しく述べられているので，そちらを参照されたい。

　上述したように，2E 教育の必要性は論じられてきており，杉山ら（2009）が紹介しているように，2E と考えられる子どもたちとは発達支援の現場では多く関わる。しかしながら，わが国において 2E の子どもたちが実際にどれくらいいるのかについては，まだまだ議論する余地があるだろう。本稿では，まず2E教育を展開するうえでの基礎的資料について言及していきたい。

2．知能検査（WISC Ⅲ）を指標とした基礎データ
1）基礎データの必要性

　私たちの研究グループでは，2E の子どもたちの実態とその支援について早くから研究を進めてきている。そのなかで，小倉（2011）は，わが国の発達障害の子どもたちへの知的側面に関するアセスメントツールとして最も多く用いられている心理検査の一つであるウェスクラー式の知能検査（データ収集当時 WISC-Ⅲ が最もよく用いられていたため，WISC-Ⅲの結果を用いている）の結果を分析し，障害と才能という切り口から検討している。これまでも発達障害の子どもたちの WISC-Ⅲ を用いた検討は行われてきており，より知能水準の高いタイプの自閉症スペクトラム児では，典型的なプロフィールの見出すのが難しいこと（神尾・十一，2000），回答内容に特徴が表われやすいこと（黒田他，2007）が報告されている。

　しかしながら，わが国において 2E という観点から分析している例は少なく，その点で小倉（2011）の調査結果は貴重であると考えている。以下に，概要を記載する。

2）調査対象者

　調査対象者は，A 病院を受診して WISC-Ⅲ の知能検査を受けた発達障害児であり，全検査 IQ が 85 以上の者を対象とした。診断名としては，広汎性発達障害 15 名（当時は DSM-Ⅳによる診断であった。この中には高機能自閉症・PDD・アスペルガー障害と診断されたものを含んでいる），ADHD 児・9 名（当時は DSM-Ⅳによる診断で，注意欠陥多動性障害。うち2名が学習障害の疑い），LD・1 名（当時は DSM-Ⅳによる診断で，学習障害）と診断された 25 名であった。調査対象者の WISC-Ⅲ の結果について，言語性 IQ と動作性 IQ の差，群指数間の差の2点から整理された。

3）言語性 IQ と動作性 IQ の差

　『日本版 WISC-Ⅲ知能検査法1理論編』に記載されている基準で，言語性 IQ と動作性 IQ に統計的な有意差（15％以下の水準）があった者は，13 名（全体の 52％）であった。上記の 13 名のうち，言語性 IQ ＞動作性 IQ（15％以下の水準での有意差あり）であったものは 4 名，同様に動作性 IQ ＞言語性 IQ（15％以上の水準での有意差あり）で 9 名であった。

4）群指数間の差

表1に示したように，言語理解・知覚統合・注意記憶・処理速度の4つの群指数のうち1つでも115以上の値を示したものは10名（PDD：5名，ADHD：5名，全体の40％）であった。うち1名は130以上の値を示していた。このうちの7名が知覚統合において115以上を示していた。また，上述した10名のうち，『日本版WISC-Ⅲ知能検査法1理論編』に記載されている基準で，各群指数間に統計的に有意な差（15％以下の水準）があった者が9名いた。群指数間の差は最大45であり，30以上あるものが4名，20以上から30未満の者が3名であった。

表1 いずれかが高かった者の各群指数

対象者	言語理解	知覚統合	注意記憶	処理速度
A		◎	○	○
B	○	○	○	
C		○	○	
D			○	
E		○		
F	○	○		
G	○	○		
H	○			○
I			○	
J			○	

○（115以上） ◎（130以上）

5）調査結果の解釈と今後の課題

今回の調査結果から，発達障害児にはある一定の割合で認知的な能力に得意・不得意があることが改めて示された。発達支援に携わる者としては意外な結果ではないが，発達障害のある子どもたちの中には，かなり高い割合で2E傾向のある子どもたちがいることが示唆された。

3．知能検査（WISC-Ⅳ）の結果とMIチェックリストの結果の比較

次に，小倉・竹澤（2014）による「MI（Multiple Intelligences；多重知能）」とWISC Ⅳのプロフィールの関連を示した事例についても紹介する。この研究では，松村（2011）のMIチェックリスト〈ガードナーの理論をもとに開発された才能や得意なことなどをさぐるための自己記入式質問紙。詳細は野添（2013）などを参照されたい〉で測定された8種の知能の特性とWISC Ⅳで測定された結果を比較している。この研究では事例的な考察しかできていないが，この研究で紹介された事例のうち，B（小学6年生男子，アスペルガー障害と診断）の事例を本稿でも紹介し，小倉・竹澤（2014）での考察から一歩進めて論じていきたい。

Bは，WISC-Ⅳの結果は，全検査IQが128，言語理解が115，知覚推理（PRI）が111，ワーキングメモリーが128，処理速度（PSI）が132であった。また指標得点の換算には入っていないが，算数の下位検査の評価点は18であった。MIプロフィールの結果では，一番目に論理数学的知能，二番目に博物的知能と音楽的知能が高いと評価していた。このことから，知能検査の結果から示されたワーキングメモリーや算数の能力の高さとMIプロフィールで示された論理数学的知能の高さは結果が一致することがわかる。一方で，博物的知能や音楽的知能に関しては，知能検査の結果からはうかがい知ることができない情報である。

また，MIの中で本人の対人的知能の評価は一番低かった。その後の追跡の中で，対人関係の苦手さから，学校で不適応が大きくなった時期があったが，カウンセリングで好きなことを他者と共有したり，具体的な困りごとへの対応方法を考えたりするアプローチをする中で，困りごとへの自分なりの対処方法を身につけることができていた。

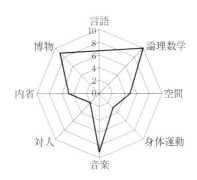

図1 BのMIプロフィール

つまり，MIプロフィールでは，知能検査では示されない領域も含めた能力に関する自己評価を知ることができ，2Eの子どもたちの支援のベースとなる情報としてさらに意味があると考えられる。Baum & Owen（2004）によると，2Eの子どもたちは，才能，障害のどちらか，あるいはどちらもが気づかれないことが指摘されているが，才能を

評価する方法をさらに開発されることにより，広義の2Eの存在が認知され，支援の可能性が広がっていくだろう。

今後は，これらの結果を踏まえて得意を活かすための実践と研究を積み重ねて，2Eの子どもたちの支援の在り方を検討することが望まれる。

4．本人への伝え方

筆者は，発達障害の子どもたちに知能検査の結果を伝える際には，できる限り得意なことが検査を受けた本人に伝わるように工夫している。これは広義での2Eの子どもたちにとっても，同様にあてはまることである。もちろん知能検査からわかることには限界があるので，結果の受け止め方には十分に注意が必要であるが，客観的にわかったことを説明しながら，自分はどのようなことが得意で，どのようなことが苦手なのかを理解する糸口になるだろう。そして，その得意なことを活かすための方法や，苦手なことや困っていることへの対処方法について説明されたり，話し合ったりすることは，自己の認知特性を理解し，自分を受け入れていくために非常に重要なプロセスである。

II　2Eの子どもたちへの支援の基本

1．自尊感情や自己理解との関連

繰り返し述べてきていることだが，2Eの子どもたちが，自分の得意を活かし，苦手なことや困っていることに対処するためには，自らの才能と障害についてより深く理解することは必要不可欠であると考えられる。これまで発達障害の子どもたちの自己理解の重要性については論じられてきているが（滝吉・田中，2011；小島，2014など），2Eという観点から論じられることは少なかった。発達障害の子どもたちの自尊感情に関する問題が指摘されていることからも（一門ら，2008；小島・納富，2013など），2Eの子どもたちにとっても，適切な自己理解をすすめ，自尊感情を高めるための取り組みを推進することは非常に重要である。

筆者らは，広義の2Eの子どもたちの支援も考慮に入れ，発達障害の子どもたちへの自己理解プログラムを実施してきている。ここでは，自己理解プログラムに参加したAの事例を紹介しながら，2E教育における自己理解のための取り組みの可能性について議論していきたい。なお，事例については，プライバシー保護のため，本質を損なわれない程度に一部変更を加えている。

2．自己理解のためのプログラムの提案

1）事例の概要

中学3年生男子C（自閉スペクトラム症と診断）。コミュニケーション上の特徴として，思ったことを口に出したり，自分のことを押しつけたりしてしまうことがある。実際に，相手の反応がわからずに，言い続けてしまうことがある様子がみられた。空間的な認知に優れていて，立体的な描写をするのが得意である。

2）プログラムへの参加動機

・保護者のニーズ

自分のことを理解して，本人が自分自身のことを受け入れられるようにもなっていくきっかけになればと思っている。本人が困ったこと，悩んだときに回避できるヒントが見つけられるとよいなと思う。

・本人のニーズ

本人から参加動機を明確に話すことはないが，スタッフからプログラムの目的について話していると，いろいろ質問をしたりすることもある。

3）プログラム中の様子

本プログラムでは，自己紹介ゲームを行った後に，本人の趣味，好きなもの，得意なところ，苦手なところ，困っていることなど自分のことについてのワークシートを記述してもらった。Cは，趣味，好きなもの，苦手なことについては記述することができるものの，自分が得意なことや困っていることは記述することができなかった。得意なことを書けない理由を本人に尋ねると，「これは他人が書くものであって，自分で書くなんて自意識過剰だ」と言い，困っていることについては「ない」「思いつかない」と言う。Cだけではなく，他の参加メンバーも得意なことや困っていることに関しては，ワークシートに記述することに苦労をしていた。その後もプログラムでは，他の人のいいところを見つけたり，自分と他者の共通点を見つけたりするような課題を実施した。Cは，ワークシートには記述することはできないことが多かったものの，スタッフといろいろと話をしながら答えることができており，課題には取り組むこ

とができていた。

プログラムの後半に，家族に自分自身（C自身）のいいところをインタビューしてくる宿題を出した。この宿題についてCは，「（お家の人は）きっと書いてくれない」というようなことを話していた。宿題をやってきてくれるかどうかの心配もしていたが，次のセッションでは，母親にインタビューをした結果をワークシートに記述してきていた。そして，インタビューで聞いたことの中から，自分の得意なことを自分で選ぶことができ，自分の得意なことのスペースをうめることができた。また，いろいろな絵やデザインを描いてスタッフに見せてくれていた。

3．得意を活かすベースとして

発達障害のある子どもたちの中で，Cのように自分の得意なことについて表現することに対して抵抗感をもつものは多い。そのような時には，本プログラムで実施したように，家族などの身近な他者にインタビューをしたうえで，改めて自分の得意なことについて考えるとよい。また，「自分の得意なところ，いいところは？」というような開かれた質問では，表現することが難しい場合があるので，小島（2013）の著書でも提示されているが，いくつか選択肢の中から自分のいいところを選ぶようなワークシートを準備しておけるとよいだろう。ここで大切なのは，他者から指摘されて自分の得意を知っているのではなく，具体的な成功体験を通して自分の得意なことに意味を感じられるかどうかである。自分の得意を受け入れることができれば，いろいろな場面で得意を活かすことにつながるだろう。

事例に出てきたCも広義にとらえれば2Eの側面があると考えられる。最初は得意なことを認めることに抵抗があったCだが，プログラムの過程で，自分の得意なことをワークシートに記入し，絵やデザインを描くなどして積極的に得意なことをアピールするまでになった。得意なことは自分の中で持っているだけでなく，誰かにアピールできるようになると，さらに外の世界とつながる。そして，その得意なことは，自分の世界で完結するのではなく，才能としてさらなる発展をとげることができるかもしれない。

2Eの子どもたちへの社会情緒的サポートの一つとしての自己理解プログラムの実証的な研究が，今後支援のベースとして求められる。

〈文献〉

Baum, S.M. & Owen, S.V.（2004）To be Gifted & Learning Disabled：Strategies for helping bright students with LD, ADHD, and More. Creative Learning Press.

神尾陽子・十一元三（2000）高機能自閉症の言語：Wechsler知能検査所見による分析．児童青年精神医学とその近接領域，41；32-43.

小島道生（2014）高機能自閉症児の自己理解の特性と他者との調整機能の関連．発達研究，28；83-92.

一門惠子・住尾和美・安部博史（2008）軽度発達障害児・者の自尊感情について—自尊感情（SE尺度）および熊本式コンピタンス尺度を用いた検討．九州ルーテル学院大学，37；1-7.

小島道生（2013）発達障害のある子の「自尊感情」を育てる授業・支援アイディア：みんなですぐできるプログラム30．学研教育出版.

小島道生・納富恵子（2013）高機能広汎性発達障害児の自尊感情，自己評価，ソーシャルサポートに関する研究．LD研究，22；324-333.

黒田美保・吉田友子・内山登紀夫・北沢香織・飯塚直美（2007）広汎性発達障害臨床におけるWISC-Ⅲ活用の新たな試み：3症例の回答内容の分析を通して．児童青年精神医学とその近接領域，48；48-60.

松村暢隆（2008）本当の「才能」見つけて育てよう—子どもをダメにする英才教育．ミネルヴァ書房.

野添絹子（2013）子どもの才能チェックBOOK—得意ジャンルが見つかる，伸ばせる．小学館.

小倉正義（2011）わが国の2E児に関する基礎データの収集（中間報告）—WISC-Ⅲを指標として．（松村暢隆・野添絹子・北川圭一・水野証・小倉正義）認知的個性（CI）の発見と学習支援の基礎・実践的研究．2008-2010年度科学研究費補助金基盤研究（C）研究成果報告書，pp.65-69.

小倉正義・竹澤大史（2014）子どもたちの認知的個性を活かすための予備的研究．（松村暢隆編）認知的個性を活かす特別支援の基礎・実践的研究．2011-2013年度科学研究費補助金基盤研究（C）研究成果報告書，pp.12-16.

杉山登志郎・岡南・小倉正義（2009）ギフテッド—天才の育て方．学研教育出版.

滝吉美千香・田中真理（2011）思春期・青年期の広汎性発達障害者における自己理解．発達心理学研究，22；215-227.

Wechsler, D. 著　日本版WISC-Ⅲ刊行委員会編（2006）日本版WISC-Ⅲ知能検査法1理論編．日本文化科学社.

2-4 個に応じた指導・支援，教育課程，指導の質の問題

2-4-1
ひとりひとり学び方の違う子どもたちが共に学び育つ学校・社会を目指して
各ライフステージに沿った指導・支援の拡大と充実　　植木田 潤

I　特殊教育から特別支援教育へ

　一人一人の障害の種類や程度に応じた「特別な場」できめ細やかな教育を行っていた特殊教育体制だったが，2001年文科省の「21世紀の特殊教育の在り方について（最終報告）」から2003年「今後の特別支援教育の在り方について（最終報告）」を経て，障害のある子どもの一人一人の教育的ニーズを重視する「特別支援教育」体制へと新たな方向転換がなされた。この背景には，そのほとんどが通常学級で学んでいる発達障害のある子どもたちの数量的な大きさへの対応と指導・支援の質的な向上への期待があった。この頃，発達障害という概念が，教育・医療・福祉・労働等の各方面で指導や支援の現場に関わる専門家によって広く認識されるようになり，従来の障害とは違った特異な問題（特性）がどのような性質であるのか，またその支援の在り方はどうあるべきかが模索されていた。

　近藤（2001）は，教育心理学年報の中で，学習障害，軽度知的障害，高機能広汎性発達障害，注意欠陥多動性障害の障害種別に分けて過去1年間の研究動向を見渡し，「軽度発達障害児の諸特性を明らかにしたり，治療的介入の過程における子どもの変化をとらえようとした研究が顕著に多い」こと，その一方で「教育的配慮・学習援助や思春期以降の二次的な情緒的な問題や就労問題について検討したものは非常に限られていた」と総括した。若林・東條・Baron-Cohen・Wheelwright（2004）は，日本語版の自閉症スペクトラム指数（Autism-Spectrum Quotient）を作成して高機能自閉症とアスペルガー症候群の成人ならびに健常成人に実施し，その診断的妥当性や尺度としての信頼性について報告しており，今では常識となりつつある自閉症のスペクトラム概念を日本に導入して，発達障害の特性理解を促進した。

　発達障害概念や特性が，現在ほどには明確でない状況の中，教育現場でも発達障害のある子どもへの指導・支援は意欲的に取り組まれていた。例えば，梅田（2001）は，小学校の言語障害通級指導教室の担当者が教育相談担当であるという利点を活かして，学習障害等への支援の校内体制を作りあげた過程について報告した。この報告では，通常の学級担任との相談，保護者との相談を行い，子どもについての実態把握，検査の実施，学級担任による対応，学校としての対応をすすめる「LD児等支援委員会」の活動に通級指導の担当者が中心的にコンサルテーションの役割を担い，校内外の支援体制作りに取り組むことの重要性が示唆されていた。また，廣瀬・伊藤・井伊（2003）は，知的障害のある自閉症児とアスペルガー症候群の疑いのある児童の2事例を対象に，通常学級での指導・支援に必要な情報を掲載したオーダーメイド・マニュアルを作成し，それを用いた通常学級の担任へのコンサルテーションの実践について報告している。このマニュアルは，保護者，通常学級の担任，特殊教育担当者，外部の専門家が分担して作成することによって，具体的な連携ツールとして有効に機能したこと，情報を共有することで個別の指導計画作成のベースとなったことを報告している。さらに，小泉・若杉（2006）は，多動傾向のある小学2年生男児の問題行動を改善させるために，個別指導とクラス対象の社会的スキルトレーニング（CSST）を組み合わせた授業を実施した結果，CSST終了後，授業中の児童の問題行動はほぼみられなくなり，休み時間にも友だ

ちと一緒に遊ぶことができるようになったことを報告した。これら3つの研究からは，現在の特別支援教育コーディネーターの役割機能や個別の教育支援計画・指導計画による情報共有と支援体制作りが，発達障害のある子どもの指導・支援においては不可欠な仕組みであることが既に示唆されていた。また，個に対する支援に留まらず，子どもを取り巻く集団への支援を同時に取り組むことがいかに大切かを示唆しており，「自立」と「共生」の考え方が国策として掲げられる以前から模索されていたことを示している。

II 特別支援教育からインクルーシブ教育へ

2007年に始まった特別支援教育体制の歩んできた10年間の軌跡は，発達障害教育の歩んだ軌跡とほぼ重なるものである。新教育体制に対する学校現場での混乱や抵抗の感覚は薄れていき，2017年現在では「特別支援教育コーディネーター」「個別の教育支援計画・指導計画」等が所与のものとして学校現場に浸透している。しかし，近年では，障害者権利条約および障害者差別解消法等を背景に"共生社会"の形成が国を挙げて目指されており，学校教育はその土台となるべく「インクルーシブ教育システムの構築」（2012年文科省報告）が推し進められている中，より一層，個別の教育支援計画・指導計画が重要視されている。特別支援学校等の特別な指導の場では，一人一人の子どもに合わせた指導計画等が作成されているが，通常学級にいる発達障害のある子どもたちには，まだ十分とは言えない。特に，明確な診断がなく保護者や本人にも障害の認識が薄い，いわゆるグレーゾーンと言われる子どもたちでは，計画作成の必要性から議論しないといけない状況である。現在，通常学校・学級で喫緊の課題となっている「合理的配慮」と「基礎的環境整備」の拡大と充実は，これらの計画が基盤となるため，通常学級にいる発達障害のある子ども一人一人の実態を的確に捉え，指導・支援へと導くアセスメント手法の在り方がたいへん重要である。この点について，橋本（2016）は発達障害者支援におけるアセスメントと活用に関して，心理学や医学分野における4つのアセスメント基準・観点（知能検査／発達検査，適応スキル尺度，生育歴や環境的問題の査定，医学的診断）を提示し，医療・教育・福祉の対象と目的などに沿って概説した上で，「不登校やいじめ，暴力といった大きな学校不適応や問題行動が出現した場合，その実態と複雑な状況，対策などに目が向いてしまい，背景にある個人の特性としての要因の探求が後回しにされることが教育フィールドではしばしば見受けられる。対象者の困り感に気付き・寄り添うための基礎的な研究に，個人の障害特性を丁寧に明らかにしていく工程こそが重視されるべきであろう」と指摘している。

III 合理的配慮——認知特性の理解から体験様式の特異性まで

合理的配慮は周知の通り「個別・具体の支援」であり，それらの配慮を導入する前提として，発達障害のある子ども一人一人の学びにくさ・生きづらさに対する深い理解と共感が必須であると考えられる。そのためには，診断名のみに拠らない子ども一人一人の認知スタイルの把握（学びにくさ）とそうした認知スタイルを基にした子どもの主観的な体験の様式（生きづらさ）を理解していく必要があるだろう。

障害の診断・分類基準となるDSM-Ⅳが5へと改訂され，また発達障害のアセスメントツールとして中心的に活用されてきたWISC？ⅢもⅣへと改訂されたことと連動して，障害概念や認知スタイルの把握の方法がより精緻化・多層化していく中で，医学的な診断，各種検査ツールで得られる検査数値やプロフィール，日常の行動観察等から把握される発達障害のある子ども一人一人の制約と強みを，どのように学校現場の教育実践に落とし込んでいくか，つまり個別の教育支援計画・指導計画の作成と子どもの実態を撚り合わせていけるかが今後の課題となるだろう。ここで一つ留意したいのは，学校現場では簡便で負担の少ないアセスメント手法が求められる傾向にあるが，二次障害のケアや予防的観点から考えると，発達障害児者の体験様式の理解を深めていくことで支援の在り方を検討することも重要だという点である。

例えば，滝吉・田中（2011）は，思春期青年期

における広汎性発達障害者が自己をどのように理解しているのかを明らかにするため，自己理解発達モデル（Self-Understanding Model for People with PDD：SUMPP）に基づいた質問紙を作成し調査を行った結果，他者との関係性を通じて自己をとらえようとする自己と他者との相補的な発達過程があり，こだわり等の興味関心や一見自己とは関係ない彼らの社会的情勢や規律に関する発言を積極的に活用することが自己の安定を知る手掛かりとなることを明らかにすると同時に，自己理解を支援する際に，他者との相互的な関係性の中で自己に対する肯定的感覚を培える場を提供する必要性を指摘した。また，田中（2013）は，ADHD児・者の自己認識について，自分のパフォーマンスに影響を与えた要因をどのように自身が捉えているのかという原因帰属スタイルの様相に焦点を当てた検討を行い，原因帰属が自己統制感や効力感に関する自己認識の一つの側面であることを示し，抑うつ状態などの二次障害への心理的支援における重要な知見を提供している。

　義務教育段階で特別支援教育を受けてきた子どもたちが，思春期青年期から成人期へとライフステージを移行しつつある現状にあって，いかに深刻な二次障害を軽減し社会参加へ結び付けていくかが，ますます重要な課題となっている。その意味で，高等学校での特別支援教育を充実することは不可欠であり，その後の高等教育機関あるいは就労の場での支援までを見通した長期的な視点で合理的配慮を考え，支援計画・指導計画に結実していく作業が重要となる。

Ⅳ　基礎的環境整備（ユニバーサルデザイン）

　2007年に批准した「障害者の権利に関する条約」が国内法の整備を経て2014年には実効力を発し，さらに2016年からは「障害者差別解消法」が効力を発するようになった。これを受けて，学校現場では合理的配慮と基礎的環境整備がどうあるべきかが模索されている。

　基礎的環境整備は，いわゆる"ユニバーサルデザイン"の考え方（特別な変更や調整を必要としない万人に有効な設計やサービス）を取り入れたハードウェアとしての環境設定や施設設備，ソフトウェアとしての指導・支援の方法論（ユニバーサルデザインの授業づくり），コンテンツとしての教育内容などが考えられる。こうした方法論の有効性を支持するものとして，標準的な指導・支援では十分に能力を引き出せない子どもたちに対して，段階的に学習支援と生活支援を全体から小集団，個別へと段階的に濃度を高めていくResponse To Intervention（RTI）の手法を取り入れた多くの研究や実践がある。例えば，海津・田沼・平木（2010）は，通常の学級において特殊音節に関する多層指導モデル（Multilayer Instruction Model：MIM）を実施した。MIMは，まず通常の学級においてすべての子どもに対し，効果的な指導が実施される1stステージ，1stステージ指導のみでは伸びが十分でない子どもに対する通常の学級内での補足的な指導である2ndステージ，それでも伸びが乏しい子どもに対し，より柔軟な形態で集中的な指導として実施される3rdステージで構成される。この内3rdステージの指導効果を評価した結果，指導後に得点の上昇が有意にみられ，さらに読みに対する子どものとらえ方も肯定的なものへ変化したことを報告した。藤井・櫻田（2016）は，読み書きの支援ではなく，算数科にける授業のユニバーサルデザインの実践について報告している。A県の公立小学校6学年の学習環境の調整，見通しのもてる授業づくり，思考力・表現力を重視した学習スタイルに関する取組を行った結果，個別の指導計画を作成して支援していた児童だけでなく，6学年の成績上位群から下位群にいたるまで多くの児童の学力向上に寄与したと報告している。一方で，学習支援だけでなく，学校生活の支援においても，こうした手法が有効である可能性を示唆した，関戸・田中（2010）の研究実践では，小学校の通常学級3年に在籍し，授業中に離席等の問題行動を示す，アスペルガー障害が疑われる対象児に対して，PBS（積極的行動支援）による個別支援を導入する前に，対象児の所属学級に対してクラスワイドな支援を行った結果，クラス児童の態度等の改善と対象児の家庭や学校での生活そのものにも望ましい変容がみられ，クラスワイドな支援を基盤としたうえで個別支援を導入するという支援の方向

性が妥当だったと報告した。

これらの取組は，ユニバーサルデザインの手法を取り入れた集団への支援が，結果として学びにくさや生活しづらさのある個への支援にも波及していくことが示唆されており，発達障害のある子どもたちが多く在籍している通常学級で，先ず取り組むべき実践であるだろう。インクルーシブ教育という点を踏まえると，通常学級で学ぶ発達障害のある子どもたちを，個別の取り出しではなく他者との関わりの中で育てていくという視点は今後さらに重要な課題となる。2006年に「通級による指導」の対象がLD，ADHDに拡大され，そのニーズはますます増大しつつあり，「多様な学びの場の連続性」という考え方にも，集団支援だけでなく個別的な支援に対するニーズや果たす役割の大きさを示唆してはいるが，一方で，通級による個別指導を受けても，そこで身に付けたさまざまなスキル等が在籍学級で定着しにくい，汎用化しづらいという問題点は以前から指摘されている。つまり，個別支援と集団の中での支援のバランスが重要なのだと考えられる。

V　発達障害教育の展望と課題

特別支援教育体制以降の発達障害教育の指導・支援に関わる動向を俯瞰してみると，大別して2つの方向に拡大していることが見て取れる。一方は，体制整備やシステム構築を目指した組織・集団の在り方や指導・支援の方策を追究するものであり，もう一方は各障害特性の理解を深めて個別的な支援の在り方，あるいは合理的配慮の在り方を追究するものである。いわば，「自立と共生」の両立を目指した支援ともいえるだろう。さらに，文科省が「特別支援教育の体制整備状況調査」で経過報告しているように，特別支援教育の理念や方策が義務教育諸学校から保育所・保育園や幼稚園，高等学校にも浸透してきており，現在では，大学等の高等教育機関や就労支援のフィールドにも研究と実践が拡大・多様化してきている。そのため，個への支援と個を包摂する集団への支援という支援の横軸の広がりだけでなく，就学前から就労までの縦軸の拡大も視野に入れた方向へ3次元的に拡大しているものと考えられる。

以上のことから，筆者の考える発達障害教育の課題は次のものである。

①認知スタイルのみならず体験様式の理解も踏まえたアセスメント手法の深化，それを根拠とした（通常学級のグレーゾーンの子どもたちも対象とした）個別の教育支援・指導計画の作成

②一人一人の学び方の違いを認め合う，個への支援と集団の中での支援を橋渡しできる場や方法論の確立（例えば，ICT活用から特別支援教室構想のような場まで）

③小中学校での研究・実践の成果を踏まえた，幼保園，高等学校，大学等の高等教育機関，就労機関での特別支援の拡大・充実と質の向上

〈文献〉

藤井慶博・櫻田武（2016）授業のユニバーサルデザインの効果に関する検討—小学校6学年算数科の実践を通して．LD研究，25(3)；349-357．

橋本創一（2016）発達障害者支援におけるアセスメントと活用について．発達障害研究，38(4)；365-372．

廣瀬由美子・伊藤芳子・井伊智子（2003）自閉症児を指導する通常の学級担任へのコンサルテーションの実践—オーダーメイド・マニュアルを使用した事例から．国立特殊教育総合研究所研究紀要，30；25-35．

海津亜希子・田沼実畝・平木こゆみ（2009）特殊音節の読みに顕著なつまずきのある1年生への集中的指導：通常の学級での多層指導モデル（MIM）を通じて．特殊教育学研究，47(1)；1-12．

関戸英紀・田中基（2010）通常学級に在籍する問題行動を示す児童に対するPBS（積極的行動支援）に基づいた支援：クラスワイドな支援から個別支援へ．特殊教育学研究，48(2)；135-146．

滝吉美知香・田中真理（2011）思春期・青年期における広汎性発達障害者における自己理解．発達心理学研究，22(3)；215-227．

田中真理（2013）注意欠陥多動性障害児・者における原因帰属に関する研究動向．教育心理学研究，61(2)；193-205．

梅田真理（2001）学校教育におけるLD等への支援—通級指導教室の立場から．LD研究，10(1)；17-20．

若林明雄・東條吉邦・Baron-Cohen, S.・Wheelwright, S.（2004）自閉症スペクトラム指数（AQ）日本語版の標準化—高機能臨床群と健常成人による検討．心理学研究，75(1)；78-84．

2-4 個に応じた指導・支援，教育課程，指導の質の問題

2-4-2
個に応じた指導をめぐる経緯と課題
個別の指導計画，個別の教育支援計画，教育課程編成の観点から

河合 康

I 個に応じた指導をめぐる経緯

日本における個に応じた指導が議論される契機となったのは，1975年のアメリカの「全障害児教育法」において「個別教育計画（IEP）」が規定され，わが国においても20世紀後半に，多くの論文・著書等でIEPをキーワードとする内容が取り上げるようになったことにある。そして，種々の研究や実践の積み重ねを経て，1999年の「盲学校，聾学校，養護学校学習指導要領」において，IEPに相当する用語として「個別の指導計画」が明記され，重複障害者の指導と自立活動の指導に際して作成が義務づけられた。2009年の特別支援学校学習指導要領においては，各教科等においても個別の指導計画を作成することを求めた。

個別の指導計画と並んで個に応じた指導を長期的視点から関係機関と連携して展開する上で重要となるのが個別の教育支援計画である。個別の教育支援計画の作成は，2001年に出された「21世紀の特殊教育の在り方について（最終報告）」の提言を踏まえて，2003年の「今後の特別支援教育の在り方について（最終報告）」において示された。

また，2012年に出された「共生社会の形成に向けたインクルーシブ教育システム構築のための特別支援教育の推進（報告）」は個に応じた指導に直結する「合理的配慮」という新しい概念を明示し，個別の指導計画や個別の教育支援計画を作成・活用する際に「合理的配慮」の観点を踏まえるべきであると指摘した。

新しい通常の学校の学習指導要領においては，通級による指導を受ける子どもと特別支援学級に在籍する子どもについては，全員に対して個別の指導計画と個別の教育支援計画の作成が義務づけられており，今後すべての学校において両計画の重要性が高まっていくことになる。

II 「個別の指導計画」と「個別の教育支援計画」をめぐる研究・実践動向と課題

1．特集や連載における動き

「個別の指導計画」や「個別の教育支援計画」への関心が高まる中，文部科学省，学会，各種関係団体は両語をキーワードとする特集や連載を組み，関係者の意識を喚起してきた。その内容は，大学教員，研究者，管理職等による解説・総論等と学校教育現場からの実践・事例の紹介の2つに大別できる。表1は主な特集や連載をまとめたものである。

文部科学省は，2001年より季刊誌である「特別支援教育」に表1に示すような5つの特集・連載を組んでいる。最近の2015年の59号においても「個別の指導計画に基づいた自立活動の指導の充実」と題する特集が組まれており，自立活動において個別の指導計画の作成が義務づけられて18年を経た現在でも，その重要性と共に未だ解決すべき課題があることが表れているといえる。

学会においても，個に応じた指導の重要性への認識が高まる中で，例えば日本発達障害学会は2006年の第28巻第5号で「「個別の教育支援計画」の現在と今後の課題」と題する特集を組み，大学教員，学校管理職，研究者を中心に6本の研究論文を掲載している。

また，民間団体においても「個別の指導計画」や「個別の教育支援計画」をキーワードとする特集が組まれるようになる。全日本特別支援教育連盟は，雑誌「発達の遅れと教育」及び名称変更を行った「特別支援教育研究」において，2001年から2010年まで，ほぼ毎年，合わせて10件の個

表1 個に応じた指導をめぐる特集・連載の概要

雑誌名	発行年	巻・号	タイトル	掲載論文数 解説・総論等	掲載論文数 実践・事例
特別支援教育	2001-02	3-6	個別の指導計画の作成と指導	4	8
	2005	17	個別の教育支援計画	2	6
	2008	30-31	個別の指導計画と個別の教育支援計画の作成	2	0
	2009	35	一人一人に応じた指導の充実	2	8
	2015	59	個別の指導計画に基づいた自立活動の指導の充実	3	7
発達障害研究	2006	28（5）	「個別の教育支援計画」の現在と今後の課題	6	0
発達の遅れと教育 ＜雑誌名称変更＞ 特別支援教育研究	2001	525	個別の指導計画―子どもの主体的活動を支える	1	4
	2002	538	実践集　個別の指導計画を授業に――一人ひとりが輝く教育を求めて	2	7
	2003	556	教育支援ツール？個別の教育支援計画―意義と効果を見通す	4	1
	2004	563-564	個別の教育支援計画をめぐって	1	3
	2005	575	今はじまる個別の教育支援計画――一人ひとりのニーズに地域で応える	1	4
	2006	586	個別の教育支援計画の実際	3	5
	2007	600	学校、地域が変わる個別の教育支援計画	2	5
	2008	609	「個別の指導計画」作成の基本	3	3
	2010	630	実践に生きる個別の指導計画	1	3
	2010	640	個別の教育支援計画を活かした豊かな生活	2	6
肢体不自由教育	2002	155	役に立つ個別の指導計画	3	4
	2004	167	評価と個別の教育支援計画	2	3
	2005-06	172-174	個別の教育支援計画	3	0
	2009	191	もっと活用できる「個別の指導計画」	2	4
	2011	199	もっと活用できる個別の教育支援計画	3	3
	2014	213	「個別の指導計画」を考える	2	5
	2016	224	個別の指導計画と授業	3	4
月刊学校教育相談	2016	30（6）	通常学級での「個別の指導計画」の立て方	1	2

に応じた指導に関する特集や連載を組み，個別の指導計画と個別の教育支援計画の問題に取り組んできた。日本肢体不自由協会も機関誌である「肢体不自由教育」において2～3年おきに，両計画に関する特集を組んでいる。

特集のタイトルの中に使用されている「実践に生きる」「役に立つ」「もっと活用できる」といった表記の中に，作成した両計画をいかに活かしていくかが大きな課題であることが察知できる。「肢体不自由教育」の最も新しい特集のタイトルに「授業」が用いられている点にもこのことが反映されているといえる。

また，障害のある子どもに特化した雑誌ではない「月刊学校教育相談」においても，「通常学級での「個別の指導計画」の立て方」と題する特集が組まれており，すべての教員が個に応じた指導を重視すべきであるという点が認識されつつあることがうかがわれる。

2．研究論文からみる現状と課題

1で記した以外にも，学会誌，大学・研究所・学校の紀要，雑誌等に掲載された個に応じた指導に関する研究論文や著書は枚挙にいとまがなく，紙幅の関係上，すべてを取り上げることができないが，笠原（2015）は，これまでの個別の指導計画の研究動向についてまとめているので参考にするとよい。笠原が指摘するように，1999年に個別の指導計画が学習指導要領に示された前後においては，養護学校等を対象に個別の指導計画の意義・目的や作成・活用に対する意識，具体的な作成・活用手続き・プロセス等に着目した研究が行

われ，その後，特別支援教育の制度化に伴い，通常の学校における個別の指導計画の作成・活用とその課題に関する研究がみられるようになってくる。笠原は今後の研究課題として，特別支援学校がセンター的機能を発揮して，通常の学校における個別の指導計画の作成・活用にどのように関与していくべきか，また，個別の指導計画の作成・活用のシステムをどのよう定着させていくか，をポイントとして挙げている。

以下では，今後の課題を展望する上での貴重な知見を提示している研究をいくつかみてみる。

個に応じた指導に関する組織的な研究の一つは，全国特殊学校校長会が2005年度に全国の盲学校，聾学校，養護学校を対象に行った個別の教育支援計画に関する実態調査であろう。そこでは，都道府県等の共通又は標準様式で個別の教育支援計画を作成している学校が29.0％，学校独自の様式である学校が51.2％であったと報告しており（全国特殊学校長会，2006），10年以上も前にすでに約8割の学校が一定の書式に基づいて個別の教育支援計画を作成していたことがわかる。その一方で，最大の課題として，一人ひとりの子どもについての支援会議の実施率が低い点が挙げられており，関係機関と日程調整しながら会議を開催することの難しさが浮き彫りにされている。

また，八木（2015）は，2014年にさまざまな校種の現職教員186名を対象に個別の指導計画についての調査を行い，課題として，作成に際しての知能検査の活用や長期目標の立て方に対する困難があること，連携体制が不十分であること，作成された計画がうまく活用されていないこと，具体的に内容を記すことの困難さや内容の妥当性についての不安があること，個人情報の保護の問題，教員の負担が大きいこと，などの課題を抽出している。池田・安藤（2012）は，小学校の特別支援学級や通常学級の担任等に対する個別の指導計画に関する調査を行い，問題点を多忙感・負担感，不安感，抵抗感，等からなる「意識」の課題，授業への活用と保護者との共通理解からなる「活用」の課題，作成する教師を支援する「学校体制」の課題，の3つにまとめている。小坂・姉崎（2011）は，小学校の特別支援教育コーディネーターを対象にした調査を行い，両計画についての意義や重要性は認識されているものの，①本人・保護者の参画の保障，②関係機関との連携づくり，③PDCAサイクルの構築と校内支援体制のづくり，に課題があると指摘している。保田・姉崎（2012）の中学校を対象にした調査でもほぼ同様の課題が挙げられている。

これまでの両計画に関する研究を集約すると，今後の課題は，教師の負担感・不安感の軽減，本人・保護者や関係機関との連携，活用の在り方，校内体制の整備，にあるといえる。

Ⅲ 個に応じた指導を実現するための教育課程編成の在り方と課題

1．教育課程と個別の指導計画・個別の教育支援計画の関係

個に応じた指導を行う上で，個別の指導計画と個別の教育支援計画は欠くことのできないツールであるが，個は学校の教育活動全体の中に位置付いて，はじめて光り輝くものである。それ故，両計画も教育課程との関連を踏まえる必要があり，香川（2005）はこの関係を図1のように示している。また，2016年12月に中央教育審議会から出された「幼稚園，小学校，中学校，高等学校及び特別支援学校の学習指導要領等の改善及び必要な方策等について（答申）」では，「教育課程の実施に当たっては，全ての子供たちに個別の教育支援計画を作成し，家庭や地域，医療や福祉等の関係機関等と連携した組織的，継続的な指導や支援を行うとともに，各教科等にわたる個別の指導計画を作成し，それに基づいて行われた学習の状況や結果を適切に評価し，指導の改善に努める必要がある」とし，教育課程と両計画との関連性について言及している。

この点に関して，特別支援教育総合研究所が2015年に実施した特別支援学校を対象にした全国調査によると，教育課程の評価で「個別の指導計画」を「よく使用している」と回答した学校は45.9％，「個別の教育支援計画」については27.6％に留まっており（特別支援教育総合研究所，2015），両計画と教育課程との関連が十分に意識されていない状況がうかがわれた。また，2008

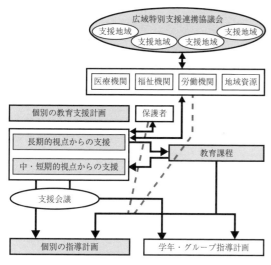

図1　教育課程と個別の指導計画，
個別の教育支援計画の関係（香川，2005，p.39）

年度に特別支援学校における学校評価の実態を調べた調査（大内，2012）では，個別の指導計画について詳細な項目を設定して評価している学校は19.6%，大項目のみで評価している学校が62.4%，評価していない学校が16.9%であり，個別の教育支援計画については，それぞれ，16.1%，57.0%，25.7%であった。個別の指導計画の方が個別の教育支援計画に比べて評価の対象とされていることがわかるが，いずれも詳細な項目を設定している割合は低く，今後，両計画に対する評価についての関心を高めていく必要がある。

なお，図1の支援会議については，全国特殊学校長会（2006）がその開催に困難さがあると指摘しており，個に応じた指導が円滑に進むような教育課程を編成するためには，支援会議が有効に機能するための在り方についての研究が求められる。

2．教育課程の類型化

特別支援教育においては，個に応じた指導を行うために，特別支援学校学習指導要領の総則に示された「重複障害者等に関する教育課程の取扱い」を踏まえて，教育課程の類型化が行われることが多い。1999年までの学習指導要領では「教育課程の特例」となっていたものが現行では「取扱い」となっており，教育課程を類型化し，個に応じた指導を行うのは特例ではなく，当然のこととして捉えられるようになってきたことが窺われる。

特別支援学校における教育課程の類型化の課題として，特別支援教育総合研究所（2014）は，類型化の本来の意味を認識し，障害種別や地域を越えて共通理解を図ること，指導の目標・内容・指導形態が第三者にも理解できるような示し方の工夫をすること，在籍児童生徒数の増加していく中で，一人一人の子どもの実態に応じた集団作りの検討を行うこと，意図した教育課程が子どもの力になっているか検討すること，学部間での一貫性・系統性や授業間でのつながりを検討すること，等を指摘している。しかし，個に応じた指導をめぐる教育課程研究や，教育課程の評価を含めた学校経営研究は乏しく，今後この分野での研究が進展することを期待したい。

〈文献〉

池田彩乃・安藤隆男（2012）個別の指導計画の作成及び活用に小学校の通常学級教師が主体的に関わるための研究．障害科学研究，36；135-143.

笠原芳隆（2015）自立活動を中心とした個別の指導計画に関する研究動向．特殊教育学研究，53(4)；297-305.

香川邦生（2005）個別の教育支援計画の作成と実践．教育出版．

小坂みゆき・姉崎弘（2011）小学校における「個別の教育支援計画」及び「個別の指導計画」の作成・策定と活用―有機的な支援の連携をめざして．三重大学教育学部研究紀要，62；153-159.

大内進（2012）特別支援学校の特性に配慮した学校評価の実践と課題．国立特別支援教育総合研究所紀要，39；3-25.

特別支援教育総合研究所（2014）特別支援学校及び特別支援学級における教育課程の編成と実施に関する研究（研究成果報告書）．

特別支援教育総合研究所（2015）特別支援学校における教育課程の評価の現状と課題に関する調査（調査報告書）．

八木成和（2015）現職教員の「個別の指導計画」の作成に関する現状と課題．四天王寺大学紀要，60；233-243.

保田英代・姉崎弘（2012）中学校における特別支援教育体制のあり方について―「個別の教育支援計画」及び「個別の指導計画」の作成と活用を通して．三重大学教育学部研究紀要，63；79-86.

全国特殊学校校長会（2006）「個別の教育支援計画」策定・実施・評価の実際（報告書）．

2-4 個に応じた指導・支援，教育課程，指導の質の問題

2-4-3
知的障害のある児童生徒の指導・支援および教育課程の課題

竹林地 毅

I 知的障害のある児童生徒の指導・支援に関する研究動向と課題

1.「合わせた指導」に関するテーマ

名古屋（2002）は，「合わせた指導」の教育実践の課題として，個への対応，児童生徒の自立的・主体的取り組み，生活力の育成であることを整理し，「領域・教科を合わせた指導」を週時程に大きく位置づける教育方法を実践的に検討することの必要性を指摘している。

太田（2006）は，養護学校（知的障害）学習指導要領解説の生活単元学習に関する記述を比較検討し，生活単元学習の定義的記述には変更がないが，生活単元学習に求められる条件の記述には修正削除・加筆があることを指摘している。また，「合わせた指導」（昭和41年版・49年版），「分けない指導」（昭和58年版，平成3年版），「一方法としての生活単元学習」（平成12年版）であることを指摘している。特別支援学校学習指導要領解説総則等編（幼稚部・小学部・中学部）（2008）では，「教科別に指導する場合」の項と併せて読むと「主たる方法としての教科等を合わせて指導する場合」という位置づけがなされていると考えられる。

近年，実践研究に基づく「合わせた指導」のガイドブックが作成されている（東京都教育委員会，2016；秋田県教育委員会，2016；京都府総合教育センター，2014）。背景には，ベテラン教師の大量退職と教師の年齢構成の偏り等により，「合わせた指導」の基本的な理念や単元づくり・授業づくりの考え方，授業のノウハウの継承がされにくくなってきていることが考えられる。

小学校学習指導要領（平成29年3月）等の改訂の基本的な考え方で示された「主体的・対話的で深い学び」の具現化は，これまで「合わせた指導」の教育実践が目指してきたことが，教育界全体に広がり，位置付けられたとも考えられる。佐々木・名古屋（2009）や藤原（2013）が追究している知的障害のある児童生徒が主体的に学ぶ「合わせた指導」の授業の実践研究は，今後も不可欠であり，関係者の課題意識と研究成果の共有が課題だと考えられる。

2．キャリア教育・職業教育に関するテーマ

高畑・武蔵（2002）は，現場実習での就労支援プログラムの有効性，業務スキルの獲得とその長期的維持（就労後1年5カ月）の方略を検討している。また，霜田・井澤（2005）は，作業学習における目標設定と自己評価について検討し，作業技術・態度の目標設定と自己評価が明確にできず，改善が難しくなっていることを見出している。

国立特別支援教育総合研究所（2010）は，知的障害のある児童生徒のキャリア教育を推進するための「キャリアプランニング・マトリックス（試案）」を整理し，特別支援学校（知的障害）のキャリア教育に関する実践研究のより所を提案した。

藤川・松見・菊地（2016）は，特別支援学校（知的障害）における技能検定の実施状況，技能検定の目的は生徒の意欲を高めることであること，年間指導計画への位置付け等を報告している。

児童生徒のキャリア発達を促すことを目指すキャリア教育の考え方の教師・保護者への浸透，児童生徒自らが自分の生き方・やりたいことを見出し，その実現のために主体的に学習するキャリア教育の実践研究，過去の反省から学び，訓練ではない職業教育の実践研究の蓄積が課題だと考えられる。

3．自己理解，自己決定に関するテーマ

小島（2010）は，知的障害のある児童生徒の自

己概念の影響要因について検討し，賞賛が多く，叱責の少ない対象児ほど学業と運動領域の自己概念を高めることや，他者のことを強く意識している対象児ほど自己について語ることができることを明らかにしている。また，小島（2013）は，我が国の学校教育現場における自己決定力を育む実践研究を概観し，小学生段階から自己決定力を育む教育実践の蓄積と，評価尺度や体系的な指導プログラムの開発が求められることを指摘している。

障害を理由とする差別の解消の推進に関する法律（平成28年4月施行）等で障害者に対する合理的配慮の提供が求められている。「わたしたちのことは，わたしたちをまじえてきめてほしい」と謳われた「本人決議」（1999）が提起した知的障害者の自己決定については，合理的配慮の提供に関する合意形成のプロセスに位置付く課題としてとらえた実践研究の蓄積が求められる。

4．健康，スポーツに関するテーマ

原・江川・中下ら（2001）は，特別支援学校（知的障害）の児童生徒の健康問題について，肥満の特徴，予防への教育的介入の効果等を論じている。また，武田・原（2001）は，死亡事例を検討し，不慮の事故が死亡原因の上位にあり，未然防止の取組の必要性を指摘している。

渡邉・橋本・菅野（2014）は，特別支援学校（知的障害）の体力・運動能力調査の実施状況等を検討し，体力・運動能力調査が個別の指導計画の作成やスポーツ及び運動の指導に活用されていないことを指摘している。また，渡邉・尾高・橋本・菅野（2016）は，特別支援学校（知的障害）における中学部保健体育科の指導の実態を調査し，身体測定結果を踏まえた運動及び食事の指導が十分されていないことを指摘している。

知的障害のある人が生涯にわたって健康で豊かな生活を営んでいくためには，学齢期における運動習慣の形成が不可欠（渡邉他，2014）である。

スポーツ基本法（2011）の施行等から具体的な施策も実施されるようになってきているが，特別支援学校（知的障害）における体力・運動能力調査の実施と結果，身体測定の結果にもとづく組織的・計画的な指導の実施が課題だと考えられる。

5．ICTの活用に関するテーマ

藤野・廬（2010）は，東京都内の特別支援学校（知的障害）におけるAACの利用実態を調査し，マカトンサインは，高等部になると減少し，パソコンは高等部になると増加していること，その背景には，社会生活への移行支援があることを指摘している。中邑（2015）は，知的障害のある人の苦手とする機能をICTで補助・代替し，ICTを含んだ能力をその人が社会で生きるための能力としてとらえること，自分の困難さをきちんと主張して，合理的配慮の提供を求めていくためにも日常の機器利用が求められること，ICTを使った知的障害のエンハンスメント，例えば，記憶の機能を高めるために使用することを容認する意識と制度改革が必要であること等を指摘している。

ICTを活用して，知的障害をエンハンスメントするという考え方の共有が課題だと考えられる。

6．交流及び共同学習に関するテーマ

大谷（2001）は，小学校6年生と特別支援学校（知的障害）児童1名の交流教育における小学生に対する事前指導の効果を検討し，交流経験後に比べ交流経験前（情報提供後）の方が好意度は高く，その要因として，小学生の理解度が浅かったこと，交流活動における接触の機会の少なさを推測している。岩橋・相本・藤原・井上（2012）は，交流学級児童から障害のある児童への適切なかかわり行動を増加させるためには，かかわり行動が生起しやすい場面とターゲットスキルを設定すること，児童が具体的なかかわり方を考える等の主体性のある授業の構成の重要性を指摘している。

知的障害のある児童生徒の主体的に活動と学習に着目した交流及び共同学習の在り方をテーマとする実践研究が望まれる。

7．協働による指導・支援に関するテーマ

古山・落合（2015）は特別支援学校（知的障害）中学部生徒に対する教員と作業療法士の協働による指導の実践研究を報告している。作業療法士が二つの評価を用いて生徒の課題遂行の問題を明確にしたこと，教員と作業療法士が共通の目標による取り組みを実行したこと等により成果があがったとしている。課題として作業療法士がシステマティックに介入できる体制づくりが指摘されている。

太田 (2016) は外部専門家を活用したケース検討会の効果を検討しているが，外部の専門家との協働による指導・支援を実施するための体制づくりの実践研究の蓄積が課題だと考えられる。

II 知的障害のある児童生徒の教育課程に関する研究動向と課題

特別支援学校（知的障害）の教育課程は，児童生徒の自立と社会参加を目標として，日常生活・社会生活・職業生活に必要な内容を，生活に結びつけ，実際的・体験的，主体的に学べるようにしているところが特徴だと考えられる。

1．特別支援学校（知的障害）の教科に関するテーマ

野口・米田（2012）は，米国の知的障害のある児童生徒への通常カリキュラムの適用について，次のことを指摘している。

・知的障害児の学習評価では，通常教科内容の達成水準で評価するのではなく，代替水準の設定により評価することが認められている
・教科を中心とした評価を行うことで，機能的生活スキルといった教科以外の教育内容の指導が希薄になることが懸念される
・今後，代替スタンダードの内容設定と評価方法の実践的検討が進むことで，通常教育と知的障害との間の学習内容の普遍性や評価基準の連続性が担保され，知的障害教育の特徴である現在と将来の生活に生きる能力の育成という視点が，スタンダード・ベースの評価システムの改善に寄与することも考えられる

特別支援学校（知的障害）の各教科と小・中学校の各教科との連続性・関連性についての議論がある（中央教育審議会，2016）。知的障害のある児童生徒が「学習活動に参加している実感・達成感を持ちながら充実した時間を過ごしつつ，生きる力を身に付けていける」（中央教育審議会初等中等教育分科会，2012）ことを強く指向し，卒業後の生活を見据えた，現実的な議論を期待したい。

2．高等部の教科に関するテーマ

国立特別支援教育総合研究所（2012）は，特別支援学校（知的障害）高等部における軽度知的障害のある生徒に対する教育課程に関する実態調査等から，必要性の高い指導内容を授業内容との関連で整理し，教育課程上の位置づけを整理している。また，渡辺（2009）は，特別支援学校（知的障害）高等部の教科「流通・サービス」の実施状況を調査するとともに，渡辺（2009）は教科「福祉」について，キャリア発達の観点からの学習内容の選定と指導計画の作成等の在り方を論じている。さらに，渡辺（2012）は，作業学習におけるものづくり（製作・生産）と教科「流通・サービス」の商品管理，販売，事務の学習内容を分析し，目標の設定，学習内容の選定，授業の進め方を検討するための知見を整理している。

特別支援学校（知的障害）高等部の教育課程（教育内容・方法）は，高等学校に在籍する障害のある生徒の指導にも有効だと考えられるものがあり，今後，例えば，高等学校における通級による指導の実施等を通じて，特別支援学校と高等学校の共同研究が促進される可能性があると考えられる。

3．特別支援学級（知的障害）の教育課程に関するテーマ

国立特別支援教育総合研究所（2014）は，特別支援学級（知的障害）の全国調査を実施し，児童生徒の実態や担任が考える困難，効果的な対応策等を検討している。また，井上・井澤（2016）は，特別支援学級における「合わせた指導」の調査結果を報告している。

小学校学習指導要領（平成29年3月）等では，特別支援学級の教育課程に自立活動を取り入れて編成することが明確に規定された。また，実態に応じた教育課程を編成するよう規定された。しかし，全国特別支援学級設置学校長協会（2017）は，特別支援学級の自立活動の指導に関する教師の専門性と研修が課題となっていることを報告している。特別支援学級（知的障害）の担任者の専門性の向上・維持が困難な状況があると考えられることから，教育行政施策に結びつく研究と提言が必要だと考えられる。

〈文献〉

秋田県教育委員会（2016）特別支援学校 生活単元学習ガイド．(http://www.pref.akita.lg.jp/pages/archive/10785,

平成 28 年 12 月 24 日閲覧）

中央教育審議会初等中等教育分科会（2012）共生社会の形成に向けたインクルーシブ教育システム構築のための特別支援教育の推進（報告）．

中央教育審議会（2016）幼稚園，小学校，中学校，高等学校及び特別支援学校の学習指導要領等の改善及び必要な方策等について（答申）．

第 48 回全日本育成会全国大会（北海道大会）本人部会参加者一同（1999）本人決議．(http://www.arsvi.com/1990/990801ij.htm，平成 28 年 12 月 24 日閲覧）

藤川雅人・松見和樹・菊地一文（2016）特別支援学校（知的障害）高等部における技能検定についての調査研究．発達障害研究，38(3)；314-324.

藤野博・廬熹貞（2010）知的障害特別支援学校における AAC の利用実態に関する調査研究．特殊教育学研究，48(3)；181-190.

藤原義博（2013）児童生徒の「わかって・できる」主体的行動を育成する教育的支援．発達障害研究，35(4)；304-312.

原美智子・江川久美子・中下富子・山西哲郎・下田真紀（2001）知的障害児と肥満．発達障害研究，23(1)；.3-12.

岩橋由佳・相本広幸・藤原秀文・井上雅彦（2012）知的障害のある児童に対する交流学級児童のかかわり行動を促進させるための障害理解授業の効果．特殊教育学研究，49(5)；517-526.

小島道生（2010）知的障害児の自己概念とその影響要因に関する研究．特別支援教育学研究，48(1)；1-11.

小島道生（2013）知的障害のある児童生徒の意思決定支援．発達障害研究，35(4)；296-303.

国立特殊教育総合研究所（2004）「21 世紀の特殊教育に対応した教育課程の望ましいあり方に関する基礎的研究」盲・聾・養護学校教育課程調査資料，pp.3-4.

国立特別支援教育総合研究所（2010）知的障害教育におけるキャリア教育の在り方に関する研究　研究成果報告書．

国立特別支援教育総合研究所（2012）特別支援学校（知的障害）高等部における軽度知的障害のある生徒に対する教育課程に関する研究　研究成果報告書．

国立特別支援教育総合研究所（2014）知的障害特別支援学級（小・中）の担任者が指導上かかえる困難やその対応策に関する全国調査　調査結果報告書．

古山千佳子・落合俊郎（2015）特別支援学校における教員と作業療法士の協働―色塗りが上手になった事例を通して．特殊教育学研究，53(3)；205-213.

京都府総合教育センター（2014）特別支援学校・特別支援学級「各教科等を合わせた指導」ガイドブック．(http://www.kyoto-be.ne.jp/ed-center/cms/index.php?key=jo90wwjg6-179#_179,平成 28 年 12 月 24 日閲覧）

文部科学省（2017）小学校学習指導要領 (http://www.mext.go.jp/a_menu/shotou/new-cs/1384661.htm，平成 29 年 4 月 10 日閲覧）

中邑賢龍（2015）ICT を活用した知的障害のエンハンスメントの可能性．発達障害研究，37(3)；226-232.

名古屋恒彦（2002）「領域・教科を合わせた指導」を大きく位置づける教育実践が追究する課題．発達障害研究，24(1)；43-54.

野口晃菜・米田宏樹（2012）米国スタンダード・ベース改革における知的障害のある児童生徒への通常カリキュラムの適用．特殊教育学研究，49(5)；445-455.

太田英樹（2016）知的障害特別支援学校における外部専門家を活用したケース検討会の研修効果．発達障害研究，38(3)；325-340.

太田正己（2006）生活単元学習に関する条件の変容の研究．発達障害研究，28(3)；224-233.

大谷博俊（2001）交流教育における知的障害児に対する健常児の態度形成．特別支援教育学研究，39(1)；17-24.

佐々木全・名古屋恒彦（2009）授業分析による生活単元学習の検討．発達障害研究，31(3)；212-220.

霜田浩信・井澤信三（2005）養護学校「作業学習」における知的障害児による目標設定・自己評価とその効果．特殊教育学研究，43(2)；109-117.

高畑正蔵・武蔵博文（2002）支援ツールを活用した現場実習における就労指導プログラムの公開と長期的維持．特殊教育学研究，39(5)；47-57.

武田鉄郎・原仁（2001）知的障害児の死亡例．発達障害研究，23(1)；32-41.

東京都教育委員会（2016）都立特別支援学校の教育内容・方法の充実．(http://www.kyoiku.metro.tokyo.jp/buka/shidou/tokushi-juujitsu.html,平成 28 年 12 月 24 日閲覧）

渡邉貴裕・橋本創一・菅野敦（2014）知的障害特別支援学校の体育・スポーツ指導における体力・運動能力調査の課題．発達障害研究，36(2)；196-208.

渡邉貴裕・尾高邦生・橋本創一・菅野敦（2016）知的障害特別支援学校における保健の指導の実際．発達障害研究，38(3)；351-363.

渡辺明広（2009）知的障害高等特別支援学校（特別支援学校高等部）における「流通・サービス」の実施状況についての調査研究．特殊教育学研究，47(1)；23-35.

渡辺明広（2009）特別支援学校（知的障害）における教科「福祉」の展開と課題．発達障害研究，31(5)；413-424.

渡辺明広（2012）キャリア発達の視点からみた，特別支援学校（軽度知的障害）高等部の作業学習におけるものづくり（製作・生産）と〔流通・サービス〕（商品管理・販売，事務）の学習内容の分析．発達障害研究，34(2)；207-219.

全国特別支援学級設置校長協会調査部（2017）平成 28 年度特別支援学校設置学校長協会調査報告書．21.

2-5 通級による指導と特別支援学級の在り方の問題

2-5-1 通級による指導と特別支援学級
インクルーシブ教育の推進の担い手として

櫻井 康博

　筆者は，2008年から3年間，1,100名近くの児童が学ぶA小学校の校長を務めた。特別支援教育を専門とし前年は県立特別支援学校教頭で小学校教員免許も所有していなかったが，A小学校は発達障害等が誘因となり不登校等の不適応をおこす児童が目立ち，また精神疾患による病気休職の教職員が複数名いたこと，そして40名近くの児童が在籍する特別支援学級があることなど特異な課題があり特別支援教育を活かせる機会と受け止めた。

　就任1年目，就学時検診のころから入学を控えご心配な保護者が相談にみえた。
　①食べ物のアレルギーがあり給食が心配です
　②体が弱くて休まずに登校できるか心配です
　③多動で幼稚園ではよく注意されていましたので，学校の授業も心配です

　どのような申し出に対しても「学区にお住まいの子弟である以上，校長として歓迎，守ります。ただご心配の内容に詳しい教職員を同席させますので具体的に相談をしてください」と伝え，①には栄養職員と養護教諭，②には養護教諭，そして③には教頭と生徒指導主任を同席させた。③には，特別支援教育コーディネーターを兼務していた特別支援学級主任のB教諭を同席させたかったが，本人から「通常学級に入学するお子さんですよね」と消極的な申し出があり，教頭からも「新入生の保護者は特別支援学級担任が同席することに違和感をもつと思います」との進言を受け特別支援学級主任は同席させられなかった。

　2年目をむかえ，特別支援教育の視点を活用した学校作りに努めた。特別支援教育コーディネーターは，通常学級の担任で学級経営が上手でかつ教職員からの信頼の厚いC教諭とし担外に位置づけた。特別支援学級の教員には，交流及び共同学習を積極的に展開させまた通常学級の児童への支援や指導も弾力的運用として始めるよう指導した。またC教諭には児童の把握・理解のため特別支援学級の授業にも参加させた。閉鎖的な特別支援学級を開き，通常学級であれ特別支援学級であっても同じA小学校の児童なのだから，教職員が一丸となって全ての児童の笑顔を求め支え合う学校をめざし，学校内のノーマライゼーション化を進めた。そして3年目，不登校児童がゼロに，病気休職者もゼロとなるなど確かな成果がみられた（櫻井，2010）。

　学校現場でインクルーシブ教育を推進させるためには，特別支援教育を特別なものという既成概念から，日常的に活用するあたりまえなことに変えていく必要がある。そのためには通級による指導や特別支援学級といった既存の特別支援教育の機能の拡大と，担当している教職員の校内における役割は重要である。柘植（2012）は特別支援学級に期待することとして，校内支援の核となり特別支援教育の情報発信を担う役割があり，学校全体の教育力向上への貢献をあげている。

　そこで2001年～2016年までの通級の指導及び特別支援学級の状況を分析し，学校におけるインクルーシブ教育の推進に向け構築された到達点と課題，可能性を論じたい。

I　通級指導教室と特別支援学級の設置状況

　文部科学省の調査によると2015年通級指導教室を設置している学校は小学校で20.6％，中学校で8.3％であった。近年では，訪問型の通級の指導教室が試行されるなど，在籍校での学びを保障しつつ通級指導教室での学びを展開する工夫がな

されてきているが，設置状況は不十分である。特に中学校の整備が遅れている。例えば長野県では，発達障害児を対象とした中学校の通級指導教室は2016年度まで設置されていない。そのため特別支援学級で学ぶ生徒が多くみられ，学校におけるインクルーシブ教育を推進するための検討課題となっている。また国立特別支援教育総合研究所（2016）の調査によるとまだ3割以上の市町村に通級指導教室が設置されていない状況であると報告している。

また文部科学省の調査によると特別支援学級を設置している学校は，2005年60.12％だったが，2015年には77.00％と増加した。必要な児童生徒が在籍している全ての小・中学校に設置される時期も近いと予想できる。なお2015年の特別支援学級で勤務している教員は58,881人おり，全国には小中学校が31,085校あることから，全ての学校に2名近く特別支援学級担任がいる計算となる。

表1　特別支援学級（特殊学級）が設置されている学校数とその割合

（文部科学省の調査結果より筆者が作成）

	2005年		2015年	
	特殊学級設置校数	学校設置率	特別支援学級設置校数	学校設置率
小学校	14004校	60.56%	16085校	78.08%
中学校	6532校	59.05%	7851校	74.89%
全体	20536校	60.12%	23936校	77.00%

II　通級による指導と特別支援学級で学ぶ児童生徒

通級による指導を利用している児童生徒の割合は，2001年から15年たち0.24％から0.90％と急増している。1％近くの児童生徒が自立活動や補習など通常学級の学びを補完する機会を得ていることになる。通級による指導は，1993年言語障害児を対象に始められ，2006年から学習障害，注意欠陥多動性障害児も対象に加わり，現在では通級による指導を受けている児童生徒の半数以上が知的障害のない発達障害児となっている（文部科学省，2015）。

特別支援学級に在籍している児童生徒の割合は，2001年から15年間で，0.63％から2.00％に急増している。特別支援学校の在籍率も増加していることから，従来通常学級に籍をおいて学んでいた特別な支援が必要とする児童生徒が特別支援学級に入級し，個に応じた適切な教育を受けられるように整備が進んだと解釈することができる。

表2　特別支援教育の対象者数（割合）の変化

柘植(2016)による

	2001年	2016年
小・中学校　通級による指導	0.24%	0.90%
小・中学校　特別支援学級	0.63%	2.00%
特別支援学校	0.43%	0.70%
合計	1.30%	3.60%

III　インクルーシブ教育につながる通級による指導と特別支援学級の機能と専門性

通級による指導は，通常学級に籍がある児童生徒を対象に，主に自立活動を行い，通常学級の補習も組み込むことができる教育活動であり，インクルーシブ教育の推進に直接的に関わる機能を有している。佐藤（2014）は児童の成長を通常学級と通級指導教室の連携により支えた小学校での教育実践を基に，特別支援教室構想，そして誰もが利用できる教育支援室への発展を論じている。山中（2016）は子どもが在籍している学校で通級による指導を受けられる体制を設け特別支援教室に発展させていると報告している。国立特別支援教育総合研究所（2016）の調査には，通級指導教室担当者の専門性の向上について市町村教育委員会が積極的に取り組んでいると報告されている。

このように，特別支援学級に比べシステム整備が新しい通級による指導は，通常学級で学ぶ発達障害児等への対応という喫緊の課題に，文部科学省の体制整備事業と密接にかかわりながら，支援・指導のセンターとして積極的にかかわり，機能していることが数多く報告され，インクルーシブ教育の推進役を担っていることがわかる。

なお文部科学省は，2018年度から高等学校に通級指導教室を導入し，また従来通級指導担当教員の配置は全て加配対応であったが基礎定数化を

図るなど，充実に努めている。

一方，特別支援学級に関する研究論文は2007年以降少なく，特にインクルーシブ教育推進に寄与すること，例えば弾力的運用に焦点をあてた研究報告は見つけられなかった。

全国特別支援学級設置学校長会実態調査（2011）によると，交流及び共同学習は9割以上の学校で教育課程に位置づき，週5回以上実施している学校が5割近いと報告している。そして「漫然と行うのではなく，障害のある児童生徒と障害のない児童生徒の両者にとって効果のある活動のための評価」が，また「障害のある児童生徒が確実に力をつけられるように特別支援学級の専門的な指導の充実」が必要だとまとめられている。

小林ら（2008）によると特別支援学級担任教員は特別支援教育への移行にともない不安や戸惑いを感じているとしている。

また全国特別支援学級設置学校長協会調査報告書（2009）の調査では，特別支援学級担当者の専門性について「障害や特別支援教育に関する知見」や「特別支援学級担任教員は児童生徒や保護者，同僚等との関係調整能力」は校長の多くが必要としたが，特別支援学級の担当者の認識（現実）とは大きな乖離があったとしている。同調査報告書（2012）によると校長は，特別支援学級担当教諭に特別支援学校免許状の所有者をあてることが適切であると考えている。しかし同調査報告書（2015）によると特別支援学級主任教員のうち，特別支援学校教員免許状所持（取得中も含む）者は4割であった。そして3分の1が特別支援学級を担当して3年目以内であると報告されている。

そして廣瀬（2013）は，2009年に対象児の拡大が図られた自閉症・情緒障害特別支援学級では，児童生徒への適切な指導と共に教育課程の編成が喫緊の課題となっているとしている。また国立特別支援教育総合研究所研究成果報告書（2016）によると特別支援学級担当者は「特別の教育課程」の位置づけが不明確な状況であり専門性が十分に保障されているとは捉えられない状況だとしている。

これらのことから特別支援学級担任教員は，半数以上が特別支援学校免許を所持しておらず経験年数も短いため，特別支援学級の経営や教育活動の充実が課題となっており，学校全体のインクルーシブ教育の推進役として期待には応じられない状況であると受け止められる。一方，国立特別支援教育総合研究所（2013）「知的障害特別支援学級（小・中）の担任が指導上抱える困難やその対応策に関する全国調査」によると小学校の8割，中学校の7割の特別支援学級担任教諭が通常学級担任への支援を行っているとの報告もある。特別支援学級担任教員の苦悩が想像できる。近年充実，発展してきた特別支援教育においていわば老舗である特別支援学級の機能や在り方について十分検討されてこなかったことは，積み残されてきた課題である。

2007年特殊教育から特別支援教育に移行した際に，養護学校等はセンター的機能や総合化といった新たな取り組みが明示され特別支援学校に移り定着してきている。しかし同様に特殊学級から特別支援学級に名称は変わったものの，機能面の変化（筆者は特別支援教室構想につながる教育実践を付与したものと解釈している）を周知できなかったことが，この背景にあると推察できる。合わせて筆者が出会う特別支援学級担任教員の中には，臨時的採用された教員も多くみられることから，必要な教員数が急増したことに教員養成が追い付いていないことも起因しているであろう。

Ⅳ　インクルーシブ教育の推進に必要な課題

現状と到達点から，インクルーシブ教育の推進に必要な課題として

①全ての小・中学校に通級指導教室か特別支援学級を配置すること，

をまずあげたい。これは徐々に整備されてきている。そして

②通級による指導に比べ特別支援学級の充実や在り方の検討がなされていない。

③特別支援学級の担当者は，特別支援学級の児童生徒の教育活動と同じウエートで，全校の通常学級に在籍する特別な支援が必要な児童生徒の支援・指導にあたる責務を負うことを明示する必要がある。

そのために，

④学校長の理解と組織マネジメント力が大切である。特別支援教育コーディネーターは全校の児童生徒の把握が可能な立場となりうる教員をあて，特別支援教育コーディネーターが担任との情報交換を密に図り，必要に応じ通級指導教室や特別支援学級担当者の専門性を活かす学校経営をすること。合わせて校内の特別支援教育を託せる人材の発掘と育成，そして特別支援学級担当者には全校の児童生徒を支援し特別支援教育を担うという重責を担っているという認識をもてるよう研修の活用など指導が必要である。

⑤特別支援学級担任教員の専門性をより高めたい。国立特別支援教育総合研究所（2013）によると知的障害特別支援学級担任のうち特別支援学校の教員免許取得率が小学校38.3％，中学校が34.7％と低く，教育再生会議では2倍程度を目指し保有率を大幅に向上することと提言している。当面の策として当然であり，将来的には特別支援学校と同様に必須化すべきだろう。しかし特別支援学校の教員免許取得で得られる知識や内容では不十分である。加えて通常学級における特別支援教育の在り方，通常学級の教員の専門性を活かすための同僚性や役割分担，保護者の心理と連携の在り方，外部機関の活用，そして社会の変化に伴い特別な支援が必要な児童生徒の教育活動の在り方など学ぶべきことは多く，年次研修が法定化されたように，特別支援学級担任教員を対象に独自な法定研修が必要である。

最近筆者が訪れる小・中学校の通常学級の教員が特別支援教育に関して強い探究心をもっていることに驚いている。もしかしたら近い将来，通常学級の担任が時代の求める特別支援教育の実践者として適任とされ，推進者として期待される人材となるのではないかと思えるほどである。しかし子どもの多様性が特別支援教育の難しいところである。特別な支援は，全く個々の子どもで異なり，個々に応じた教育活動を計画し実行するには，積み重ねと専門性が必要である。小島ら（2011）によると，通常学級の教員には特別支援学級などでの特別支援教育の経験が特別支援教育に関する意識に大きな影響を与えるが，通常学級における特別支援教育の経験は影響が小さいとしている。学校のインクルーシブ教育の推進を図るためには，数多くの特別な支援が必要な子どもの指導経験と専門性を兼ね備えた特別支援学級担任や通級指導教室の担当者の役割はますます高まるであろう。

〈文献〉

廣瀬由美子（2013）自閉症・情緒障害特別支援学級における課題の整理と実践への期待―共生社会の形成を目指した自閉症教育を中心に．特別支援教育研究，676；2-7．

小林徹・熊井正之・奥住秀之他（2008）特別支援教育への移行に関する特別支援学級担任教員の意識―東京都多摩地区における質問紙調査から．SNEジャーナル，12(1)；151-161．

国立特別支援教育総合研究所（2013）知的障害特別支援学級（小・中）の担任が指導上抱える困難やその対応策に関する全国調査．研究成果報告書．

国立特別支援教育総合研究所（2016）発達障害のある子どもの指導の場・支援の実態と今後の指導の在り方に関する研究．研究成果報告書．

小島道生・吉利宗久・石橋由紀子他（2011）通常学級での特別支援教育に対する小・中学校の担任教師の意識構造とその影響要因．特殊教育学研究，49(2)；127-134．

文部科学省（2015）特別支援教育資料．

櫻井康博（2010）新学習指導要領をめぐる小学校における特別支援教育への取組と課題．上越教育大学特別支援教育実践研究センター紀要，16；7-10．

佐藤滋記（2014）通級指導教室から思うこと―通級から教育支援室へ．LD研究，23(3)；243-249．

柘植雅義（2012）特別支援学級に期待されていること．特別支援教育研究，657；2-5．

柘植雅義（2016）通級による指導の『これまで』と『これから』．特別支援教育研究，710；6-9．

山中ともえ（2016）自分の学校で通級による指導が受けられることを目指して―東京都調布市の実践から．特別支援教育研究，710；10-11．

全国特別支援学級設置学校長協会調査報告書（2009, 2011, 2012, 2015）

2-5 通級による指導と特別支援学級の在り方の問題

2-5-2 「通級による指導」の未来を考える
ハードウェアとしてのシステム整備とソフトウェアとしての人材育成

小林 玄

I 特別支援教育の中の通級の意義

特殊教育から特別支援教育の転換において、特筆すべき変革はいくつかあるが、そのうちの一つに、通常の学級に在籍する支援の必要な子どもにも光を当てたことが挙げられる。本稿では、通級による指導の中でも発達障害あるいはその周辺児への支援に焦点を絞って考察したい。

障害児者への支援を考える時、対象となる障害種別によって周囲の理解や支援の妥当性は異なってくる。たとえば、白杖を持った視覚障害者や車椅子に乗った肢体不自由者に対しては、障害児者支援に明るくない者でも、当人がどのような場面で困難な状況になるか、どのような手助けを必要とするかがある程度想像できるだろう。いわゆる「見えやすい障害」である。これに対して、知的障害を伴わない発達障害は、「見えにくい障害」である。固執性はわがまま、学習のつまずきは努力不足、多動傾向はしつけ不足などで語られてしまうことも多々ある。

通級による指導は、弱視や難聴も対象となるが、特殊教育において対象となりにくかった「見えにくい障害」である発達障害に対するサポートが主軸となるシステムだといえる。通級による指導が制度化された1993年当初は、言語障害、情緒障害を対象としたシステムであったが、発達障害の子どもの利用も少なからずあった。2001年に文部科学省が知的障害を伴わないLD, ADHD, 高機能自閉症などの定義を発表し発達障害が広く周知される以前に、現場のニーズに即して発展した制度であるといえる。

それでは、通級による指導という新しいシステムに現場は何を求めたのだろうか。さて、「見えにくい障害」つまり、抱えている困難さについて周囲の理解を得られず悩んでいる子どもたちはどこにいるのだろうか。おそらくは通常の学級であろう。それでは、発達の偏りをもつ子どもの困難さをより強調してしまう場はどこだろうか。おそらくはそれも、集団のサイズが大きく個のニーズに対応しづらい通常の学級であろう。このジレンマを打開するために、指導の場を一か所に限定せず、「集団に適応するための取り出し指導をおこなう」通級のシステムが生まれたと言える。

「集団に適応するための取り出し指導」は、海外に原型を見出すことができる。とりわけアメリカのリソースルームのシステムは、ある面で日本の通級による指導に似ており（林・都築, 2016）、先行事例として通級システムに影響を与えたと思われる。リソースルームのシステムは、支援のニーズを持つ子どもが通常の学級に在籍しながら必要とされる時間（学校で過ごす時間のうち21%～60%）だけ在籍学級を抜けて学校内に設置されたリソースルームでニーズに即した支援を受けられる制度である。日本でいえば校内通級の形態に近い。アメリカでは先んじてインクルーシブ教育が推進されているが、障害の有無に関わらずどの子どももできるだけ同じ場で指導を受け、必要に応じて個のニーズに適した指導の場や形態を、校内の教育資源から選択できるという方法は画期的である。日本においても、東京都が進めている特別支援教室のシステム(後述)などの構想の中に、その理念は反映されているが、システムとしての定着と成果という点ではまだ未知数である。

インクルーシブ教育や合理的配慮が謳われる時代において、個のニーズに即した「集団に適応するための取り出し指導」は重要なカギとなるだろう。その意味で、通級による指導の在り方が今後

問われることになる。システムの成熟に向けて今後の課題を提起したい。

II 「通級による指導」のハードウェア的側面

通級による指導の今後の課題を，ハードウェア的側面とソフトウェア的側面から考えていきたいと思う。まずシステムというハードウェア的側面から論じたい。

2016年に発表された文部科学省のデータによれば，特別支援教育が開始された2007年に通級による指導を受けた児童生徒が45,240人であったのに対し，2015年では90,270人まで増加している。10年弱で実に2倍近くも利用者が増えている計算になる。障害種にかかわらず増加は見られるが，言語障害などがほぼ横ばいの緩やかな増え方をしているのに対し，学習障害，自閉症，注意欠陥多動性障害の種別では顕著な増加を示している。この3つを合わせれば全体の半数近くにもなるのである。それだけ発達障害の支援ニーズが高いことがうかがえる。

しかし利用者が増える一方で，通級による指導の質が十分に成熟しているかというと，そうとは言い切れない現実がある（佐々木・武田，2012）。そもそも発達障害の子どもたちの問題は，同じ障害種別であっても多様であり，集団のサイズを小さくしたり，取り出し指導をしたりすれば簡単に解決するというものではない。子どもの多様性に応じることができる柔軟性がシステムや指導内容に求められるのである。

通級の形態は自校通級，他校通級，巡回指導の3つに大別される。先述のアメリカのリソースルームであれば全て在籍校にて指導を受けられるが，現在の日本では，全ての学校にリソースルームに匹敵する指導の場を設けることは難しい。そこで，何校かに1校通級指導教室を設置する拠点校システムが採用されてきた。

しかし，拠点校システムにおける他校通級は，当然，通学の負担が伴う。小学校の低学年児童などは，子ども一人での通学が難しい場合もあるため保護者が送迎できるかどうかが通級利用を検討する際のポイントになることもある（平子・菊池，2012）。他校への通学や送迎の問題を解決するには，子どもが動くのではなく，教員が動くという発想で巡回指導のシステムも考えられている。このシステムであれば，全ての子どもは自校で指導を受けることができる。しかし，自校にいつでも指導の場が設けられているわけではなく，担当教員の巡回日だけに限定されるという点では，アメリカにおけるリソースルームの教育的サービスのレベルにはまだ至っていない。これら3つの通級指導の形態は，通級全体でみると巡回指導が6.8％で最も少なく，残りを自校通級と他校通級が二分している（前述2015年度データ）。

東京都では，2004年に「東京都特別支援教育推進計画」を策定し，発達障害を含む障害のある子どもへの多様な教育の展開を試みている。その中には2016年度から3ヵ年計画で実施されている全小学校への特別支援教室の設置がある（東京都教育委員会，2016）。特別支援教室での指導には，通級の担当教員があたり巡回指導形式で導入された。まだスタートして1年目であり，初年度から全ての学校に設置している地域は少数である。開始に先立ってモデル事業として導入した地域の報告によると，「校内における特別支援教育や発達障害に関する理解が深まった」「対象児童の意欲が高まった」といった成果とともに，「保護者との情報交換の機会が減少した」「教員の移動に関わる負担が大きい」「教員の指導力に格差がある」「小集団指導のグルーピングが難しい」「広い指導スペースの確保が難しい」などの懸念事項もある（2015年度第2回S.E.N.Sの会東京支部会研修会「東京都特別支援教室への期待と課題」）。これらの課題をどのように克服していくかが今後問われることになる。

III 「通級による指導」の多様性と今後の広がり

『全国の特色ある30校の実践事例集「通級による指導」編』（柘植他，2016）には，さまざまな通級指導の在り方が示されている。特徴的な取り組みの一つとして，中学校に設置された通級指導教室が地域の支援センター的機能を担うというものがある。この例（横浜市立洋光台中学校）では，通級のセンター的機能として「特別支援教育に関する研修会の講師」と「ケースについての相談」

の2つを挙げている。センター的機能を担う機関としては，特別支援学校があるが，通常の学級での支援に直接関わる研修テーマや教育相談であれば，指導対象の子どもが通常の学級に籍をおいている通級の教員の方が，通常の学級の教員のニーズに即した対応が期待できるだろう。また，中学校では，教科担任制をとるため，小学校と比較して当該生徒に関わる教員の数は多くてもその関わりは浅くならざるを得ない。生徒の問題を共有したり指導方針のコンセンサスをとるにも当該生徒を熟知している専門性の高い人間がとりまとめをした方が支援が円滑に回りやすい。通級の教員の専門性を担保できれば通級による指導というシステムは貴重な教育資源になることがわかる。もちろん，通級への行政の後押しと人材育成が不可欠であろう。

また，別の特徴的な取り組みとしては，小中の移行支援を通級が担う例がある。中学校の通級の教員が地域の小学校に出向き，支援が必要な子どもを中学入学前から把握し入学初日からつまずきのない学校生活が遅れるよう尽力している（深谷市立深谷中学校）。この中学校の試みが功を奏しているのは，単に中学校の通級の教員が小学校に出向くという形式によるものではなく，その軽快なフットワークの背景に，各学年にコーディネーターを置く複数コーディネーター制の導入など学校全体でのきめ細やかで先進的な支援体制が存在しているからである。他方，小中の連携を小学校側から手厚くした例（米子市立弓ヶ浜小学校）もある。この学校では，通級の中で「中学生になること」というワークブックを用いて中学校生活への円滑な移行を独自に図っている。

また，不登校対応の適応指導教室と通級指導教室が一部施設を共有し，通級担当の教員を適応指導教室に通う生徒の指導に活用している試みもある（弘前市立東中学校）。発達障害の問題と不登校は密接に関連しており，それぞれの指導に関わる施設，教材，教員などを共有の財産とする発想は新鮮である。

これらの例のように，全国に視点を広げてみると通級による指導の在り方は多種多様である。もちろん対象となる児童生徒が多種多様であるからともいえるが，行政主導ではなく現場のニーズから必然として整ってきたシステムであることを考えると，この柔軟さにはうなずけるものがある。通級による指導に関わる教員は，この多様さに，是非目を向けるべきだと思う。それと同時に，他地域でのよい取り組みをただ右から左に移しただけでは適切な支援とならないことも念頭に置く必要があるだろう。それぞれの地域は，規模も土地柄と言われる文化も異なる。多様なニーズに応えるということは，判で押したようなシステムでは立ち行かないのである。個々の子どもが課題を克服し集団に適応できることを共通の目標として，支援の質に地域格差を作らないことと，地域性を活かした柔軟な方略で指導を展開することをいかに両立するかが，今後の課題になってくると思われる。

特別支援教育は義務教育年限である小中学校から整備されてきた。今後期待されるのは小中学校を挟んだ年齢段階での支援である。特に幼児期の気づきと早期の援助介入は重要である。この幼児期に通級の指導を導入したのが神戸市の試みである（柘植・中尾，2008）。冒頭で挙げた「集団に適応するための取り出し指導」は幼児期こそ必要であると考えられる。しかし，神戸市の例は公立幼稚園での実践であり公立幼稚園が地域の小中学校の通級と深い連携をとりやすいことを考えると，私立幼稚園や保育所での実践にはいくつものハードルがあるだろう。打開策の一つとして，保育所の保育相談支援と通級指導教室の連携の試みもある（大屋，2015）。幼児期の支援に通級のシステムをどのように応用していくかも今後の大きい課題である。さらに義務教育終了後の支援も忘れてはならない。高等学校でも通級による指導が研究指定校で開始された。途切れることのない支援の構築を考えると青年期以降の個のニーズへの対応も緊急の課題である。

Ⅳ 「通級による指導」のソフトウェア的側面

次の論点は，通級のソフトウェア的側面としての課題である。ソフトウェアというと真っ先に教材や指導方略が頭に浮かぶが，ここでは敢えて人的資源の観点から考えてみたい。先に，他地域で

の取り組みをただそのまま取り入れてもうまくいかないということを述べたが，これは行政区の規模や風土のみならず，誰が指導を担うのかという要因も大きい。

通級による指導を担う教員は，特別支援教育が開始された2007年には小中学校を併せて3,813名であった。それが8年後の2015年には7,006名に膨れ上がっているのである。ニーズの高まりとともに教室数が増え，当然ながらそこに配置される教員数も増加した。利用する子どもが増えるのとは異なり，指導する教員は頭数だけ増えればよいというものではない。通級による指導では専門性と柔軟性が求められ，たとえ通常の学級で数十年の経験があるベテラン教師であっても必ずしも着任後すぐに的確な指導が行えるとは限らないのである。ここに人材育成という大きな課題が見えてくる。よいシステムは人材の格差を縮め成果につなげるという意見もあるだろうが，現実にはハードウェアだけに頼るのはなかなか難しい。

また，通級の教員には，担当する子どもそれぞれに合ったオーダーメイドの指導を準備することに加え，よりデリケートな保護者対応が求められる。

校内のコーディネーターを兼ねることも多く負担が大きい。現場からは，職務への充実感とともに不安や心的負担の声も聞かれる。このことは，通級担当としてのキャリアの長短にも関わっている（藤川他，2015）。

個々の現場に委ねられた申し送りや新人教育に加え，研修会の在り方も検討事項である。注目されているテーマを単発で企画するだけでなく，長期的な視点に立って基礎的な事項から積み上げていく研修プログラムも必要かもしれない。教員の異動やインクルーシブの理念から考えると研修の対象は通級の教員に限定せず，通常の学級担任にも門戸を開くと良い。

積極的な研修の在り方として茨城県の教育研修センターによる特別支援教育専門員の制度がある。研修のプログラムをきめ細やかに設定し一講座を受講するごとにポイントが取得できる。一定の条件を満たせば専門員の資格が認定されるというシステムである。認定に際してはいくつかの条件が設けられているが，このようなシステムがあれば，地域全体の教員の資質向上に役立つであろう。

以上，通級による指導の今後の課題について述べてきた。教育とは生き物である。発達障害の子どもの支援を考える時，まず子どもの声なき声に耳を傾ける必要があるように，時代のニーズや教育現場の声に耳を傾けることで自ずと課題解決のヒントが見えてくるかもしれない。なかなか手強い課題もあるが過去15年の躍進を考えると，今後の通級が切り開くであろう未来に期待したい。

〈文献〉

藤川雅人・落合正彦・佐藤貴宣（2015）通級指導教室担当教師における職務特性と職務満足感との関連：通級指導担当経験年数に着目して．発達障害研究，37(4)；362-370.

林真知子・都築繁幸（2016）米国インディアナ州立学校のリソースルームの実態．障害者教育・福祉学研究，12；145-154.

平子正友・菊池紀彦（2012）発達障害児に対する通級指導教室の役割とその重要性についての検討．三重大学教育学部研究紀要，63；203-214.

文部科学省（2016）平成27年度通級による指導実施状況調査結果について．（http://www.mext.go.jp/a_menu/shotou/tokubetu/material/__icsFiles/afieldfile/2016/07/07/1370505_03.pdf　2016年12月閲覧）

大屋陽祐（2015）保育相談支援を通した気になる子どもに対する就学支援の在り方—通級指導教室と連携した支援事例からの検討．育英短期大学幼児教育研究所紀要，13；1-10.

佐々木朋広・武田篤（2012）LD等を対象とした中学校通級指導教室の現状と課題—中学校通級指導教室を担当する教員へのインタビュー調査から．秋田大学教育文化学部教育実践研究紀要，34；81-91.

東京都教育委員会（2016）「東京都発達障害教育推進計画」の策定について．（http://www.kyoiku.metro.tokyo.jp/press/2016/pr160212b/besshi01.pdf　2016年10月閲覧）

柘植雅義・小林玄・飯島知子・鳴海正也（2016）全国の特色ある30校の実践事例集「通級による指導」編．ジアース教育新社．

柘植雅義・中尾繁樹（2008）神戸市発！特別な配慮の必要な子どもへの具体的指導内容と支援策．明治図書．

都築繁幸・林真知子（2013）米国の障害者教育政策に関する一考察（2）インクルーシブ教育システムを巡る問題を中心に．障害者教育・福祉学研究，9；53-64.

2-5 通級による指導と特別支援学級の在り方の問題

2-5-3
インクルーシブ教育システムの構築と高等学校
「通級による指導」の制度化と対話の組織文化　　中田 正敏

　本稿では，インクルーシブ教育システム構築に向けた特別支援教育の制度的変革としての「通級による指導」および通常の学級における合理的配慮などの新しいコンセプトを機能的なものとする高等学校の組織文化の生成について考察する。

I　高等学校の生徒の実態把握と組織的支援

　特別支援教育研究所の実践研究を踏まえた報告書から諸課題を確認する。
　「高等学校における発達障害等の特別な支援を必要とする生徒への指導・支援に関する研究」の報告書は「合理的配慮，基礎的環境整備は新しい概念」であり，「小・中学校で合理的配慮を受けてきた児童生徒が，高校生という段階において，その成長発達に即して，いかに必要な支援や，合理的配慮を行うか（国立特別支援教育総合研究所，2014a）」を喫緊の課題としている。
　実態把握については，「気になる生徒の気になる点にどう気づくか，困った生徒を困っている生徒として捉え，『どうしたの？』と声をかけることができるかどうか」，「気づきの視点の共通理解」が課題となることを示している。さらに，「様々な発達の課題もあり生徒の実態は多様で複雑化」してくる高校生をいう観点から，「学習や行動，対人関係，不安や緊張による心理状態」などの観点から情報収集をし，それを交換し，図ることも課題とされている。
　校内支援体制については「生徒の実態が多様化している現状では，一人の教員だけではできないことが多くなっていることを教職員同士が意識すること」，「管理職のリーダーシップとキーパーソンとなる教職員の存在は不可欠」であるとしつつ「校内に組織として対応できる体制を整備すること」が課題であるとし，具体的には，「気になる生徒の気になる点について，気づいた教師が一人で抱え込まないように，日常的に教職員同士で話題にできる校内の雰囲気，人間関係を構築しておくこと」の重要性についても指摘している。また，こうした「組織づくりも学校の実情よっても変わってくる」という重要な指摘もある（国立特別支援教育総合研究所，2014b）。
　ここでは，諸課題が相互に密接な関連性をもち，その結節点から学校独自の組織づくりが始まってくることを明らかにしていることに注目したい。

II　法学のパラダイムの転換からの示唆

　次に，障害者権利条約の発効・批准をめぐる国際人権法や「障害法」の知見を参考にして教育分野への示唆について考えてみたい。

1．客体から主体への転換

　「障害者権利条約が2008年に発効したことにより，福祉の客体（objects）という地位に甘んじてきた障害者は，まさしく人権の主体（subjects or holders）として，現状変革のための実用的な法的な手段を得ることになった」とし，この条約によって克服されるべきこととして「障害者を客体化してきた『古典的な福祉』の体系」に対して，「障害者を主体化するような「新しい福祉」の体系」が今日求められている」としている（川島，2011）
　主体化という視点は合理的配慮と対話というコンセプトがセットとなっていることと関係する。

2．合理的配慮の不提供と差別

　合意的配慮について，「従来，国際人権法においては，差別とは等しい者を異なって扱うとき（等しい者を等しくなく扱うとき）に生じるものだと理解されてきた」として，「こうした従来の

タイプの差別を〈等しい者を異なって扱う型の差別〉と位置付け，これに対して，「合理的配慮の不提供という新しいタイプの差別は，異なる者を異なって扱わないとき（異なる者を異なって扱わないときに生じる）」ものであり，この新しいタイプの差別を〈異なる者を異なって扱わない型の差別〉と位置付けている（川島，2016）。

3．合理的配慮の提供プロセスにおける対話の位置

西倉実季・飯野由里子は，障害者差別解消法などのもとで提供しなければならない合理的配慮の内容を「①個々のニーズ，②非過重負担，③社会的障壁の除去」を構成要素として示し，合理的配慮の提供プロセスは，事後的，個別的，対話的性格」をもつとしている。

この対話的性格について，「合理的配慮において求められている対話」は，さまざまな問題の解決のためには「これまでのやり方を見直し，別のコミュニケーションの仕方を身につけていく」ための機会として着目している。その際，「相手に耳を傾けることの困難，相手の声を聞きとることの困難にぶつかることで，私が『考えずに済んできた』事柄を学び，『考えずに済んできた』私の社会的位置を問わずにはいられないような契機が与えられる」として，「『考えずに済んできた』私と『考えざるをえないできた』他者との間に新た関係性を構築」していけるコミュニケーションの様式にまで踏み込んでいる（西倉・飯野，2016）。

この対話が拓く領域があるという指摘は，教育の分野にも示唆的なものがある。

4．合理的配慮の提供の2つのベースライン

障害者権利条約第24条の教育条項は，「完全なインクルージョンという目標が前提」となっており，「合理的な配慮の目的は，障害のある子供が，可能な限り通常学級に在籍し，合理的配慮を受けることで適切な教育を提供されることある」との認識を示し，したがって，「適切な合理的配慮がなされず，通常学級への在籍がみとめられない場合は差別に該当する」としている。

その一方で，中央教育審議会初等中等教育分科会報告（2012）などが「合理的配慮の基礎となる環境整備として，『基礎的環境整備』という理念」を提示していることに着目している。

「『基礎的環境整備』とはまず，通級による指導，特別支援学級，特別支援学校を設置することで，子供一人一人の学習権を保障する観点から多様な学びの場を確保することが前提」となっており，「通常の学級のみならず，通級による指導，特別支援学級，特別支援学校においても『合理的配慮』として，障害のある子供が，他の子供と平等に教育を受ける権利を享有・行使することを確保するために，学校設置者及び学校が必要かつ適当な変更・調整を行うことが必要である」としていることより，「障害者権利条約や差別解消法のように，合理的配慮を行うベースラインを通常の学級とするのではなく，『多様な学びの場』をベースラインとすることで，提供するべき合理的な配慮の基準が曖昧になっているのである」という指摘をしている。

その上で，「教育の『場』と『質』が保障されて，初めてインクルーシブ教育とは実現されるもの」であるから，「少なくとも，現段階において今後のインクルーシブ教育の指針」となるのは，「障害者差別解消法と中教審報告」であるとの認識のもとに，「両方のバランスをとりながら，インクルーシブ教育実現に向けた制度改革が進められることがのぞまれる」としている（今川・識原，2015）。

特別支援学級や通級による指導が制度化されていなかった高等学校という学校組織は，今後，「通級による指導」が導入される局面では，合理的配慮の提供のベースラインはどのように考えたらよいのか。また，どのようにバランスをとるのか。

Ⅲ　高等学校組織と「通級による指導」

高等学校における「通級による指導」については，特別支援教育の推進に関する調査研究協力者会議・高等学校WGの「高等学校における特別支援教育の推進について（報告）」（2009）で初めて提起され，現在，高等学校における特別支援教育の推進に関する調査研究協力者会議の「高等学校における通級による指導の制度化及び充実方策について（報告）」（2016）を踏まえ，「学校教育法施行規則の一部を改正する省令等の交付について（通知）」が出されている。

以下，同報告の論点に即して，合理的配慮を含めた支援の在り方がどのように示されているかを示す。

1．高等学校における基礎的環境整備

同報告の「高等学校における通級による指導の制度化に当たっての充実方策」のリード文では「通級による指導は，単に法令上の制度改革をすれば活用が進むというものではない」ことを確認し，「環境整備が不十分なまま，通級による指導のみを実施しようとしても，その機能を十分に発揮することは困難」であることを指摘した上で，国の役割として，「高等学校における特別支援教育の一層の推進に向け，高等学校が組織全体としての取組をさらに積極的に展開できるよう，通級による指導の実施のために必要となる人的・物的体制の整備とともに，通常の学級における合理的配慮の提供のための基礎的環境整備の充実等を図ること」，また，設置者である教育委員会も，「通常の学級における合理的配慮の提供のための基礎的環境整備に努めること」を求めている。

2．高等学校の支援体制づくりの根幹

このような環境整備が進められた上での学校の役割として，「何よりも，まずは特別支援教育の推進のための校内体制の整備，すなわち，障害のある生徒への支援を特定の教員任せにしない組織的な体制作り」が求められている。

そのような体制の下で，「本年4月からの障害者差別解消法の施行を踏まえ，平成30年度からの通級による指導の運用開始に向けて，合理的配慮の提供に係る事例や知見を高等学校において蓄積することが，通級による指導の円滑な運用を開始するに当たって重要になる」としている。そして具体論であるが，「特別支援教育コーディネーターや通級による指導の担当教員が担う役割は特別支援教育の一部であることを全ての教員が理解」した上で「教職員一人一人が生徒の声を聴き，困難を把握し，生徒と共に個々の（ニーズに応じた）支援体制を形成すること」が，「支援体制づくりの根幹である」としている。

ここでは，声，対話が起点となり，支援，合理的配慮がつながりをもって構想されていることに着目したい。おそらく，ここに核心がある。

以上のような論点を踏まえ，「高等学校における特別支援教育については，まず，通常の学級の中で障害の状態等に応じた適切な配慮が最大限に行われることが重要であり，通級による指導は，そうした配慮のみでは不十分な場合に行われるものである点を共通の認識とする必要がある」として「通級による指導」の位置付けを明確にされている。

3．生徒の間の関係性と相互理解

さらに，「制度化に当たって配慮すべき事項」の具体論として，「生徒の自尊感情や心理的な抵抗感」について，「特別な指導を受けることへの心理的な抵抗感は，他の生徒と共に教科・科目の授業を受講できないことから生じている」と捉え，「特に生徒のあいだでそれぞれが主体的に様々な取組をしていることについて認め合えるようにすること」の重要性が示されている。

ここでは，生徒の間で，ある生徒が他の生徒が自分とは異なる取り組みをしている時に，それを目立たないよう配慮するのではなく，それぞれの多様性について互いに認め合える学校文化を構築することが求められている。ここでも多様な生徒の声を丹念に聴くことで次への展開が考えられるだろう。

4．生徒と教職員と間の関係性の転換

また，「通級による指導を受ける生徒自身が，自らの学習内容について教員と共に考えるという立場」という生徒の主体性に着目し，「生徒自身が主体的に取り組む契機をつくるためには，生徒との対話を重視し，生徒が自分の課題，つまり具体化された学習課題を認識し，自覚できるようにすること」が重要であるとした上で，「その対話によって明らかとなった困難を教職員の間で共有し，全教職員の協力の下に指導及び支援が効果的に行われるようにする体制づくりが，通級による指導を機能させるために大切な視点」であるとしている。

生徒と教職員の間の関係性の再構築が，教職員と生徒との間の関係性の再構築により促進される必要性が提示されている。

Ⅳ　考察

Ⅱでは，合理的配慮についても対話に着目するという枠組みで考えることが重要であるという示

唆を受け，Ⅲにおいては，報告の「高等学校における通級による指導の制度化に当たっての充実方策」を重点的に取り上げ，そこでも対話に着目することの意義を確認してきた。

高等学校の組織文化では，生徒と教職員の対話的関係性や教職員の間の対話的な関係性が確立されているとは言えない状況もある。生徒と教職員の間の関係性の再構築が，教職員と生徒との間の関係性の再構築により促進されることなど，従来からの関係性の転換なしには，「通級による指導」を初めとして支援は機能しないのである。

Ⅰで提示されていたようなさまざまな課題について，従来からの関係性の中で提供できる既存のレパートリーを提供するだけの『業務実行組織』に留まるのではなく，『問題解決のできる組織』となる（Skrtic, 1991）ためには，生徒の声を聴くという起点が生徒と教職員の間の対話的な関係性の形成が不可欠であり，解決の可能性が拓ける。

対話によって支援や合理的配慮を開発するプロセスが組織創りの基点となるという認識が重要なである。この具体的な展開については，教職員や専門職がどのような媒介（レンズ）で生徒を把握しているのかを自覚しているかについて吟味する必要があること，また，生徒が主体の位置に転換するという構図の中で，初めて課題が対象化され，支援が教職員と生徒のあいだで言わば共同構成されるという局面があること，さらに，教職員の間でも，こうした生徒との対話に関するインフォーマルなレベルの対話が，「オン・ザ・フライ・ミーティング」などのインフォーマルなコミュニケーションにより柔軟に行われることが組織において重要であることなどが，「対話のフロントライン」（中田，2013）というコンセプトで言語化されている。こうした論点は，必ずしもこれまではインクルーシブとは言い切れない高等学校の組織文化の枠組みから離脱する動きを示したものである。

支援を提供する「組織の構造と文化」は，「支援対系の設計と実行を成功させる上で極めて重要である」し，「古い体質の組織が，ISP（個別の支援計画）のような最新の手段を用いても，支援はうまく機能しない」のである（米国知的・発達障害協会用語・分類特別委員会編，2012a）。

「支援は，常に利用者と支援者間の対話の成果」であるし，組織内では「できる限り生産的で満足のゆく対話を促す状態を作り出す必要」があり，したがって，「本人―専門家の創造的な関係」は持続可能なパートナーモデルを確立する試み」である（米国知的・発達障害協会用語・分類特別委員会編，2012b）。

〈文献〉

米国知的・発達障害協会用語・分類特別委員会編　太田俊己・金子健・原仁他訳（2012a）知的障害　定義，分類および支援対系　第11版，p.218．日本発達障害福祉連盟．

米国知的・発達障害協会用語・分類特別委員会編　太田俊己・金子健・原仁他訳（2012b）知的障害　定義，分類および支援対系　第11版，pp.224-225．日本発達障害福祉連盟．

国立特別支援教育総合研究所（2014a）専門研究B　高等学校における発達障害等の特別な支援を必要とする生徒への指導・支援に関する研究―授業を中心とした指導・支援の在り方，p.19．

国立特別支援教育総合研究所（2014b）専門研究B　高等学校における発達障害等の特別な支援を必要とする生徒への指導・支援に関する研究―授業を中心とした指導・支援の在り方，p.151．

今川奈緒・識原保尚（2015）第8章　障害と教育法．（菊池馨実・中川純・川島聡編著）障害法，pp.181-183．成文堂．

川島聡（2011）障害者と国際人権法―「ディスアビリティ法学」の意義．（芦田健太郎・戸波江二・棟居快行・薬師寺公夫・坂元茂樹編集代表）講座人権法4国際人権法の国際的実施，pp.481-482．信山社．

川島聡（2016）権利条約における合理的配慮（川島聡・飯野由里子・西倉実紀・星加良司）合理的配慮―対話を開く　対話が開く，p.21．有斐閣．

中田正敏（2013）支援ができる組織創りの可能性―「対話のフロントライン」の生成（日本教育社会学編）教育社会学研究第92集，pp.25-46．東洋館出版社．

西倉実季・飯野由里子（2016）障害法から普遍的理念へ．（川島聡・飯野由里子・西倉実紀・星加良司）合理的配慮―対話が開く　対話が拓く，p.206．有斐閣．

Skrtic, T.M.（1991）The special education paradox：Equity as the way to excellence. Harvard Educational Review. 61(2)；165, 170．

2-6 教員の要請・専門性・学歴の問題，免許制度の問題

2-6-1 特別支援教育と教員の専門性

緒方 明子

I 特別支援学校教諭免許状をめぐる課題
1．特別支援学校教諭免許状の保有率について

2006年の特別支援学校教諭免許状保有率は61.1％であったが，2015年には74.3％まで増加している。特別支援学校教諭免許状は，幼稚園・小学校・中学校・高等学校（以下幼・小・中・高と略す）の免許を基礎免許として取得できる免許である。したがって，特別支援学校教諭免許状を取得していない25.7％の教員も，幼・小・中・高の免許は保有していることになる。しかし，なぜ，幼・小・中・高の免許だけで特別支援学校で教えることができるのであろうか。これは，教育職員免許法の附則第16項において，「幼稚園，小学校，中学校または高等学校の教諭の免許状を有する者は，当分の間，（中略）特別支援学校の相当する各部の主幹教諭，指導教諭，教諭または講師となることができる。」されているからである。特別支援学校の幼児児童生徒数が増加を続ける中で，ようやく，2015年12月の中央教育審議会の「全ての特別支援学校教員が2020年までに特別支援学校教員免許状を保有することを目指す」とした答申を受けて，特別支援学校の教員は「必ず特別支援学校教諭免許状を保有する」という方向で各都道府県の取り組みが開始されている。

2．特別支援学級の教員の資格について

現在，特別支援学級を担当する教員には特別な教員資格は存在しない。小学校に設置されている特別支援学級の担当者は小学校教諭免許状を保有していれば，特別支援学級の担当者となることができる。特別支援教育の未経験者が研修会や地域の研究会を通じて専門的な知識を習得している。また，特別支援教育士や学校心理士等の民間の資格を取得して専門性を高めようと努めている教員もいる。特別支援学級担当者の中には，特別支援学校の免許状を保有する教員もいるが，それが学級を担当するときの「専門性」である，とみなされている，ということだろうか。特別支援学級を担当する教員の専門資格については明確な答えはないのが現状である。

2013年度に文部科学省が行った特別支援学校教員の免許状保有率の調査結果の中に，参考資料として，「特別支援学級担当教員の特別支援学校教諭免許状保有率」が掲載されている。2006年は小中学校の特別支援学級を担当する教員の免許状保有率は30.8％である。翌年の2007年は32.4％と上昇しているが，その後減少傾向にあり，2013年度は30.5％の保有率に留まっている。

他に特別支援学級を担当する教員としての専門性を示す資格はなく，唯一の指標となるのが「特別支援学校教諭免許状」である。一種免許状を保有している，ということは，大学の教員養成の課程において特別支援教育にかかわる科目を26単位以上取得していることを示すものである。二種免許状の場合は，教員として3年間在職し認定講習で6単位を取得していることを示すものである。特別支援教育に関する基礎的な知識・技能を有していることを示す，唯一の専門資格である。2012年7月の中央教育審議会「共生社会の形成に向けたインクルーシブ教育システム構築のための特別支援教員の推進（報告）」の中で小・中学校の特別支援学級や通級による指導の担当教員については「特別支援学校教諭二種免許状を保有していることが望ましく，同免許状取得を奨励するとともに，特別支援学級や通級による指導の担当教員としての専門性については，早急に担保することが必要である。」と述べられている。現状で

専門性があることを示す一つの方法であるが，障害種や学級の指導形態に応じることのできる専門性について保証できるのかどうか検証が必要である。

II 教員を対象としたニーズ調査からの提案

免許の保有率の向上と並んで，多くの自治体では教員研修を積極的に実施することが提案され，実施されている。教員の研修に対する満足度やニーズを調査した研究結果から，実際に子どもたちの教育に携わる教員が何を学びたいと思っているのか，大学の養成課程で十分に学ぶことができていない内容はどのようなものなのか，という観点から以下に整理し，今後の課題を明らかにする。

1．特別支援学校の教員を対象とした調査から

特別支援学校教員の専門性に関して，河合ら（2012）は，特別支援学校高等部に在籍する進路指導担当教員，特別支援教育コーディネーター，およびこれらの役割りを経験したことがない教員を対象として，取得している免許状の種類，特別支援学校免許状の保有率，そして免許状の取得方法について調査している。特別支援教育コーディネーターや進路指導担当教員は，他機関との連携も主要な役割の一つであり，他機関の様々な専門職との専門家同士の協力をしていくことになる。特別支援教育コーディネーターは，特別支援学校がセンター的機能を果たす上での中心的な要員であり，地域の小中高校における特別支援に関するコンサルテーションもその役割りである。したがって，特別支援教育に関する専門家として活動することになる。

調査では，全国の特別支援学校（知的障害）492校の高等部の教員計1,476名を対象とし，837名から得た回答を分析している。結果からは，コーディネーターの指名を受けている教員は94.5％，進路指導教員は85.6％が特別支援学校免許状を保有していることが示された。これは，全国の平均が70％台であることと照らし合わせると，保有率が非常に高いことがわかる。特別支援学校免許状の種類に関しては，コーディネーターに指名されている教員の46.8％が二種免許，42.0％が一種免許状であり，取得経緯は認定講習が最も多いこ

とが示されている。これは，進路指導担当教員も同様であり，やはり二種免許状保有者の割合が一種免許状保有者の割合を上回っている。一方，コーディネーターに指名されている教員は，指名されていない教員や進路指導担当教員と比べ，専修免許状の保有率は高い。

河合ら（2012）は，免許取得の経緯を分析し，以下のように考察している。第一に，教育職に従事した後に認定講習を受けて特別支援学校免許状を取得している教員が多い。その免許状の種類は二種免許である。したがって，免許取得のためには特別支援学校に限らず幼稚園，小中高校・中等教育学校に3年間在職し，認定講習で6単位を履修している。実践の場での経験を積み上げて習得する実践力や指導力が重視されている一方，6単位の特別支援教育に関する基礎的な知識で専門性を担保することへの疑問も呈している。免許の保有率の増加や保有率の高さ，といった観点だけではなく，「専門性を有しているとはどのような力を有していることか」いう問題にアプローチすることの必要性が示された調査である。

特別支援学校教諭免許状認定講習の参加者に対して，参加者はどのような研修プログラムを望んでいるのかを調査した研究がある。山中・吉利（2010）は，認定講習参加者104名のアンケートの回答から，受講者が考える「特別支援教員における重要な専門性」について考察している。教員が重要だと考える専門性として「児童・生徒への理解力」，「様々な障害に関する特性の理解」，「児童・生徒とのコミュニケーション能力」，「個に応じた授業の実践力」を挙げる教員が多く，「様々な障害に関する特性の理解」以外は通常の教育と共通するものである。一方，非常に低い水準にとどまっていた項目は「個別の指導計画の作成」，「個の発達段階に応じた指導」，「保護者との連携」であり，特別支援教育の本来の「特別性」であり，特別支援教育に携わる者が必ず習得し活用しなければならない支援方法の意義が十分に理解されていない現状が明らかにされている。この結果は，今後の認定講習や教員養成において，そのプログラムを修正し発展させていくときに重視しなければならない内容である。

2．特別支援学級の教員を対象とした調査から

竹林地（2014）は，小学校特別支援学級の担任教員を対象として，①特別支援学級の担任になってすぐに必要となった研修内容，②担任になって1年以降に必要となった研修内容を調査している。回答が得られた227名の特別支援学級の担当者の約69％が特別支援学級経験年数6年以下であった。また，担任になる前の研修の機会については，46％が研修に参加し，54％の担任者が研修の機会はなかったと回答している。

担任になってすぐに必要となった研修内容として，半数以上の担当者が挙げたのは以下の6項目である：

- 障害のある児童生徒の理解
- 実態把握・アセスメント
- 個別の指導計画の作成と活用
- 特別支援学級の教育課程の編成
- 年間指導計画の作成
- 授業づくり（個に応じた工夫・配慮）

これらは実際に子どもたちを担任し，日々の授業を行うために必要な力である。

特別支援学級の担任となってから1年以降に必要となった研修内容として半数以上の担当者が挙げた項目はないが，前述した担当者になってすぐに必要となった研修内容では選択されることが少なかったものの，担当して1年以降に選択される割合が増加した項目は以下の4項目である：

- 交流及び共同学習の進め方
- 就学相談・教育相談
- 校内・外の支援体制づくり
- 学習状況の評価・指導要録の記入

このような変化について，竹林地（2014）は，「担当者となった当初は，授業づくりに関することが必要とされるが，以降は組織的な特別支援学級の経営に関することが必要になっていくと推測される。」と述べている。小中学校の中に設置される特別支援学級の担任は校内の支援体制づくりの中心であり教育相談担当者や特別支援コーディネーターに指名されることも多いことから，特別支援教育全般にわたる専門性が必要とされることがこの結果から示されている。

もう一つこの調査の回答者の属性から考えていくことが必要なのは特別支援学級の経験年数である。教員経験年数21年以上の者が70％を超えているのに対し，特別支援教育の経験年数は6年以内の者が70％を占めているという現状がある。特別支援学級の担当者の交代が頻繁に行われ，専門性の高い担当者が育ちにくいことは大きな課題である。特別支援学級担当者は，前述したように，校内の特別支援の推進役としての役割りを担い，インクルーシブな学校作りが進む中で，その役割はさらに広がっていくことが考えられるからである。

Ⅲ　個別の支援と専門性

特別な支援を必要とする児童生徒への支援において，教師が必要とする指導にかかわる専門性について検討したい。別府（2013）は，先行研究のレビューを通して，児童生徒の特別な教育的ニーズに対して教師が抱える指導上の困難さと，教師支援に有効なコンサルテーションの課題について検討している。その結果からは，幼児期や小学校低学年では多動や衝動性，対人トラブルによって教師が困難を抱えやすいことが示されている。したがって，行動面や対人関係の問題に対応できる力が必要であることがわかる。

岡本・福田（2016）は，相手の気持ちや状況を考えない不適切な発言によって同級生とトラブルになることが多い自閉症スペクトラム障害の児童の問題を解決するために，機能的アセスメントを実施した。そしてその結果から，不適切な発言をして仲間に入ろうとし，他児から叱責を受けトラブルが生じていることが示され，不適切な発言は「注目の機能」を持っていることが推測された。この結果から，先ず他児が何をしているかに注目させ，誰ともかかわっていないようであれば他児に声をかけ，話をしているようであれば担任に声掛けをして大人からの適切な注目が得られるように促した。また他児に対しても，対象児の不適切な発言には応じないように教示した。その結果，対象児及び他児に対して行った指導が不適切な発言の低減に有効であることが示されている。この実践研究からは，特別支援学級の担任が，アセスメント，支援計画の作成，支援の実施，評価というPDCAのサイクルで支援を行うことによって，

問題行動が低減するという指導の効果が得られることが実証されている。特別支援教育における専門性の軸は，多様な子どもたちの多様なニーズに合わせてPDCAのサイクルで丁寧な支援を行うことによって教育効果を示していくことである。このような支援を実施することができる力を教員が習得できるような養成・研修でなくてはならない。

学校場面で行動問題を示す発達障害児に対する指導・支援を行うための連携方法の現状と課題を，35編の論文を対象に分析した岡本（2014）によれば，目標の選定は対象児の教育的ニーズが反映されていること，指導・支援計画の作成には機能的アセスメントが適用されていることが報告されている。行動面の問題に対してアプローチする場合に，機能的アセスメントについて知っているだけではなく活用できる力も備えていることが必要となる。特別支援教育学校及び学級の教員が学修しておくべき内容の一つである。

先述した別府（2013）によれば，小学校高学年になるにしたがい，低学年の時には顕在化しなかった学習困難などの問題が増加し，その結果として自尊心の低下や二次障害から生じる問題に教師は指導困難を抱えていることが明らかにされている。学習面の問題を生じさせる背景も含めたアセスメントの力と適切な支援方法と支援体制を構築できる力が必要となる。ICTを有効に活用することも求められている。しかし，全ての専門的な知識・技能を一人の教員が習得できるわけではなく，専門性のある他の職種の力を借りることでより良い教育ができることもある。したがって，教員が，活用できる専門職の職種を知っていること，他機関と連携できること，必要な資源にアクセスできること，巡回相談や専門家チームの力を活用できることも特別支援教育にかかわる専門性であるといえるであろう。

免許状の保有率を高めることによって専門性の向上を図ることは第一段階である。

〈文献〉

別府悦子（2013）特別支援教育における教師の指導困難とコンサルテーションに関する研究の動向と課題．特殊教育学研究, 50(5)；463-472.

竹林地毅（2014）小学校特別支援学級担任者の専門性向上に関する調査．広島大学特別支援教育実践センター研究紀要, 第12号；75-82.

中央教育審議会（2005）「特別支援教育を促進するための制度の在り方について（答申）」

中央教育審議会（2012）「共生社会の形成に向けたインクルーシブ教育システムの構築のための特別支援教育の推進（報告）」

河合紀宗・藤井明日香（2012）特別支援学校（知的障害）教員の専門性獲得に関する調査研究―特別支援学校教諭免許状保有状況に関する調査から．広島大学大学院教育学研究科紀要, 第一部第61号；179-187.

文部科学省初等中等教育局特別支援教育課（2014）平成25年度特別支援学校教員の特別支援学校教諭等免許状保有状況等調査結果の概要．

岡本邦弘（2014）学校における行動問題を示す発達障害児の指導・支援に関する連携方法の現状と課題．特殊教育学研究, 52(3)；217-227.

岡本邦弘・福田大治（2016）自閉症・情緒障害特別支援学究における自閉症スペクトラム児の不適切な発言に対する機能的アセスメントに基づいた指導―教師と保護者の連携を通して．LD研究, 25(2)；241-255.

玉村公二彦・越野和之・郷間英世他（2008）特別支援教育における現職教員の免許取得及び研修に関するニーズの検討―「特別支援教育と現職教員研修に関するニーズ調査」を中心に．奈良教育大学教育実践総合センター研究紀要, 17；251-256.

山中友紀子・吉利宗久（2010）特別支援学校教諭免許状の取得を希望する教員の免許制度に対する意識とニーズ．岡山大学教育実践総合センター紀要, 10；41-46.

2-6 教員の要請・専門性・学歴の問題, 免許制度の問題

2-6-2 通常学校における現職職員の支援方策としての研修に関する問題

日野 久美子

I はじめに

「一人一人の子どもの教育的ニーズに応じた教育」を目指す特別支援教育の始まりと共に，通常学校の全ての現職教員を対象としてその研修が始まった。特に，知的障害のない発達障害の子どもへの対応には，通常学級担任をはじめ，全ての教員の力量が問われている。

また，これにともなって，通常学校における，特別支援教育コーディネーター（以下，コーディネーター）や通級による指導，特別支援学級など，特別支援教育に深く関わる教員（以下，特別支援教育担当教員）の役割や期待は増大しているが，これらに特化した免許はない（柘植，2013）。したがって，特別支援教育担当教員の専門性向上のための現職教員に対する研修は大きな意味を持つ。

ここでは，「『子どもを支援する教師』を支援する」という視点も含めて，通常学校における特別支援教育に関する現職教員の研修について，これまでとこれからについて述べてみたい。

II 全ての教員の研修について

1．研修の内容

まず，これまでに有効性が認められたものと，今後求められる研修内容について考える。

秋元ら（2009）は，将来教職を目指す大学生と現職小学校教師を対象に，日本LD学会発行の「LD・ADHD等の心理的疑似体験プログラム」を活用して研修を行った。このプログラムは，「子どもたちが遭遇するつまずきを実際に擬似的に体験することを通して，そのつまずきや困難さを理解し，教師としてあるいは専門家や親として自分は何をすれば良いのかを具体的に考えていくこと」を目的としている。その結果，参加型・体験型のワークショップ形式を用い，ブレーン・ストーミングやブレーン・ライティングなど評価の入らない集団討議を活用した研修として疑似体験研修が実施されていく時，入門期の者も経験を積んだ者も，ともに高い効果を示す研修となっていくとしている。

発達障害の子どもの特性について，疑似体験を通して実際にその困難さを味わい，感情を共有し，支援を共に考えていく研修は，教師自身のアクティブ・ラーニングによって子ども理解を促進することに，有効に働く内容であると思われる。

一方，藤井（2015）は，通級による指導に関する研究の動向と今後の課題を，自立活動の観点からまとめている。その中で，通級による指導における指導の目標や内容は，個々の学習上又は生活上の困難に応じて，通級担当教師が設定しなければならないが，通級の指導においては，自立活動を主として行うことを原則とするため，通級担当教師と学級担任教師の密接な連携が欠かせないとしている。また，校内支援体制を構築し，保護者や学級担任等からの情報収集により支援計画の作成を行うなど，校内の教職員との連携に関する研究が行われたこと，調査研究からは，学級担任教師との連携の困難さが指摘されたことを述べている。さらに，通級担当教師が担う，連携による個別の指導計画作成やチームアプローチ等連携の関係性の構築に関する研究を行っていくことは，小・中学校の特別支援教育体制整備に貢献するものであるとしている。

今後，通級による指導だけでなく，特別支援学級に在籍する児童生徒の交流・共同学習を進めるに当たっても，特別支援学級担任と通常学級担任との連携はますます重要になると思われる。これ

らの連携のための有効なツールとして，個別の指導計画が位置づけられるであろう。学校生活全体における，子どもの有効な指導・支援を具現化していくことを目指して，個別の指導計画や個別の教育支援計画の作成や活用などに関する研修内容も，全ての教員に求められると考えられる。

2．校種による違い

子どもの成長に応じて，幼児期から高等学校まで，さまざまな園や学校の教員がその指導・支援に携わっていくことになる。ここでは，校種の違いによる課題について見ていく。

別府（2013）は，児童生徒の特別な教育的ニーズに対して教師が抱える指導困難を年齢段階や移行期において明らかにし，教師支援に有効なコンサルテーションの課題について検討している。その結果，幼児期や小学校低学年では，多動衝動的行動や対人トラブルによって教師が困難を抱えやすいが，高学年になるにしたがい，気づきにくい問題の顕在化や自尊心の低下，二次障害から生じる問題に，教師は指導困難を抱えていることが明らかになった。また，中学校では思春期の問題への対応が重要になっていた。さらに，各校種の年齢段階だけでなく，「小1プロブレム」「中1ギャップ」といった移行期の問題については，引き継ぎや申し送り，接続の方策を充実させていくことが必要だと述べている。

小中一貫校や中高一貫校という新しいスタイルの学校環境で子どもを指導・支援する教員も増えてきた。子どもの理解や対応に関する研修では，目の前にいる「今」の子どもだけでなく，「これから」の発達・成長を見通した視点からの研修が必要だと考える。

小島ら（2011）は，通常学級での特別支援教育に対する意識構造とその影響要因について明らかにするために，小・中学校の通常学級教師を対象として，調査研究を行った。その結果，特別支援教育の経験と研修機会の有無によって，特別支援教育に対する意識全般の違いが生じていることを述べている。また，「特別支援教育に対する理解と技能」や「特別支援教育に対する評価・関心と学習・研修の必要性」といった意識は，小学校教員に比べて中学校教員が有意に低いことを明らかにした上で，中学校教師に対しては，特別支援教育への理解や技能，関心を高め，教師自身が肯定的な評価を行えるような取り組みが必要と述べている。

宮木（2015）は，通常の学校のコーディネーターの悩みに関する研究の中で，小・中学校だけでなく，幼稚園や高等学校も含めた校種による悩みの差異を検討している。その結果，中学校や高等学校は，教科担任制であり，特別な教育的ニーズのある生徒に対して日常的に複数の教員が関わるため，たとえ在籍生徒数が増えても，コーディネーターの負担がある程度分散されると考えている。これに対して，小学校は教科担任制ではないが，特別な教育的ニーズのある児童に対してチームで支援するという雰囲気や体制が整い，コーディネーターが一人で対応するという状況が改善されつつあるとしている。この結果から，幼稚園においても，特別な教育的ニーズのある幼児をチームで支援するという雰囲気や体制を整えていく必要を述べている。

戸部ら（2013）は，都立高等学校における特別支援教育の実態について，教職員の特別支援教育対応志向性との関連から明らかにした。その結果，個々の教職員においては，その多くが校内に学校生活上困難を抱えている要特別支援生徒が存在することを認識しており，実際に接した経験のある割合が高いことが示されている。一方，特別支援教育対応志向性には，高校間によって開きが見られた。特に，（小・中学校でその能力を十分発揮できなかった生徒の教育に当たる）エンカレッジスクール，チャレンジスクールにおいては，特別支援教育対応志向性が非常に高く，校内支援体制もよく整備されていた。これらには都の特別支援教育推進事業のモデル校に指定されている学校が多かった。

高等学校では，2018年からの通級指導の実施にみられるように，今後一層，特別支援教育への対応が求められ，高等学校教員を対象とした研修は重要となる。高等学校は，学校独自の教育方針によってその特色を明確に持つことができるが，一教員として認識した子どもの困難さを，いかに校内体制の中で支援していくか，ということはどの

学校においても解決していかなければならない。思春期以降の子どもを，同じ教科担任制で指導している中学校における課題や，それに対応してきた実践を踏まえた研修が参考になると思われる。

Ⅲ 特別支援教育担当教員の研修について

特別支援教育担当教員に関する研修について，コーディネーターに関する研究から，述べることにする。ここでは，全ての教員から特別支援教育担当教員を除いた教員を，一般教員とする。

1．一般教員の研修に特別支援教育担当教員の専門性を生かす

畑ら（2006）は，コーディネーターの導入時期に求められる支援体制について，教員及びコーディネーター自身のニーズ調査を行った。その中でコーディネーターは，校内研修会を実施する必要性を感じているが，実際には困難な状況が示唆された。学校内の状況を理解しやすいコーディネーターが学校のニーズに合わせた校内研修会を行うことが理想であるが，この導入時期においては，教育委員会や地域の大学等が主催した全教職員向けの研修や，巡回相談員がコーディネーターの代わりに校内研修会を行う必要性を挙げている。

これに対して，山田（2015）は，一般教員の特別支援教育に関する専門性の維持・向上を図るための基礎研修を，校内の人的資源を校内講師として活用した校内研修の取り組みをまとめた。学校現場での諸問題に対応するには，教員個人の力量向上と共に，学校組織力の向上が必要であり，それを担うのが校内研修だと位置づけている。特別支援学級担任3名とコーディネーターの計4名が研修推進に携わったが，校内講師として他者に対して内容・情報の伝達，提供，確認等を行うことは責任をともなうため，さらなる自己研修（内容の確認や最新情報の入手等）に励むことになり，その資質向上につながったことを述べている。また，市教育委員会主催のコーディネーター研修において基礎・専門研修を修了して指名される校園内コーディネーターが，在籍校園の教育環境に応じた的確な助言をすることができるようになったことを紹介している。

このように，特別支援教育の導入時には外部に求めていた助言を，その校園内の特別支援教育担当教員が在籍学校や在籍児生徒のニーズに応じてできるようになることは，特別支援教育だけでなく，学校全体の教育力の向上の現れと言えるのではないだろうか。

2．専門性向上のための研修

宮木（2015）は，中学校のコーディネーターは，特別支援教育に関する研修の参加回数と「力量不足」の間に，小学校のコーディネーターは，コーディネーター研修の参加回数と「力量不足」間に有意な負の相関がみられたことから，小・中学校のコーディネーターには研修の効果が表れているとしている。特に，早くから特別支援教育体制が整備された小学校においては，コーディネーターに特化した研修が効果的であり，特別支援教育体制がようやく機能し始めた段階の中学校では，全般的，基礎的な内容の研修が効果的であることが示唆された。このことは，今後の幼稚園や高等学校を含めた，特別支援教育担当教員の養成研修の進め方の参考になると思われる。

ところで，山田（2015）が紹介した市教育委員会主催のコーディネーター研修は，基礎研修に加え専門研修及びコーディネーター連絡会も開催されたが，この目的は，校内体制の整備充実であった。市立幼稚園・高等学校の全校園におけるコーディネーター配置につながり，市内全ての市立学校園で校内支援体制が整ったことにもふれている。また，畑ら（2006）は，教員が特別支援教育に対して積極的に取り組むために，研修方法について主催者側が研究することも重要だと述べている。柘植（2013）は，大学・大学院における教員養成と，都道府県や市等に設置されている教育センターにおける現職教員研修との間には，現状では基本的に一貫性，連続性，一体性といった関係はないとしている。今後は，コーディネーター研修をはじめとする，既存の特別支援教育担当教員向けの現職教員研修を，校内体制整備の要の人材養成とゴールを定め，その専門性の向上のための計画的な研修を企画していくことを，研修の主催者にも期待したい。

また，宮木（2015）は，特別支援学校教諭免許なしのコーディネーターは，免許ありのコーディ

ネーターより,「力量不足」と感じていることから,特別支援教育の教員養成段階における授業や,教育職員免許法認定講習,教員免許状更新講習等の内容が改善されてきていることが示唆されたとしている。そして,特別支援学校教諭免許を取得するための授業や講習が充実することで,コーディネーターの力量を担保する機能を果たすことに期待している。しかし,特別支援学校教諭免許は,特別支援教育担当教員の免許ではない(柏植 2013)。したがって,大学においては,教員免許状更新講習等を活用して,現職教員の特別支援教育担当教員としての専門性を上げるための研修を考えるという意識が必要ではないだろうか。

別府(2013)は,特別支援教育への転換にともない,通常学級を担当する教師にとっても,特別支援教育が重要な仕事のひとつとなった一方で,多様な困難とニーズを持つ児童生徒が増加している中,教師の指導困難も増加し教師支援が欠かせない状況にある,としている。外部参加者からの参加も受けつつ,教師集団による問題解決を図り,教師や教師集団自らが有能感を持ちうる連携,協働システムの研究が必要であると述べている。

特別支援教育担当教員が,一般教員を支える立場として専門性を身につける研修を考えると同時に,特別支援教育担当教員を支えるシステムについての研究も必要であると考える。

Ⅳ おわりに

柏植(2013)は,素朴な疑問として「小中学校や高等学校等の通常学級の一般の教員は,特別支援教育に関するどのような事項をどこまで知っている必要があるのか。」と問うている。これに対して,私見を述べるとすれば「通常学級の子どもが,困らないレベルの知識・技能である」と応えたい。その知識や技能の内容は,時の移り変わりと共に学校環境や社会からの要請に応じていかなければならず,教師としての負担につながることもある。しかし,特別支援教育がこれまで通常学級で困難を抱えていた子どもたちにとって大きな福音となるように,現職の教員も力と知恵を合わせて対応してきたことが,本稿の考察を進める中で示された。

今後,特別支援教育への期待はますます高まり,通常学校において,特別支援学級や通級指導教室で学ぶ子どもたちはさらに増えていくと考えられる。と同時に,一般教員から特別支援教育担当教員へと立場が変わる教員も多数となる。教師自身が自信と誇りを持って学校全体の子どもや教職員に接し,校内体制の整備充実に力を発揮できるような,専門性の獲得を目指した研修のあり方についての研究が求められる。

〈文献〉

秋元雅仁・落合俊郎(2009)「LD・ADHD等の心理的疑似体験プログラム」を活用した研修の有効性に関する考察. LD研究, 18(2);189-196.

別府悦子(2013)特別支援教育における教師の指導困難とコンサルテーションに関する研究の動向と課題. 特殊教育学研究, 50(5);463-472.

藤井和子(2015)通級による指導に関する研究の動向と今後の課題―自立活動の観点から. 特殊教育学研究, 53(1);57-66.

畑譜美・小貫悟(2006)教員及びコーディネーター自身のニーズ調査―コーディネーター導入時に求められる支援体制について. LD研究, 15(1);118-133.

小島道生・吉利宗久・石橋由紀子他(2011)通常学級での特別支援教育に対する小・中学校の担任教師の意識構造とその影響要因. 特殊教育学研究, 49(2);127-134.

宮木秀雄(2015)通常の学校のコーディネーターの悩みに関する調査研究―調査時期による変化と校種による差異の検討. LD研究, 24(2);275-291.

柏植雅義(2013)特別支援教育―多様なニーズへの挑戦. 中公新書.

戸部孝綱・伊藤良子(2013)都立高等学校における特別支援教育の実態について―教職員の特別支援教育対応志向性との関連から. LD研究, 22(3);335-342.

山田清輝(2015)特別支援教育に関する基礎知識及び基本的対応研修の取組―校内の人的資源を活用した特別支援教育に関する校内研修の工夫. LD研究, 24(3);356-370.

2-6 教員の要請・専門性・学歴の問題，免許制度の問題

2-6-3 教員の免許保有と専門性

三浦 光哉

I 特別支援学校教諭免許状の保有率と対策

1. 特別支援学校教諭免許状の保有率の現状

特別支援学校の教員は，教育職員免許法附則第16項（1949年制定）に「当分の間は，幼稚園，小学校，中学校又は高等学校の教諭の免許状を有する者は，特別支援学校の教員免許状を所有しなくとも，所有免許状の学校種に相当する各部の教員となることが可能である」ことにより，必ずしも特別支援学校教諭免許状を取得しているとは限らない。このことは，60年以上にわたって，その保有率と専門性について論争が繰り返されてきた。

表1に示した文部科学省学校基本調査（2015）によると，特別支援学校教員（65,559人）のうち，当該障害種の免許状を保有している教員（48,720人）の割合は74.3％である。同様に新規採用教員（3,386人）のうち，当該障害種の免許状を保有している教員（2,294人）の割合は67.7％である。障害種別では，視覚障害教育57.3％，聴覚障害教育49.9％，知的障害教育77.2％，肢体不自由教育75.5％，病弱教育74.2％である。都道府県別に見ると，保有率が最も高いのは秋田県（92.2％）・茨城県（91.4％）・和歌山県（90.1％）の順で，最も低いのは大阪府（56.4％）・高知県（61.2％）・愛知県（61.9％）の順である。また，表2には，過去10年間における特別支援学校教諭免許状の保有状況を示した。10年前の2006年度の保有率は，全体61.1％，新規採用者59.1％であった。この10年間で全体的には13.2％，新規採用者は8.6％上昇している。

このように，保有率は年々増加傾向にあるもの

表1 障害種別の特別支援学校免許状保有者（文部科学省，2015年度）

	特別支援学校教諭等免許状　保有者						特別支援学校教諭等免許状　非保有者						合計
	当該障害種		自立教科等（当該障害種）		合計		他障害種又は自立教科等（他障害種）		幼、小、中、高校教諭免許状等のみ所有		合計		
	人数	割合	人数	割合	人数	割合	人数	割合	人数	割合	人数	割合	人数
視覚障害	932	35.2	586	22.1	1,518	57.3	754	28.5	377	14.2	1,131	42.7	2,649
聴覚障害	1,893	49.2	26	0.7	1,919	49.9	1,188	30.9	739	19.2	1,927	50.1	3,846
知的障害	33,392	77.1	49	0.1	33,441	77.2	542	1.3	9,341	21.0	9,883	22.8	43,324
肢体不自由	9,724	74.5	131	1.0	9,8855	75.5	418	3.2	2,788	21.3	3,206	24.5	13,061
病弱	1,986	74.1	1	0.0	1,987	74.2	166	6.2	526	19.6	692	25.8	2,679
合計	47,927	73.1	793	1.2	48,720	74.3	3,068	4.7	13,771	21.0	16,839	25.7	65,559

＊「自立教科等」とは，理療（あん摩，マッサージ，指圧等），理学療法，理容等を指す。

表2 特別支援学校における特別支援学校教諭等免許状保有状況の変化（文部科学省，2015年度）

年度	2006	2007	2008	2009	2010	2011	2012	2013	2014	2015
全体（％）	61.6	68.3	69.0	69.5	70.0	70.3	71.1	71.5	72.7	74.3
新規採用者（％）	59.1	57.3	60.0	61.3	60.3	59.9	60.1	64.4	65.7	67.7

の，まだ4人に1人（約25％）の特別支援学校教員が当該障害種の免許状を取得していない状況下にある。また，障害種別では，視覚障害と聴覚障害の保有率が低くなっているが，これは，一種免許状の課程認定を受けている大学学部（学科・課程等）が少ない（視覚障害14，聴覚障害29，知的障害182，肢体不自由173，病弱168）ことも要因であろう。

一方，特別支援学級（小・中学校）担任教員の特別支援学校教諭免許状保有率は，30.7％であり，一層厳しい状況にある。この保有率は，10年前と比較してもほとんど変化はなく，改善の兆しが見えてこない。

2．特別支援学校教諭免許状の保有率向上のための取組

特別支援学校教諭免許状を取得するためには，さまざまな方法がある。文部科学省は，免許状保有率向上の方策について，主として現職教員を対象に教育職員検定（法第6条）による免許状の取得を促す施策を実施している。教育職員検定による免許状の授与に当たっては，必要な単位を大学の認定課程において修得することとなるが，文部科学大臣の認定する講習「免許法認定講習」において修得することもできる。そこで，免許法認定講習は，大学の他，都道府県・指定都市，国立特別支援教育総合研究所において開設されている。

また，特別支援学校教諭免許状を取得する手段として，文部科学大臣等が実施する教員資格認定試験に合格することにより免許状を取得することも可能であるが，2016年度は，特別支援学校自立活動教諭一種免許状（聴覚障害教育，肢体不自由教育）に限って実施されている。この他に，放送大学や通信制大学（東京福祉大学，明星大学，星槎大学，佛教大学，神戸親和女子大学）において単位を取得することも可能である。さらに最近，特別支援教育の推進により特別支援学校教諭免許状の必要性が高くなり，私立・市立大学における課程認定が増加している（私立90・市立3）。

2015年度において，都道府県・指定都市が実施する特別支援学校教諭免許状に関する免許法認定講習は，福島県を除いて実施（312科目）されている。都道府県・指定都市では，免許法認定講習の開設数や受入定員を増やしたり（24都道府県，3指定都市），隣接県等の免許法認定講習を活用又は紹介（33都道府県，9指定都市）するなどの取組を行っている。青森県では、1年間で二種免許状を取得できるように全障害の科目を年間にわたって開講している。

一方，特別支援学校教員の教員採用試験及び小・中・高等学校等の教員を特別支援学校へ配置する際の取組としては，2015年度現在，特別支援学校教員の採用区分を設けている都道府県は37（78.7％），特別支援学校教諭等免許状の「保有を条件としている」又は「保有者を優先」して配置している都道府県は24（51.1％）である。

このように，免許状保有率向上の方策についてさまざまな取組が行われている。全ての都道府県・指定都市が，特別支援学校の教員採用試験時および小・中・高等学校等の教員を特別支援学校へ配置（異動）する際の両者において，特別支援学校教諭等免許状を義務づければ，保有率が100％に近づくと推測される。しかし，現実的には，特に教員の異動や人事交流による配置，免許法認定講習等の未開設などにおいてなかなか難しい面がある。

文部科学省・中央教育審議会（2015）では，『これからの学校教育を担う教員の資質能力の向上について』の答申の中で，「教育職員免許法附則第16項の廃止も見据え，平成32年度までの間に，おおむね全ての特別支援学校の教員が免許状を所持することを目指し……」，「小中学校の特別支援学級担任の所持率も2倍程度を目標として……」と述べている。今後，特別支援学校教員や特別支援学級（小・中学校）担任教員の特別支援学校教諭等免許状所持率が飛躍的に向上することが予測される。

II 特別支援教育の専門性向上

1．特別支援学校における地域のセンター的機能

2001年の『21世紀の特殊教育の在り方について（最終報告）』では，特別支援学校の教職員の専門性を図るとともに特別支援学校が持っているノウハウを地域へ拡充していくことを指摘した。これにより特別支援学校は，地域における特別支援教育のセンター的機能として新たな展開として

活躍することとなった。具体的な内容としては，保育所・幼稚園や小・中学校への巡回相談，個別検査の実施，教材・教具の提供，発達障害児等への具体的な支援方法の助言などである。こられの支援業務は，「地域支援部」の担当者がその任務に当たり，その内容が多岐にわたるため，より一層の専門研修の必要性を生み出すこととなった。その一方で，特別支援学校内の指導の手薄と形骸化，地域支援担当者の専門性の格差も同時に課題として浮き彫りになった。

2．特別支援教育コーディネーター研修

特別支援教育コーディネーター（以下，特支Coと称す）は，文部科学省（2003）の『今後の特別支援教育の在り方について（最終報告）』によって示されたものである。現在では，ほとんどの公立の幼稚園（96.0％）小学校（100％），中学校（100％），高等学校（99.9％）に配置されている（文部科学省，2015）。特支Coは学校における特別支援教育の中心的役割を担うため，全国の都道府県・指定都市，教育事務所，市町村の教育委員会や教育センター等では，「特支Co養成研修会」を実施し，養成の拡充と専門性を向上に努めてきた。当初の研修時間は，20～50時間が多かった（柘植他，2007）。このことにより，各学校では，特支Coが中心となってLD・ADHD・ASDなどの発達障害児への理解と対応が飛躍的に進むこととなった。

特支Co養成は，教育現場だけでなく，大学院修士課程で特支Coコースして高度な専門性を修学する学びの場を設置（2006年度から兵庫教育大学大学院，広島大学大学院，香川大学大学院，愛媛大学大学院）したり，日本LD学会でも2001年度から発達障害関連科目30単位取得による「特別支援教育士（当時はLD教育士）」を資格認定するなど，特支Coへの期待と重要性がますます拡大していった。一方，山形大学では2007年度から山形県鶴岡市教育委員会（その後，県内11市町村教育委員会に拡大）と協働して，特支Co養成研修会「初級（30時間）・中級（30時間）・上級（30時間）」を制度化しながら地域における教員の専門性を向上させてきた。その後，特支Coだけでなく一般教員や支援員にまで研修が拡大され，もはや特別支援教育に関する研修は，全ての教員にとっても必要不可欠のものとなっている。しかし，全国において特別支援教育の体制整備が進むにつれ，地域格差や学校間格差が拡大しているのも事実である（三浦，2011）。

3．教職大学院の専門性向上と専修免許状

教員の教育制度（養成は大学，採用・研修は教育委員会）の構図は，ここ10年で大きく様変わりし，脱制度化傾向にある（篠原，2011）。教員養成では，教育委員会の介入である。たとえば，東京都など20以上の自治体が「教師養成塾」を開催し，教育委員会が独自に教員養成を行い，採用試験時に特別枠（特別試験，一次試験免除等）を設けている制度である。一方，研修制度では，教員研修の大学への委託化である。たとえば，教職大学院への教員派遣や教員免許状更新講習等の研修事業である。ここでは，教職大学院について経緯を見てみよう。

教職大学院は，高度専門職養成課程として制度化され，学部新卒者と（ストレートマスター）と現職教員（スクールリーダー）の両者を養成している。2009年4月に25校でスタートしたが，2017年4月現在では53校に増加し，今後も増加していくものと推測される。国立大学では高知大学を除いてすべての大学に設置されている。このことは，これまでの現場主義のリーダー養成や大学院教育学研究科での研究者養成志向から脱却して，「実践と理論の融合」として教育の実践力と指導方法の応用力を体系的・組織的に修学していくことを意味するものであろう。

特別支援教育を専門に養成する教職大学院は，開設当初，特別支援教育の専任教員3人（学部とは別）以上で，且つ1人以上が教授職という枠があるために，特別支援教育の分野（コース）を設置することが困難であり，且つ特別支援学校専修免許状の課程認定のハードルも高かった。しかし，特別支援教育担当教員が教職大学院と学部とのダブル専任や業績や実績のある現職・退職校長等による「みなし専任（非常勤）」等を採用して認定条件を整備することにより，2016年度では，45校中20校で特別支援教育の専門科目設定と特別支援学校専修免許状が取得できるようになった。

この特別支援教育の分野（コース）で学ぶ現職教員は，今後ますます増加し，その高度な専門性を身に付けた教員として教育現場の中で大いに期待される。

今後の新たな展開として，宮崎大学や山形大学などでは，2017年度から教員養成において一部の学生を6年一貫教育（教育学部4年＋教職大学院2年）でスタートさせた。この動きにより，教員養成は6年間（修士課程）の修学を目指すことになると思われる。今後，他の国立大学も追随することになるであろう。これらのことが実現していくと，新規教員は，特別支援教育に関する高度な専門性の修学，専修免許状の取得，修士課程修了の学歴等を身に付けることより，これまで課題とされてきたことを少なからず解消していけるかもしれない。

4．これから求められる特別支援教育の専門性

山本（2001）は，文部科学省（2001）の『21世紀の特殊教育の在り方について（最終報告）』が公表されたのち，これからの特別支援教育担当教員に求められる専門性として，①児童生徒等の実態把握のための知識・技能，②自立活動の指導力，③コンピュータ等の知識・技能，④カウンセリング等に関する知識・技能，⑤多様な実態の児童生徒に適切に対応できる人間性，⑥さまざまな分野の人との協調性，の6つの視点を挙げている。このような専門性は，特別支援教育を取り巻く社会情勢，児童生徒の実態の変化，学習指導要領の改訂，教育技術や教育機器の進歩，などにより状況が変わる。それから15年後の現在において，この6つの視点はどのように変化したであろうか。

特に大きく変化したのは，コンピュータ等の知識・技能，様々な分野の人との協調性であろう。確かに情報機器の革新は目覚ましいものがあり，コンピュータ等の知識・技能をいかに駆使して指導技法を効率化したり教材・教具を開発・活用していくかが問われている。また，これからの時代は，AI（人工知能）の利用も活発化されるであろう。すでに，神奈川県立相模原中央支援学校等ではAIを活用してロボットによる障害児へのコミュニケーション支援等も行われ始めている。

特殊教育から特別支援教育へ転換されて10年以上が経過し，特別なニーズを抱えているすべての児童生徒等へのきめ細やかな対応が必要となっており，より一層，専門家や関係機関（教育，医療，保健，福祉，労働等）との連携も重要で多種多岐にわたっている。教育だけでは解決できないことが多く，これまでの概念にとらわれないコラボレーションを図りながら最大の効果を生み出すための協調性が教師には求められることになるであろう。

〈文献〉

三浦光哉（2011a）山形大学と教育委員会が開発した特別支援教育教育研修プログラム―特別支援教育コーディネーターの養成．SYNAPSE，6；20-25．

三浦光哉（2011b）特別支援教育コーディネーター養成研修の資格認定制度と人材活用．宮城教育大学特別支援教育総合研究センター研究紀要；1-6．

文部科学省（2001）21世紀の特殊教育の在り方について（最終報告）．

文部科学省（2003）今後の特別支援教育の在り方について（最終報告）．

文部科学省（2015）平成27年度特別支援教育体制整備状況調査結果について．

文部科学省（2015）平成27年度特別支援学校教員の特別支援学校教諭等免許状保有状況等調査の結果について．文部科学省初等中等教育局特別支援教育課．

文部科学省・中央教育審議会（2015）これからの学校教育を担う教員の資質能力の向上について．

山本昌邦（2001）特殊教育担当教員に求められる専門性とその向上．特別支援教育，3(6)．

篠原清昭（2011）教員研修における大学の役割と課題．SYNAPSE，6；6-11．

柘植雅義・宇野宏幸・石橋由紀子（2007）特別支援教育コーディネーター全国悉皆調査．特別支援教育コーディネーター研究，2；1-73．

2-7 大学・高等専門学校における問題

2-7-1
大学における発達障害学生に対する支援
現状と今後の課題

西村 優紀美

I 発達障害学生支援の現状

　障害を理由とする差別の解消の推進に関する法律（障害者差別解消法）が2016年4月から施行されたことにより，高等教育機関において障害学生への合理的配慮の提供が求められることとなった。独立行政法人日本学生支援機構（以下，機構）が2017年4月に公開した「平成29年（2017年度）大学，短期大学及び高等専門学校における障害のある学生の修学支援に関する実態調査分析報告」によると，発達障害（診断書有）の人数は，4,150人で，このうち支援障害学生は3,023人であった。同機構が行った実態調査分析報告（平成27年3月）では，発達障害者支援法で定義された三種類の診断カテゴリーの中で，高機能自閉症等の割合が最も高くなっている。文部科学省の調査では小・中学校においてLD等の学習の問題がある児童生徒の人数が最も多いとされていることを考えると，現時点では，学習上の問題がある児童生徒が大学まで進学することが難しい状況があるのではないかと推察できるとともに，未診断の学生の中に，LDの学生がいる可能性も否定できないとしている。

II 合理的配慮に関する考え方

　川島・星加（2016）は，差別解消法のもとで提供しなければならない合理的配慮とは，基本的に，①個々の場面における障害者個人のニーズに応じて，②過重負担を伴わない範囲で，③社会的障壁を除去すること，という内容をもつ措置を意味しているという。発達障害の多様なニーズに沿った合理的配慮の提供は，障害の特性や社会的障壁の除去が求められる具体的場面や状況に応じて異なり，多様かつ個別性の高いものである。
　発達障害学生への合理的配慮は，障害特性の表れ方が一人ひとり異なるため，配慮内容を定型化することが難しく，修学上配慮が必要と思われる場合でも学生本人からの配慮要請に関する意思表明を期待することが難しい場合が多い。しかしながら，配慮の必要性を支援者や保護者だけが認識し，学生の合意なしに配慮提供を行った場合，「学生を権利の主体とする」という観点が失われる。発達障害学生の意思表明の困難さの多くは「実際の問題と，自身の障害特性を関連づけることの難しさ」と，「さまざまな状況を把握し整理して，自分の考えをまとめあげることの苦手さ」等，障害特性そのものに起因するため，合理的配慮の提供には「本人の意思決定過程を支援する」という考え方を採用する必要がある。具体的には，困っている状況を一緒に整理し，何が問題で，自分には何ができるのか，あるいは問題の解消にはどのような配慮が必要なのか，そしてその配慮内容が適切であったかどうかの振り返りを行う等，さまざまな観点から検証していくプロセスが，学生の意思決定を支える支援と考えることができる。

III 支援体制

　発達障害学生支援の体制作りに関しては，組織マネジメントの考え方が参考となる。吉永（2012）は，発達障害学生を支援する組織のマネジメントに関して，ナレッジ・マネジメントに基づくチーム支援を提唱している。具体的には，各学生の支援を1つのプロジェクトと見なし，当該学生の支援を担当するスタッフを他のスタッフが必要に応じて支援を行う，パートナーシップとリーダーシップが融合する体制である。また，高信頼性組織の概念を援用し，学内外に高く信頼される支援組織づくりを目指すため，以下の5つのマネジメ

ント実践が有効であるとした。①うまくいかない支援ケースを基にスタッフ全員で改善策を考える，②多様な視点から問題を把握する，③個々の学生の支援現状を常に把握する，④試行錯誤の中での失敗をすぐに支援の改善に活かしていく，⑤支援関係者全員に専門性を見出し尊重する等である。

田倉・藤井（2015）によると，日本福祉大学では，開学以来進めてきた障害学生支援を発展させ，障害学生自身のセルフコーディネートを目的とした支援の仕組みを構築しているという。入学当初から障害学生本人が大学生活で必要な観点を整理し，自己選択・自己決定できる機会を設けている。また，障害学生を支援する学生も，共に成長するための仕組み作りを積極的に行なっているが，いわゆるピアサポーターによる支援がこれからの支援体制作りには必要不可欠になっていくものと思われる。

大学が障害学生支援を推進していく上で，キーパーソンとなるのは，支援コーディネーターである。発達障害に関する知識だけでなく，学生との対話力，必要な支援を導き出すアセスメント能力，学内外との部署や機関との協働も重要な役割であり，組織マネジメント力も兼ね備えた人材が必要である。専門職としてのコーディネーターの育成が望まれる。

Ⅳ 発達障害のある高校生の大学進学支援

文部科学省の「障害のある学生の修学支援に関する検討会（第二次まとめ）」（2016）では，各大学等が取り組むべき主要課題として，「障害のある入学希望者等からの問合わせを受け付ける相談窓口等の整備」と「相談窓口や支援内容に関する情報発信」を挙げている。

進学を目指す高校生への情報提供として，東京大学先端科学技術研究センターのDo-It Japanの取り組みがある。近藤（2014）によると，ここでは，障害のある当事者の「自立」，「自己決定」，「セルフ・アドボカシー」，「テクノロジーの活用」をテーマとして様々なプログラムを構成しており，障害のある子どもたちが，初等中等教育から高等教育へ，さらには就労への移行する過程を体験するプログラムとなっているという。

富山大学では，大学進学を希望する高校生のための大学体験プログラム「チャレンジ・カレッジ」を企画している。西村（2014）は，2007年から発達障害学生への支援を開始した際，大学における支援の状況を受験生に周知する必要があると考え，「高校生のための大学進学ガイド」を作成すると共に，発達障害のある高校生を対象とした大学体験プログラムを開発した。プログラムの中で参加者の評価が高かったのは，発達障害大学生の高校受験や勉強方法，特性への対処法など，先輩の体験談であった。「積極的に学ぼうとする姿勢」に影響を受け，「将来の夢を持ち，前向きに大学生活を送る」ことに刺激を受ける生徒が多かった。

将来の自己像と重ね合わせ，ロールモデルとしての先輩の存在は大きい。高大連携に関しては，高等学校等で提供されてきた支援内容・方法を大学等へ円滑に引継げるように留意するとともに，個別の教育支援計画等の支援情報に関する資料等を大学に提出するなど，効率的な支援の引継ぎを図る必要がある。

Ⅴ 障害学生に対する個別の支援

大学における支援の特徴は，学生が自身の特性を知り，どのような配慮があれば自分にとってより良い学修環境が保障されるのかを認識し，その実現に向かって歩みを進めるプロセスを支援することにある。実際には，発達障害学生の社会的コミュニケーションの障害や実行機能の障害を念頭に置いた「実行を支える支援」が支援の中核となる。支援内容は合理的配慮に関わる意志決定支援，スケジュール管理等自己管理能力の育成等，修学に関わる全般的なことがらに及ぶ。支援者は直接的な学習指導を行うのではなく，アカデミック・スキルに関する支援を中心に行い，学生が学びの場に繋がるためのサポートを行っていく。

西村（2012）は，学生との対話において，支援者はニュートラルな態度で学生の語りを聞き，学生の考えを整理していく必要があり，学生が支援者の態度や感情に左右されることなく，正確に語り続けることができるような配慮が必要であるという。このような対話の中で明確になった問題は，

「学生本人の課題」として浮かび上がるのではなく、「学生と支援者の共通課題」として共通認識され、外在化されていく。学生は外在化された問題について、支援者と一緒に方策を練り、実行し、再び振り返りの中で事実確認をしていく。対話の中で外在化された問題を、支援者と共に解決していくという場の雰囲気が、彼らの「問題への振り返り」に対する抵抗感を弱め、前向きに検討していく態度を培っていくと考えている。

具体的な修学に関する支援に加え、大学独自のユニークな支援がある。発達障害の特性に即した青年期の成長モデルを基盤においた支援として注目することができる。

小貫ら（2015）は、発達障害のある大学生が抱える課題には、「大学適応」と「就労準備」があり、前者は大学生活に適応し成長し無事卒業するまでを支えるスキルであり、後者は、次の段階としての「就職」あるいは「就労継続」に向けてのスキルであるという。この2つのテーマにある共通の特徴を「セルフマネージメント能力の向上」であるといい、明星大学では、このようなスキルの習得を必要とする大学生に対して、大学適応、人間関係、学校から社会への移行を実現するための「STARTプログラム」を展開している。

村田（2015）は、京都大学学生総合支援センター障害学生支援ルームで行っている「自助会（当事者懇談会）」において、支援者がファシリテーターとしての役割を果たし、緩やかな構造化の中で実施されるグループ活動の効果を述べている。個別面談では語り合うことができないテーマを、上級生と下級生が共有することによって、学生が自分自身に固有のものと感じている困り感や経験のエピソードが、共感しあうエピソードに変わり、客観的な感覚の中で、困り感や課題に対する具体的な対応策などの話し合いが可能になっていくという。

西村（2012）は、支援室で個別面談を受けている学生を対象とした「小集団活動・ランチラボ」が、青年期の発達障害のある学生に対して有効なコミュニケーション支援法であるという。支援室を利用している学生のうち、「同年齢の仲間とのコミュニケーションの場がほしい」という願いを持ち、参加を希望する学生に対して場を提供している。同じような悩みや願いを持つ学生同士が一堂に会し、緩やかな雰囲気の中で集うことによって、自分の考えや意見を尊重して聞いてもらう体験をすると共に、他者の考えに耳を傾ける体験を通して、考え方の多様性を受け入れる態度を養う機会になっている。支援者は、学生の会話を促進すると共に、モデルとなるようなコミュニケーションを展開する役割を担う。

良質な関係性の中で、彼らは人と関わることの意義を知り、安心できる環境の中で、「私たち」という関係性を築くことができるものと考える。

VI　キャリア教育と就職支援

西村（2015）は、キャリア教育は体験を通じて自己と社会に関して多様な気づきや発見を得させることが重要であるが、仕事に直結する体験学習の場のみで行われるものではなく、修学を通して、あるいは小集団活動による仲間との関係性を通して、さらには、自分が誰かの役に立つという体験を通して、自らの役割の価値、自分と役割との関係、自分と社会との関係について認識していくものであるという。富山大学では、学生自らが新たな環境に歩み入る力を獲得していく成長モデルを基盤とした支援を実践している。ここでは、学生が日常経験するさまざまな物語（困り感や苦しみなど）を支援者との対話の中で客観的な視点から眺め、これまでの物語の再構築が行われていく。支援者との定期的な対話の場は、学生にとっては自己と社会に関して多様な気づきや発見を得る場となっており、まさにキャリア教育の在り方と共通するものである。

大阪大学では、2013年に学生生活のサポートを全般的に行う独立機関としてキャンパスライフ支援センターを設置した。障害学生支援はセンターの1つのユニットとして構成されている。望月ら（2015）は、2013年度から学内インターンシップを行い、振り返りでは、自己評価だけでなく、他者評価を盛り込むことで、本人の自己認知が促進されるよう工夫をしている。学外インターンシップは、発達障害学生の受け入れ経験や障害者雇用の実績のある企業に依頼し、働く体験を提供している。また、学内アルバイトの経験も、労

働に対する対価を得る体験がより具体的な働くイメージを育て，働くことの責任感や厳しさも同時に知る機会となっている。

桶谷（2015）は，発達障害のある学生に対する就職活動の難しさを挙げている。特に，課題となっているのは，①学生に仕事や職種についての明確なイメージがなく，偏った関心による職業選択になりやすい，②面接では，彼らが最も苦手とするコミュニケーション能力を問われる，③企業が求める社会人像と自分とのギャップに苦しむという点であるという。現在のところ，大卒の発達障害者の雇用経験がある企業や自治体が少なく，一般雇用と比較して障害者雇用枠での就職が特段有効な手段とは言えない状況である。

このような実態を踏まえて，富山大学では，就職活動支援に引き続き，卒業後は地域就労支援機関と連携しながら，卒後就職活動支援を行っている。また，就職した卒業生に対して，本人が希望すれば，フォローアップ支援を行っている。具体的には，就業時間後に面談を行い，①業務内容，②職場環境，③職場での上司や同僚との関わり，④仕事のやりがい，⑤困っていること，⑥余暇の過ごし方や体調管理，等を聞き取っていく。フォローアップ支援で明らかとなったことは，社会人として働くことを通して，彼らはあらためて，働くことの意味や自立について考え，「自分にとってキャリアとは何か」に向き合い始めるということである。時間はかかるものの，体験を通して自己理解を重ね，自立に向かって確実に歩みを進める姿を見ることができる。

Ⅶ　おわりに

障害学生支援とは，障害による不利益がない教育環境をどのように整えていくかが大きなテーマであり，支援者と本人との対話の中から本人が納得するより良い状況を一緒に探し出していくというプロセスが重要である。支援者は，学生が自覚しにくい自分自身の困難さと支援ニーズを，試行錯誤を繰り返す中で自ら気づいていくことそのものを支援するという役割を担っている。教育保障に関わる合理的配慮は，本人の意思の表明が重要なポイントであるが，本人の意思の表明が，支援者の誘導や説得によるものであってはならない。支援者は，学生本人が自己決定する機会を奪うことなく，支援を展開する必要がある。青年期にある発達障害学生への支援は，具体的な問題の解決だけにとどまらず，目の前の課題に対して距離感を持って眺めたり，問題を解消したりするプロセスを通して，青年期の心身の成長を支える発達促進的な取り組みとしての意味がある。

〈文献〉

川島聡・星加良司（2016）合理的配慮が開く問い．（川島聡・飯野由里子・西倉実樹・星加良司著）合理的配慮─対話を開く，対話が拓く．有斐閣．

小貫悟・村山光子・重留真幸他（2015）大学への適応と就労に向けたライフトレーニング．（高橋知音編）発達障害のある大学生への支援．金子書房．

近藤武夫（2014）進学を目指す高校生への情報提供（1）─東京大学先端科学技術研究センター，DO-IT Japanの取り組み．（高橋知音編）発達障害のある人の大学進学．金子書房．

村田淳（2015）大学での当事者グループの運営．（高橋知音編）発達障害のある大学生への支援．金子書房．

望月直人・石金直美・吉田裕子他（2015）大阪大学における発達障害学生支援の現状と課題─就労支援において学内外の連携が有用であった1事例を通しての考察．CAMPUS HEALTH，52(2)；58-63．

西村優美（2012）障害学生支援：障害と向き合う─自閉症スペクトラム障害学生への支援 In 谷川裕稔，長尾佳代子，壁谷一広，中園篤典，堤裕之編：学士力を支える学習支援の方法論．ナカニシヤ出版．

・西村優紀美（2015）大学における発達障害の学生に対するキャリア教育とキャリア支援．障害者問題研究，43(2);91-98．

桶谷文哲（2015）大学における発達障害者のキャリア支援 2．大学から社会へ─発達障害のある大学生への社会参入支援．（梅永雄二編）発達障害のある人の就労支援．金子書房．

田倉さやか・藤井克美（2015）発達障害学生の支援体制構築と支援内容の課題と展望．障害者問題研究，43(2)；99-106．

吉永崇史・斎藤清二・西村優紀美（2012）発達障害学生を支援する組織のマネジメント─富山大学におけるアクション・リサーチ．CAMPUS HEALTH，49(3)；27-32．

2-8 当事者・保護者・家族の参画の在り方の問題

2-8-1 保護者の教育活動への主体的な参画を目指した教師との連携と家族支援の重要性

柳澤 亜希子

I　教師と保護者の連携の重要性

「共生社会の形成に向けたインクルーシブ教育システム構築のための特別支援教育の推進（報告）」（中央教育審議会初等中等教育分科会，2012）には，学校と家庭が密接に連携することが障害のある子どもの支援を行ううえで重要であると示されている。具体的には，保護者と学校が障害のある子どもの教育的ニーズや必要な支援について合意形成を図ったり，個別の教育支援計画などを協力して作成したりするなど，保護者との連携の必要性がこれまで以上に高まっている。

教育はもちろん，生活全般で障害のある子どもに幅広く関わる重要な支援者（特別支援教育の在り方に関する調査研究協力者会議，2003）である保護者が，障害のあるわが子の教育活動に主体的に参画するためにも教師と保護者が連携することが不可欠である。

II　教師と保護者との連携を進めるうえでの課題

教師と保護者が子どものために協力し合う，連携するといった言葉がよく耳にされる。しかしながら，教師と保護者が連携することは，容易なことではない。たとえば，保護者が教師からの働きかけをその意図する通りに受け止めることが困難な場合（上村・石隈，2009），思うように連携が進まない。教師は，保護者との連携が上手く進まないことを保護者の理解不足や保護者の責任と捉え，それがますます両者間の溝を深める（若松・若松，2012）。保護者と教師の障害のある子どもの実態の捉えや教育方針の違いにより両者間でいさかいや誤解が生じることもある。こうした状況が双方の間で積み重なると，教師は保護者とかかわることがストレスになり，保護者も教師に悩みを相談し連携を図ることがストレスになる（石川・中野，2001）。

また，時に保護者からの要求は，教師にとっては受け入れがたい場合がある。しかし，そうした保護者の行動や発言の背景には，障害のあるわが子をめぐるさまざまな問題が影響している可能性がある。したがって，障害のある子どもの保護者とのかかわりにおいては，教師は保護者がわが子の障害受容の問題や子育てする中で悩みやストレスを抱えているということを常に意識して対応することが求められる。

なお，教師と保護者が連携するにあたっては，教師がどのように保護者の役割を認識しているかが連携の質に影響を及ぼすと考えられる。

III　パートナーとしての保護者の役割

障害のある子どもの保護者の役割の変遷についてまとめた Rud & Turnbull（2011）は，保護者の役割に対する最も新しい捉え方として，障害のある子どもの指導や支援に携わる専門家の「パートナー」であると述べている。わが国では，保護者が教師と対等な立場で協議することは容易ではなく，教師も保護者もお互いを対等なチームの一員として捉えるまでには至っていない（石隈・上村，2002）。そのため，保護者は，障害のある子どもの指導や支援の場において自己主張することなく，不満や不安を抱きながら意思決定が行われていく（瀬戸，2013）ことも少なくない。保護者との連携が重要視されている現在，わが国においても保護者の役割に対する捉え方を転換していくことが求められる。ただし，保護者の役割は教師と同様ではなく，「親」としての役割をもって教師のパートナーとして位置づける（柳澤，2014）

ことが肝要である。

また，田村・石隈（2007）は，保護者は最初から対等なパートナーとして教師と連携するのではなく，保護者自身が支援を受ける段階を経てパートナーへと変容していくと述べている。このことからも，保護者との連携においては保護者への支援を併行することが不可欠である（柳澤，2014）。

Ⅳ　障害のある子どもの家族への支援の重要性

厚生労働省（2008）は，「障害児支援の見直しに関する検討会報告書」において，家族を含め障害のある子どもに対してトータルな支援を行うこと，また，障害のある子どもや家族にとって身近な地域における支援の重要性について明示した。そして，その具体的な方策として保護者への「心理的なケアやカウンセリング」，専門機関での「養育の支援」，「家庭訪問による家族への相談，養育の支援」，「保護者同士の交流の促進」，「きょうだい支援」の5点を示した。上述した家族支援については，「今後の障害児支援の在り方について（報告書）―「発達支援」が必要な子どもの支援はどうあるべきか」（障害児支援の在り方に関する検討会，2014）の中でも，重要ポイントとして位置付けられている。障害のある子どもの「育ち」や「暮らし」を安定させる（障害児支援の在り方に関する検討会，2014）ためにも，保護者をはじめとする家族への支援を充実させることが求められる。

また，発達障害児・者の家族に目を向けると，「発達障害者支援の推進に係る検討会報告書」（厚生労働省，2008）には，「障害児支援の見直しに関する検討会報告書」の内容を受けて，発達障害児・者の家族への支援に関わる課題と今後の方向性が示されている。具体的には，全てのライフステージに応じた地域支援体制の整備と情報提供，相談機関や支援機関における専門性の向上をめざした人材育成，家族の地域での孤立を予防する仕組みの構築の必要性などが挙げられている。厚生労働省（2008）は，各支援・相談機関の職員の専門性の向上と発達障害支援に携わる人材の育成のための取組として，2010年より地域での当事者同士の支え合いを目的とした「ペアレント・メンター養成事業」に着手した。ペアレント・メンターによる支援では，同じ経験を共有している家族が悩みを聞き，地域資源について情報提供を行う。こうした当事者による支援は，同じ立場にある家族が支援することで共感性をもって相談にのることができ，また，家族の孤独感を軽減するうえでも有効であるとされ，今後ますます取組が拡大していくことが期待される。

以降では，上述した障害のある子どもの家族への支援の重要性とそれに関わる施策的な動向や保護者との連携の重要性を踏まえて，保護者の教育活動への主体的な参画へと導くための教師の保護者に対するかかわりについて述べる。

1. 教師と保護者の日常的なコミュニケーション

教師と保護者が信頼関係を構築するためには，保護者との個別の相談場面だけではなく，双方の日常的なコミュニケーションが大切である。この積み重ねが，保護者の教師に対する信頼感や安心感を高めることになる。また，保護者とコミュニケーションを深めることで，教師は保護者の些細な変化や悩みに気づき，タイミングを逸することなく保護者の相談に応じることが可能になる（柳澤，2014）。さらに，教師が，保護者の障害のある子どもに対する率直な思いや保護者の関心，得意なことなどを知ることにより，それらを障害のある子どもの指導・支援に活かすことで保護者の教育活動への主体的な参画へと導いていくことも可能になると考えられる。

2. 保護者のもつ力を強化する

教師は，保護者の思いや悩みに耳を傾け，理解を示しながら，障害のある子どもに関する専門的な助言や支援を行うことで，保護者が障害のある子どもの擁護者や支援者として成長できるように後押しすることが求められる。なぜならば，障害のある子どもとその保護者の長い将来を見据えたときに，保護者がいつまでも特定の教師や支援者に依存することは好ましいことではないからである。したがって，保護者が周囲から必要な支援を受けながらも，主体性をもって自立的にわが子への支援を行うことが可能となるように導いていくことが大切である。具体的には，教師は保護者の長所や強みを活かしながら保護者のもつ力を強化し，彼らの子育てやわが子へのかかわりに自信をもつことができ

るように促していくことが必要である。

ただし，保護者の中には，何らかの深刻な問題を抱えている場合がある。こうした保護者においては，教師と対等に取り組みを進めていくことは困難であるため，支援の方に力を注ぐことが優先される（柳澤，2014）。また，保護者とのかかわりにおいては，教師は彼らが一個人として成長を遂げていること，また，わが子の成長に伴い，保護者の思いや抱える問題も変化していくことに留意（柳澤，2014）しなければいけない。

3．早期からの保護者支援の重要性

保護者のもつ力を強化し，子育てへの自信を促すためには，早期から保護者を支援することが重要である。早期からの保護者支援の重要性は，「共生社会の形成に向けたインクルーシブ教育システム構築のための特別支援教育の推進（報告）」（中央教育審議会初等中等教育分科会，2012）の中で，早期からの教育相談・支援の充実の重要性として明示されている。

早期からの教育相談・支援を進めるにあたっては，地域の特別支援教育のセンターとしての特別支援学校の存在が重要となる。特別支援学校幼稚部では，保護者への支援を目的とした親子教室や親学習教室などを実施している学校があり，これらの活動の意義は大きい。柳澤ら（2016）は，こうした活動での保護者への情報提供に際しては，子育てや家庭生活に直結する内容を取り上げることが保護者にとって有効であることを報告している。すなわち，一般的な障害に関する知識や対応方法を教授するだけでなく，保護者がわが子への関わり方やわが子の行動の意味について理解を深め，日常生活の中で実際に取組んでみようと思える内容を取り上げることが必要である。したがって，早期からの教育相談・支援に当たっては，こうした視点をもって取組むことが大切である。また，こうした取組の積み重ねが，保護者がわが子の教育活動に主体的に参画していくことにつながっていくと考えられる。

V　障害のある兄弟姉妹のきょうだいや障害のある親を支える子どもへの支援の必要性

障害のある子どもの家族への支援では，養育の中心である保護者（特に母親）に対する支援の充実が図られてきた。保護者への支援においては，彼らを身近で支える祖父母や障害のある兄弟姉妹のきょうだいを支援することも，間接的に保護者を支援することにつながっていく。このように，包括的な視点をもって障害のある子どもの家族を捉えることの必要性は，Rud & Turnbull（2011）が保護者の障害のある子どもへの役割の変遷について論じた中で，保護者だけでなくきょうだいや祖父母などのそのほかの家族メンバーを含めていることからもうかがえる。こうした近年の動向を踏まえ，支援を要するそのほかの家族メンバーとして今後，注目すべき存在に障害のある家族を支援する子ども，すなわち Young Carers（ヤング・ケアラー）の存在が挙げられる。

以降では，障害のある兄弟姉妹のきょうだい（以下，きょうだいと記す）と障害のある親を支援する子どもに焦点をあてて，彼らの抱える課題と支援の必要性について述べる。

1．きょうだいが抱える課題と支援

きょうだいは，たとえば親の注意が障害のある兄弟姉妹に向きやすい，きょうだいが障害のある兄弟姉妹のために自分の時間を割かなければいけないなどの理由から，親や障害のある兄弟姉妹との関係に葛藤や不満などの心理的な負担を抱きやすいことが報告されている。きょうだいの心理面への支援としては，従来，同じ立場のきょうだい同士の交流の機会（たとえば，レクリエーションや話し合いの活動など）が実施されてきた。心理面の支援に加えて，柳澤（2007）はきょうだいが障害のある兄弟姉妹への対応方法や日常，疑問に感じている事柄について学習する教育的な側面からの支援の必要性を指摘している。教育的な支援は，きょうだいが障害のある兄弟姉妹に対する理解を深め，周囲に対して障害のある兄弟姉妹について説明する術を身に付けるうえでも重要である。

交流及び共同学習が推進される中で，きょうだいは級友から障害のある兄弟姉妹について尋ねられる機会がますます増えていく。学校現場は，きょうだいに対してどのように教育的な支援を行っていくべきかを重要課題として認識して，取組を進めることが求められる。

2．障害のある親を支援する子どもが抱える課題と支援

　障害のある親を支援する子どもについては，中津・廣田（2013, 2014）の聴覚障害の親をもつ健聴の子ども，「CODA（Children of Deaf Adults；以下，CODAと記す）」に関する研究がある。中津・廣田は，CODAの抱える問題として彼らが親への通訳の役割を担い，子どもでありながら親をケアし擁護することで彼らが心理的な負担を抱えていることを指摘している。具体的には，親への通訳役割を背景としたCODAの親を擁護する認識は年齢不相応な責任を生起させることや，親への心理的な自立が長期化していることを明らかにしている。このことから，中津らは，CODAの親の障害受容と自己確立に向けたカウンセリングやピアサポートなどの支援を小児期から行うことが必要であると言及している。

　わが国では，障害のある親を支援する子どもに関する研究は少なく，学校現場においてもこうした子どもたちへの支援の必要性の意識は不十分である。障害のある兄弟姉妹のきょうだいも含めて，彼らへの支援を充実させていくための研究と実践が，今後さらに進展していくことが望まれる。

3．障害のある兄弟姉妹のきょうだいや障害のある親をもつ子どもの内面的な成長の重要性

　きょうだいや障害のある親をもつ子どもに関する研究や支援では，彼らが抱える困難さだけでなく，彼らがそうした困難をどのように乗り超え，内面的な成長を遂げていくのかについても見ていくことが大切である。すなわち，きょうだいや障害のある親をもつ子どもへの支援では，予防的な取組だけではなく長期的な取組を通じて彼らの内面的な発達を支えることが大切である。こうした視点から研究や支援を行うことは，困難さが強調されやすい障害児・者の家族の捉え方や障害児・者を家族にもつことの意義を問い直すことにつながる（柳澤，2007）と考えられる。

〈文献〉

中央教育審議会初等中等教育局分科会（2012）共生社会の形成に向けたインクルーシブ教育システム構築のための特別支援教育の推進（報告）．

石隈利紀・上村惠津子（2002）IEP作成プロセスにおける保護者の参加に関する研究の動向：過去10年間の米国の論文のレビューから．筑波大学心理学研究，24；245-254．

石川正典・中野明德（2001）教師のストレスとサポート体制に関する研究．福島大学教育実践研究紀要，40；17-24．

厚生労働省（2008）障害児支援の見直しに関する検討会報告書．

厚生労働省（2008）発達障害者支援の推進に係る検討会報告書．

中津真美・廣田栄子（2013）聴覚障害の親をもつ健聴の子ども（CODA）の通訳場面に抱く心理状態と変容．Audiology Japan，56；249-257．

中津真美・廣田栄子（2014）聴覚障害の親をもつ健聴の子ども（CODA）における親からの心理的自立時期の長期化の要因．音声言語医学，55；130-136．

Rud, J. & Turnbull, A.（2011）Chapter 5 Historical and current roles of parents and families.（Turnbull, A., Turnbull, R., Erwin, E.J., Soodak, L.C. & Shogren, K.A.（2011）Families, Professionals and Exceptionality：Positive outcomes through partnerships and trust 6th Ed, pp.95-108. Pearson.

瀬戸美菜子（2013）子どもの援助に関する教師と保護者との連携における課題．三重大学教育学部研究紀要（教育科学），64；233-237．

障害児支援のあり方に関する検討会（2014）今後の障害児支援の在り方について（報告書）：「発達支援」が必要な子どもの支援はどうあるべきか．

田村節子・石隈利紀（2007）保護者はクライエントから子どもの援助者のパートナーへとどのように変容するか：母親の手記の質的分析．教育心理学研究，55(3)；438-450．

特別支援教育の在り方に関する調査研究協力者会議（2003）今後の特別支援教育の在り方について（最終報告）．

上村惠津子・石隈利紀（2009）教師が行う保護者面談に関する研究の動向と課題．信州大学教育学部研究論集，3；127-140．

若松昭彦・若松美沙（2012）保護者との連携を深めるための教員用サポートブックの作成．学校教育実践学研究，18；123-128．

柳澤亜希子（2007）障害児・者のきょうだいが抱える諸問題と支援のあり方．特殊教育学研究，45(1)；13-23．

柳澤亜希子（2014）特別支援教育における教師と保護者の連携：保護者の役割と教師に求められる要件．国立特別支援教育総合研究所研究紀要，41；77-87．

柳澤亜希子・加藤敦・飯島杏那（2016）自閉症のある幼児をもつ保護者の育児の意欲を高める家族支援：特別支援学校（知的障害）幼稚部における実践から．国立特別支援教育総合研究所研究紀要，42；13-28．

2-8 当事者・保護者・家族の参画の在り方の問題

2-8-2 特別支援教育における保護者連携と支援に関する現状と課題

井上 雅彦

I 発達障害者支援法での家族支援の重視

発達障害者支援法の改正（2016）によって発達障害における保護者支援・家族支援はさらに重要視されるようになった。

発達障害者支援法（旧法;2004）においては，第13条に「家族への支援」を盛り込み，「都道府県及び市町村は，発達障害児の保護者が適切な監護をすることができるようにすること等を通じて発達障害者の福祉の増進に寄与するため，児童相談所等関係機関と連携を図りつつ，発達障害者の家族に対し，相談及び助言その他の支援を適切に行うよう努めなければならない。」と規定しその必要性を定義した。

2016年に改正された同法律（新法）では，この13条は「都道府県及び市町村は，発達障害者の家族その他の関係者が適切な対応をすることができるようにすること等のため，児童相談所等関係機関と連携を図りつつ，発達障害者の家族その他の関係者に対し，相談，情報の提供及び助言，発達障害者の家族が互いに支え合うための活動の支援その他の支援を適切に行うよう努めなければならない。」と「適切な対応」，「情報の提供」，「互いに支え合うための活動」という内容が明確に盛り込まれた。

また同法第3条の2，第5条の3においても保護者支援・家族支援が規定されているが，特に第5条の3において「児童に発達障害の疑いがある場合には，適切に支援を行うため，当該児童の保護者に対し，継続的な相談，情報の提供及び助言を行うよう努める」とし，診断のない児童の保護者においても同様の支援の必要性を明記している。

特別支援教育においても既に早期からの相談支援の充実や個別の教育支援計画による連携などを推進されてきているが，法律に明記されたことにより，家族支援に関して支援法のキーワードに沿って，その制度の中に具体的に組み込んでいくことが求められている。

II 学校教育現場での研究動向

1．国内の状況

家族支援には親支援，きょうだい支援，祖父母支援など幅広い対象があるが，ここでは学校教育における保護者支援について述べる。

教員の業務に関わるストレスについての多くの調査研究が，保護者に関する事項を取り上げており，各地の教育委員会や教育センターも教員向けに保護者対応の基本を示したリーフレットや資料，研修の提供を行っている。その基本となるのは子どもに対する困難性に対する共通理解，保護者の心理に対する基本的理解，接し方である。保護者と教師との間に子どもの状態に対する認識のズレが存在しやすいこと（馬場他，2007；秋山他、2008）が指摘されてきているが，共通理解や協働を進めるための手法や効果を明らかにした研究は少ないのが現状である。

柳澤（2014）は7つの観点（「信頼関係」，「コミュニケーション」，「専門性」，「敬意」，「献身」，「対等性」，「アドボカシー」）に基づき，教師が保護者との連携を進めていく上での要件について考察している。連携の要件に教師側の要因について言及した研究や，学校としてのチームアプローチの必要性を指摘した研究などはあるが，教師がこのような行動がとれるための教員養成システムや学校環境について実証的に検証した研究は，我が国では見当たらない。

2．米国の状況

子どもの学業成績を向上させ，公立学校を再構築するための手段として，親の関与を強調するプログラムや改革への取り組みに関する研究は，1980年代から教育全般で多く実施されてきた（Fruchter et al., 1992；米国教育省，1994）。家族の関与には，家庭への関与（宿題の手助けなど），学校への関与（オープンハウスへの参加など），親子のコミュニケーション，親同士のコミュニケーションなどさまざまな形がある。

1994年の米国学校改善法（Improving America's Schools Act；IASA）により家族の関与は，教育全体で重視されるようになり，米国教育省は1997年に「子どもの教育に対する親の関与」について関与を妨げる障壁を克服するための学校制度等について地域事例を集めた「アイデアブック」を公表している。家族関与研究のレビューからは，関与の高い家庭の子どもは，関与が少ない家庭の子どもよりも識字率や成績が高いことなども示され，教員養成の中の位置づけを拡大することも提言されている（Shartrand et al., 1997）。このような流れの中で現在の米国の特別支援教育における学校単位での親向けのワークショップやイベント，ペアレント・トレーニングなどの実施に繋がっている。

Ⅲ 学校教育現場での支援システム

我が国の大学での教員養成では，現在教師間コミュニケーション，教師と保護者間コミュニケーションに関する講義・演習を設置している大学は少なく，教員研修としても多くはない。合理的配慮においては，保護者や本人からの要請が増加することが考えられ，法的な権利擁護も含めた教育・研修プログラムの開発や効果検証研究が望まれる。

また，教師間コミュニケーション，教師と保護者間コミュニケーションの機会の確保は，情報共有や教師のストレスに影響することは知られているが，どのような学校システムによって，現状の業務の中でこれらの機会を生み出しうるのかを検証していく必要がある。米国では先の「アイデアブック」の中で，教師トレーニングや親のワークショップの開催，家庭訪問等による情報収集の推進，後に述べるペアレント・メンターとの連携によって機会を増加させる実践を報告している。

1．困難事例に対する校内対応のシステム化

吉利ら（2009）は，，学校と保護者の連携に関わる問題として，ケース会に消極的な学校組織・保護者，子どもの特別なニーズを理解しようとしない保護者，支援を了解しない保護者などをあげている。

担任や学校が支援困難な事例を抱え込んでしまうことを防ぎ，状態や関係の悪化を防ぐため，保護者対応や支援も含めて，その状態に合わせて回想的な対応モデルを構築することが重要である。例えば図のようにTier 1：担任が対応するレベル，Tier 2：学年組織で対応するレベル，Tier 3：コーディネーター・養護教諭・生徒指導担当・管理職・スクールカウンセラー・スクールソーシャルワーカーなどの学校組織で対応するレベル，Tier 4：外部専門家によるコンサルテーションや医療・福祉・行政といった地域機関と協働して対応するレベル，といったようにケースの重篤性に合わせて対応する部署やチームを分けていく。

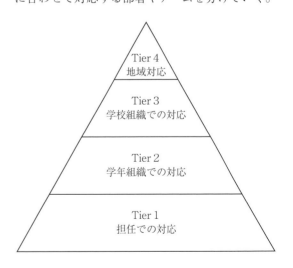

図1 困難事例の対応に関する階層システムの例

またこれらの支援体制が円滑になされるために，校内での合理的配慮に対する教員への支援体制，外部機関と連携できるコーディネーターの役割と育成が必要となる。階層化することによって教師の研修や求められるスキルも明確化し，アセ

スメントや個別の教育支援計画も階層が低ければ簡便なものでよく，省力化が可能となる。実施にあたっては，例えば「学年行事対応」（Tier 1，Tier 2），「学年の引き継ぎ」であれば Tier 3 を含めるなど，各課題別に階層の目的と役割，対応の基準を明確にすることが条件となる。さらに「子どもや保護者の行動面や心理面に対する効果や変容を評価し，連携の成果と課題を相互に確認すること」（柳澤，2014）が重要である。

2．家庭も加わったコンサルテーション

特に行動障害のある児童生徒に対して，有効な方法として応用行動分析の理論に基づいた行動コンサルテーション（Behavioral Consultation）がある。近年，行動コンサルテーションに親の積極的関与を取り入れたコンジョイント行動コンサルテーション（Conjoint Behavioral Consultation；Sheridan et al., 1996）についての研究が発展してきており，無作為化試験によるエビデンスに関する研究も増加してきている（Sheridan et al., 2012）。

我が国の研究では外部コンサルタントが学校と連携した事例研究が多く，家庭と学校と両方に連携ながら介入した研究は少ない。岡本・井澤（2012）は家庭場面で問題行動を示す発達障害児を持つ保護者と協議する際のポイントについて，保護者が取り組む場合の取り組みやすさ，効果，ライフスタイル，価値観，継続性の5つの観点の重要性を指摘しているが，効果的なコンサルテーションを実施するための技術に加えて，学校体制作りに関しても検討していくことが望まれる。

3．ペアレント・トレーニング

保護者との連携に関する多くの研究や提言においては，学校種や職種ごとの役割を議論したものは少ない。特別支援教育における保護者連携や支援の目的や役割は，特別支援学校とそれ以外では当然異なってくる。特に知的障害特別支援学校においては，身辺自立や生活スキルの習得という教育目標を達成するためには，家庭との連携は必須であるし，行動面の問題が生じている場合には家庭との一貫した対応が求められる。

このような課題に対して，福祉・医療などの領域で厚生労働省の発達障害に関する家族支援における重要な施策の一つであるペアレント・トレーニング（以下，PT）を特別支援学校において実施した試みも行われている（島宗・竹田，2010）。PT とは，行動変容の学習を通して親の養育行動を変容させることにより，子どもの健全な成長発達の促進や不適切行動の改善を目的とした行動理論に基づく心理教育的アプローチである。PT の目的や効果としては，養育スキルの獲得，親子関係改善，子育てストレスや抑うつ状態の軽減といった親の認知・行動面の改善と，生活スキルやコミュニケーション行動などの適応行動の獲得，問題行動の改善といった子どもの行動変容の両者があげられている。

島宗ら（2010）では，特別支援学校教員が中心に提供する保護者向け PT においても先行研究と同様の効果を得られたことを示した。また PT を教員から保護者への一方的な訓練ではなく，本研究で開発した「親と教師の学習会」として位置づけることで，自分が指導している児童の家庭での行動や親としての悩みを教員が詳しく学び，保護者と共同で養育に取り組んで行く土台を作ることができることを指摘している。

Ingersoll & Wainer（2013）は自閉症スペクトラム児の親の PT へのアクセスを増やす1つの方法は，それを公共の早期介入（Early Intervention；EI）と ASD 児のための幼児特殊教育（Early Childhood Special Education；ECSE）プログラムであることを指摘し，就学前の子どもに学校ベースの PT を実施することにより，子どものコミュニケーションや社会的障害レベル，親のストレスの改善を報告している。

学校ベースで PT を継続的に行うための仕組みについては指導者の育成やシステムについて今後さらなる検討が必要であるが，医療や福祉ベースの PT では実現困難な教育上の効果を期待できる。

4．ペアレント・メンター

従来，発達障害のある子どもをもつ親たちは，同じような発達障害のある子どもを育てている他の親たちの子育ての悩みを聴いたり子どもや家族のための支援サービスに関する情報を提供したりしてきた。

このような親同士の支え合いは主に親の会な

ど自助グループの活動を通じて行われてきたが，2000年以降，家族支援の重要性が社会に広がっていく流れの中で，相談技術をもった親は地域における家族支援の重要な資源として注目され，「ペアレント・メンター」として積極的に養成されるようになった（井上他，2011）。ペアレント・メンターとは，自身が発達障害のある子どもをもち，かつ相談支援活動に必要となる基本的な知識や技能に関する一定の研修を受け，同じような発達障害のある子どもをもつ親に対して支援を行う者を指して呼ばれる。

最近，学校教育に関して行われているメンター活動としては，教員研修への協力がある。教員研修において，子どもが学齢期を終えたメンターが保護者としての心理や担任との関係作りで苦労したこと，ありがたかったこと，うまくいったことなどの体験談を通して，保護者に対する理解や対応方法を学ぶ機会となっている。現在，医療や福祉現場でのメンター相談が広がってきているが，今後特別支援学校などでもPTA活動と連携したメンターによる相談活動などが可能になることで教師と親の間の相互理解も進んでいくのではないかと考える。

5．今後の課題

特別支援教育における保護者連携に関する将来的な課題の一つとして，ICTの導入があげられる。米国の特別支援学校の一部では早くから保護者連携にICTが導入され，IEPの共有は言うに及ばず，日々の課題達成のデータや授業さえ家庭から見ることができる学校も存在する。このような仕組みを可能にしていくためには国レベルの指針作りと予算，さらにICTをはじめとした保護者連携の達成度を評価する仕組みが重要と考える。

〈文献〉

秋山千枝子・昆かおり・堀口寿広（2008）発達障害児の状態に対する保護者と教師の認識のズレに関する検討．脳と発達，40；284-288．

馬場広充・田中栄美子・船橋奈生子・冨田光恵・藤尾知成（2007）発達障害のある子どもの保護者と担任の課題意識の相違．香川大学教育実践総合研究，15；101-108．

Fruchter, N., Galletta, A. & White, J.L. (1992) New directions in parent involvement. Academy for Educational Development.

Ingersoll, B.R. & Wainer, A.L. (2013) Pilot study of a school-based parent training program for preschoolers with ASD. Autism, 17(4)；434-448.

井上雅彦・吉川徹・日詰正文・加藤香（2011）発達障害の子どもをもつ親が行う親支援．学苑社．

岡本邦広・井澤信三（2012）行動問題を示す発達障害児をもつ家族との協働的アプローチにおけるメタ分析に基づいた効果的な協議の検討．発達障害研究，34；302-314．

Shartrand, A., Weiss, H., Kreider, H. & Lopez, M.E. (1997) New Skills for New Schools：Preparing Teachers in Family Involvement. Harvard Family Research Project.

Sheridan, S.M., Kratochwill, T.R. & Bergan, J.R. (1996) Conjoint behavioral consultation：A procedural manual. Plenum.

Sheridan, S.M., Bovaird, J.A., Glover, T.A., Garbacz, S.A., Witte, A. & Kwon, K. (2012) A randomized trial examining the effects of conjoint behavioral consultation and the mediating role of the parent teacher relationship. School Psychology Review, 41；23-46.

島宗理・竹田真理子（2010）特別支援学校におけるペアレント・トレーニングの開発と継続的な実施の支援．法政大学文学部紀要，61；153-173．

Turnbull, A.P. & Turnbull, H.R. (1990) Families, professional, and exceptionality：A special partnership (second edition). Macmillan Publishing Company.

U.S. Department of Education, Office of Educational Research and Improvement (1997) Overcoming barriers to family involvement in Title I schools：Report to Congress.

U.S. Department of Education (1994) Strong families, strong schools：Building community partnerships for learning.

柳澤亜希子（2014）特別支援教育における教師と保護者の連携―保護者の役割と教師に求められる要件．国立特別支援教育総合研究所研究紀要，41；77-87．

吉利宗久・林幹士・大谷育実・来見佳典（2009）発達障害のある子どもの保護者に対する支援の動向と実践的課題．岡山大学大学院教育学研究科研究集録，141；1-9．

第3部　展望と期待

　第3部では，特別支援教育に関する学術研究の展望と期待について，各分野で活躍する人々から論じていただく。取り上げる事項は，国際比較の視点からの論述「日本への提言」，学術学会の代表者からの論述「今後推進すべき学術研究とは？」，親の会・当事者団体からの論述「当事者や親が期待する学術研究とは？」，首長や行政担当者からの論述「これからの教育政策・教育行政に必要な研究とは？」，大学院生・若手研究者からの論述「今後，こんな研究が必要だ！」，の5つの観点からの論述である。

(柘植雅義)

3-1 国際比較の視点から見た日本の学術研究への提言

3-1-1 アメリカからの示唆
アメリカ合衆国 IDEA における障害のある子どもの教育の基本方針から日本への提言

齊藤 由美子

はじめに

米国において,障害のある子どもの教育に関して中核となる法律は IDEA (Individual with Disabilities Education Act, 2004) である。各州は,この連邦法の基準に則って,障害のある子どもへの教育サービスを提供することが義務づけられる。IDEA に規定された障害のある子どもの教育の基本方針から2つの提言をしたい。

I 「最も制約の少ない環境(Least Restrictive Environment):LRE」における教育

LRE とは,「障害のある子どもは可能な限り障害のない子どもと共に通常の学級で学ぶ」という基本方針である。まず一義的に,地域の学校(小中高)の通常の学級を検討し,様々な支援を行ってもその子どもの目標を達成できない位に障害の程度が重いときに,初めて代替の教育の場(特別な学級,特別な学校)を検討する。LRE の意味するところは,時代と共に,「教育の場への物理的アクセス」から「通常教育カリキュラムへのアクセス」という内容面へと拡大している(野口・米田,2012)。LRE の基本方針は教育の仕組みに具体的に表れる。例えば,教育の場が通常の学級以外になった場合には,IEP(個別教育計画)にその理由を説明し,同年代の友だちとの関わりやカリキュラムへのアクセスをどう保障するかの記述が義務づけられる。支援員の配置,リソースルームの充実,専門職による巡回サービスなどの仕組みも,この LRE の基本方針と連動している。

日本においては「多様な学びの場」の連続性や充実が目指されているが,特別支援学級や特別支援学校に在籍する子どもは増加の一途をたどる現実がある。LRE に習い,目指すべき方向性を明らかにすることが必要であると考える。

II 子ども本人や家族が主体的な役割を果たす「個別家族支援計画(Individualized Family Support Plan):IFSP」及び「個別教育計画(Individualized Education Program):IEP」

米国では,0歳から2歳までの障害のある乳幼児とその家族には,個別家族支援計画(IFSP),3歳から21歳までの障害のある子どもには,個別教育計画(IEP)が作成され,計画に基づくサービスが提供される。どちらについても教育関係者や専門職によるチームでの支援が行われるが,保護者は重要なチームメンバーとして計画作成段階から参加し,最終的な承諾権を有している(星山ら,2005)。また IEP 作成過程のミーティングには,保護者のみならず障害のある子ども自身の参加が規定される。子どもはミーティングで取り組みの成果を報告したり,望む目標を設定したりすることで,自分自身に関わる事項をコントロールすることや行動に責任を持つことを学ぶ(手島,2003)。

日本では,「合理的配慮」が本人・保護者の申し出により検討されることとなった。自分にとって大事なことは何か,どんな支援があれば力が発揮できるのかを,自ら理解し行動することを学ぶ必要がある。個別の教育支援計画,個別の指導計画への家族や子どものより主体的な関与が望まれる。

〈文献〉

星山麻木・神山歩弓・星山雅樹(2005)Individualized Family Service Plan の日本における適用の可能性.小児保健研究,64(6);785-790.

野口晃菜・米田宏樹(2012)米国における通常教育カリキュラムの適用を前提とした障害児教育の展開.特殊教育学研究,50(4);413-422.

手島由紀子(2003)アメリカ合衆国の障害児教育における自己決定の展開.特殊教育学研究,41(2);245-254.

3-1 国際比較の視点から見た日本の学術研究への提言

3-1-2

韓国からの示唆
韓国の特別支援教育の動向と課題から学ぶもの

落合 俊郎

I 日韓の特別支援教育関連法規の比較

　教育組織を漢字表記に直し日韓を比較すると，特別支援教育：特殊教育，特別支援学校：特殊学校，特別支援学級：特殊学級（日本の通級指導教室に類似している），合理的配慮：正当な便宜，児童生徒：学生，インクルーシブ教育：統合教育（特に2007以降，この傾向が強まった）となる。1977年に策定された特殊教育振興法が1994年に全面改正された。その内容は①特殊学級：高等学校以下の各級学級に設置され，統合教育を実施する。②学習障害を支援対象とした。③差別の禁止。④統合教育の実施。⑤個別化教育。⑥必要がある場合，保護者教育を行う。⑦職業教育の実施。⑧専攻科の設置。⑨本人・保護者の再審請求権。⑩罰則：各級（小中高等学校）校長が理由なしに施策の措置を行わなかった場合罰則規定がある。日本と比較すると，高等学校の特別支援学級は（韓国1994年，日本2018年の予定），学習障害児への教育的支援（韓国1994年，日本2006年），差別の禁止（韓国は1994年から罰則規定を設定した。日本は2016年から施行）等，時間の差がある。就学時における再審請求権，保護者教育等がある。この法律の課題は，就学前教育，成人や高等教育の規定が不十分であると同時に，国及び地方公共団体の具体的な役割が明記されていないため，法律の実効性の限界という大きな問題があった。国連での権利条約の批准は韓国が2008年12月11日，日本が2014年1月20日であった。

　当事者や保護者，教育関係者が2003年に結成した「全国障害者教育権連帯」が，2005年から障害者支援法を策定する運動を開始し，「障害者等に対する特殊教育法」が2007年4月に採択，2008年5月に施行された。成立過程から事者・保護者の法律といわれる。幼稚園から高等学校までを義務教育にし，国の責務を強化した。障害者の高等教育を受ける権利を保障するために大学内障害学生支援センターの設置。障害者生涯教育を規程し，成人障害者の生涯教育の法的根拠を設定した。2007年3月「障害者差別禁止法及び権利救済に関する法律」が国会で採択され，申し立て件数が著しく増加している。そのほか，特殊学校の専攻科や職業訓練センター，あるいは通常の緑化センターや社会的企業が高等学校特殊学級「職業転換教育センター」として移行支援を行っている。2011年に社会的企業育成法が法制化された。2000年から実施された障害者生産品優先購買制度は，2008年以降，重度障害者生産品優先購買制度となった。日本では2012年「国等による障害者就労施設等からの物品等の調達の推進等に関する法律」が規定され，翌2013年に「調達方針」が定められた。

II 国立研究所における役割の比較

　日本は1971年，韓国は1994年に国立研究所を設立した。韓国の国立研究所の組織は，企画研究課のもとに教育課程教科書チーム（特殊学級で使用する教科書作成）。研修課の人権保護チーム，情報支援課に高等教育・生涯教育チームと進路職業教育チームが置かれてある。人権保護事業案内を閲覧すると，①人権保護の研究及び教育資料の開発，②人権保護担当者力量強化，③人権保護のための常設モニタリング団との協力体制構築及び支援，④障害に対する認識を改善するための関連事業支援となっている。人権侵害予防コンテンツをクリックすると，児童生徒，教員，保護者が使用できるマルチメディア教材が視聴・ダウンロードできるようになっている。

3-1 国際比較の視点から見た日本の学術研究への提言

3-1-3 イギリスからの示唆
イギリスの障害児教育における本人・保護者との協働のための仕組み

横尾 俊

　イギリスの特別な教育的ニーズと障害（SEND）は障害カテゴリーで教育を考えるのではなく，一人一人の特別な教育的ニーズを元に特別な教育的な手立てを考えることを中心概念としている。

　現行法では，子どもに対する支援を25歳まで行うこと，特別な教育的ニーズに関して何が必要かのアセスメントをシンプルにすること，医療，福祉，教育サービスが協働すること，子どもと保護者自身が，支援に対して選択する幅を広げることを主旨とした制度となっている（Department for Education, 2014）。

　この中で支援内容や就学先について，最終的に決定するのは，地方の行政組織ではあるが，子どもと保護者自身を中心とした仕組みが目指されている。具体的には三つの施策を挙げることができる。一つ目は，子どもに特別な教育的ニーズが必要な場合の法定文書となり，医療，福祉，教育の三領域合同で作成するEHC計画書の作成（Education,Health and Care plan）である。3つの領域が同時に関わることで，子どもと保護者の負担を軽減するとともに，複数領域の支援を協働して行うことを促進することがねらわれている。二つ目は，支援内容の公正さを確保するために，受けられるサービスや，選択肢の有無，アクセスする方法を等を含んだ，地域内のSEND制度に関する情報をウェブや紙媒体で保護者に提供する地域情報提供（Local Offer）が義務づけられていること。三つ目は，保護者が望むのならば，地方行政当局がEHCプランで算定した予算の一部について，子どものニーズに応じた手立てを準備するために，保護者自身が使い道を決めることができる個人予算（Personal budget）が導入されていることである。

　また，この他にも支援内容や就学先についての法的な根拠となるEHCプランの内容等について，保護者や本人と地方行政当局の意見が合わない場合，調整を行う仕組みが整備されている。この調整の仕組みは段階的で，非公式に当事者同士が意見調整をする段階，地方行政当局が話合いの場を設け，第三者をたてる調停（mediation）の段階，法的な裁定を仰ぐ第一層裁定所（First-tier tribunal）の最終段階の三つの段階が用意され，なるべく保護者と本人に負担が掛からないように制度が作られている。

　イギリスにおいて長年積み重ねられ，徐々に変更が加えられてきた制度は情報のアクセス保障や予算等の透明化，柔軟な不服申立て制度など，情報弱者に対してもなるべく公正と思われる仕組みを作ることで，保護者や本人が信頼感をもって行政や学校と協働できるような環境作りを行っていると考えることができる。

　日本においても，就学時等においては，十分な情報提供をしつつ，本人・保護者の意見を最大限尊重し，本人・保護者と市町村教育委員会，学校等が教育的ニーズと必要な支援について合意形成を行うことが原則とされている。こうした仕組みを実現するためには，本人・保護者との信頼を基盤にして協働できる関係を構築する必要があるだろう。イギリスでの取り組みを参考にしながら，事例を積み上げ適切な仕組みを構築する必要があると考えられる。

〈文献〉

Department for Education（2014）Special educational needs and disability：A guide for parents and carers.

3-1-4 フランスからの示唆

棟方 哲弥

2001年から2016年の研究論文には19世紀以前の障害のある子どもの教育の揺籃に関する論文も多く発表されている。フランスの先駆性は，日本の特別支援教育の新たな10年を見据えた提言に相応しい普遍性があるにしても，ここでは，インクルーシブ教育システムの構築へと舵を取った2005年2月11日法以降に注目する。

論点は3つ。「個別の就学計画における教育・医療・福祉の一元化」，「新しい教員の専門性と免許制度」，「通常学校・学級の転換」である。

2005年法が「全ての障害のある子どもは，居住地に最も近い学校に学籍を登録する」と明記したことで法的に学籍は一元化されたものの，障害の種類や程度により特別な教育施設を含めた多様な就学の場が用意されており，就学形態は日本と類似している。異なるのはその決定主体である。就学先や学習・支援の内容を決定する主体は，権限のある行政機関が担うのだが，この機関は障害者手当及び障害労働者の認定と支援を行う県の同一の委員会である。このことは，同じ2005年法を教育の視点（棟方，2010）から，そして労働政策の視点（大曽根，2014）から，それぞれ紹介した2つの論文から読める。日本の個別教育支援計画は，教育と医療，福祉，労働との連携を目指しているが，フランスは決定組織の一元化が，既になされたことになる。もちろん，就学年齢にあっては特別な任にある教員が就学計画立案の中核となるが，その立案と評価の責任主体が生涯にわたり一貫している事実は日本への示唆の1つとなろう。

次に，教員免許である。フランスは初等教育段階に7種類，中等教育段階5種類の特別な教育免許がある。これらは日本の学校の種類ごとの免許制度と異なり，障害領域の専門性や担当する役割別の免許となっている。また，中等教育段階の免許は障害に配慮して通常の中等教育を行うための付加免状となっている。このため実際に担当する子どもや担う役割に応じて必要な免許を取得し直す例や，そうせざるを得ない例も多いとされており，新たにインクルーシブ教育を進めるための免許制度改革が行われている（Puig，2016など）。

著者のJosé Puig氏は，現職教員研修も担うフランス国立特別支援教育高等研究所長であり，その意味でも文献に挙げた論文の標題は刺激的である。フランスは歴史的な背景から医療教育をベースした免許制度であることを指摘して，インクルーシブ教育システムの構築という現代的な課題にどう折り合いを付けるべきかを述べている。日本の特別支援学校免許制度の将来と重なる問いでもある。

最後は，通常学級の転換である。フランスの国民教育省の統計局の報告（DEPP，2016）によると通常学級で指導を受ける障害のある子どもの78％が年齢相当で進学していない。日本には原級留置は行われないが潜在的な可能性は高い。通常学級の転換こそ両国の大きな課題かもしれない。

〈文献〉

DEPP（2016）Note d'Information n° 26.

棟方哲弥（2010）フランス—2005年2月11日法とインクルーシブ教育の展開．発達障害学研究，32(2)；135-145.

大曽根寛（2014）フランスにおける障害者の権利に関する新しい法律（2005年）と障害者のための労働政策．放送大学研究年報，32；1-13.

Puig, J.（2016）Pour devenir inclusive, l'école a-t-elle encore besoin de spécialiser des enseignants ？［インクルーシブに転換する学校に教員の障害種の専門性は引き続き必要か？］．CONTRASTE，42；41-62.

3-1 国際比較の視点から見た日本の学術研究への提言

3-1-5 北欧からの示唆

是永 かな子

I 特別支援と学力向上および段階的支援

フィンランドでは約30％の子どもが特別支援の対象であり，学力世界一の背景に特別な支援の活用がある。2014年ナショナルコアカリキュラムには三段階支援が導入され，第一段階の一般支援は通常学級教員が全ての子どもを対象に支援を行う。第二段階の強化支援では教育的評価に基づき個別の計画が作成される。第三段階の特別支援では教育的判定に基づいて教育内容・方法の個別化が行われる。段階的支援は学力面のみならず行動面にも適応され（Närhiab et al., 2014），二次障害の予防と回復の手立てにもなる。

II 通常学校主体のインクルーシブ教育

ノルウェーでは特別学校を原則廃止してカリキュラムを一元化し，基礎自治体立教育心理研究所（PPT）と連携した通常学校主体の適応教育が行われている（Nes, 2014）。教育環境開発・分析のLPモデル（Nordahl, 2005）や，適切行動の教示による学習環境構築のPALSモデル（Sørlie et al., 2015）等，外部専門家との連携によって根拠に基づいたインクルーシブ教育実践モデルが研究されている。

III 地域性を反映した多様な特別ニーズ教育

デンマークでは社会的困難のある子どもと保護者が週2日10週間共に通学する家族支援学級，行動・情緒支援の専門教員AKT教員，寮付社会・情緒特別学校，ギフテッド教育（Baltzer et al., 2016）等，地域の必要性に応じて多様な特別ニーズ教育が行われている。特別ニーズ教育の実施では基礎自治体立教育心理研究所（PPR）の心理士，言語療法士，カウンセラー，読字教員，特別教育コンサルタントが評価や指導計画作成を支援する。家庭支援や行動問題及びギフテッドの対応は日本でも必要性が増しており，地域課題に応じた支援の試行，改良を行う柔軟性が求められよう。

IV 個に応じた教育課程・教育内容の保障

スウェーデンでは，通常学級において通常学校教育課程を履修する子どもと知的障害特別学校教育課程を履修する子どもが共に学ぶ個の統合が進められており，1つの教室で2つの教育課程や評価を念頭に教示を行う（Skolverket, 2015）。日本でも教育の場ではなく個に応じた教育課程・教育内容の保障が今後求められるであろう。

〈文献〉

Baltzer,K.,Kyed,O.,Nissen,P. & Voigt,K.（2006）Skolens møde med elever med særlige forudsætninger-et forsknings-og udviklingsprojekt i Lyngby-Taarbæk Kommune,Lyngby-Taarbæk Kommune.

Nes,K.（2014）Inclusive education in Norway：Historical roots and present challenges, Journal of Special Education Research, 2（2）；81-86.

Nordahl,T.（2005）Læringsmiljø og pedagogisk analyse：En beskrivelse og evaluering af LP-modellen,NOVA Rapport, 19/05.

Närhiab,V.,Kiiskib,T.,Peitsob,S. & Savolainen,H.（2014）Reducing disruptive behaviours and improving learning climates with classwide positive behaviour support in middle schools. European Journal of Special Needs Education；1-12.

Skolverket（2015）Integrerade Elever.

Sørlie,M-A. & Ogden,T.（2015）School-wide positive behavior support-Norway：Impacts on problem behavior and classroom climate. International Journal of School & Educational Psychology, 3；202-217.

3-2 学術学会の推進の立場から考える今後の学術研究

3-2-1 特別支援教育推進と今後求められる学術研究
日本心理学諸学会連合から

子安 増生

　筆者は現在，心理学関連学会53団体が加盟する一般社団法人日本心理学諸学会連合の理事長を務めている。加盟53団体のうち，2016年9月時点の会員数順の上位10団体は次のようになる。

　27,913人　一般社団法人日本心理臨床学会
　8,997人　一般社団法人日本LD学会
　7,943人　公益社団法人日本心理学会
　6,433人　一般社団法人日本教育心理学会
　4,446人　日本カウンセリング学会
　4,113人　一般社団法人日本発達心理学会
　3,784人　一般社団法人日本特殊教育学会
　2,051人　一般社団法人日本箱庭療法学会
　1,931人　一般社団法人日本認知・行動療法学会
　1,877人　一般社団法人日本健康心理学会

　ご覧のように，純粋な学術研究団体というよりも，学術団体の機能と職能団体の機能をあわせた性格の強い学会が少なくなく，また学術団体が関連する職能団体と協力関係にある場合，相互に会員の重複が見られる。

　かつて，心理学の世界では，基礎・理論系の研究者と応用・実践系の研究者の間には不毛の対立があった。基礎・理論系は応用・実践系に対して「やっていることにエビデンスがない」と言い，応用・実践系は基礎・理論系に対して「理屈ばかりで役に立たない」と応酬した。

　このような不毛の対立は，今ではもはや過去のものになっている。基礎・理論系は「科学の知と技法」を提供し，応用・実践系は「実践の知と技法」を提供することによって，相互に往還的に理解が深まっていくという考え方に対するコンセンサスが深まってきたと言えるだろう。

　たとえば，筆者の専門である発達心理学に関係の深い例として，「心の理論」研究の発展経過を挙げることができる。「心の理論」とは，他者の心の中を推測する認知機能と言ってよいが，この概念は，霊長類（チンパンジー）の研究者のPremack & Woodruff (1978) が最初に提唱したものであり，発達心理学者のWimmer & Perner (1983) が幼児の認知発達研究に展開し，Baron-Cohenら (1985) が自閉スペクトラム症の研究に発展させていった（子安，2016a，2016b 参照）。

　今話題の「公認心理師」についても，科学的な学術研究の遂行能力と各種の心理支援を行う実践能力の両方を兼ね備えた「科学者-実践家モデル（scientist-practitioner model）」に基づく養成が求められている。特に，特別支援教育推進のためには，生涯発達におけるさまざまな心理援助レベルに対応できる知識及び技術の養成が不可欠であり，その開発研究の一層の進展が強く望まれている。

〈文献〉

Baron-Cohen, S., Leslie, A.M., & Frith, U. (1985) Does the autistic child have a "theory of mind"? Cognition, 21 ; 37-46.

子安増生 (2016a) いまなぜ「心の理論」を学ぶのか．（子安増生編）「心の理論」から学ぶ発達の基礎―教育・保育・自閉症理解への道，pp.3-16．ミネルヴァ書房．

子安増生 (2016b) 心の理論研究35年：第2世代の研究へ．（子安増生・郷式徹編）心の理論―第2世代の研究へ，pp.1-14．新曜社．

Premack, D. & Woodruff, G. (1978) Does the chimpanzee have a theory of mind? Behavioral and Brain Sciences, 1 ; 515-526.

Wimmer, H., & Perner, J. (1983) Beliefs about beliefs : Representation and constraining function of wrong beliefs in young children's understanding of deception. Cognition, 13 ; 103-128.

3-2 学術学会の推進の立場から考える今後の学術研究

3-2-2 特別支援教育推進と今後求められる学術研究
日本LD学会から

緒方 明子

　日本LD学会の会員数は9,300人を超え，現在も増加を続けている。また，入会希望者の職種も多岐にわたるようになってきた。これは多様な支援の場で特別なニーズのある子どもたちへの支援に関心を持ち，積極的に新しい知識を学び，実践したいと考えている支援者が増加していることの表れだと思われる。

　学会で取り組むべき新しい研究領域は，学会企画シンポジウムのテーマとして設定されている。取り上げるべきテーマとして，現在LD等の子どもたちや家族が困っているが，十分に対応ができていない状態への対応が第一に挙げられる。例えば，幼児期から適切な支援を受けることなく成長し，不登校や引きこもり等の二次障害の状態にある人への支援はどうあるべきか，といった課題である。このテーマを取り上げる目的は，二次障害になることを防ぐためにはどうしたらよいか，ということを考え，さらに，二次障害を防ぐために関係者がそれぞれの役割をどのように果たせばよいかを明らかにすることである。

　第二に，社会情勢の変化や学校教育の内容の変化によって，今後子どもたちが直面すると予測できる困難さを防ぐための研究である。例えば，2020年には小学5年生から読み書きも導入される英語の学習に関する研究である。読み書き障害はアルファベットを使用する文化圏で多いことがわかっているので，蓄積された研究成果を日本語話者の英語学習のつまずきにも適用していくことが今後の研究課題となる。

　学会設立当初からの課題は，学校現場における特別支援教育の充実である。的確なアセスメントとその結果に基づく支援内容・方法の開発と適用，そしてその結果を評価して次の支援につなげる，という支援の一連の流れがある。このような個に応じた適切な支援が，全ての支援が必要な子どもに実施されることが特別支援教育が目指すところである。アセスメントについては，LD研究第17巻3号（2008）で「支援に生かすアセスメント」として特集が組まれている。その後，発達障害に起因する学習の困難を対象として，「認知機能の弱さ」「特異な学習困難」「実際の学習場面でのつまずき」を把握し，個々の特性に応じた適切な合理的配慮につなげるアセスメントツールとしてSKAIP（スカイプ）が開発された（上野，2016）。SKAIPは検査の実施及び分析においてiPadが用いられる。iPadに限らず，さまざまな支援機器が活用されていくための研究もまだ途上である。特に，学習面のつまずきに対応するための支援機器を学級場面で適切に使用するためには，機器の選択だけではなく使用する環境のデザインに関する研究も必要になっていくものと思われる。

　支援は，周囲の者が子どものつまずきに気付くことから開始される。しかし，いまだ気づかれていない子どもも多い。また，気づかれてはいても対応されていない場合もある。支援を必要とするすべての子どもが支援を受けることができるようになるためには，今あるシステムの充実発展と，新たなシステムを構築することも必要である。特に，中学校・高校での個別支援の方策の検討は急務である。高校での通級が2017年度から東京都で開始される。新たに開始される支援制度が有効に機能するように側面から支える研究も望まれる。

〈文献〉

上野一彦（2016）SKAIPの概要．LD研究，25(2)；181-182．

3-2-3
特別支援教育推進と今後求められる学術研究
日本自閉症スペクトラム学会から

園山 繁樹

　本学会は日本自閉症スペクトラム教育研究会を母胎に，平成14年4月に自閉症に専門化した学会として設立された。本学会は自閉症児・者および周辺の発達障害児・者の教育，医療，福祉，心理，労働までの各側面の向上発展のために，それらの研究，実践を促進することを目的とし，その特徴として，多分野からのアプローチをとること，研究者や実践者だけでなく当事者も会員であること，及び乳児から高齢者までの生涯発達を研究と実践の射程にしていることなどが挙げられる。研究成果は年1回の研究大会で発表されるとともに，研究紀要として「自閉症スペクトラム研究」を年2号発行し，実践報告集を第4集まで発行している。また専門資格として3つのレベル（STANDARD, ADVANCED, EXPERT）の自閉症スペクトラム支援士を認定している。その他，学会編集の「自閉症スペクトラム辞典」（2005年）と「自閉症スペクトラム児・者の理解と支援」（2012年）を出版している。

　私が個人的に本学会に期待するこれからの学術研究には，以下のことがある。

　特別支援教育推進に直接かかわる第一の重要な研究課題は，自閉症の特徴に合った「才能教育」の推進，あるいは「2E教育」の推進である。わが国の特別支援教育では自閉症教育は制度化されているものの，才能教育は制度化されていない。自閉症の人には特異な才能や優れた才能をもつ人も少なくなく，そうした才能を育て，社会生活に活かせるようにしていく教育方法の開発が喫緊の課題である。世界の特殊教育は障害児教育と才能教育（及び英才教育）の二本立てとなっているにもかかわらず，現在の特別支援教育制度では才能教育の部分が立ち後れていると言わざるを得ない状況である。

　次に，わが国の特別支援教育の考え方は学校教育に限定されるものではなく，個別の教育支援計画など，乳幼児期から成人期に渡る生涯発達支援を目指している。さまざまな分野からの多角的なアプローチをとることのできる本学会ならではの第二の研究課題として，乳幼児期から成人期，老齢期まで，自閉症の特徴を持つ人たちの生涯に渡る支援の在り方の探究が挙げられる。学校教育を挟んで，早期発見，療育・保育，地域生活支援，就労支援，家族支援等々，多様な課題が含まれる。

　第三の研究課題として，強度行動障害の問題を挙げたい。重度の自閉症と知的障害を併せ持つ人の中には，強度行動障害が見られることが少なくない。現在，強度行動障害支援者養成研修など，対応できる人材育成に取り組まれてきているが，本当に必要なことは，強度行動障害を生まない教育の在り方ではないかと考える。強度行動障害の改善方法だけではなく，その予防，強度行動障害とは無縁の生涯を送るための教育の方法・内容の検討が求められる。

　最後の研究課題として，国際共同研究あるいは国際協力を挙げておきたい。自閉症教育は世界共通の課題であることは言うまでもなく，他国の先進的な取り組みを参考にすることはもとより，世界共通の課題について各国の強みを活かした共同研究を進めることで，わが国のみでは達成できない成果が期待されるのではないだろうか。また，わが国の自閉症教育の研究成果の世界への発信，並びに自閉症教育の発展に取り組み始めている国への積極的な協力もしていくべきである。現在のグローバル化した世界においては，国際的な実践研究が求められている。

3-2-4
特別支援教育推進と今後求められる学術研究
日本特殊教育学会から

安藤 隆男

　日本特殊教育学会は，戦後の特殊教育の振興，整備が進展する中，1963年11月に設立総会を兼ねた第1回大会を東京教育大学において開催した。以来，半世紀余にわたり特殊教育，そして特別支援教育の科学的進歩発展を図ることを目的に，学術研究活動に尽力してきた。この間，学会創立50周年となる2012年には一般社団法人となり，今後の半世紀を見据えた次の事業の充実・展開を図った。

　一つは，事業の国際化である。わが国の特別支援教育に係る学術研究の成果や実践研究の独自性を国際的に発信するため，これまでの特殊教育学研究に加えて，独立英文誌 Journal of Special Education Research を刊行した。また，東アジア地域における学術ネットワーク構築のために，韓国，台湾の特殊教育学会との学術交流，連携を推進している。

　もう一つは，事業の地域化である。本学会の特徴の一つに，会員の中で特別支援教育に携わる教員が多くを数えることである。特別支援教育は，インクルーシブ教育を展開する上で，その充実を図らなければならないとされ，学校を基盤とした教育モデルから，地域との協働を基盤とした教育，支援モデルへと転換することが求められる。本学会は，地域における専門家等と協働した実践研究を促進するために，2014年度から現職教員等の会員を対象に実践研究助成事業を試行的に実施している。

　以上のような本学会におけるこれまでの半世紀の実績と今後を見越した事業との関連から，次のような提言を行うことが可能であろう。

　第一は，特殊教育における国際的なスタンダードとしてのアジア型モデルの創成である。わが国では，21世紀初頭に特殊教育から特別支援教育へと制度転換がなされた。戦後の特殊教育の成果を地域の小中学校等における障害がある子どもの教育に敷衍するものであり，インクルーシブ教育システムにあっては特別支援学校を小学校等と連続的な「学びの場」として位置づけるものである。日本，韓国，中華民国の特殊教育学会をコアにしたネットワーク構築は，それぞれが歴史，文化等を背景に独自に展開してきた学術研究と実践の成果・課題を共有するものであり，国際的な通用性をもった新たな特殊教育モデルの創成に繋がることが期待できる。ネットワーク構築は東アジア地域に止まるのではなく，その射程は東南アジア，南アジアなどアジア全域を見据えることが期待される。具体的な課題を例示すれば，特殊教育版の Japanese Practice Model の提案，すなわち実践科学としての授業研究 Lesson Study の方法論的検証，確立をあげることができるであろう。

　第二は，教員の専門性の転換である。特別支援教育の制度化は，教員の専門性に一石を投じることとなった。地域の多様な専門家との協働，連携により，障害がある子どもの生涯を見通した指導，支援の実現が求められる。かつて重複障害教育の充実のためにティーム・ティーチングが導入された。これは，それまで特殊教育における教員の専門性を教員個人に帰属する個人モデルであったものを，教員が同僚教員と課題解決を図る協働モデルへと転換するものである。特別支援教育では，地域において教員が多様な専門家と協働して課題解決を図る協働モデルを提起した。本学会は学術研究団体として，たとえば教員の専門性の転換に対応した養成，研修のあり方等について整理，考究する責務があると考える。

3-2-5
特別支援教育推進と今後求められる学術研究
日本小児精神神経学会から

宮本 信也

日本小児精神神経学会は，日本小児科学会の分科会の一つである。会員構成で最も多いのは小児科医を中心とする医師であるが，その他，心理，看護，リハビリ，教育，福祉など多様な分野の方々が会員としておる。本学会では，現在，発達障害と愛着障害が大きなテーマとして議論されることが多くなっているので，本稿では，発達障害を中心に述べさせていただく。

I 期待したいこと

発達障害の成因に関しては，生物学的特質を土台としながら環境（社会）との関係性の中で問題性が顕在化するという考え方が広まってきているように思われる。が実際，発達障害特性を持ちながら，適切な環境や本人の努力により大きなトラブルなく生活されている方は少なくないと言われる。このことは，発達障害に見られる特性そのものを病気と考える必要はないこと，つまりは，発達障害を医療が中心となる問題とする必要性がないことを意味する。

そこで，特別支援教育に期待したいことは，発達障害を自分たちが中心となって対応する問題であるという認識を，教育分野全体に広め，そして実践いただきたいということである。ちょうど，かつての不登校への対応と同じようになることを期待したい。30年以上前，子どもの心の診療をしている病院を受診していたのは不登校を主訴とした子どもたちが中心であった。しかし，現在，不登校だけを主訴に医療機関を受診する子どもは激減している。不登校の子どもたちが大きく減少したからではなく，教育サイドで不登校に対応するようになったことが最も大きなその背景要因である。不登校が問題になり出した当初，学校では不登校の理解と対応についての知識と経験がなく，医療機関を紹介することが多かったが，次第に，不登校は病気ではなく，教育サイドで対応してよい問題，対応できる問題という認識が高まり，現在の状況に至ったと考えている。発達障害も同様に，教育が中心になって対応してよい問題であり，むしろ，対応すべき問題であるという認識を，教育の方々に是非持っていただきたいと希望する次第である。

本学会の立場としては，特別支援教育に際して期待したいことがもう一つある。それは，愛着形成の問題への理解である。愛着形成の問題を生じる最も大きなものは子ども虐待である。そして，虐待を受けている，あるいは受けていた子どもの多くは学齢期であれば学校に来ている。愛着形成の問題を抱える子どもたちは，発達障害類似の行動特徴の他に，いじめ加害や非行などの問題も生じやすいと言われている。発達障害のある子どもを対象とする特別支援教育においては，学校の教師は，虐待あるいは愛着形成の問題についても考慮できるような研修体制が望まれる。

II 期待される学術研究

『発達障害は教育が中心となって対応すべき問題である』という理解に立てば，期待される研究は，発達障害に関する教育分野における対応方法の開発である。その対応方法は，全国の小学校，中学校，高等学校の教員が実施できるものでなければならない。

対応方法は，学習面と行動面の問題のそれぞれに対するものが必要であるが，学校における方法論は前者を中心とすべきである。行動問題は，特別支援教育の対象そのものではなく，教育だけではなく，医療も含めた他分野の方法論を必要とするものと考えるからである。

3-3 親の会・当事者団体からの学術研究への期待

3-3-1 学術研究の期待
文の子の会から

井上 美和

I 会の設立とその経緯
　特別支援教育がスタートしたときに，共生社会の形成に向けたインクルーシブ教育システムの構築に着実にむかっているのだとおおいに期待をしていた。障害の有無に関係なく生活している地域の中で共に学び共に育っていくことを願う有志で会を立ち上げたのである（東京都文京区）。

II 会員からみた現在の特別支援教育
　自閉症の娘は中学校の特別支援級に通っているが，残念ながら中学校の現状は個々に応じたサポートがないばかりか，先生方のあまりの理解のなさに驚かされ，悲しくなることが多い。
　先日，娘の連絡帳に先生から出来事が書かれていた。「学活の時間，○○さんが自由帳に絵を書いていたので注意したら，そのノートを投げた。さらにその事を注意したらおまえのせいだと言って教室を出ていったので，廊下で『おまえと言ってはいけない』と注意し，ごめんなさいができました」と。
　そう，その通り。悪いのは娘。
　しかし，これを読んだ私の気持ちはやるせない。集団への一斉指導を，何もせずただ座って聞き続ける事が難しい娘。そのため入学当初から先生方にはプリントやメモなどやるべき課題の用意をお願いしていたが，その日も何の支援ツールもなかった。娘は一人言が出てみんなの迷惑にならないよう，娘なりに静かにその場にいようとして自由帳を書いていたのだ。それなのに先生から注意された。こうして「ノートを投げる→怒られる→悪い言葉で言い返す→怒られる→教室を出る→また怒られる」の負の連鎖ができ上がる。これでは自己肯定感など育つはずもない。

　先生方には目の前の問題行動を叱るのではなく「何が原因でこうなるのか」「それを解消する手だては？」また「伸ばすべき所は何か？」などもう一歩深く踏み込んで支援をお願いしたい。もっと有意義な時間を子どもに過ごさせてほしいのだ。でもそれは実際に定着するのだろうか？

III 今後期待される学術研究とは何か？
　公教育の現場において，人員が足りないという理由で周りと同じ経験が担保されず，専門性の乏しい教員が多いばかりに満足な教材も与えられず，小中学校の計9年間を学びや成長の保障を得ることができていない現状に，もう諦めにも似た感情を持たざるを得ない。「特別支援教育」は子どもの将来を広げてくれると信じていたのに，現実は「特別なニーズ・個別の指導」という形で，結局は健常児たちの教育の現場から排除されるのである。
　学術研究に望むことは，研究対象を障害のある子どもでははく，障害のある子どもを取り巻く教育のあり方に焦点をあててほしい。障害のある本人・家族が何を望み何を感じているのかを調査し，その声を教育現場に届けてほしい。また教育者への人権教育を徹底してほしい。教育界が自身の偏見に気づくことがいじめ対策にもつながるとても大切な視点だと思う。

　早期にインクルーシブ教育への移行を望む。インクルーシブ教育が，人として充実した人生を生きるために大切なことであったり，今の歪んだ（自殺率とか過労死など）日本における新しい幸せを学ぶために重要なファクターである思うのである。

3-3 親の会・当事者団体からの学術研究への期待

3-3-2 学術研究の期待
全国LD親の会から

東條 裕志

I 兄弟姉妹の支援

何年か前にある女の子の話を聞いて，ドキッとしたことがある。発達障害特性のある1歳下の弟の面倒をよく見ているお姉さんが，小学校を卒業する春休みにその言葉がでた。

「今年1年は，○○のネッチャと言われなくて済む」

○○は弟の名前で，「ネッチャ」は「お姉さん」のことである。私を含めた周囲の大人は，その子が学校でどんな気持ちでいたのかを考えることができなかった。ただ弟の面倒をよく見ているということだけしか見えていなかったのである。

その子は，同じ小学校で弟が興味半分・非難半分の対応をされていた時に，弟をかばったり，弟の代わりに謝ったりしていたのだろう。「4月から中学生になれば，弟と別の学校になるので，弟の学校でのもめごとに関わらないでいられる。しかし，それも，弟が同じ中学校に入ってくるまでの1年だけだ」という言葉は，思い出すたびに辛くなる。

一方で，発達障害特性のある兄や姉を持つ弟や妹は，自分より年上なのに「△△ができない」兄や姉を理解することが難しい。また，学校などで兄や姉が関わるもめごとがあれば，その弟や妹だと噂されることもあり，そのことが兄や姉への反感に繋がることも多い。

大人でも発達障害の理解は難しい状況なので，弟や妹に理解させることは難しいとは思うが，兄弟姉妹で一緒にご飯を食べないとか，話をしないとか，仲が悪くなった話を聞くのは悲しいことである。弟や妹が大きくなって，発達障害の理解ができるようになっても，小さい時からの感情はすぐに変えることが難しいようである。

兄弟姉妹の心理的負担を少しでも軽くできるような支援方法を教育の場で考えてほしい。

II 全ての人の「自己肯定感」高める支援

特別支援教育は，「特別な教育的ニーズに応じた支援を個々に合わせて行う教育」だと私は考えているが，それでは，「特別な教育的ニーズ」とは何であろうか。

昔は，それは，身体的なハンディキャップに関する教育的ニーズや知的なハンディキャップに関する教育的ニーズであった。発達障害特性のハンディキャップに関する教育的ニーズが認識されてきたのはそれほど古いことではない。昔は，発達障害特性の疑いのある人については，特殊教育に携わっている人からも必ずしも「特別な教育的ニーズ」があるとは考えられていなかったのである。ところが，今では，特別支援教育に携わっている人はもちろん，その他の人からも発達障害特性についても「特別な教育的ニーズ」があると認められ，「教育的ニーズ」の範囲が広がりつつある。

「教育的ニーズ」の範囲が広がることを前提として，これからの特別支援教育では，自己肯定感が低いという「心理的ハンディキャップに対する支援」を，拡張した「教育的ニーズ」として取り上げて欲しい。「個々に合わせた支援」で「自己肯定感を高める」ことは特別支援教育では行っているわけだが，それを，「特別」なこととしてではなく，「すべての人」に行ってほしいのである。

「自己肯定感」が高ければ，自分と異なる価値観の人の意見も聞くことが容易になる。むやみに他の人との優劣を決めつける必要がなくなる。自分と異なった人がいても排斥する必要を感じなくなるため，インクルーシブ社会にも繋がっていく。

支援の対象が今以上に広がるので，今以上に支援方法の検討が必要となると思うが，是非，「すべての人の自己肯定感を高められるような教育」を行えるようになって欲しい。

3-3 親の会・当事者団体からの学術研究への期待

3-3-3 学術研究の期待
えじそんくらぶから

高山 恵子

I えじそんくらぶの設立経緯

NPO法人えじそんくらぶは，注意欠陥多動性障害（ADHD）等，主に高機能発達障害の正しい理解の普及と，当事者とその家族，支援者を支援する団体である。1997年，ADHDを持つ子どもの母親との育児・教育相談がきっかけで，ADHDを持つ人たちへの支援がスタートした。以来，最新情報の収集，会報誌・メルマガの配信，セミナー開催などいろいろな活動をしている。

II 学術研究の重要性

設立当時は，日本におけるADHDに関する学術研究は少なく，特別支援教育も始まっていなかった。そのため，誤解も多く，十分な理解や支援が受けられず，当事者もその家族・支援者も疲弊していた。生物学的に同じ特性があったとしても，学校の教育システム・国民の価値観の違いなど大きく影響するので，日本における実践的な学術研究が不可欠である。

平成17年度から発達障害者支援法が施行され，医療・福祉関係者への支援が本格的に始まった。さらに，平成19年度から特別支援教育が始まり，本格的なADHDのある子への支援が学校で始まった。単なるわがまま，親のしつけの悪さという誤った情報が広く信じられていた時代に，徐々にADHDの脳科学的・神経心理学的な学術研究が進み，本人の個人的な問題，親のしつけの悪さではないことが分かり，本人とその家族は特別支援教育の推進に大きく励まされたものである。一見すると誰にでも自己コントロールできそうな多動・不注意・衝動性というものが本人の努力・気合とは関係ないところで起こっていて，適切な支援により状態像が変わるという学術研究は，当事者や家族・支援者にとっても大変貴重である。ADHDの脳科学的なメカニズムがまったく日本で知られていないときは，当事者や家族だけではなく，教育現場の先生たちが能力が低いということで，上司から指摘を受けることもあった。研究が進むことで，「誰かのせい」ということではなく，生まれつきの脳機能の問題であり，それに対して合理的配慮等をすることによって，ADHDのある児童・生徒の状態像が変わるという研究データとして蓄積していただきたいと思う。

ADHDの子によい支援は，ユニバーサルデザインとしてすべての子に役に立つこともわかってきたので，日本の教育全体のレベルアップにつながることだろう。以前から発達障害の研究をテーマに卒業論文や修士論文を書き上げたいという学生がいる。支援団体として，彼らに協力することで，今後もさらにこの分野の日本での学術研究が盛んになるように協力したいと思っている。

III 特別支援教育への期待

発達障害は，ライフステージによってその課題が変化していく。そのため，きちんとしたエビデンス・ベースドの研究を進め，広めていく重要性を痛感している。次世代の日本の学校教育豊かな社会，そして人財育成という点でも，ADHDのある人たちの能力を引き出し，育む特別支援教育に期待をしたい。

これから日本はますます少子高齢化社会となる。その中で，約6％存在するといわれる発達障害のある人たちがタックス・ペイヤーになるかどうかということは，これからの特別支援教育のあり方と大きな関連がある。自尊感情やレジリエンスを育て，その人の得意なことで社会貢献ができる場の提供とともに，いいところを引き出す特別支援教育に期待する。

3-3 親の会・当事者団体からの学術研究への期待

3-3-4 学術研究の期待
日本発達障害ネットワークから

市川 宏伸

I 特別支援教育が始まるまで

明治以来，日本の教育は「いかに国家に役立つ人間を育てるか」に主眼を置いていた。障害児教育はあくまでも通常教育の外に置かれ，明治30年代には盲学校，聾学校が設置された。明治40年代以降，知的障害児を対象とする学校が作られたが，通常教育を丁寧に行うものであり，独自の教育内容・方法ではなかった。昭和10年代になって，知的障害教育のための養護学級，養護学校ができるようになった。情緒障害児学級の必要性が注目されたのは昭和40年代前半であり，杉並区に堀之内学級が出来たがはじめとされる。この当時，情緒障害の代表例は「自閉や緘黙」とされたが，当時の自閉症は，知的障害を伴うものが中心であり，心因論が華やかな時期であった。昭和54年度から養護学校での教育が義務化され，障害児も全入性となり，知的障害を伴う自閉症もその対象となった。

II 特別支援教育が始まってから

平成17年度から発達障害者支援法が施行され，これまで公的支援の対象外にあった知的障害のない自閉症も支援の対象となった。平成19年度から特別支援教育が始まり，「個を重んじる教育」が提唱され，「教育における明治以来の改革」と呼ばれた。一方，欧州の自閉症研究者を中心に，「自閉症の保護者とそうでない保護者で育て方に違いはない」とされ心因論は否定されていった。1970年代頃から「知的障害を伴わない自閉症も自閉症スペクトラムの一部」とされ，「脳の機能障害」が自閉症の原因とされるようになった。文科省は，平成21年から情緒障害学級を自閉症・情緒障害学級と変え，自閉症と情緒障害は別のものと分けた。知的障害を伴う自閉症は知的障害学級あるいは特別支援学校であり，知的障害を伴わないものは通常教育に籍を置き，自閉症・情緒障害学級に通級することになった。

III 自閉スペクトラム症と教育

自閉症は幅が広く，旧来の「障害のない者は通常教育であり，障害のある者は障害児教育」という概念では対応しきれない。「こんな大変な子どもは障害児学級に行くべき」とする旧態依然とした対応をする教員もいまだにいる。多くの自閉スペクトラム症児は，置かれる環境，あるいは対応の仕方で落ち着いたり，対応できなくなる。教育がうまくいかないのなら，「注意する，叱る」のではなく，教育の仕方を変えてみる必要がある。自閉スペクトラム症も発達障害の一つであり，一人の子どもに注意欠如多動症や，限局性学習障害，発達性運動症などが重なっていることを前提に対応する必要がある。特別支援教育を充実させるためには，教育の柔軟性を向上させ，通常学級，特別支援学級，特別支援学校の垣根を低くするとともに，通級制度を一層充実させるべきである。「上から目線で教える」のではなく，「どういう考え方，行動様式をする子どもかを考慮して教える」必要がある。そういう視点での学術研究が望まれる。

IV 学術研究と自閉スペクトラム症

自閉症研究の歴史的経過をみてみると，①小児分裂病の中から"自閉症"が取り出されたのも，②自閉症の心因論が否定されたのも，③自閉症のスペクトラム概念が提起されたのも，すべて学術的研究の積み重ねからであった。もちろん，誰もが納得する研究結果に至るには紆余曲折があるが，これからも意味のある学術研究が積み重ねられ，自閉症児者に役立つ研究成果が得られることが期待される。

3-3 親の会・当事者団体からの学術研究への期待

3-3-5 学術研究の期待
全国手をつなぐ育成会連合会から

田中 正博

　国連の障害者権利条約に批准をして締約国となった日本国政府における特別支援教育のあり方は，インクルーシブな視点で教育の展開が求められるとして，文部科学省においても，インクルーシブ教育システムを推進していく事業の充実を計画している。インクルーシブ教育を推進していく上で，基盤整備となるシステムを構築していく事は重要だが，教育においてインクルーシブな内容を検討する上で最も重要な視点は，個別な児童・生徒への適切な支援は重要な視点である。特別支援教育では，一人ひとりの教育的ニーズを把握し，適切な指導と必要な支援を行って頂きたい。この視点を重視して，「特別支援教育の在り方に関する特別委員会」より出された「共生社会の形成に向けたインクルーシブ教育システム構築のための特別支援教育の推進（報告）」の実現が強く求められている。

　現在，特別な支援を必要としている児童生徒は増加の一途をたどっている。文部科学省の2012年の調査でも，特別な支援が必要な児童生徒が通常学級には6.5%の割合で在籍するとされている。各クラスに2〜3人いる可能性があり，どの学校にも教育上特別な支援が必要な児童生徒が一定数在籍しており，子どもの障害に合わせた指導を受けられるようなシステムや機会，配慮と工夫などが必要とされている。

　年齢や発達段階，障害の状況等によっての個人差を踏まえて，個々の状況に合わせた適切な指導や支援，指導内容の工夫や配慮，教育的支援について考え，自己肯定感をあげ，意欲や少し上の課題へ挑戦するやる気を生み出し，次へのステップへと進めることが重要である。

　キャリア教育が提唱され，小学校段階から発達段階に応じて実施する必要があるとされた。そこでは，（1）人間関係形成能力（自他の理解能力とコミュニケーション能力）（2）情報活用能力（情報収集・探索能力と職業理解能力）（3）将来設計能力（役割把握・認識能力と計画実行能力）（4）意志決定能力（選択能力と課題解決能力）が内容となる構造として示されている。この構造中，意思決定支援が特別支援教育においては特に重要である。

　意思決定支援を具体化していく際に活用が期待されるのが「個別教育支援計画」である。全ての児童・生徒に作成していく事が義務化される流れに対して，ひとり一人の特性・発達に応じた個別教育が，本人の意志や意見・希望が反映された形で正しく作成され活用され充実していくことに大いな期待が寄せられている。

　特別支援教育の質を上げるためには，個々の教員の質の向上が必須である。現状では，特別支援学校教諭免許を取得していなくても特別支援学校には勤務できるが，専門性を求めるためにはやはり特別支援学校教諭免許を取得すべきである。

　加えて学校現場への専門家の配置も重要である。各，教育現場に看護師，理学療法士，言語聴覚士，作業療法士，心理士，ソーシャルワーカーを配置することでの質の向上に期待したい。特に学校看護師については，医療的ケアのための看護師配置を複数名での体制確保が重要である。行動障害への対応の充実も強く求められてい重要である。強度行動障害支援者の育成等，専門職を配置し特別支援教育に関わる教員の資質向上が必須である。

　最後に，障害のある生徒が自立と社会参加を果たしていくためには，卒業後にも多様な学びの場の確保が重要である。卒業後の長い人生が充実した暮らしであるような社会教育の充実と，そこにつなげることを意識した特別支援教育の視点の充実が重要であるととらえている。

3-4 教育行政の立場からの学術研究への期待

3-4-1 学術研究への期待 教員の資質能力と専門性向上の視点から

地方教育委員会の立場から

瀧田 美紀子

　平成19年の「特別支援教育の推進について（通知）」の中で示された各学校が行うべき「特別支援教育を行うための体制の整備及び必要な取組」に基づき，横浜市においても特別支援教育の推進に向けて取組を進めてきた。校内委員会はすべての学校で設置され，特別支援教育コーディネーターはほとんどの学校で複数指名されている。特別支援学級在籍や通級による指導を受ける児童生徒の「個別の教育支援計画」の策定・活用，さらに通常の学級でも必要に応じて「個別の指導計画」の作成・活用も行っている。教育相談件数や「個別の指導計画」作成数が増加していることなどから，「支援の必要性がある児童生徒」を見出すことについては一定の成果が出ていることがわかる。

　このように「枠組としての支援体制」は確実に整備が進んできているが，それぞれの教育の場において一人一人の児童生徒の教育的ニーズを踏まえた支援を行っていくとき，学校組織の中の教員の資質能力や専門性が重要な要素となってくる。今，多くの教員が児童生徒への支援の必要性と特別支援教育の重要性を感じる一方で，具体的で有効な手立てに関する知識・技術が十分でないことに気付き，それを求めていることを感じる。新規採用者から管理職に至るまで，一人一人の教員の資質能力や専門性を段階に応じて向上させていくことが，教育行政が負う今後の特別支援教育の推進における最大の課題ではないだろうか。

　平成13年「21世紀の特殊教育の在り方（最終報告）」以来，教員の専門性向上に関しての議論は対象や内容を拡げながら続き，平成27年12月「これからの学校教育を担う教員の資質能力の向上について（答申）」で，特別支援教育の充実のために「全ての教員対象の基礎的な知識・技能を身に付ける研修の実施」「職に応じた専門性向上のための研修の実施」「発達障害を含む特別な支援を必要とする幼児児童生徒に関する理論及び指導法の独立した科目としての教職課程への位置づけ」などが示された。また，次期学習指導要領改訂では，総則に加え全ての教科等別に，障害のある児童生徒の学びの過程で考えられる【困難さの状況】とそれに対する【指導上の工夫の意図】＋【手立て】が記載され，児童生徒の十分な学びの実現を目指すとされている。これに基づき，今後，教員の養成や育成も変わっていくことになるだろう。

　具体的には，各自治体が大学等との協議会において人材育成に関する指標を策定する中で，通常の学級の担任が身に付けるべき特別支援教育に関する基礎的な知識・技能，それをベースにした各職や教育の場に応じた段階的な資質能力や専門性が検討され，さらに自治体はその指標に基づいた研修を計画する。では，特別支援教育を推進するために必要な教員の資質能力や専門性とは何か。これまで明確な提示がされてないこの点に関し，研究者や学術団体と国や自治体のより一層の協働が必要だと考える。学術研究のエビデンスと教育実践を融合させ，学校教育の中で活用可能なものに整理し，育成指標などに反映させていくことは，教員の資質能力や専門性の段階的な向上の実効性を高めるために大変重要ではないだろうか。

　そしてさらに協働を深め，教員が学術研究に参画しやすい風土を作り，教員の経験に基づいた教育実践の良さに価値づけしつつも，より洗練されたエビデンスとして継承・発展できるようにしていくことが，教員の専門職としての自覚と成長を促し，資質能力や専門性を高め，全ての児童生徒の十分な学びの実現に繋がるものと期待する。

3-4 教育行政の立場からの学術研究への期待

3-4-2 学術研究への期待 未来の子どもたちへ
地方教育センターの立場から

豊岡 裕子

I 研究者，学会への期待

　教育関係者の中で，さまざまな視点からインクルーシブ教育について語られ，「共生社会の実現」や「多様な学びの場」に向け取り組んでいる。しかし現場では手探りで進めることも多く，「何を目指すのか」を共有し，そのための課題や取り組みを明確にして進めることの困難さを抱えている。地域や学校，教員に対して，同じ方向を目指していけるように情報を提供することは行政の役目でもあるが，根拠のある情報を提供することが必要である。漠然とした表現となるが，「目指すもの」の根拠となる取り組みや研究を期待している。

II 総合教育センターとして

　研究者や学会に対して，センター（行政）として望む研究と現場の教員として望む研究は少し異なるが，どちらも実践につながる研究が必要である。現場では若手教員とベテラン教員の二極化が進む中で，若手教員が良い実践を「見て学ぶ」機会が少ないため，書籍等で自身の課題解決を行い，教育活動の参考にしている。例えばこれからの授業づくりの視点では，共に学ぶためにはどのような学習の方法があり，どのような効果と課題があるかなどの個々のニーズに沿った実践研究が望まれる。

　センターとして望む研究はさらに深まる。他地域や学校等で共生社会に向けた実践が進められており，情報を得る機会も増えてきている。一つ一つを知ることでこれからの参考になることは言うまでもない。これらを個々の実践として発信するだけでなく，規模や学校種，内容等のカテゴリーに分けた仮説や数値的なデータを提示した研究を望む。

　例えばインクルーシブな学校づくりにおいて，小学校や高等学校といった校種にかかわらず，子どもに対しての実態把握や合理的配慮は，基本的な部分では変わらない。しかし基本を述べても現場ではまだ浸透しにくく，学校種に合った実践が望まれる。またそれは具体的な子どもへの支援や成果だけでなく，子どもが安心して学べる場としての組織作りの視点や，連続性のある学びの場としての連携づくりの視点が必要である。準備期間や教員育成，意識改革へ向けた取り組み等の複数の成果や課題の比較分析が見えることで，今後の事業計画の根拠として活用できる。

　これらは教員育成の研修講座の情報としても活用したい。インクルーシブな学校づくりの「これから」を牽引していく教員に，今後の学校の組織づくりを検討する研修を組み込んでいる。その際に地域の現状や子どもの実態を考えるとともに，全国の実践データを踏まえてこれからの教育を検討することで，より実践的な研修につながると考える。

III まとめに

　「多様な学びの場」は学校教育だけを指すのではなく，地域の中の役割の一つとして，学校現場の取り組みがある。共に学ぶ場や共に生きる社会は，地域社会を含めた取り組みにより，成長していく。これから進めることは，教員を含む社会の意識改革が重要になるとも感じている。学校教育と地域のつながりを生かした取り組みを進めるには，かかわる者がイメージを共有するための情報や根拠となる研究が必要である。限られた人員や期間で進めるには，何が現実的であり，効果的なのか。そこまで含めた実践とデータが，共生社会のイメージをかたちにし，5年後，10年後の未来の子どもたちへつながるのではないだろうか。

3-4-3
学術研究への期待
これからの時代を生きる子どもたちへの支援
地方教育委員会の教育長の立場から

戸ヶ﨑 勤

I これまでの10年と，これからの10年

　学校教育法の改正により「特殊教育」から「特別支援教育」への転換が図られてから約10年が経過した。今日においては，全国規模で「ともに生きる社会」づくりが着実に進んでいると感じている。

　では，この先の10年はどうであろうか。

　AI（人工知能）等の技術革新により，社会はわれわれが想像し得ないほどの変化を遂げるといわれている。そのような社会を生きる子どもたちに必要な支援を考えるにあたり，「産官学民」が連携することの必要性について述べていく。

II 「産官学民」による連携の必要性

　子どもたちに適切な支援を行うために必要な施策としてまず挙げられるのが，人材育成のための研修の充実である。特別支援教育は教育の原点であり，教育に携わる全ての者が備えるべき視点として，より深く学ぶことができる機会を数多く設けるべきである。本市では，国立特別支援教育総合研究所から指導者を招聘し，市内全校向けの研修会を実施するなど，質の高い研修を実施している。研修の機会を更に多く設けるためには，ICTを活用した動画研修，つまりは勤務校にいながらにして専門性の高い研修を受けられる仕組みなどを普及促進させ，国や県，大学や研究機関等の専門的な知見から学ぶことができる環境を確立することが必要である。

　次に，指導環境の整備と指導ツールの積極的な活用について述べる。子どもたちが学習することに興味関心を抱き，教員が一人一人の特性に応じた指導を効果的に行うためには，ICT環境を整備し，新たな支援ツールを積極的に取り入れるなど，新しい時代の学びを促すことが必要である。実感を伴った学びを促すため，従来の具体物を用いた指導に加え，AR（拡張現実）を用いたデジタル教材の活用などにより，視覚に訴えかける多様な学びが実現できるようになっている。子どもたちの多様なニーズに応じ，主体的な学びを促すツールを生み出すには，企業などとの連携が欠かせない。効果的なツールや取り組みがより多くの子どもたちへの支援につながるように，企業や大学から教員への情報提供がこれまで以上に行われることを期待して止まない。

III 2020年への期待

　2020年には，東京オリンピック・パラリンピック競技大会が開催される。グローバルな視点と同様に，障害の有無に関わらず「ともに生きる社会」づくりのため，国々や地域が一丸となるこの機会を大きなチャンスととらえたい。スポーツを通した障害者理解やICTの活用など，国全体の意識が変わるチャンスであると捉えている。

　変化が激しい時代こそ，「産官学民」が共に手を取り合い，それぞれのよさを生かし合えるチームとなり子どもたちを支援することが，これからの時代に生きる子どもたちを育てるのに必要不可欠な要素である。

3-4 教育行政の立場からの学術研究への期待

3-4-4 学術研究への期待
地方自治体の首長の立場から

泉 房穂

　障害者支援には，国による法の整備と自治体による施策と，両方必要である。ベーシックな施策は国家が行い，自治体は個別のニーズにそった支援をする。障害類型を縦割りでとらえるだけでは必要な支援は行えないし，複数の障害を併せ持つ人にも対応できない。支援する際に大切なのは「早期」「総合」「継続」の支援である。支援を必要としている人を早期に発見できるのは，市民に近い基礎自治体である。市役所が行う業務には，気づきのきっかけがたくさんある。そして，障害者の暮らしの背景には，生活困窮やDVなどが潜んでいる場合も多く，総合的な支援が必要になる。市民の生活全般に関わる市にこそ可能な支援である。さらに，暮らしにくさは年齢や学校の節目で区切れるものではない。継続したフォローが必要である。

　明石市のキーワードは「ワンストップ」「チームアプローチ」「アウトリーチ」である。「ワンストップ」目の前で困っている人をたらい回しせず，早期に支援する。「チームアプローチ」狭い組織内で解決しようとせず，関連する部署や専門職，関係機関と連携して動く。明石市では弁護士や社会福祉士，精神保健福祉士，臨床心理士などの専門職を複数採用し，一般行政職とチームで市民のニーズに対応している。「アウトリーチ」本当に困難を抱えている人は市役所まで来られない場合が多い。必要があれば出かけて行き，支援する。いずれも障害者・市民の身近にある市役所だからこそできることである。

　明石市では「手話言語・障害者コミュニケーション条例」に続いて「障害者配慮条例（差別解消条例）」を制定し，手話を音声日本語と対等な言語として認め，その上で障害者の自立と社会参加をめざして，事業者が合理的配慮を行う際の費用を助成する制度を設けた。

　現在はインクルーシブ教育をめざすのが主流だが，聴覚障害児には手話を使用するコミュニティとしての特別支援学校が必要であるとも言われる。まずは不自由なくコミュニケーションできる環境が必要だと思われるが，聴覚特別支援学校においてさえ，生徒に通じる手話で授業を行える教職員は少ない。今後さらに教職員の専門性を高め，必要に応じて専門家と連携することが重要である。

　明石市ではまた，障害者や認知症の人の更生支援にも取り組んでいる。これも行政が当然取り組むべきテーマである。競争社会から逸脱しルールを守れなかった人を迎え入れる寛容さと覚悟が問われている。なぜ逸脱したのか，社会で受け入れるために必要な支援は何かを考え，できることから始めるのが行政や教育者の仕事ではないだろうか。

　人は失敗を繰り返すものである。適切な支援をしているつもりでも，時に裏切られる。それでもコツコツと支援を続けることが私たち自治体の役目であり，教育に携わる者も同様である。

　万引きなどの軽い犯罪を繰り返す人の中には，知的障害を持っているのに障害認定を受けていない人や，認知症で判断力が低下している人も多い。必要な支援があれば，再び社会で生活できるようになる。ここでのポイントは「連携」である。更生支援や生活保護など，司法，福祉，教育の分野が連携することで救える人は多い。学者・研究者も国の法制度に対して働きかけることはできるはずだ。

　他者の助けなく生きられる人はいない。そして人はすべからく他者とは違う個性を持ち，他者の支援を必要としている。支援しているつもりでも明日は自分が支援を必要としているかもしれない。

　もう少し互いに助け合えるやさしい社会になるといいと思いながら，市長を続けている。

3-4-5 学術研究への期待
新たな時代の特別支援教育のエンジンとして
国の教育行政の立場から　　　　　　　　瀧本 寛

「すべては子どもたちのために！」。数年前まで千葉県に勤務していた当時，この言葉を何度も口にした。今回求められた学術研究への期待についてもこの一言に尽きるが，改めて私と特別支援教育との関わりを振り返りつつ，考えてみた。

Ⅰ　特殊教育・特別支援教育との出会い
1．たった3名の特殊教育係
通級が制度化された平成5年，岐阜県に赴任し，幼稚園から高校教育まで担当する課に勤務した。当時も養護学校の過密化などの課題が山積していたが，課内にあった特殊教育係は係長を含めたった3名だった（現在は特別支援教育課を設置）。

2．「特別支援教育」を法律に位置づけ
12年後，文科省の特別支援教育課に勤務。関係者のニーズを知るため，週末に特別支援学校の行事に足を運び，関係学会や親の会にも参加した。発達障害（LD，ADHD）を通級の対象に加えたほか，学校教育法の特殊教育を改正して特別支援教育を法律に位置づけた。また，小中学校の特別支援教育支援員の地方財政措置もスタートした。

3．特別支援学校の過密化対策
千葉では県立高校での特別支援教育支援員の配置の運用を弾力化。条件付きながら介助面と学習支援面で2名による支援に道を開き，第1号となった男子高校生は難関のT大学に進学。また，高校や小中学校の空き校舎を改造し，5校の新設を決めるなど特別支援学校の過密化対策を進めた。

Ⅱ　特別支援教育制度の改善・充実の動向
1．小中学校の通級担当教員の基礎定数化
予算の範囲で措置してきた通級教員の数では，各地で「通級待機」の問題が生じていた。このため対象児童生徒数に応じて教員数が決まる基礎定数化を検討。通級指導による社会性の改善を指標で評価したデータを財政当局に示すなどいくつものエビデンスを提示した。多くの関係者の支援をいただき，平成29年度から10年間で段階的に基礎定数化を進めることが認められた。法改正を伴う計画的な定数改善は実に16年ぶりである。

2．高等学校における通級のスタート
高校にも発達障害等で通級指導が必要な生徒は多いとされる。既に国は制度改正を完了し，平成30年度から施行の予定だ。高校通級設置に向け，各都道府県の積極的な取組を大いに期待したい。

3．教職課程における特別支援教育の充実
教育職員免許法等が改正され，幼小中高いずれの免許の取得にも1単位以上の特別支援教育科目が必修化される（平成31年度～）。関係者の長年の悲願が実現される運びとなった。科目の具体内容は各大学で今後検討されるが，学校現場のニーズを踏まえたものとなることを強く望みたい。

Ⅲ　学術研究に対する期待
障害によるニーズに対応した特別な教育の対象となっている児童生徒の割合は，日本では通級を含めても約3.6％であり，これは英国の約17.7％や米国の約11.3％などと比べても低い割合にとどまっている。一人一人のニーズに応える特別支援教育は今後さらに充実されていくことが必要で，そのためのエンジンとしての働きをこれからの学術研究には求めたい。

その際，将来の福祉予算も含めた中長期の財政の視点からも，特別支援教育を含む教育予算の拡充が有効との研究がなされることも期待したい。

すべては子どもたちのために。

3-5 『インクルーシブ教育の未来研究会』メンバーによる研究提言

3-5-1
研究提言：「今後，こんな研究が必要だ！」

筑波大学　柘植雅義研究室『インクルーシブ教育の未来研究会』

筑波大学の柘植雅義研究室内の『インクルーシブ教育の未来研究会』で，国内外で研究者や実践者等を目指す学生や，研究室を羽ばたいて行って活躍する人々よる研究提言：「今後，こんな研究が必要だ！」を紹介する。

国際比較の視点から日本と中国における就学前の自閉症の幼児をもつ親のストレスの共通点と相違点を分析することによって，両国の家族支援システムをより立体的に検討し，各自の特有な家族支援の課題と支援方策を明らかにする研究が必要だ。
（オウエイキ）

就学前や小学校における，発達障害のある子どもに関して，保護者と教員間には対象児者に関する認識差があることから，両者をつなぐ役割を，コーディネーターやスクールカウンセラーだけでなく，巡回心理士など外部人材も導入してチームで担う方策に関する研究が必要だ。（日野雅子）

中国における就学前の自閉症のある子どもを持つ親は，公立施設や民間施設から，子どもの療育や親自身の訓練サービスを受けていることから，サービスをさらに進化させるための親のサービスへの感想や満足度や評価に関する研究が必要だ。
（リュウカキ）

特性の強さや発達上のデコボコ（凸凹）がある小学生が，安易に知能検査を勧められたり特別支援学級への入級を勧められたりする現状があることから，障害の有無を問わず，工夫のある授業や指導による集団の力を生かした個に応じた指導・支援に関する研究が必要だ。
（岡部帆南）

小・中学校の通常学級では，発達障害を含めて多様なニーズのある児童が共に学習しているが，それぞれの児童の課題を効果的な方法で解決するための課題の質・集団規模・相互作用の視点から，最適な指導の場やあり方を明らかにする実験的な研究が必要だ。
（長山慎太郎）

小中学校の給食や清掃など日常生活場面において，発達障害のある児童生徒に対してより良い支援を行うために，教員が具体的で活用しやすいツールを作成・活用することで，小中学校生活を豊かにする「合理的配慮」の在り方を検討する研究が必要だ。
（関口一秋）

小・中・高等学校の通常学級で，多様なニーズのある子どもに応じた授業が求められているが，特別支援教育の視点をふまえた授業づくりを推進するための，通常学級の担当教員への授業コンサルテーションと授業研究会の在り方への支援に関する研究が必要だ。
（米沢谷将）

小・中・高等学校において，通級指導教室（資源教室）の設立が中国の通常学校に義務づけられるようになったことを背景に，一部の自治体で，今まで試行されてきた諸策の取り組み実態を概観し，通級指導教室の中国での展開と今後の発展の方向性を探る研究が必要だ。
（テイキ）

知的障害特別支援学校に在籍する児童生徒の主体性を把握するためのチェックリストを作成・使用し，その結果，客観的に明らかになった個人や学習集団の実態や教師の意識の視点からの方策の在り方を検証する研究が必要だ。
（加藤悠）

特別支援教育において児童生徒の「主体性」の育成が求められているが，指導効果の検証が十分ではないので，知的障害のある児童生徒に求められる主体性の定義の検討，主体性の評価の在り方の検討，そして，指導効果の検証に係る研究，さらには何年かに及ぶ縦断的な視点での研究が必要だ。
（北澤拓哉）

　知的障害特別支援学校において，外国語活動や外国語の授業を継続して指導するにあたり，知的障害のある児童生徒に対して行われる外国語活動や外国語の学習が，母国語（日本語）の習得や母国語（日本語）によるコミュニケーション能力に与える影響に関する基礎的・実際的研究が必要だ。
（吉田史人）

　インドネシアにおける知的障害特別支援学校において，個々の教育的ニーズに応えるよう，子どもが将来自由に夢を実現するために，教員による個々の児童生徒の実態の科学的で的確な把握や，それに基づく適切な指導・支援，そして，適切な評価ができる仕組みの研究が必要だ。
（エカクスマワルダニ）

　障害のある子ども一人一人に，より円滑で適確な支援を提供していくことが大切である。そのために，障害特性を含む個人の特性を丁寧に総合的にアセスメントし，それを踏まえて個別の指導計画や個別の教育支援計画を作成し，特別支援教育を展開していく，というPDCAサイクルの効果的な在り方を明らかにする研究が必要だ。
（宮田桂）

　特別支援学校において，知的障害のある子どもが，ICTを活用することにより，理解を深め，意思を明確に的確に伝えることが容易にできるようになる可能性があるが，特に，学校卒業後の生活を含めた自立を目指した指導内容・指導方法について，ICT活用の在り方に関する研究が必要だ。
（小野勝）

　言語コミュニケーションが非常に困難な重度知的障害のある児童生徒に，本人主体の「合理的配慮」を提供するために，人権の保護・促進を図ることを念頭に置き，本人の意思を推察し補充する意思決定支援を行い，それを基にした合理的配慮の提供の在り方を検証する研究が必要だ。
（鈴木紀理子）

　知的障害特別支援学校では，子ども一人一人に応じた，人間関係を豊かにするための指導・支援の評価ツールを使用した実践が多いが，それは一教師のみによる取り組みが多いことから，学校や学部全体で統一されたツールを使用した学部規模や全学規模で子どもと教師の双方に効果をもたらす評価システムの在り方の研究が必要だ。
（佐々木大輔）

　知的障害の特別支援学校における「個別の指導計画」の作成は，ほぼ担任に委ねられており，目標の妥当性の検討や評価の在り方など活用に関する課題があるが，今後は複数教師間による事例検討会を通して，子どもの発達の視点を生かした立案の方法の研究が必要だ。
（初村多津子）

　知的障害特別支援学校に在籍する自閉症のある児童生徒に対して，言語処理や情動調整，社会的相互作用のために，関わるピアや教師が行う学習支援を含めた環境調整の視点からチェックリストを作成し，参加，コミュニケーションを高める検証を行う研究が必要だ。
（伊藤文子）

　近年，知的障害特別支援学校においては放課後等デイサービスを利用する児童生徒が急増しており，子どもへの支援の一貫性を確保するために学校とデイが連携を深めていく必要があり，学校側の取組の現状と課題を明らかにし，より良い連携推進の在り方を検討する研究が必要だ。
（西原数馬）

近年，中国では，「特別支援学校教員の専門性」への注目度が日増しに高まっているが，児童生徒に質の高い教育を受けさせるために，中国の特別支援学校における教員の専門性の現状と課題を，教員の養成と研修の視点から，他国の状況と比較しながら明らかにし，その具体的な向上方策を探る研究が必要だ。
（チンガイ）

　2018年度から高等学校における「通級による指導」が導入されていくにあたり，小・中学校で行われている「通級による指導」の現状を把握や，高等学校における生徒への取り出し指導の先進的な事例から，特に発達障害のある高校生に適した指導内容・方法の在り方に関する研究が必要だ。
（亀口志保）

　今後，日本においては，自閉スペクトラム症（ASD）のある大学生への就労支援の体制を整えることが急務であることから，よりよい支援を展開するために、ASD学生の就職活動における意識のあり方や抱える困難さを明らかにするとともに，適切な支援方策の在り方を検討する研究が必要だ。
（末吉彩香）

　知的障害者にとって特別支援学校高等部を卒業後もスポーツを地域で継続し楽しむことができるために，知的障害者が生涯に渡ってスポーツを楽しむための意欲を育てる学校教育の在り方や，学校卒業後に継続して受け入れる地域の人材や環境整備の在り方に関する調査研究が必要だ。
（馬場進一）

　近年，日本において，障害者の就労に向けた動きが活発となっている中で，知的障害者の就労の実現と継続に向けて，特に作業遂行の向上につながる「自己調整方略」に関して，就労している知的障害のある成人を対象にした基礎的・実証的な研究が必要だ。
（オヨンビリグ）

　インドネシアでは，知的障害者の企業就業率が低いことから，その実態を把握すると共に，この分野で早くからの取り組みが進む日本の特別支援学校高等部の先進的な取り組み（現場実習や校内実習など）に係る事例調査を行い，その結果を踏まえてインドネシア版のモデルを構築し，実践してその成果の憲章を行う研究が必要だ。
（アセプイラワンルディ）

　発達障害のある子どもをはじめ，全ての子どもたちが小中学校等の学校生活の中で自信を育むことができるよう，子どもの「自尊感情」という視点で教師の関わりの効果を可視化し，学校現場に役立つよう，方法と効果の関係を明らかにする研究が必要だ。
（伊藤由美）

　TVや映画等において，知的障害や発達障害について，障害者に対する理解が促されるような映像の中で，適切な内容の検討がなされていないことがあることから，より広く一般国民に，知的障害や発達障害に対する正しい理解を促すことができるような映像表現を作成し，その視聴の効果を実証的に検証する研究が必要だ。
（岡崎雅）

　日本における「共生社会」の形成のため，小学校・中学校における，児童生徒の発達段階に応じた適切な障害理解を促す教育プログラムの開発や教育的アプローチの在り方の検討に加え，障害理解啓発の客観的な効果検証及び改善を目的とした尺度の開発に関する研究が必要だ。
（長嶋里恵）

第4部　未来を描く（座談会）

　第4部では，第1〜3部を踏まえ，特別支援教育に関する学術研究の未来について，座談会で議論する。論点は，①2001〜2016年の15年間を振り返って（全体的な印象），②特別支援教育の到達点は？インクルーシブ教育の終点は？，③今後必要な学術研究は？　研究者の責務は？，の3点である。時期は，2017年3月某日で，2時間ほどで行った。コーディネーターを柘植雅義（筑波大学）が行い，石橋由紀子（兵庫教育大学），鎌塚優子（静岡大学），近藤武夫（東京大学），佐藤克敏（京都教育大学），納富恵子（福岡教育大学），野口和人（東北大学）（五十音順,敬称略）を予定した。オブザーバーとして，『インクルーシブ教育の未来研究会』のメンバーから長山慎太郎（筑波大学博士課程）が参加した。

（柘植雅義）

「特別支援教育の未来を描く」

柘植雅義（コーディネーター）・石橋由紀子・鎌塚優子・
近藤武夫・佐藤克敏・納富恵子・野口和人

柘植 座談会「特別支援教育の未来を描く」を始めます。兵庫教育大学の石橋由紀子先生，静岡大学の鎌塚優子先生，東京大学の近藤武夫先生，京都教育大学の佐藤克敏先生，福岡教育大学の納富恵子先生，東北大学の野口和人先生，そして，私，コーディネーターを務める筑波大学の柘植雅義です。皆さんの共通点は，第一線で活躍されている研究者で，学術研究をとても精力的に行われているということと，その成果をいかに学校，教育，行政，地域に応用していくかということ，さらには国際的な動向にも強いご関心を持たれている，ということかなと思います。

2001年に特別支援教育に転換するぞという旗が上がって，助走を始めて，途中，制度が変わったり，発達障害者支援法ができたり，最近では障害者差別解消法が成立・施行されたりということで，15～16年が経過して2017年の現在に至っています。このような時期に，その間に学術研究としてはどのような進展や蓄積があったのか，あるいはどのような研究が足りないのか，だから今後どうするのかというようなことを集大成する必要があると考え，本書を企画しました。

さて，エビデンス（根拠）に基づく教育政策（Evidence-based Education Policy）というのが2016年のG7伊勢志摩サミットの教育大臣会議（倉敷宣言）で示されて，いよいよ日本もそのような方向に軸足を向けました。英国や米国は，いち早くそのような方向に動いていったけれども，日本は遅れてしまった。従来の「経験と勘と度胸」の世界からどう離陸するか。まさに，今後の研究者の責務ということでしょうね。

そこで，この座談会では，100名ほどの研究者らから寄せられた原稿（レビュー論文が主）を事前に読み込んだ上で，次の三つのテーマについて座談会を進めていきたいと思います。

一つ目の話題は，「2001～2016年の15年間を振り返って（全体的な印象）」。

二つ目の話題は，「特別支援教育の到達点は？インクルーシブ教育の終点は？」。

三つ目の話題は，「今後必要な学術研究は？研究者の責務は？」。

柘植 では始めましょう。一つ目です。2001年から2016年の15～16年間を振り返って，寄せていただいた原稿も踏まえながら，学術研究の進展がどうだったのかということについて全体的な印象について議論しましょう。

基本的には，この15～16年の間の学術研究は，他教育の分野と比べると，質と量ともにかなり進展したと思います。個別のアセスメントとか事例研究とか，指導法・支援方策に関する研究とか，あるいは特別支援教育コーディネーターとか，コンサルティングとかいった教員を支えるというかシステムというか，実にいろいろなタイプの研究がこれでもかというぐらいに出てきたのは確かですね。障害種別でいうと発達障害に偏り過ぎているかなという感じはしますが，その研究はこれま

でほとんどなかったから，必要だった，といえばそうでしょう。というのが私の全体的な印象です。

野口 まず特別支援教育についての，この15～16年の様子についてお話しさせていただきます。2000年を回ってすぐの頃は，特別支援教育ということで発達障害等々への関心が向き始めた。そのときに，柘植先生がおっしゃられたように，どちらかと言うと発達障害のほうにグッと振られてしまって，例えば障害の重い子どもたちのところがなぜかポンと飛んでしまったような印象があります。

現場のほうで見ると，当初は，例えばADHDの子どもたちがクラスにいて，担任の先生方は非常にたいへんなご苦労をされているという状況の中で，他の先生方がその状況に対して何と言っていたかというと，先生が甘いからなめられている，もっと厳しくがつんとやればいいんだということが，例えば小学校の中でも普通にあった。

柘植 あったよね。発達障害の理解不足。

野口 そういった状況だったと思います。その後，例えば小学校のほうは，実際にはただ厳しくするということだけでは，うまくいかないのだというところが先生方の認識として徐々に入ってきたとは思います。一方で中学校のほうは従来の生徒指導的な観点が強くて，それも必要だとは思うのですが，とにかく厳しくびしっとやっていく，といったイメージが強く，巡回相談などで中学校に行くと小学校とは雰囲気が違って，先生方の反応が，（私が）何をしに来たのだろうみたいな受け止め方をされていた。

柘植 求められて行ったのにね。

野口 わかっていらっしゃる先生は必要だということで対応してくれたのですが，先生方の認識としてそこまで行っていなかったというのがかなり強かったなという印象が当初の頃はありました。今はその状況はだいぶ変わってきたかとは思うのですが，通常学級の中にいる支援が必要な子どもたちへの意識が逆に強くなっているから，相対的に他の子どもたちへの関わりの部分がどうしても少なくなってしまっている。そういった状況の中で他の子どもたちが満たされなさを感じている。

柘植 通常学級の中の話ですね。

野口 はい。それでクラスがまとまらないということが起こっているような印象が実はあります。中学校では子どもたちの状態像も小学校のときとはだいぶ変わってくる中で，どうその子にアプローチしていったらいいのかがよくわからないというところがありそうな感じです。そういったものに対し，これまでいろいろな研究ができてきている中で，こういったことが必要だというのはもちろんあるのですが，先生方はなかなかそれを目にする機会もないということと，あとは，では具体的にこの子には何をしたらいいかというところにうまく翻訳できない。そんな状況にあるのかなという印象を持っています。

柘植 通常学級で授業のユニバーサルデザイン化の動きが出てきて，そういう研究も増えてきていますね。だけど本人の学力が伸びるとか，他の子の学力もだけれども，心の問題，満たされるかとか，その辺に焦点を当てた研究は少ないよね。その辺りは，納富先生は既に大学の院生と一緒に研究されていますが，いかがでしょう。

納富 いまお話を聞きながらいろいろなことを思い出しました。特別支援教育というのは各研究分野とか領域におけるその理論を適用した研究がどんどん深掘りされていっている。そうすると何がだんだん欠けてくるかというと，各研究領域で進んでいることを包括的にというか俯瞰しながら，本当に子どもや，特別支援教育のシステムや，日本の特別支援教育の教員養成も含めた体制づくりに何が貢献できるかというところのインプリケーションというか，そういうところをすごく今求められているのではないか。先生が言われたように，質的にも量的にも研究は拡大したと思いますが。

ところが，マルチディシプリナリとかトランスディシプリナリという視点が，今回のこの企画は非常に価値があると思うのは，そこでもう一回整理をし直して次に進む必要があって，そのときに，先生が言われたように何のためにこの研究をしているのかというところで，研究者がある程度の合意を得られるような機会が必要で，本書は，重要な機会になるなと思っています。

先ほど野口先生が言われたように，片方でそれぞれの研究でのエビデンスを求められるというと

ころがあると思うのですが，そのエビデンスが本当にエビデンス・ベーストというものと，実は今回の研究の中にもずいぶん触れられていたと思うのですが，本当の学校状況とか現実のところの文脈などをきちっと踏まえたような成果なのかという二つの価値づけと両方必要で，この辺りをいま柘植先生も言われたようなエビデンス・ベースというときにどういうふうに提案していくかというのはすごく悩むなと私は思ったんです。

柘植雅義先生

柘植 そうなんですよね。インフォメーション（information）は個々の研究という意味で集まったのだけれども，インテリジェンス（intelligence）まで行ってない。パーツは集まってきたのだけれども，それを全体的に踏まえながら，だから指導法はこうすべきだとか，特別支援教育コーディネーターはこうすべきだとか。本日の二つ目の話題と関係するのだけれども，終点をここに持っていく，というような議論がない。その議論も研究でやるのか，あるいはそれは誰かがやるのかはわからないのだけれども，そこがわからない状態ではないか。それがわからないと，今後どういう研究をしていったらいいのかもわかりづらいのかもしれない。研究者が先にリードするというのは，それはそれでかっこよくていいといえばいいんだけどね。

納富 私がこの25年以上いつも思っていたのは，25年以上前に，ワシントン大学のCDMRという障害を特別に研究する部署があって，そこでさまざまな障害についていわゆる研究大学が地元の先生たちともきちんと協力をして研究推進しているという現場に行って話を聞くことができたんです。たぶん25年たったらそういうものが日本も作り出せるのではないかと思っていたけれども，そこまで行くのかな。アメリカの進み方とえらく違う。

それはなぜかというと，アメリカは政策ベースで拠点大学にそういうものをきちんと置いて，実践的なところから踏まえて本当にデータが得られるような研究を大勢の研究者で幅広い領域でやっている。これが日本は難しくて，先生が言われているような個々のインフォメーションはすごくたくさん集まってきているのだけれども，全体的にそれを集めて，もしくは，政策ベースでこれが必要だからみんなやりましょうという形がちょっとない。全体的なところで，日本の先生たちもすごく熱心だし，すごく研究も進んでいるのだけれども，そこは非常に懸念されるところです。

先ほど野口先生が言われていた，早期の例えば発達障害の子どもたちの発見から踏まえて，親御さんたちがこういうことが効果がありますというところで，小学校まではある程度特別支援のエビデンスみたいなものが反映したような実践があっても，中学校のところでちょっとギャップがあって，いろいろなところで苦しんでいるというのは確かにどこでもあったかな。

柘植 中学校をフィードにした研究は，小学校と比べてまだまだ少ないと思う。

納富 そうなんです。勤務先の福岡教育大学で，特別支援教育専攻と言われている特別支援を専門にするところから，7年前に教職大学院という小中をベースにするところに移って，鋭く感じました。小中の先生たちが持っている価値観とか，そういう人たちがどういうことをよしとして生きているのかとか，どのように指導しているのかという今の状態を分かった上で，マインドセットを変えるような実践研究をしていかないと難しいというのが私たちの経験からはあります。

柘植 とりあえず脇目をふらずに他を見ずに（森を見ずに）特別支援教育一色で走って来たのだけれども，実はもう少し教育全体の文脈を考えなければいけないのではないか。先ほどのその他の子どもはどうなのかという議論ですね。

納富 そうなんです。それを，いま少しUDL

（Universal Design Learning）ガイドラインを導入しながら，測定するものを個と集団両方を学校学習適応とか，仲間からサポートされているか，先生たちがサポートされているか，両方です。個と集団での変化を捉えるような研究をいま進め始めています。だから先生の問題意識は，今日言葉で言っていただいたけれども，どこかで通じるなと今日思いました。

柘植 この前，国立特別支援教育総合研究所のセミナーがあって，合理的配慮のデータベースで300事例ぐらい集まったというので，それは素晴らしいことだけれども，これはインフォメーションのタンクだろうと。そうではなくインテリジェンスのタンクにしなければだめではないか，と発言しました。現場が求めているのは，300通りの事例をどうぞ見てくださいではなく，それを踏まえながら，「意思の表明」がうまくできない知的障害やコミュニケーション障害の方をどうやって支援していけばいいのかとか，保護者との「合意形成」がうまくいかないときにどうしたらいいのかということである。それが，データベースからどのように示唆されるか，そこを求めているので，単に300の事例を見てくださいではない。自分でできるほど専門性の高い教員もいるだろうけれども，普通の教員のためには，もう一押し次の支援をしてあげないと進まないだろうなという発言をしました。

柘植 では近藤先生お願いします。

近藤 納富先生が最後におっしゃっていた部分と僕はすごく共感するところがあります。私も実は野口先生と一緒で，もともと基礎系心理学者なので，障害に関して特に力を入れて研究し始めたのは東大に来てからなので，現実的には2005年前後からです。ちょうど特別支援教育の制度化というところからいろいろなことを見始めた。DO-IT Japanという取り組みを始めたのは2006年です。私はそれから10年ぐらい特別支援教育の制度化以降ぐらいからの研究を見てきているところかなと思います。

実際やってきてみて感じることは，やっと教育が，周囲の子どもを学ばせる義務というところから，子ども自身の学ぶ権利の尊重にシフトし始めたことを非常に感じるところです。この10年間の大きな流れは，義務から権利へというパラダイムシフトが緩やかに起こってきた流れだったと思います。例えばそれに伴っていちばん感じるのは，私たちは入試の配慮にかなり力を入れてきていて，彼らが学ぶ場所を選べないというところから，選ぶ上で権利保障をした上で，行政の教育委員会や学校と子どもたち本人がちゃんと面と向かってやり合えるという権利保障の仕組みが少しずつくられてきた10年だったかなと思います。

ただ，権利保障の仕組み自体がいよいよ制度化したのは2016年4月からです。実際的にはそういうことなので，振り返ると2012年の中教審の合理的配慮のまとめ辺りから，物事の雰囲気は大きく変わってきているように思います。管理職の人たちの意識に，「権利保障をしなければいけないのだ，そのために子どもたちや親とそういう意味での対話をしていかなければいけないのだ」という変革があったのは，とても大きかったかなと感じています。

それに伴って，同時にいろいろなパラダイムシフトも起こってきていると思っています。それは「義務から権利へ」の変化の中で，障害の種別ではなく，困難や排除の種別に対して，どう支援をしていくのかを考えるという風潮に変わってきた。さらに，目が見えない子たちにはこうしましょうとか，体が動かない子たちにはこうしましょうというふうに，本人以外の誰かが決定するというところから，「私たちはみんなと同じ教育に参加するためにこんな齟齬があるんです，つまり困難や排除があるんです，そこを何とかしてください」という本人からの申し出に対して，「ではどんな教育指導や支援ができるか」と考える，というふうに変わってきた。そういうシフトが起こった10年だったかと思います。

もう一つ起こっているのが，これまでは，目が見えない子たちにどうするとか，体が動かない子に，知的障害の子にどうするというのは，誰かが決めればよかった。結果として権威を非常に強める形になっていて，基本，障害種別ごとの権威に基づいて物事が決まるという流れだったわけです。教育委員会においてもそれは同じで，専門家

委員会などにおいても，エビデンスではなく権威に基づいて物事が話されるということがすごく多かった。

ただ，権利保障の仕組みが少しずつできてきて初めて，「権威から公共へ」というシフトが起こり始めていると感じています。公共に立ち，権威がなくなると，そのとき初めてエビデンスの価値が出てくる。エビデンスに基づいて，オープンな態度で対話し，意思決定することがすごく大事なのだという風潮へシフトしてきている。エビデンス・ベースがどうして重要視されるのかというと，公共を形づくるときの私たちの公用語となるからなんですね。エビデンスに基づいて対話しようという態度の裏にあることは，個々の子どもたちの権利をどう保障していくのかという大きな哲学や精神があるのだなと感じています。

一方で，さっき納富先生が言われたように，研究の内容は，どうしても個々の指導法であったり，アセスメント法であったりと，理論適用型の研究が多くなってくるわけです。個々の研究者としてそうならざるを得ないと理解できる部分はある。例えば実践が論文にならないという意味で，例えば私はDO-ITというプロジェクト自体をどう論文にするかと言われると非常に困る。結局論文にしているのは個々のエビデンス・ベーストでいろいろな事例の判断をしたとか，そこにどんな技術適用をしたのかとか，そういう話ばかりになる。なかなか活動そのものを論文にはしにくいというところはあると思います。ただ，そうした活動から見える本質的な問題を，いかに教育制度とか教育施策自体に反映していくのかという政策研究は，もっと重く取られてしかるべきことではないかと思っているところです。

そうした研究方法は，まだ私はうまくできているとは感じられていないのですが，自分が最近政策研究的なことばかりやっているのですが，ここの部分は日本の研究全体に関して非常に弱いと思っているところです。これまでの15年で理論適用研究がわーっと広がったのはすごくいいことだし，エビデンス・ベーストがあたり前になったというのは，今みたいなパラダイムシフトが大きく影響していたと感じます。一方で，政策にまだつながり切れていないところに，これからの課題を感じさせると思っています。

近藤武夫先生

柘植 合理的配慮に関わる研究は今後たくさんできそうですよね。私の研究室で，重度知的障害の子どもは「意思の表明」が難しいですが，それを客観的に察する仕組み，勝手に色をつけて察するのではなく，客観性をどう保ちながら推察してりそれをサポートするあり方とか，実際にそうやって決めた合理的配慮を提供してみたらどんな影響があったか，効果があったかということを調べたいという学生がいるのです。そんな研究は，以前はなかった。合理的配慮というものが出てきたことによって，それに関係する研究はこれから増えてくる。それはもしかしたらこれまでのようなスタイルの研究ではないものが結果として出てくる可能性はあるでしょうね。では石橋先生お願いします。

石橋 「全体的な印象」ということでお許しいただいたので，本当に印象を。この十数年を次のインクルーシブ教育へのステップとして捉えると，特別支援教育が果たした役割はとても大きいと思います。

というのは，ここのところ，インクルーシブ教育についてお話しすることが増えてきました。具体的なきっかけは『共生社会の形成に向けたインクルーシブ教育システム構築のための特別支援教育の推進（報告）』を受けてですが，この内容も含みつつ，取り組みが進んでいる国の様子なども踏まえてお伝えしています。すると，インクルーシブ教育への受け止め方が人によって異なるのは当たり前のことですが，「インクルーシブ教育の

具体的な姿はピンとこないけど，対応できるだろう」という，漠然とした自信や信頼感のようなものが一定程度，あるように思います。この十数年で，はじめは学習障害って？適切な指導法は？という段階だったところから，そのような用語はもはや共通語になり，通常学級での指導法もユニバーサルデザインをはじめとして，具体的に提案されてきました。もちろん具体的な問題はたくさんありますが，特別支援教育を理解し，咀嚼してきたという，私たち自身の私たちの教育に対する信頼は，この教育が次へ向かっていく上で，大きな財産ではないでしょうか。

課題としては，現状が，教員の意識や専門性に大きく依存しすぎていることではないでしょうか。「個別の指導計画」を例に挙げると，通常学級のニーズのあるお子さんについては，作成するかどうかは先生の見立てや意識に関わっているし，作成されても，その内容が適切かどうかを判断することも，現状ではないに等しいといってもいいでしょう。書かれた内容が実行されているかどうかも怪しいし，それが次年度に引き継がれているのかどうか…。「個別の指導計画」をはじめとして，あれこれの形が入ってきたことはひとまず大切なことだと思いますが，それをどう実効あるものにしていくのか，仕組みとしてうまく作っていく視点が必要だと思います。

柘植 では佐藤先生，お願いします。

佐藤 15年間というと，僕は，最初の時期は国立特別支援教育総合研究所にいた頃だと思います。システムというか体制的な部分で特別支援教育ということが入ってきたというか，進んできたころかなという気がしています。

体制的な部分から入ってというので，学校の中で具体的にどんなことが必要になってきそうなのかということがそのころから少しずつ話が出てきて，形としては，一応こういう体制をつくっていきましょうとか，連携をどうやっていきましょうとかいうことができてきたころかなというのが一つ印象としては思っています。

先ほど石橋先生がおっしゃったようなハードの部分としてはそういうふうにできてきて，ソフトの部分はどうかというと，形としてはあるのだけれども，今でもまだ聞くのですが，つくった後，金庫に入れておいて見ていませんとかいう話で……。

柘植 個別の指導計画の話？

佐藤 はい。形式としては作っているけれど，活用はあまりしていなくて，何を書いておけばいいのでしょうみたいなことはよくあるのだけれども，それを実際に子どもたちのメリットになるように使われているかというと，怪しい部分が多いかなと思っています。

合理的配慮という側面との関係もあるのかもしれないけれども，今年度，大学院の学生で，保護者のほうの部分ですが，学校のほうの先生には聞いてないですが，学校とのパートナーシップというか，連携に関連するような意識のところを調査でやったものがあるのですが，個別の指導計画もそうだし，個別の教育支援計画もそうですが，活用している中に参画するということに関しての要望は保護者の方は結構強く持っているのかなということ，それがうまくいってないなということ，そこの辺はやはり弱いところかなと思います。

もう一つは，相関的な部分で見ていくと，参画のところがある程度保証されているというか，できているという意識があるほうが教員に対しての信頼の部分も結構高く出てくるところがあって，その辺りの，広く言えば連携という部分になるのかもしれないけれども，保護者とどうやって協力しながらやっていくのかということは，結構早い段階から言われているけれども，（研究の）課題としてはずっと残っているのかなと思います。

難しい部分はいっぱいあるような気はするけれども，インクルーシブ教育の話になってきたときに，15年前から比べれば，日本LD学会の会員の数もかなり増えた。以前は，障害児教育をやっている先生や現場の人が会員に多かったように思いますが，最近では，通常学級や通級や特別支援学級などと多様化し，関心も広がり，勉強しようという人たちは増えていると思う。

では，通常教育のほうで特別支援教育というかインクルーシブという形のことも含めて実効的に考えているかというと，そこは何とも言えないというか怪しいなと思っています。中心になる方は

学校の中にいたり，教育委員会などにいたりしますが，通常教育と特別支援教育の間には，相変わらず溝があるような気がしなくはない。お任せというか，一緒になってという形の部分はまだ強くはないのかなという気がします。

柘植 そうですね。この15～16年で障害のある子どもの保護者に関する研究は明らかに増えた。特別支援教育のコーディネーターの役割の一つに，親の相談の窓口などがあったものだから，私も兵庫教育大学に異動したときに大学院で家族支援心理学という授業もやってくださいと言われて，いよいよそういう時代なのかと思いました。この間，親のことを学ぶ授業が急増して，それに関する研究が増えてきたというのが大きな成果だね。

その一方で，実は欧米ではIEPが研究対象になっています。すごいことです。でも，考えてみれば分かる気がします。個別の指導計画には，その子どもの，ねらいと方法と手続と評価がパッケージで入っていて，それを100件とか1000件とか分析するというのは，研究者にとってはもうドキドキもので，でも，日本にはそのような研究はない。

そのことは本日の三つ目の話題である，今後の学術研究に必要なもの，に関わることですね。

納富恵子先生

納富 それに関してちょっと話していいですか。私は，福岡教育大学で，特別支援教育専攻のところから通常の先生中心の専攻のところへ移ったわけですが，当然，特別支援学校の免許を持って特別支援学校で働いたり，特学とか通級の教員になったりする場合は，個別の指導計画は絶対作らなければいけないものと考えます。ところが，通常学級だと学習指導要領には何を書いてあるかというと，「必要に応じて」と書いてあります。

柘植 残念ながら，作成の義務は，特別支援学校のみです。不思議です（その根拠はあるのか？）。

納富 私は最初に学校の先生はなかなか乗ってこられなかったから，例えば，ティーチの何だとか親の会も含め，ずっと地域で連続講座を仲間と一緒にやって，地域のほうから，これだけニーズがあるよというのをぽんぽん出していって現場を変えていくという手法でやっていたのだけれども。

柘植 それも一つの手法だよね。

納富 一つの手法だと思っているけれども，もう一つ大切なのは，アメリカへ行ったときにわかったのは，アメリカのIEPというのは法律に規定されています。

柘植 おっしゃるとおり。

納富 かつ，IEPをつくりますと言ったら，連邦政府からちゃんと資金が下りてくるという仕組みがきちっとあります。

柘植 何人書いているかによって学校に配られる予算が違うんですよね。

納富 そうなんです。日本では，「作りなさい」，でも「必要に応じて」という文章を読むと，小学校，中学校で，多忙感で満ち溢れている先生たちは，自分たちの必要がなければ，必要に応じてではないなというふうに，管理職の人を含めて思ってしまいます。こういう難しさがあって，だからどうしてもアメリカ合衆国と日本のIEPを直には比べられないところがあるなというのは非常に思うところです。

柘植 日本ではIEPの研究が少ないというのは，研究者が関心がないのか，制度がそうなっているからなのか，理由はいろいろあるのだけれども，IEPはこんなに簡単につくれますよとか，こんなにつくるとこんな影響があるよとか，こんな効果があるよというエビデンスを貯めていくことによって，法律に明記されてないのを法律に明記させるとか，あるいは法律に明記させないまた別の方法もあるかもしれないよね。

納富 そうですね。

鎌塚 私もそう思います。実際教育現場ではIEPが重要だという認識はほとんどの教員に十分

な理解がされていないと思います。正直，未だ書き方がよく分からない，作成しても活用の仕方がよく分からない，面倒なものと捉えている教員がほとんどであるといっても過言ではないでしょう。指導主事等，行政の方は立場としてIEPの研修を熱心に受けていると思いますが，一般的には特別支援学校，特別支援学級担当の教員でなければIEPの研修を積極的に受けようと思う人は少ないと思います。

その原因の一つとして，柘植先生も今，おっしゃられていましたが，IEPの重要性が，具体的な根拠に基づき教員に分かりやすく説明されていないことだと思っています。作成することが子どもにとってどんなに重要なことなのかという教員の意欲を喚起させるための根拠に基づいたIEP研修パッケージの開発が必要だと考えます。

現在，私は3年計画で本学教育学部の附属特別支援学校の研究フォーラムを活用しIEPを理解するための研修プログラム開発することに着手しています。障害のある子どもの支援についてリアリティのある物語風の紙芝居教材を使った研修プログラムです。多角的な側面から子どもの姿を捉えられるよう，通常学級の先生方，管理職の方，養護教諭，スクールカウンセラー，NPO等，さまざまな職種，立場の方に参加していただき実施，参加者の反応を参考にプログラムの構成を考えています。最終的には，①主催者に高度な専門性がなくても実施でき，参加者の多くが一定の研修水準を保つことができる。②研修に参加しているうちにIEP作成の感性が醸成されるようなプログラム構成にしたいと考えています。さらに，IEPを活用したことによる評価方法も含めたプログラムが必要だと思っています。このようなプログラム開発と並行して，現在，我が国においてどのようなIEPが作成されているのかに研究が必要だと思いますし，柘植先生がおっしゃられていたIEPによる効果のエビデンスの蓄積は早急に取り組んでいかなければならないことだと思います。

柘植 だから，この15～16年でIEPに関する研究がもっと進むとよかったのにと思っていて，その部分は，いよいよこれからの10年，15年，これをやらないと，もう特別支援教育は，だるだるな感じになっていってしまうのではないかと強い危惧を持っています。でも，やっと高校で通級が始まるから，何かいいきっかけになるかなとは思います。あるいは合理的配慮というツールを持ってしまったわけで，ここ2～3年で本格的にその辺を研究者の側がやらないとまずいと思う課題だね。

納富 先生が言われるように本当にチャンスだと思います。合理的配慮も，きちんとそれが継続するためには，子どもの教育支援計画等に明記してみたいな文言が入っているというのは，学校にお願いするときにすごく強力な武器になるので，学校を動かすのに何が使えるかを考えながら研究を進めていったらいいかなと思います。

柘植 二つ目の話題にいきます。「特別支援教育の到達点は？　インクルーシブ教育の終点は？」

基本的には障害のある子とない子が共に学ぶということだと思います。そのゴール？夢？に向かって，具体的な目標，あるいはさらにもう少し具体の行動目標レベルに落としたときにどうなのかということが，実は国からも示されてないし，各都道府県も明確になっているわけでもなく，研究者の中でのおおまかな合意があるわけでもなく，これからどうするのよ，どこに向かうのよ，というこの辺。理念とか歴史に詳しい石橋先生から話をお願いします。

石橋 特別支援教育によって，通常学級でのニーズのある子どもへの支援の視点は格段に豊富になり，これは一つの到達点であったといえると思います。先ほどインクルーシブ教育の終点は「障害のある子どもとない子どもがともに学ぶことである」と柘植先生がおっしゃいましたが，そうであるならば，今の枠組みで言う交流及び共同学習を整理したり，発展させたり，深化させる研究が必要だと考えます。交流及び共同学習では，優れた実践はありますし，報告もなされていますが，これらが研究としてはなかなか深まっていません。

柘植 たぶん，特別支援教育への転換に向けた助走が始まった2001年の前までも，「交流および

共同学習」の研究は少なかったし，2001年からこの15～16年間も少ないと思う。数も少ないのだけれども，方法論が記述的なものが多い。なかなか介入（指導・支援）の効果の因果関係が分析されていない。変数が多いから難しいとは思うけれども，そこを何とかしなくては，ということをいま先生はおっしゃっていると思います。

石橋由紀子先生

石橋 イギリスの学校を訪問した時に，通常クラスに知的障害のあるお子さんが学んでいた場面を参観させていただいたのですが，課題量の調整，グループ学習のメンバー構成の配慮，参加方法の配慮など，学習の参加のための方法論が非常にシンプルに整理されていたという印象でした。

研究が論文としてなされるだけでなく，それぞれの学校や自治体が，研究成果を学校現場で活用できるよう，研究者の側としても分かりやすく提案することが求められるのではないでしょうか。お子さんの実態や教科などによって様々だと思いますが，例えば「交流」を重視した形態，教科学習を重視した形態，あるいはその中間の形態があるとして，それぞれの形態において，ねらいをどのように設定したり調整すればよいのか，より学びやすい学習方法を提案したり，期待される効果を，現場に使いやすいように整理する。たくさんの有益な情報が点在しているのですが，「分かりやすく提案する」ことも必要だと思います。

柘植 海外は「交流および共同学習」という名前ではないのだろうけれども，研究はどのくらいの蓄積があるのでしょう。

野口 台湾で実験学校というところに特別支援学校があって，特別支援学校の中に通常の高校を併設しています。そこで日常的に交流ができるような仕組みをつくってやっている。

柘植 高校に特別支援学校の分校，分教室をつくるのではなく，特別支援学校の中に高校を作ったの？。

野口 特別支援学校の中に高校を作った。

柘植 おしゃれだね。この取り組みについて，論文は出ているの？。

野口 それは確認してないです。行ったときに，まだできてそんなに経ってないということで。

柘植 この15～16年で，本日の三つ目の話題にも関係するけど，国際関係の情報の提供はあるのだけれども，研究レベルでの共同研究とか，海外の共同学習の研究がどういう状況になっているのかというレビュー論文の紹介みたいなことはない。

野口 例えば台湾の特別支援学校（特殊教育学校）の校長先生たちは皆博士号を持っていたりします。

柘植 日本の学校の教員や管理職の学歴は学部卒が普通だが，20年ほど前にアメリカのカリフォルニア大学UCLAで客員研究員をしていた時に訪問したサンタモニカ市の教育委員会で，日本で言うと指導主事の人と名刺交換をしたらPh.D.（博士）でした。その他の自治体もほぼ同様。マスター（修士）ではない。

納富 それに関して言うと，京都大に修士で台湾から現場の先生が来られたんです。まずは修士を取る。次にまた1回現場に戻って，次には博士を取る。どうしてそういうふうにしたいのと聞いたら，台湾の中にそういうリーダーがいる。あの人みたいになりたい。それは教育長になるとか，大学の先生になるというのではなく，特別支援教育を推進するリーダーにそういう人がなっている。その人の姿を見て，そういうふうに自分は歩みたいと言います。

柘植 すごい。修士とか博士とかの学位を持って教員をやっていれば，学術研究の使い方などが分かってくるよね。

納富 そうしたい。もう一つ，私がすごく驚いたのは，香港の教育省の人たちと私の同僚がもともとの仲間だったので，やり取りをしたり，香港

へ行ったりしたのだけれども，香港の教育省の人たちはPh.D.とかマスターを持っていて，そこにいろいろな効果的なプログラムを提案して，現場で使って効果検証をしている。そしてその中でいいものを全部。つまり政策そのものが研究になっているんです。

柘植 そういう話（「障害者政策・特別支援教育政策の動向と学術研究の役割 ～"Evidence-based Education Policy"時代の幕開け～（知的・発達・行動障害学分野を中心に）」）をこの前，障害科学学会（於筑波大学）でしたのだけれども，その辺のことを理解してない方には分からないでしょうね。だから，他国と違って日本が非常に独特な状況にあるということをもっと知ってもらう必要がある。

納富 そんなふうで，だから現場の先生の中からそういうリーダーが出てきている。それには，一つは，10年，20年先輩がもう既に前を走っているし，もう一つは，アメリカの例えばPh.D.ではなくEd.D.と言って，現場で力を持っている人を大学教員にしていくとかリーダーにする仕組み，つまり人材育成におけるきっちりした仕組みがもうアメリカ合衆国にあって，それにかなり影響を受けている台湾等は，それをうまく台湾に合わせながらどんどんつくっています。

柘植 臨床場面での心理学というところは，欧米はもう完全にリサーチ・アンド・プラクティショナー・モデルです。日本はリサーチの要素は非常に少なくて，実践オンリーというか実践重視なす。非常に変わった国だと東大の下山さんもおっしゃっている。基本的には臨床で専門家になろうとすると両方持ってないといけない。教員もそうなんだよね。ところが日本は，実践だけで研究がちょっとないがしろにされるような風潮があって，その部分は研究者が頑張っているという，ちょっと違う感じなんだよね。

教員の専門性という視点から加えると，皆さんよくご存じのように，そもそも日本には，小中学校での通級による指導や特別支援学級を担当する専門の免許状がない。特別支援学校の免許状しかない。国際的にみても珍しい国だ。

野口 前任校にいたときに，特別支援教育の博士課程をつくりたいということで画策していて，そのときにEd.D.を出そうということを考えていたんです。それのいろいろ準備をして，何とかつくれないかという話を私が移動した後に文科省に持っていったら，難しい——ということのようでした。

柘植 兵庫教育大のグループとか東京学芸大のグループとかがしていることですか？

野口 あれは連合大学院ですよね。連合大学院とはちょっと違う形を考えていたのですが，そもそもそれどころではないでしょうという話です。

柘植 それはとても大事なことです。

納富 すごく大事だと思うのですが，国の政策からして，いまどういうことが行われているかというと，Ph.D.にしても，教育系のものはいくつかの研究大学と連合大学でもう打ち止め，他のところは教員養成でしっかりした指導できる人を育成するのがあなたたちの？主務でしょうという方針になっています。だから，地方の教員養成大学はたぶん研究する余裕がなくなるかもしれない。

柘植 日本の人口減少がすごい勢いで来るとのこと。100年ぐらい前に3,000～4,000万人ぐらいだったが，ほぼあれと同じ状態に今から100年ぐらいするとなるという推計が国立社会保障・人口問題研究所から示されている。そうすると，そもそも特別支援教育の到達点とか，インクルーシブ教育の到達点と言っているけれども，それの影響を大いに受けると思う。

そしてまた，ダイバシティ（diversity）と言うけれども，障害も含め，貧困とか，LGBTとか，外国籍とか，いろいろな人がいる中で，学校教育をどうするのか，教育をどうするのかという議論を本当はしなければいけない。

鎌塚 今後真剣に取り組まなければならない課題として，柘植先生が「障害も含め，貧困，LGBT，外国籍の子どもたちなど様々な課題を抱えている中で，学校教育をどうしていかなければならないか」とおっしゃられていましたが，今，子どもたちの抱えている問題，子どもを取り巻く生活環境は想像以上に複雑化，深刻化しています。私は23年間養護教諭として公立の小中学校に勤務し義務教育に携わってきましたが，保健室とい

鎌塚優子先生

う場所は子どもたちの状態を最前線で捉えている場所です。

　実態は非常に深刻で，教員の専門力では支援が困難な子供たちが増大していると感じています。特に近年通信制高等学校の生徒数の増加が著しく，そこには発達障害等が起因した不登校や精神的，身体的なさまざまな健康課題を抱えている生徒が学んでいます。学校に来ていれば何らかの支援が受けられたと思いますが，学校にほとんど来れていない状態にある子どもたちをどう支援するかという非常に重い課題があります。

　後半の今後必要な研究というものにも関わってきますが，まだ，着手できていない，もっと深い実態の部分にしっかりと焦点を当てた大規模な研究を展開し，その実態に合った政策を展開することが早急に望まれると思います。現在においては本当に手当てしていかなければならないところに制度や仕組みが追いついていないと感じています。

　確かにここ15年の間に特別支援に関わる研究は着実に進んでいると思いますが，通信制高等学校の実態など子どもたちの深刻な状況の変化に研究が追いついてない部分もあると感じています。そういったところに目を向けていくことが研究者の責務なのではないでしょうか。

野口　実は，障害者も含めて，広くダイバシティに関する研究費を要請している。

柘植　仙台市をそうしようと？

野口　まずは東北大学を。

柘植　東北大学の中を。やがて仙台市とか東北とかをね。

野口　はい。しかも，大学の内部の人だけではなく，もちろん海外から来る人たち，地域の人たち，そういった人たちを全部を含めて，東北大学が過ごしやすいというか使いやすい場になること，誰もが使えるコミュニティができたらいいなということを考えていたのですが，障害者差別解消法ができて，それに対応する仕組みをつくれば，それで十分ではないのかといった認識が今のところは大勢のようです。

柘植　実にいいアイデアです。はい，近藤先生。

近藤　僕は今ずっと雇用の研究をしているのですが，雇用の研究をしているとわかることが非常に多い。特に教育の最大の問題点は何かというと，教員の評価体系が年功序列になっているということ。基本的に，学歴とか個人が持っている資格などがあまり評価されることはない。それと，いま人口の問題があったけれども，いま教育現場で非常に困っていることは何かというと，特に30代後半から40代前半ぐらいにかけての中堅どころの教員の数がボコッと減っている。いるのは若手と年寄りという形です。年寄りと言ったら失礼ですけれども。

　かつての日本は人口ピラミッドが比較的健全で，かつ人口が増加局面にありました。人口全体の中で，いわゆる「何でもできる人」はちょこっとしかいないものです。それでも，とりあえず年齢が上がっていけば全員能力が上がっていくという前提で，年功序列で給与を上げてこられたのは何でかというと，人口が増えていっていたので，8割の人ができなくても，2～3割できる人がいれば，その仕組みでも何とか回ってきた。しかし，今人口分布がそういうふうに変わってしまったので，学校運営ですら非常に困る状況になっている。特に今の副校長や教頭周りの疲弊度はすさまじいと思います。学年主任に，学級崩壊を起こしているような先生を置かざるを得ないケースも。それでいったいどうやって若手教員の指導ができるのかと，日々困っているような状況です。

　私も思うのは，きちんとした学位評価に裏打ちされた教育・指導の力がある人を，年齢に関係なくどんどん教育現場に入れていくことをやろうと思うと，本当は給与体系自体と，あとは，正直言うと，教育委員会や特総研のあり方も変えていか

ないといけない，と思うのですが，教員の職階のつくり方は極めて旧態依然としている。それを本当に，例えば年齢ではなくて，学位や教育系の資格に持っていってつくり直すということができるのか。いま若い人で，一生懸命自己研鑽して勉強していて，ものすごい力のある先生がいるけれども，年長の人には一言も言えないし，隣の崩壊している学級に対して指導に入れない。これは教員の登用慣習上の極めて大きな問題です。

柘植 一定の能力（専門性）があれば，年上であろうが，年下であろうが，あなたの授業は，こうするともっとよくなります，とかね。

近藤 年齢ではなく，例えば学位を持っている人は積極的に管理職に採用して，高い給料を払うということが全くできない状況がこの状況を引き起こしてきていると思います。柘植先生が言われた人口減少社会というのはもう待ったなしどころではなく，既に起こっている。それはあらゆる格差につながっている。僕はいま，生活保護とか，生活困窮者支援のチームと，障害の支援のチームと，産業育成のチームを全部混ぜて，そういうことはほとんど役所ではやらないけれども，横つなぎのチームをつくってもらい，そのチームで精神や発達の障害があり，働くことから排除される人にどう向かうかということをやっているのですが，問題の根本はすべて雇用慣習のあり方に行き着いてしまいます。

何でもできる人，いろいろなことができる人。われわれが雇われるときは，ジョブディスクリプションはないので，ある人がどの仕事に責任があってという定義が決められないままに仕事に就けられ，結果，何でもやれと言われ，年齢が上がっていったら全員管理職になれと言われ，そうしないと給与が上がらないぞと言われ，お互いに空気を見ながらやっていくような社会は，この人口減少局面では持続不可能です。持続不可能なのに，教育が全くそれに対応できてないというのは危険どころの話ではないと思います。

柘植 さきほど何人かの方から，他の国で教員や行政担当者がマスターとかPh.D.を持っているという話がありました。もしかしたら，エビデンスをいろいろ作って学校現場で使ってもらう，教員に使ってもらう，行政に使ってもらうではなく，政策形成のプロセスの仕方とか，政策評価の仕方そのものを研究することが必要かもしれない。政策科学（policy science）というのがあるが，弱い感じがする。特に特別支援教育については。

近藤 それは，本当は柘植先生がやらないといけない（笑）。僕が思うのは，特別支援教育に関するシンクタンクがない，ということが大きいと思う。日本LD学会等の学術学会は，本当は政策提言をどんどんやるべきだと思う。

柘植 先に，インフォメーションのタンクも最初は必要だけれども，それで終わりではなく，インテリジェンスのタンクにしないといけない，と発言したけど，シンクタンクというのはまさにそういうことで，考え（think）のタンク，考えをためていかなければいけない。こんな研究が15～16年で集まりましたって，それを眺めるだけではなく，そこから見えてきたものを寄せて束ねて考え（智恵）として出していくことも本当は研究者の役割なんだよ。そこが弱い。

近藤 僕が今すごく思うのは，アメリカとヨーロッパぐらいしか詳しくないのだけれども，すごくいいなと思うのは，例えば公立大学のマサチューセッツ大学に，コミュニティーインクルージョンのインスティテュートがあり，シンクタンク，いわゆる研究所として機能している。大学の中にあるけど別組織のようで，そこで独自に外部の予算をいろいろ取って運営している。今やっているそこの主軸の一つは，通常の大学に知的障害者をどんどん支援付きで進学させるというプロジェクト。そのプロジェクトがベースになって，今もうそのプロジェクトは全米展開しています。

こういうインスティテュートに当たるものを日本の大学の中にもつくることができて，それをちゃんと地域施策に貢献できる形にしていくとよいだろうと思います。日本の問題は何かというと，あまりにも物事を国で決め過ぎていることで，例えば今後道州制ができていって，地域で独自の自治体施策ができたときに，その地域の大学がインスティテュートとして機能して，しっかりその地域のあり方をつくる。

柘植 歴史的にも，大学はそもそも，それが大

きな使命なんだよね。

　近藤　そのとおりなんです。そこに慣れてこなかったのは，やはり雇用問題がある。大学の状態で専門性が仕上がった人が企業に就職してきても，日本は年功序列でジョブディスクリプションが決められないので専門的なジョブも決められない。だから白紙の卒業生をつくれという制度にしてきてしまった。

　柘植　実は知的障害の生徒さんがアメリカの大学で学ぶということ。学び方はいろいろありますね。確か，既に何百の大学がやっている。よく知られた大学がね。日本は全然ない。最近「カレッジ早稲田」というのが早稲田大学の近くで開校したが。つまり，そのノウハウというかその研究も日本でない。

　でも，これからは，知的障害は無理だと考えるのではなく，いろいろな合理的配慮の提供，支援機器の工夫などから，研究が進めば，もしかしたらこれぐらいの内容だったら，これぐらいの支援を加えれば，高校で教えていける，大学で学ぶことができる，となっていくかもしれない。でも，これを超えたら難しいかなという，その辺のエビデンスがないものだから，何となくだめだよとか，何となく行けるよとかいうレベルでの議論しかない。

　近藤　それで言うと，僕も大きな問題だと思っていることは，日本の場合で言っている知的障害の問題は，欧米圏で言うところのLDの問題とすり替わっていることです。なぜかというと，日本は，ウッドコックジョンソンみたいな読み書きのアセスメントを教室でやらないので，読み書きができない子は自動的に知的障害の課程に行きます。知的の特別支援学校，中等部，高等部と行ってしまうと，これまでの15年の厚生労働省の政策で，特別支援学校の知的の中等部，高等部は，ほぼ障害者雇用という特殊な枠組みの中に子どもたちをどうはめるかという仕組みに仕上げてきてしまったので，結果，メインストリーミングのパスがきわめて少なくなる。

　柘植　学力の視点から子どもを詳しく見分ける仕組みが未熟ですね。ウッドコックジョンソンみたいなものがあるとよいですね。それを研究者が開発するというのも，もしかしたら今後の学術研究の重要なものかもしれませんね。

　鎌塚　学力だけでなく，健康に関する自立の視点からも子どもを詳しく見分ける仕組みが必要であると感じています。先程のIEP作成の補足にもなりますが，IEP作成の際に留意していただきたいのは，障害のある子どもたちのほとんどが身体の問題を抱えているということです。

　例えばLD，ADHDの子どもたちは眼球運動機能の弱さを持つ割合が多くあり，そのことは学習に重大な影響を及ぼします。本人ですら困難さがどのような機能障害に起因したものであるのか気づいてない事があります。支援者が身体の問題の背景に気づく事，そしてその事に対する配慮や支援を行う事は，将来自立に向かうための重要な視点であると思います。

　佐藤　終点というか到達点は何とも難しいような気がするけれども，たぶんもっと本人なりがどう選択ができてというか，自分の進路に寄与していくということは，たぶん合理的配慮も含めて強くなってくるのかなというか，強くしていかないといけないだろうなという気がしています。さっきの個別の指導計画などもそうだけれども，基本的には本人はあまり入ってないというか，どんな配慮をするかというものはあるけれども，今どういうことに取り組んでいて，自分がどんなことをやりたいと思っているのかということは，書く欄はニーズとしてあるけれども，あまり使われていないような気がする。その辺も含め，どういうことをどういうところで学ぶかということは，本人だけで決めるのは難しいにしても，本人なり保護者なりを含めてちゃんと意思が出せて，それをどうやって実現してというか考えていくのかということが必要にはなるだろうなという気がします。

　柘植　パーソン・センタード（本人中心主義）という大きな世界的な流れで。

　納富　それに関してぜひ申し上げたいのですが，ちょうど藤野先生の論文の中に……。

　柘植　東京学芸大学の？

　納富　はい。2016年にヨーロッパに行ったときの学会テーマが，ヘルシー，ハッピー，エンパワーと記述されています。どれだけ共生できるか

みたいな状態像や，何々ができるようになったみたいな実態などがどうしても指標になりがちだけれども，特別支援教育とかインクルーシブ教育の最終的な到達点とは，その人がどれだけ自分の人生を幸せに，健康に，そして自分が勇気づけられながら送れるかという状態に到達できるかというのがすごく大きく，それがないと，何か数値でもいけないなという。常々何人かの先生と，今までの指標だけではだめではないのという話をいろいろしていて，それはもう10年以上前からかなりの研究などが出ています。

柘植 日本は少ないよね。今の先生の話を聞いていて，以前，WHOのICIDHの改訂に関する会議に参加していたとき（結局ICIDH-2ではなくICFになった），草案がほぼ出来上がって，その説明会が学士会館でありました。そのプロジェクトの代表者が講演で，草案の説明の他に，次に改訂するときにこうすべきだということを話し始めたんです。それは何かというと，ICIDHをICFにして，本人だけではなく，環境との相互作用で考えるようになったことは大きな進歩だが，それでも客観的なものだ。同じ困難を持っていっても，本人がどう捉えるか，幸せだとか，そうでないとか。また，周りはどう感じるか。その指標がないので，それを入れるのが次の改訂だと。「安寧」という語も語られていました。10年以上ぶりにやっとこさ改訂したのに，そのお披露目の会にもう次の10年後にどうするかという話になって，すごいなと思った。

納富 そうです。

柘植 だけど辛いとか，これだけ整ったけれどもまだ辛いとか，逆に，ここまでしかないけれども幸せとか，その辺の本人の気持ちをどういうふうに汲み取っていくか。その辺の仕組みがないということです。

佐藤 個別の教育支援計画というのは，本当はそっちのほうを指標にして考えていくことが必要にはなってくるのかなという気がする。個別の指導計画自体は，どういうことができてというパフォーマンス的な側面は強いと思うけれども，同じことを個別の支援計画でやる必要はない。

柘植 なるほど。そういえば，熊本大学の附属特別支援学校が以前実践したことを覚えている。干川教授が校長を兼務していた時。実は今，私が兼務している筑波大の附属大塚特別支援学校も，本人の願いを聞き，それを実現するためにどうするかという視点から組み立てていく試みを始めている。

野口 そのことに関連するかもしれないけれども，教育にしても，研究にしても，わりと短期で見るというか，それが得意ですよね。あるいは，極狭い領域（環境）の中で従属変数を明確にして，それについてどうこうというのは得意だけれども，もっと長いスパンで見たときに，果たしてそれがどうなのかということは，たぶん研究としては長期で見ていかないと見えてこないのではないか。

柘植 だからコホート研究というか，縦断的にIEPを研究対象にすることがどうしても必要だと思う。

野口和人先生

野口 どうしてもわれわれは狭い領域に入ってしまうので，全体の中で見たときに，例えば何かやったときに，それがその子の生活にとってどういう意味があるのかということまではわれわれはなかなか検証しない。本当はそこを見ないと研究の意味はないのではないかと思うけれども，それがたぶんできてないと思います。

近藤 それは非常に賛同するところです。僕が特に障害の領域で感じていると，これはすさまじい研究だなと思ったのが一つあります。ニューヨーク州にあるロチェスター工科大学に，NTIDというろう者の教育を行う学部があります。もちろんロチェスター工科大学はインクルーシブな大

学なので，障害のある学生もそうでない学生もいるのですが，プラス2,000人ぐらいのろうの学生が登録できるプログラムがあって，それは他の学生と一緒に学ぶ。ただ，非常に専門的な学びをした手話通訳者が200人ぐらい常勤で雇用されていて，授業に入って高度な手話通訳をする。手話通訳者は，週半分は通訳に入るけれども，残り半分は高度な工学教育を通訳するための勉強をしています。

柘植 それはどういう立場なの。翻訳者？

近藤 大学が雇用している手話通訳者です。ろう者がみんなと世界最先端の工学の教育に学生として参加して，そこに手話通訳者がついている。そこがすごいのはそれだけではなく，長期研究で，NTIDで学んだろうの学生たちにソーシャルセキュリティナンバーを提出してもらっていて，それに基づいて生涯の所得がどう変化しているかをずっと追いかけている。

そうすると，その大学を卒業して専門的な学びをした人と，そうでない大学に通って学びをした人を比較します。面白いのが，50代ぐらいの大学を卒業したろう者は給与が同じように上がっていくのですが，明らかに違いが出るのは50代以降で，NTIDを卒業した人は所得が上がり続けるのですが，他の大学を出たろうの卒業生は，そこで所得が落ちます。そこで，例えばメディケイドや，その他のいろいろな社会保障につながる率が上がる。そうすると，それはどれぐらいのコスト負担を政府がしているかがわかります。教育の質保障がその後も左右することを示すエビデンスです。

柘植 それは本当に大事なエビデンスだよね。確か，2000年前後ぐらいに，ある国際会議で聞いた研究ですが，大学生で学習障害（LD）の群とそうでない群を2群で15年か20年ぐらい追ったんです。職業とか役職と年収とかがどう違うかを検討したが，統計的にほとんど差がなかった。それは，アメリカは支援体制が整っているからであって，そうでない国だとたぶん差が出ているのではないか。聞いていて，ちょっと悔しかった。だから差が出ないような支援体制をつくればやっていけそうな人たちかもしれない。

納富 今の話で，また全体的にもかかわることですが，25年前にワシントン大学に行ったときに，ワシントン大学の研究センターのエデュケーターという立場の人が，全障害児教育法を通すためにその州で運動した人だったんです。何をしたかというのをいろいろ聞いて，自分たちでモデルをつくって，どれだけ効果があるというのを，マスコミなどいろいろなところで発言して，そして法律を自分たちが通した。法律が通って，ホワイトハウスまで行ってみんなで喜んだのだけれども，それだけでは終わらないと言うんです。法律が通った後に，本当に法律が守られているかを，権利擁護の部署があり，そこで監視します。だからこの次に日本が変わらないといけないのは，当事者の人たちが力を出して，自分たちがいい方向に変えていったことが実現するような……。

柘植 監視をする習慣ですか。大事です。日本の障害者政策全体は内閣府の障害者政策委員会が監視します。私もその委員です。でも，それだけではなく，学術学会とか研究者も，あるいはユーザーも監視していくような関心を持つといいのだろうね。ユーザーが監視するのは難しいかもしれないとすれば，ノウハウを研究者が提供するとかね。

納富 日本ではすごく難しいのは，合理的配慮について，文科省の調査官に来てもらい，120人ぐらいの先生たちや一般のNPOの人たちとかが話を聞いたのですが，親であるNPOの方は，法律が通ったとしても，それをどういうふうに言うかが日本の文脈の中ではとても難しいところがある。それをどういうふうにきちんと権利擁護したり，自己権利擁護につなげていったりするか。それが今後すごく大切になりますよねという話を親御さんたちとしたんです。

柘植 法律は，その運用がどうかということをきちんと見ていかないと。それでだめだったら何年後に改訂するという作業に持っていかないといけない。法律は成立して施行されたらゴールではなくスタートだからね。

柘植 それでは，本日，3つ目の話題に入っていきましょう。「今後必要な学術研究は？　研究者の責務は？」

佐藤克敏先生

佐藤 もういろいろ出ていた部分はあるように思うけれども，一つは，今回の原稿で書かせてもらったのは，通常のほうのさっきの？学力ノートというのはあったと思いますが，例えばCBM（カリキュラム・ベースト・メジャーメント）のようなモニターをしていけるものは一つ大事というか，必要になってくるかなという気はしています。ある程度のスパンを開けてというよりは，頻繁にモニターして，ちゃんと学べているのかを確認していかないと，そのままにされてしまうというか，難しいところがあるような気がします。それがあることで個別の障害のある子ということだけではなく見ていけるようなところを，納富先生のところはUDLのほうでやられていますが，その辺がどういうふうにかかわってというモニターができることが必要な部分になるのかなということが一つ。

あとは，先ほど出ていたような長期のこともそうだし，パーソン・センタードというところで，一つはさっきの個別の教育支援計画が何を見ていくのかということもそうだし，指導計画の中に本人がちゃんと入っていく。計画がちゃんとつくられていて，それが本人にもどういう状況かがわかる形で進めていけるのかということも必要な部分かなと思います。責務はいいですね。もういっぱい出ていたと思うので。

納富 自分がこれから大切だなと思って取り組んでいることと，取り組みたいけれども，自分のあと5年では取り組めないかもしれないけれども，これは大切だなと思うことを3点言わせていただきたいと思います。

インクルーシブ教育の終点はというときに一つすごく大切なのは，今のジェネラルなカリキュラムにどういう支援をすれば子どもたちが参加できるかをもっと突き詰めるべきだと思っていて，それでUDLガイドラインを，アメリカではほとんど使われることに決まっているようなものを，日本の中で使っていき，実際に子どもはどう変わるのか。本当はまずは教師がどう変わるかです。子どもの学業達成や学習に対する意欲や関心がどう変わるかを実践的にモニターする。ちょうどいま勤めているところが教員と共同研究ができて，学校を説得できればそれができるので，それは一つすごく大切だな。とりわけインクルーシブ教育支援システムとか，ジェネラルカリキュラムとか，一般的なカリキュラムのアクセスに対して，たぶんこれは世界的にすごく重要と思われていることだと思うし，かつテクノロジーの進歩によって，それがより容易になる時代が来たということから大切かなと一つ思っています。

もう一つは，一つは長期の追跡をしたいのだけれども，日本の研究者がいろいろ情報にアクセスできない状況があるのではないか。

柘植 日本語の問題？

納富 日本語の問題ではなく。アメリカだったら，例えばソーシャルセキュリティの番号を得て，でもその前に，その当事者が，自分たちがある意味この研究に参加することが，自分たちが社会を変えていくとか，自分たちの権利擁護だという根本的な意識がもう育っていてこそそういう情報が提供されるという部分と，政策的に提供されている情報が多いのではないかという部分で，なかなか難しい部分があると思います。一研究者ができる範囲では，過去の介入の人たちの長期予後等の追跡などの小さい研究が必要です。ぜひ次の世代の研究者にしていただければいいなと思っています。

先ほど近藤先生が言われていたけれども，今の状況として中堅教員の課題がある。実は教職大学院という仕組みそのものが中堅教員をある一定の専門性を急速に高めて，リーダーとして地域をリードしていくという使命がある。これを自分たちの実践研究の中ではそれがどう実現したのかということは明らかにしないといけないと思います。

柘植 教員の専門性はどこまで必要かという研究はないよね。リーダーはこのぐらいだとか，一般教員はこのぐらいだとか，あるいは年齢によって違うかもしれない。その辺の研究はないよね。頑張ろうという掛け声は続けるのだけどね。

納富 だから，いま私たちの大学で考えているのは，ジェネラルなリーダー，管理職に向かうリーダーと，スペシャルなリーダーにはどういう資質のカリキュラムにすべきかということで検討していて，一応実施したものを少し論文で整理したものをつくっているのですが，もっとそれをみんなでやるといいですねという。うちのモデルがいいかどうかは別として，人材育成とか，必要な知識，スキル等の，教員養成もリーダー養成とか人材育成に踏み込んだ研究ができたらいいなと。その三つです。

柘植 では，近藤先生，お願いします。

近藤 インクルーシブ教育の終点はというところで，インクルーシブ教育システムとは何だろうかということをちょっと言いたい。目的は皆さんいろいろあるのかなと思ったのですが，インクルーシブ教育システムはいろいろな考え方があるでしょうけれども，基本的には，あれは法律の言葉なので，権利条約に基づいてのインクルーシブ教育システムと考えるのであれば，障害のある人の社会参加機会の最大化を目指すものです。学ぶ権利に平等にアクセスできるようにするという理念があることはもう揺るぎない事実なので，そこから出発しなければいけないかと思います。

そこで考えると，教科教育への参加の最大化をどういうふうにしていくのかがあまりにも弱すぎる。例えばさっき石橋先生から交流の話がありましたが，交流を何のためにやるのかということです。交流の効果といったときに，ふわっとしてしまうのは，やはり目的が定まってない。特別支援学級に所属していても，例えば数学には抜群の切れ味がある子なので，この子は交流で数学に出てやろうと。そういう意味で教育機会を最大化する。さらにそこに参加したのだったら，さっきアメリカでは交流があるのかという話があったけれども，例えばセルフ・コンテインド・クラスみたいな特別支援学級に当たるところに行ったとしても，その子が参加できる授業と単位があれば，当然出て，そこで単位が取れる。そこで所属級が違うから，この子は内申点がつかないから普通の高校へ行くのは難しいよねという制度になっているほうがおかしいわけです。だとすると，交流が結局ごまかしになってしまう。その子の参加の最大化になってない。

私はどうしても制度ばかり見てしまうのでそう思ってしまうのですが，参加の壁になるものが多すぎる。入試もそうですし，それこそ何で大学入試を受けるのに全員英語で力をはかられなければいけないのか。数学がスペシャルな子が何で東大へ来られないのか。それはおかしいわけです。例えばいま，米国などで非常に盛り上がっているのは何かというと，障害者のSTEM教育へのアクセスです。STEMというのはScienceとTechnologyとEngineeringとMathematicsという理系の教育ですが，何でそこへのアクセスが強調されるかというと，大きな理由の一つは，単純にSTEMの単位を大学で取った人は生涯に獲得する給与が高いからです。

柘植 そういう実験結果があるわけね。

近藤 明らかに高いです。そういうデータに基づいて，そこに参加できない障害者がいるということはフェアではないと。だからそこにアクセスするための手法と教育手段をどう制度的につくっていくか。そこに個々のエビデンスに基づいた特別支援教育がある。そういう目的の明確化がないと，どうしてもふわっとした感想文みたいな研究になってしまうのはしょうがないことで，基軸をインクルーシブ教育の参加の最大化を目指してばちっと打ち出さないと目的が拡散してしまう。

実は大学教育はいま急速な勢いでユニバーサル化してきている。大学の国際化の影響もあります。合理的配慮は，海外から来た留学生もどんどん求めてきます。過去受けた合理的配慮の分厚い書類を出してきます。

柘植 高校までこれやってきたからとかね。

近藤 国際基準の合理的配慮をやらなければいけないと，大きい大学や留学生の多い大学は思っている。そうすると，大学がどんどんインクルーシブになっていっているわけです。一方で中高では，これまでの教育制度に適合する子どもたちをつくろうとする。みんなと同じようにできる子たちをつくるという制度に乗っかってしまっているので，入試制度のところでどんどん障害のある子たちがはじかれていってしまう。

そういう問題点をちゃんと明確に据えて，それを研究でどう解決していくのかという課題解決型の研究提案みたいなことがすごく必要だと思っています。日本LD学会の研究委員会のほうから提案してシンポジウムで議論したのは，治療教育アプローチと代償型・代替型の教育アプローチの対比です。つまりICTを使うと他の子と違うやり方で学ぶことになる。ところが，それまでだとなぞり書きや音読をいっぱいしたりする訓練型の研究，治療回復型のリハビリテーションアプローチが多いわけです。これまでの研究の流れは，リハビリテーションの言葉で言うと治療回復型アプローチのものが非常に多い。合理的配慮的にいえば，他の子と違う方法だけれども学習の本質はキープできる。印刷された字は読めないけれども，耳で聞けば理解度が非常に高くなるとか。別のやり方でみんなと同じ教育に参加するという，いわゆる代償・代替型のアプローチの研究は非常に少ないということがあるわけです。

そこが増えてこなかったのはなぜかというと，「教科教育に参加を最大化するという目標が，社会参加を最大化するという大きな目的の下位目標として必要なんだ，だからこの5年，10年は必ずこれをやっていくんだ」みたいな共通理解がないと，なかなか皆が方向を持って進みにくいところがあるのかと思います。そこに来て初めてアクセシビリティとかエビデンスという言葉が，本当の意味と価値を持ってはまっていくということではないか，というのが最近いつも感じているところです。

柘植 とてもすばらしい話ですね。では野口先生。

野口 私が実際巡回相談などで小学校，中学校に行かせてもらったときに，実は子どもたちに結構自由にかかわらせてもらっています。

柘植 授業中に？

野口 授業中とか，休み時間も含めてです。1対1でかかわる形になるわけですが，そうすると非常にいい感じでやり取りもできて，課題などにも一生懸命取り組んでくれたりするということがあるわけです。私はたまに行って，いろいろな話を好きにして，自由にやっているので，じじばば的なかかわりと称しているのですが，担任の先生などにお聞きしても，1対1で個別にやればこの子はこんなことできますと言うけれども，でもクラスという教室の中ではうまくいかない，できない。これはいろいろなことがかかわっているわけですが，実際に1対1だったらできるということはその子自身がかなりの力を本来持っているわけです。そういったときに研究すべきことは何になるのだろうということをきちんと考えていかないといけないのではないか。それがまず1点です。

それにかかわることとして，柘植先生のお話で家族支援のお話も出てきましたが，ここ数年，家庭の状況が極めて複雑化していて，この状況では学校だけでの対応ではなんともいかないよねという子どもたちが増えている。そういったときに，では，いま学校で起こっているこの子の状況にどうアプローチしていくべきなのか。もしかしたら家庭の状況やいろいろなことが変わることにより，その子のいま見せている状況はガラッと変わるかもしれない。そういったときに，どこに焦点を当ててアプローチしていくべきかといった辺りをきちんと考えていくことが，今後の研究の中では必要になってくるかもしれないし，そういったことの実践的な研究を積み重ねることも必要になってくるのではないかと思っているところです。

話は変わって，知的障害の人たちへの指導とい

うことに関して言うと，特別支援学校の指導が中心になりますが，どうしても教師主導型というか，先生が教えて，子どもはそれに従っていろいろなことをするという形になっている。そこを実は変えていく必要があるのではないか。当然のことながら，失敗経験の蓄積はよくないということで，何かを実際にやる前に，失敗しないようにという練習をいっぱいやっているわけです。

　本番に行ったら失敗しないようにという形ですが，失敗してもいいのではないかと個人的には思うわけです。失敗する中で学んでいく。大事なことは，失敗したときに，それを失敗のまま終わらせないということであり，そのときに教師がどういう立場で指導・支援を行っていくかということを，子どもの学びをさせる，あるいはどうするという形の指導のあり方，教育のあり方も考えていってもいいのではないかと思います。

　そういったことを子どもたち自身に私もいくつか試みたというか，教え子たちと一緒にやったりもしたのですが，そうやってみると，子どもたちは自分たちでいろいろなことを学んでいくし，例えば失敗したことを決してネガティブなこととは捉えない。実際，就労体験の指導ということでやったことがあるのですが，失敗をしてくるわけです。でも，その失敗について自分からしゃべり始めて，なおかつ，こういうことがあったけれども，自分は，次はこういうことはこういうふうにしたいと話すんです。それが一人だけではなく，その子がそれを言ったら，同じく失敗してしまった子が，実は私もこういうことがあってということを話す。そういうことが実は必要かなと思っています。

　もう一つは，特別支援学校の中にいると就労に向けてということがまずもっての目標となって，その先のことがなかなか見えていないことがある。子どもたちが社会に出てから，それこそハッピーに暮らしていけること，それがたぶん大事なことだと思います。それにつながっていくために何が必要だろうということを，例えば学校の中で見出していくことが必要だし，それがどうつながっていくのかということをきちっと検証していく必要があるのではないか。実はそういったこ

とも私はちょこちょこやっていて，だいぶ楽しく取り組んでいるのですが，近藤先生が話されたDO-ITと同じで，それを実際にどうまとめて外に出していくかということになると，かなり難しい。エピソーディックにはいろいろしゃべれるけれども，それを論文とか研究とかいう形で表に出すのは難しい。それを何とかできればと思っているところです。

柘植　石橋先生，お願いします。

石橋　ニーズのあるお子さんについて通常学級のカリキュラムを柔軟に運用するといったことができればと思います。少なくとも，通常学級に在籍するお子さんのうち個別の教育支援計画を作成しているお子さんについては，指導方法において配慮するだけではなく，学習の目標や内容をお子さんに沿って組み立てていくことが可能になっていいのではないでしょうか。もちろん，実態としてはお子さんに応じて先生方が考えられていますが，それでは，その1年は良くても，例えば小学校6年間のスパンでそのお子さんにとって系統的な学びを保障できていることにはなりません。学校教育を通じた膨大な学習内容の中で，基礎的で必須の内容の獲得を担保するような仕組みが必要で，それを実現していくための研究が必要ではないでしょうか。

柘植　イギリスのPスケールというのだよね。通常教育のカリキュラムは障害のある子どもがいるという前提でつくられてきたわけではなく，ここに来てこんな状態になってきているので，10人に1人ぐらいは特別支援教育が必要だということで影響を受けざるを得ない。でも，どう影響を受けるかというエビデンスもあるわけではなく，でも，いま正に議論されていて，とりあえず次の学習要領の骨格は出始めているのだけどね・・・。

近藤　今のことに関係して，カリキュラムの縛りを超える一つの方法としてアメリカで提案されていたのはIDEAだなと思います。もう完全に取り払って，その子のゴールを追いかけていい，という。その障害のある子が宇宙飛行士になりたいと言ったら，全員本気でこの子をどうやって宇宙飛行士にするかと考えて，そのためのカリキュラムを立てる。重度重複障害の子がいて，この子

をどうするか。表出からはイエスかノーかもわからないよとなったら，よし，この1年，イエスかノーかの表出をばっちりできるようにしようと。もうそれだけやる。そういう自由度がなくて，それでも指導要領に沿わないからそれはできない，あれはできないとなると，やはりごまかしの指導になってしまうわけです。

　我々がずっとサポートしている子たちで，今年，専門学校の高等課程に進んで，優秀生徒賞を取った生徒がいます。その生徒は，読み書きの障害は僕がサポートしている生徒の中で最重度です。最も読み書きができない。計算障害も同時にあって，暗算で九九はできない。普通なら知的障害の学校に行ったと思うのですが，その子は，自分はどうしてもみんなと一緒に学びたいからといって，ある地方の子ですが，しょっちゅう東京に来て，テクノロジーの使い方を学びました。読み書きの仕方，そのための授業に臨むための準備の仕方。キーボード入力しないといけないけれども，単語登録をしておかないと先生が言ったことをすぐ入力できない。だから予習して，単語登録してから授業に臨む。わからない単語があったら事前に読み上げて調べてという学び方を身につけた。その結果として，今年高一になったのですが，入試でも，計算機を使って入試を受けられたんです。ワープロ利用の許可は，今年は高校入試でたくさん認められる事例が出てきましたが，計算機は私たちもはじめてでした。

　他の子と同じようにできない子はどこかへ行けと言われてしまうと，その子の将来の社会的成功はすごい小さくなってしまうわけで。「社会的成功」を定義することは何だかわからないことかもしれないけれども，そこに向けて壁になっているものはとにかく変えていく。変えていくための根拠となるエビデンスや研究をどうするのかが課題なんだと思います。

　柘植　石橋先生，通常教育のカリキュラムがもうちょっと変わらなければ。たぶんそこまでわれわれ研究者も関心がなかったのだろうね。まず，目の前のアスペルガーの子どもどうしましょうか。この指導法は効果があるのかどうかとかね。でも，だいたい一段落してきたとしたら，いよいよそこに向かった研究もすべきだろうね。クラスサイズの研究は，日本はあまりないのだけれども，アメリカでたくさんある。

　そのクラスサイズの研究のレビュー論文を，教育心理学研究で見つけて最近読んだのですが，障害のある子どもがいることが前提でのクラスサイズの研究はなさそうです。でも，実際は，クラスには，障害のある子以外に，貧困の子もいれば，外国籍の子もいたりして，まさにそのような多様な実際の状況を見てのクラスサイズってどうなの？　しかも，クラスサイズって子どもだけの話だけれども，教える先生の力量によってもたぶん違ってくるのでは。私は50人でもオーケーだよと言う人もいるかもしれないし，僕はもう10人で精いっぱいという人もいるかもしれない。だからその辺の研究も欲しいところ。

　あともう一つ，山梨大の松下先生がABAの原稿を書いてくださっていることで，今日の座談会では，話題は出なかった点です。研究の質や量を増やすのは大事だけれども，ある程度蓄積された研究を全体的包括的に分析するという研究，システマティックレビュー（systematic review）とか，メタアナリシス（meta-analysis）とか，あの辺の研究が少ないということを，東京学芸大の藤野先生さんは2～3年前のレビュー論文（特殊教育学研究）でも述べています。なるほど他国と比べて日本は弱い。だから，その辺もこれからの15～16年で必要な研究かもしれないですね。

　柘植　ありがとうございました。今日は三つの話題について話し合いました。「2001～2016年の15年間を振り返って（全体的な印象）」，「特別支援教育の到達点は？　インクルーシブ教育の終点は？」，そして「今後必要な学術研究は？　研究者の責務は？」です。いかがでしたでしょうか。機会があれば，これから15～16年ぐらい経ったときに，また皆さんにお会いできるといいかな（笑）。その後どうなったか？って。お疲れ様でした。

おわりに

　本書は，特別支援教育の到達点と可能性を，2001〜2016年において公表された学術研究から論考したものである。各分野において第一線で活躍する研究者によって執筆された。さらに，後半には，諸外国の動向に詳しい研究者，種々の学術学会の代表者，学術研究を必要とする教育実践者，教育政策・教育行政担当者，当事者・保護者，さらには，大学院生らが執筆に加わった。執筆者は総勢100名を超えた。このような書は，この分野では類を見ない。

　さて，2016年は，「Evidence-based Education Policy 時代の幕開け」であったと言ってよいだろう。それは，2016年5月に開催された，G7伊勢志摩サミットの開催に合わせて行われたG7教育大臣会議で示された倉敷宣言において，Evidence-based Education Policy が明記されたからである。既に，米国や英国では，Evidence-based Education Policy への注目が進み，正にそれに関する学術研究が進み，体制の整備が進んだ。それらの諸外国に遅れたものの，我が国においても，近年，政府や各部局などにおいて，その必要性が叫ばれ，機運が高まりつつあった。この状況における倉敷宣言の意味は大きい。

　さらに，障害者に関する関連事項としては，国連の障害者権利条約の第31条「統計及び資料の収集」において，障害者政策の推進に，種々の統計や資料の重要性が明記されている。本条約に批准した国々は，自国の障害者政策の進捗を，種々の客観的なデータに基づいて報告することになる。

　ちょうど今，内閣府の障害者政策委員会では，2018〜2022年度の5年間の障害者基本計画（第4次）案の作成に向けた審議が行われている。この間に取り組むべき政策課題が列挙され，ロジックモデル（Logic Model）を踏まえた成果目標等が議論されている。一方，文部科学省の中央教育審議会の教育振興基本計画部会でも，2018年〜2022年度の教育振興基本計画（第3期）案の作成に向けた審議の只中で，やはりロジックモデルを踏まえた議論となっている。これらの2つの委員会に委員として参加しているが，一昔前の状況と比べて隔世の感がある。

　こうして，特別支援教育に関わる教育実践や教育政策，さらには，障害者政策や障害者に関わる教育・福祉・保健・医療・労働などの各分野における実践において，学術研究の果たす役割は，一層大きくなっていくことだろう。

　このような中，それらの基礎的資料として，しかも，何よりも確かな科学的根拠の集大成として，本書の意義はまさにそこにある。したがって，本書の主な読者は，正にこの分野の研究者である。あるいは，これから，この分野の研究を本格的に進めていこうとする研究者の卵や大学院生らを想定している。さらには，エビデンスに基づく実践や政策を進めようとする，実践者，すなわち，幼稚園・小学校・中学校・高等学校・特別支援学校などの学校教育や，市区町村・都道府県・国の教育行政の担当者にも，大いに参考になるような章立てと内容にしたつもりである。

　最後に，原稿執筆者の方々にお礼を申し上げたい。第1部と2部において，各事項について，15〜16年間という長期にわたる学術研究動向を分析する，という厄介な依頼にも関わらず，本誌の趣旨を理解し，快くお引き受けいただいた執筆者の方々に心からお礼を申しあげる。また，第3部では，研究者への熱いエールを送っていただけた。さらに，第4部では，それらを踏まえて，全ての原稿を丁寧に読み込んで，今後の学術研究の方向性を語ってくださった座談会のメンバーの方々に感謝申し上げる。

　金剛出版の中村奈々様には，企画の段階から，原稿回収，校正，そして，装丁から，出版に至るまで，献身的でタイムリーなアドバイスを頂戴することができたことを記しておく。

2017年8月　柘植雅義

編者

柘植 雅義（つげ・まさよし）

〈プロフィール〉

筑波大学 教授（人間系 知的・発達・行動障害学分野）。筑波大学より博士（教育学）。専門は，特別支援教育学。名古屋市公立学校教諭（小学校，養護学校），国立特殊教育総合研究所研究員・主任研究官・研究室長，カリフォルニア大学ロサンゼルス校（UCLA）客員研究員，文部科学省特別支援教育調査官（発達障害担当），兵庫教育大学教授／特別支援教育学専攻長，国立特別支援教育総合研究所上席総括研究員／教育情報部長／発達障害教育情報センター長等を経て，2014年4月より現職（筑波大学教授／特別支援教育研究センター教授／附属大塚特別支援学校校長）。

日本LD学会理事長，日本自閉症スペクトラム学会理事，日本心理学諸学会連合理事，日本特殊教育学会常任編集委員，障害科学学会理事，IARLD（International Academy for Research in Learning Disabilities），Editorial Review Board，他。

内閣府障害者政策委員会委員，内閣府障害者差別解消支援地域協議会の在り方検討会委員，文部科学省中央教育審議会教育振興基本計画部会委員，厚生労働省児童発達支援に関するガイドライン策定検討会委員，他。

〈主要著書〉

柘植雅義（2013）特別支援教育―多様なニーズへの挑戦．中公新書（中央公論新社）．

柘植雅義（2002）学習障害(LD) - 理解とサポートのために．中公新書（中央公論新社）．

柘植雅義監修（2014～2017）ハンディシリーズ：発達障害支援・特別支援教育ナビ，全10巻．金子書房．

柘植雅義・堀江祐爾・清水静海編著（2012）教科教育と特別支援教育のコラボレーション ―授業研究会の新たな挑戦．金子書房．

Tsuge M.（2001）Learning Disabilities in Japan. In Hallahan D.P. & Keogh B.K.(Eds.), Research and Global Perspectives in Learning Disabilities：Essays in Honor of William M. Cruickshank. New Jersey: LAWRENCE ERLBAUM ASSOCIATES(LEA).

柘植雅義・秋田喜代美訳（2010）教室の中の気質と学級づくり―縦断研究から見えてきた個の違いの理解と支援．金子書房（Keogh B.K.（2003）Temperament in the Classroom. PAUL・H・BROOKES）．

柘植雅義・緒方明子・佐藤克敏監訳（2012）アメリカにおけるIEP（個別の教育プログラム）―障害のある子ども・親・学校・行政をつなぐツール．中央法規 (Pete Wright, Pam Wright, and Sue O'Connor（2010）All About IEPs ―Answers to Frequently Asked Questions About IEPs. Harbor House Law Press, Virginia, USA).

柘植雅義・葉養正明・加治佐哲也監訳（2013）エビデンスに基づく教育政策．勁草書房（Dvid Bridges, Paul Smeyers and Richard Smith（2009）Evidence-Based Education Policy：What Evidence? What Basis? Whose Policy? WILEY-BACKWELL, UK).

日本LD学会編（2016）発達障害事典．丸善出版（編集委員長：柘植雅義）．

**筑波大学の柘植雅義研究室内
『インクルーシブ教育の未来研究会』メンバー**

博士課程 在学中	博士課程 修了等	特別支援教育研究センター 在学中
エカクスマ	馬場進一	吉田史人
長山慎太郎	リュウカキ	
オウエイキ	北澤拓哉	特別支援教育研究センター 修了
テイキ	日野雅子	加藤悠
岡崎雅		佐々木大輔
チンガイ	障害科学類 在学中	小野勝
岡部帆南	宮田桂	関口一秋
長嶋里恵		鈴木紀理子
伊藤文子	研究生 在学中	西原数馬
初村多津子	アセプイラワンルディ	米沢谷将
オヨンビリグ	亀口志保	
末吉彩香		
伊藤由美		

第1部 到達点

1-1. 年齢別・学校種別
京林由季子
（岡山県立大学 保健福祉学部）
阿部利彦
（星槎大学大学院 教育実践研究科）
大塚玲
（静岡大学 教育学研究科）
小田浩伸
（大阪大谷大学 教育学部）
田中真理
（九州大学）
石橋由紀子（座談会も）
（兵庫教育大学大学院 特別支援教育学専攻）
梅永雄二
（早稲田大学 教育・総合科学学術院）

1-2. 早期発見・アセスメント
小野次朗
（和歌山県発達障害者支援センター）
黒田美保
（広島修道大学 健康科学部）

1-3. 指導・支援の計画と評価
島治伸
（徳島文理大学 保健福祉学部）
佐藤克敏（座談会も）
（京都教育大学 教育学部）

1-4. 指導・支援の技法
若林上総
（国立特別支援教育総合研究所）
松下浩之
（山梨大学大学院 教育学域）
小貫悟
（明星大学 心理学部）
藤野博
（東京学芸大学 教育学部）
近藤武夫（座談会も）
（東京大学 先端科学技術研究センター）

1-5. 支援体制・コーディネーター・地域性
関戸英紀
（横浜国立大学 教育学部）
宇野宏幸
（兵庫教育大学大学院 学校教育研究科）
鎌塚優子（座談会も）
（静岡大学 教育学部）
二宮信一
（北海道教育大学 教育学部釧路校）

1-6. コンサルテーション・教員支援・保護者支援
大石幸二
（立教大学 現代心理学部）
神山努
（国立特別支援教育総合研究所）

1-7. 発達障害とその周辺
柘植雅義
熊谷恵子
（筑波大学 人間系）
岡崎慎治
（筑波大学 人間系）
渡部匡隆
（横浜国立大学大学院 教育学研究科）
伊藤由美
（国立特別支援教育総合研究所）

1-8. 才能（ギフテッド）
松村暢隆（2-3も）
（関西大学 文学部）

1-9. 種々の障害
小野昌彦
（明治学院大学 心理学部）
宮本昌子
（筑波大学 人間系）
菅野和恵
（東海大学 健康科学部）
滝川国芳
（東洋大学 文学部）
一木薫
（福岡教育大学 特別支援教育講座）
小林秀之
（筑波大学 人間系）
佐藤正幸
（筑波技術大学 障害者高等教育研究支援センター）
土谷良巳
（上越教育大学）

1-10. 関連の学問領域の動向
大塚晃
（上智大学 総合人間科学部）
高木一江
（横浜市中部地域療育センター）
澤江幸則
（筑波大学 体育系）
鈴木健嗣
（筑波大学 システム情報系）

第2部　課題

2-1. 特別支援教育の理念と基本的な考えの問題
吉利宗久
（岡山大学大学院 教育学研究科）

米田宏樹
（筑波大学 人間系）

荒川智
（茨城大学 教育学部）

2-2. 特別支援教育の対象と範囲の問題
中尾繁樹
（関西国際大学 教育学部）

西牧謙吾
（国立障害者リハビリテーションセンター病院）

辻井正次・堀健大朗
（中京大学 現代社会学部）

2-3. 2E教育の問題
松村暢隆（1-8も）
（関西大学 文学部）

小倉正義
（鳴門教育大学大学院 学校教育研究科）

2-4. 個に応じた指導・支援，教育課程，指導の質の問題
植木田潤
（宮城教育大学 教育学部）

河合康
（上越教育大学大学院 学校教育研究科）

竹林地毅
（広島大学大学院 教育学研究科）

2-5. 通級による指導と特別支援学級の在り方の問題
櫻井康博
（埼玉大学 教育学部）

小林玄
（立教女学院短期大学 幼児教育科）

中田正敏
（明星大学 教育学部）

2-6. 教員の養成・専門性・学歴の問題，免許制度の問題
緒方明子（3-2も）
（明治学院大学 心理学部）

日野久美子
（佐賀大学大学院 学校教育学研究科）

三浦光哉
（山形大学 教職大学院）

2-7. 大学・高等専門学校における問題
西村優紀美
（富山大学 教育・学生支援機構学生支援センター）

2-8. 当事者・保護者・家族の参画の在り方の問題
柳澤亜希子
（国立特別支援教育総合研究所）

井上雅彦
（鳥取大学 医学系研究科）

第3部　展望と期待

3-1. 国際比較の視点から日本の特別支援教育や学術研究への提言
齊藤由美子
（国立特別支援教育総合研究所）

落合俊郎
（大和大学 教育学部）

横尾俊
（国立特別支援教育総合研究所）

棟方哲弥
（国立特別支援教育総合研究所）

是永かな子
（高知大学 教育研究部）

3-2. 学術学会の代表者のコメント
　　（今後期待される学術研究は？）
子安増生
（甲南大学 文学部）

緒方明子（2-6も）
（明治学院大学 心理学部）

園山繁樹
（筑波大学 人間系）

安藤隆男
（筑波大学 人間系）

宮本信也
（筑波大学 人間系）

3-3. 親の会・当事者団体
井上美和
（文の子の会）

東條裕志
（全国LD親の会）

高山恵子
（NPO法人えじそんくらぶ）

市川宏伸
（日本発達障害ネットワーク）

田中正博
（全国手をつなぐ育成会連合会）

3-4. 行政（これからの教育行政に必要な研究とは？）
瀧田美紀子
（横浜市教育委員会 特別支援教育課）
豊岡裕子
（神奈川県立総合教育センター 教育相談部）
戸ヶ﨑勤
（埼玉県戸田市教育委員会）
泉房穂
（明石市長）
瀧本寛
（文部科学省 初等中等教育局）

第4部　未来を描く（座談会）
柘植雅義
石橋由紀子（1-1 も）
鎌塚優子（1-5 も）
近藤武夫（1-4 も）
佐藤克敏（1-3 も）
納富恵子
（福岡教育大学 教職大学院）
野口和人
（東北大学 大学院教育学研究科）

特別支援教育の到達点と可能性
2001～2016年：学術研究からの論考

2017年9月20日　印刷
2017年9月30日　発行

編　者
柘植雅義＆『インクルーシブ教育の未来研究会』

発行者
立石　正信

印刷・製本
音羽印刷

装丁
臼井　新太郎

株式会社　金剛出版
〒112-0005　東京都文京区水道1-5-16
電話03（3815）6661（代）
FAX03（3818）6848

ISBN978-4-7724-1561-3　C3011　　　　Printed in Japan © 2017

好評既刊

Ψ金剛出版　〒112-0005　東京都文京区水道1-5-16　Tel. 03-3815-6661　Fax. 03-3818-6848
e-mail eigyo@kongoshuppan.co.jp　URL http://kongoshuppan.co.jp/

対人援助専門職のための
発達障害者支援ハンドブック

[編] 柘植雅義　篁倫子　大石幸二　松村京子

発達障害支援にたずさわる対人援助専門職のためのテクニカル・ハンドブック。今やチームアプローチが主流となってきた学齢期の発達障害支援について、第1部「基礎編」では特別支援教育の理念と支援の基本を解説し、第2部「実践編」では16の専門職種と12の支援内容にまとめられた支援の実際を紹介する。学校関係者や保護者の理解の理解のために「専門職リスト」を巻末に掲載した、わかりやすい発達障害支援ガイド。地を這うような支援を重ねてきた実践家のドキュメントから生まれた、発達障害当事者と共生する開かれた社会のための「はじめの一歩」！　　　　　　　　本体2,800円＋税

必携 発達障害支援ハンドブック

[編著] 下山晴彦　村瀬嘉代子　森岡正芳

障害者が不利なく社会活動にコミットできる「イコールアクセス」は、対人援助職が担う社会的責任、目指すべき共通課題となりつつある。発達障害支援の現状と課題、発達障害当事者・保護者の視点、制度設計を巡る行政的視点、生活を整える福祉的視点、学校・コミュニティとの連携、発達障害研究、そして支援スキルまで、変わりゆく現状に即応するためには欠かせない発達障害支援のエッセンスを提供する。豪華執筆陣の英知と経験を集約して、広範なテーマを網羅しながら、本当に役に立つ支援を構想する。多様化する当事者ニーズに応えるための包括的発達障害ガイド。　本体6,200円＋税

発達障害児のためのSST

[著] スーザン・ウィリアムス・ホワイト
[監訳] 梅永雄二
[訳] 黒田美保　諏訪利明　深谷博子　本田輝行

発達障害を抱える子どもたちの社会性の問題は多岐にわたるものであり、大きな支障をきたすことになるが、それは単にソーシャルスキルの弱さだけが問題なのではない。臨床家や教師などは、かなりの頻度で二次的な精神医学的問題を抱える子どもたちに接している。本書では、その事実を踏まえ、単にソーシャルスキル獲得に焦点をあてるのではなく、精神保健や学校教育の領域で増加しつつあるニーズに対応すること、この分野における最新の知見も分析している。　　　　　　　　　　　　　　　　　　　　本体3,200円＋税